SICUT LEO

Œuvres de Montesquieu

Cet exemplaire porte des annotations autographes du Cardinal de Boisgelin

(Livres de mon grand Père de Boisgelin)

J. de Seve inv. del. 1766. — Lilbret Sc. 17..

# ŒUVRES

DE MONSIEUR

# DE MONTESQUIEU,

## TOME PREMIER.

*CONTENANT*

L'ÉLOGE DE M. DE MONTESQUIEU, ET L'ANALYSE DE L'ESPRIT DES LOIX, PAR M. D'*ALEMBERT*.

LE DISCOURS DE M. DE MONTESQUIEU, LORS DE SA RÉCEPTION A L'ACADÉMIE FRANÇOISE.

LES XXI PREMIERS LIVRES DE L'ESPRIT DES LOIX.

# ŒUVRES

DE MONSIEUR

# DE MONTESQUIEU,

*NOUVELLE ÉDITION,*

*revue, corrigée & considérablement augmentée par l'auteur.*

TOME PREMIER.

. . . . . . . . . . *Prolem sine matre creatam.*

OVID.

A LONDRES,

Chez NOURSE.

*M. DCC. LXVII.*

# AVERTISSEMENT

## *à l'occasion de cette nouvelle édition.*

LE livre de l'*Esprit des loix* a enfin franchi tous les obstacles que l'envie & la superstition avoient entrepris de lui opposer : toute l'Europe retentit des justes louanges dues à cet ouvrage immortel ; il est, pour les nations éclairées, un motif de jalousie contre la France, qui a eu le bonheur de voir naître M. de Montesquieu dans son sein, & de l'y conserver jusqu'au fatal instant où la terre a perdu ce grand homme. Par-tout son livre est cité avec vénération ; &, si un auteur croit devoir, en quelque circonstance particulière, penser autrement que cet illustre écrivain, il le fait avec une réserve respectueuse ; il demande, pour ainsi dire, pardon de ce qu'il ose trouver une faute dans un livre que le genre humain a choisi pour y puiser ses instructions sur la saine politique.

Ce n'est point un aveugle enthousiasme qui produit des louanges si générales & si unanimes ; elles sont le juste tribut de la reconnoissance que l'univers doit à cet illustre auteur. C'est lui qui nous a éclairés sur les vrais principes du droit public : c'est à son flambeau que se sont éclipsés les ouvrages les plus renommés sur cette matière : c'est avec le secours de sa lumière que nous avons enfin substitué la raison & la vérité aux systêmes fondés sur les préjugés qui s'étoient transmis d'âge en âge, & que de célèbres écrivains n'avoient fait que recueillir, développer & appuyer par de nouveaux sophismes. Le livre de l'Esprit des loix fait une époque à jamais mémorable dans l'histoire des connoissances humaines.

M. de Montesquieu jouit, dès son vivant, des éloges des plus grands hommes de l'Europe; & il s'est procuré lui-même, par la *Défense de l'Esprit des loix*, le triomphe le plus complet sur ces auteurs obscurs d'ouvrages éphémères qui avoient osé s'attacher à lui, comme ces vils insectes qui nous importunent, & qu'on écrase sans effort.

Tout étoit resté dans le silence; l'envie n'osa plus se remontrer; elle craignit de nouveaux coups. La mort lui enleva enfin un adversaire si redoutable. Quand elle crut n'avoir plus rien à craindre, elle emprunta, pour reparoître, la plume de M. Crévier, professeur en l'université de Paris.

Cet écrivain, dans ses *Observations sur le livre de l'Esprit des loix*, s'est efforcé de décrier, par tous les moyens possibles, un ouvrage qu'il n'entendoit pas, puiſqu'il ne le trouvoit blâmable que par quelques détails. Il a conſacré une grande partie de ſon libèle à chercher des inexactitudes, ſoit dans les faits hiſtoriques cités ou rapportés par M. de Monteſquieu, ſoit dans l'interprétation de quelques textes des anciens écrivains. M. Crévier traite cette partie de ſa critique avec cette diſcuſſion minutieuſe, qui eſt toujours l'appanage des génies étroits, qui étouffe le goût, & arrête, dans leur courſe, ceux qui cherchent les connoiſſances utiles.

Il s'eſt délecté dans ce travail; il y a trouvé un double moyen de ſatisfaire ſa vanité : d'un côté, il croyoit abbattre un ouvrage qui fait l'objet de la vénération publique; il ſe croyoit le pédagogue du genre humain; & s'imaginoit qu'il alloit lui-ſeul enſeigner à tous les hommes qu'ils ſont ignorans, puiſqu'ils ne s'étoient pas apperçus que le guide qu'ils avoient choiſi pour la politique entendoit mal le Grec & le Latin. En ſe livrant d'ailleurs à la diſcuſſion d'une vérité qui lui paroiſſoit ſi importante, il ne manque aucune occaſion de faire un faſtidieux étalage d'un genre d'érudition qui convient ſans doute aux perſonnes de ſa profeſſion; mais dont ceux qui l'exercent avec goût, ſe donnent bien de garde de faire parade aux yeux du public.

Cette affectation feroit fans doute ridicule, quand celui qui fe l'eft permife l'auroit appuyée de l'exactitude la plus fcrupuleufe : mais qu'en doit-on penfer, fi ce point, tout effentiel qu'il eft, manque à notre prétendu critique ? On ne le fuivra point ici dans tous les détails auxquels il s'eft livré : ce feroit l'imiter dans le défaut qu'on lui reproche : qu'il foit feulement permis d'examiner un ou deux traits de fa critique.

» La tentation de faire une jolie phrafe, dit-il, » page 34 de fon libèle, eft un piége pour bien des » écrivains; & la fupériorité du génie de M. de Montefquieu ne l'en a pas toujours garanti. Cette féduc» tion l'a écarté de la vérité hiftorique dans l'endroit » que je vais citer. *Rome*, dit-il, liv. III, chap. III, » *au lieu de fe réveiller après Céfar, Tibère, Caïus, Claude,* » *Néron, Domitien, fut toujours plus efclave : tous les* » *coups portèrent fur les tyrans, aucun fur la tyrannie.* » Voilà qui eft agréablement dit, reprend M. Crévier; » mais le fait eft-il vrai ? Je ne confidère ici que Domi» tien. Affurément le coup qui renverfa ce tyran, » porta fur la tyrannie; elle ne parut plus dans Rome, » pendant un efpace de plus de 80 ans. Nerva, Tra» jan, Adrien, Tite, Antonin, Marc-Aurèle for» ment la plus belle chaîne de princes fages & modérés, qu'aucune histoire nous fournisse. Je sçais « qu'Adrien fut mêlé de bien & de mal; mais, si l'on « excepte son entrée dans la souveraine puissance, & « les deux ou trois dernières années de sa vie, pendant « lesquelles il ne jouit pas de toute sa raison, le reste « de son règne peut être cité pour modèle d'un bon « gouvernement «.

M. Crévier vouloit-il rappeller à ses lecteurs qu'il connoissoit l'histoire des empereurs Romains? Il auroit peut-être agi plus sagement, s'il eût évité de réveiller l'idée de celle qu'il a écrite; mais il auroit dû au moins choisir une autre occasion d'étaler son sçavoir; il se seroit épargné la honte d'une critique qui prouve qu'il n'entend pas M. de Montesquieu.

Cet auteur, dans l'endroit d'où M. Crévier a tiré son passage, établit que, quand la vertu, qui est le principe de la démocratie, a fait place à la corruption, l'état est perdu; il ne peut y avoir de liberté, & jamais elle ne peut se rétablir. Ce grand homme, dont le génie pénètre les causes politiques des événemens occasionnés par la marche ordinaire des circonstances, apporte pour preuve ce qui est arrivé aux Anglois, quand ils voulurent établir parmi eux la démocratie. Tous leurs efforts furent impuissans: ceux qui avoient part aux affaires, n'avoient point de vertu; leur ambition étoit irritée par le ſuccès de Cromwel qui avoit tout oſé : l'eſprit d'une faction n'étoit réprimé que par celui d'une autre. Ainſi, on avoit beau chercher la démocratie, on ne la trouvoit nulle part; &, après bien des mouvemens, des chocs & des ſecouſſes, il fallut ſe reposer dans la monarchie, que l'on avoit proſcrite.

Rome fournit encore un exemple plus frappant. Quand la vertu commença à s'y éclipſer, il ſe forma des factions; Sylla réuſſit enfin à s'emparer de la ſouveraine puiſſance : ce coup acheva de détruire la vertu dans Rome : il n'y eut point d'ambitieux qui ne ſe flattât d'obtenir le même ſuccès. Le tyran abdiqua, mais la démocratie ne put reprendre place dans un état où il n'y avoit plus de vertu; &, comme il y en eut toujours moins, à meſure que la domination des empereurs ſe prolongea, il devint de plus en plus impoſſible de rendre à Rome la liberté. Quelques auteurs ont été étonnés que les Romains, excédés des injuſtices & des cruautés de cette chaîne de monſtres qui ſe ſont ſuccédés ſur le trône impérial, ne ſe ſoient pas déterminés à ſe garantir déſormais de ces fléaux, & à reprendre l'état républicain, ſur-tout quand ils n'avoient pas craint de maſſacrer le tyran. La choſe n'étoit plus poſſible : la vertu, ſans laquelle la démocratie ne peut exiſter, étoit entièrement bannie de Rome : on faiſoit tomber le tyran, mais on ne détruiſoit pas la tyrannie ; puiſque ſa place exiſtoit toujours, & ſe trouvoit occupée ſur le champ par un ſucceſſeur. Si le haſard faiſoit monter ſur le trône un prince digne de l'occuper, tels qu'ont été Trajan, Tite, &c., le peuple jouiſſoit des douceurs de ſon gouvernement ; mais, pour cela, la tyrannie n'étoit pas détruite ; l'état étoit privé de la liberté dont il avoit joui autrefois ; un règne atroce pouvoit ſuivre, & ſuivoit quelquefois en effet, celui qui avoit procuré un bonheur momentané.

Ces vues, que M. de Monteſquieu a exprimées avec beaucoup de clarté, ont échappé à M. Crévier, qui, tout ſçavant qu'il étoit en Grec & en Latin, a cru que le mot *tyrannie* ne ſignifie autre choſe qu'un gouvernement injuſte & cruel.

On vient de voir que le critique de M. de Monteſquieu n'eſt pas fort intelligent ; ou du moins qu'il connoît peu la véritable ſignification des termes : on va voir qu'il ne donne pas une grande preuve de jugement.

M. de Monteſquieu, liv. V, chap. XIX, met en queſtion ſi l'on doit dépoſer ſur une même tête, les emplois civils & militaires. Il répond qu'il faut les unir dans la république, & les séparer dans la monarchie. Il prouve la première partie de cette réponse par l'intérêt de la liberté; & la seconde, par l'intérêt de la puissance du monarque, qui pourroit lui être ravie, s'il confioit les deux emplois à la même personne. Il établit ses preuves sur les grandes vues qui sont la base de son ouvrage; & ses preuves sont une démonstration : mais ses raisonnemens sont souvent trop élevés, pour que certaines ames y puissent atteindre.

La seconde partie de la décision de M. de Montesquieu n'a pas plu à M. Crévier; &, sans parler des raisons qui ont déterminé cette décision, voici comment il la combat, dans une note, page 42. » Il n'est » point de mon plan de m'arrêter ici à prouver la fausseté de ce systême. Mais, comment M. de Montesquieu pouvoit-il avancer que, par la nature du gouvernement monarchique, les fonctions civiles & militaires doivent être séparées & confiées à des ordres différens, lui qui sçavoit si bien que, dans la monarchie Françoise, elles ont été, pendant plusieurs siècles, exercées par les mêmes personnes; & que, suivant la loi de la féodalité, le premier engagement du vassal envers son seigneur étoit de le ser-

vir

vir *en guerre & en plaids*, dans les expéditions mili- «
taires, & dans le jugement des procès? Il nous «
reste encore des vestiges de l'ancien usage dans les «
grands baillis & les sénéchaux, qui sont tous gens «
d'épée «.

Si M. Crévier avoit entrepris de fortifier, par une nouvelle preuve, le systême de son adversaire, il n'auroit peut-être pas eu le bonheur de réussir aussi bien. Tout le monde sçait que, tant que le gouvernement féodal a été en vigueur dans la France, l'autorité de nos rois, quant à l'exercice, étoit presque nulle; parce que chaque seigneur avoit, dans sa terre, tout à la fois le pouvoir militaire & le pouvoir civil. Tout le monde sçait encore que la puissance du monarque n'a repris son état naturel, que quand elle a pu venir à bout de diviser l'exercice de ces deux fonctions.

Si M. Crévier avoit borné sa critique à ce genre de reproches, on n'auroit fait nulle mention de son ouvrage, & on l'auroit laissé dans l'oubli qu'il mérite. Mais il n'est pas possible de lire de sang-froid les imputations atroces dont cet écrivain a essayé de charger un homme respectable pour lui, à tous égards, dans un temps où nous n'étions pas encore accoutumés à soutenir les regrets que sa perte nous avoit causés, & où la mort lui avoit ôté la faculté de faire rentrer ce téméraire dans le devoir.

Il dénonce au public l'auteur de l'Esprit des loix comme un *petit-maître, un homme vain, mauvais citoyen, ennemi de la saine morale & de toute religion.* Si les siècles passés ne fournissoient pas des exemples de pareils prodiges, pourroit-on croire que la France eût produit, en même temps, M. de Montesquieu & M. Crévier : mais, si la Grèce eut un Platon, elle eut un Zoïle.

M. de Montesquieu est un *petit-maître!* Et pourquoi l'est-il ? Il a commencé son livre XXIII par l'invocation que Lucrèce adresse à Vénus. Cette déesse fabuleuse est l'emblême de la fécondité; tous les animaux sont appellés à la population par l'attrait du plaisir. L'auteur de l'Esprit des loix, au lieu de rendre, par ses propres expressions, cette pensée qui entre dans son plan, a emprunté celles d'un poëte : il n'a pas cru qu'il fût indigne de son sujet d'égayer l'imagination de son lecteur par une image riante, sans être indécente; &, pour cela, il est un *petit-maître!* On riroit de l'idée ridicule de ce professeur, s'il n'avoit excité l'indignation par les injures grossières dont il a chargé son adversaire.

M. de Montesquieu est un homme *vain*! L'auteur

de l'Esprit des loix étoit-il donc un homme vain, pour avoir écrit cette phrase à la fin de sa préface : »Quand j'ai vu ce que tant de grands hommes, en « France, en Angleterre & en Allemagne, ont écrit « avant moi, j'ai été dans l'admiration, mais je n'ai « point perdu le courage. *Et moi aussi je suis peintre,* « ai-je dit avec le *Corrège* «. Un auteur ne peut donc, sans vanité, croire que ses ouvrages ne sont pas sans mérite ? Mais tous ceux qui ont publié leurs écrits, sans en excepter les plus grands saints, sont donc coupables de vanité : car, qui a jamais donné ses productions au public, sans croire qu'elles avoient au moins un dégré de bonté ? Si M. Crévier n'avoit pas eu cette vanité, il ne se seroit pas érigé en censeur d'un ouvrage que tous les grands hommes ont admiré & admirent.

C'est encore, suivant M. Crévier, un trait de vanité dans M. de Montesquieu, d'avoir dit qu'il finissoit le traité des fiefs où la plupart des auteurs l'ont commencé. Mais M. de Montesquieu a dit une vérité : pour M. Crévier, il a prouvé son ignorance. La plupart des auteurs qui ont écrit sur les fiefs, n'ont examiné que les droits féodaux, tels qu'ils existent aujourd'hui. Ils ont cherché les motifs de décision, sur les contestations que cette matière occasionne, dans les dispositions recueillies par les rédacteurs des coutumes, & se sont peu embarrassés de connoître la source de ce genre de possessions. M. de Montesquieu l'a cherchée cette source: il a ouvert les archives des premiers âges de notre monarchie, il a suivi graduellement les révolutions que les fiefs ont essuyées; & a descendu jusqu'au moment où ils ont commencé à prendre la forme à laquelle les coutumes les ont fixés. Il est donc vrai qu'il a fini le traité des fiefs où la plupart des auteurs l'ont commencé; & c'est par vanité qu'il l'a dit! De quelle faute M. Crévier s'est-il rendu coupable, quand il a parlé en pédagogue d'une chose qu'il ne connoissoit pas?

C'est ainsi que notre satyrique prouve que M. de Montesquieu est *petit-maître & vain*. On s'attend, sans doute, que les preuves qu'il va donner des deux autres reproches, ont une force proportionnée à la nature de l'accusation. Personne ne se permet de déférer un citoyen comme ennemi du gouvernement & de la religion, s'il n'a en main de quoi le convaincre à la face de l'univers de deux crimes qui méritent l'animadversion de toutes les sociétés, & les peines les plus graves.

Voyons comment il établit le premier. » L'opposition décidée de l'auteur au despotisme, dit-il, sen-

timent louable en ſoi, l'emporte au-delà des bornes. «
A force d'être ami des hommes, il ceſſe d'aimer, «
autant qu'il le doit, ſa patrie. Toute ſon eſtime, di- «
ſons mieux, toute ſon admiration eſt pour le gou- «
vernement d'une nation voiſine, digne rivale de la «
nation Françoiſe; mais qu'il n'eſt pas à ſouhaiter «
pour nous de prendre pour modèle à bien des égards. «
L'Anglois doit être flatté, en liſant l'ouvrage de «
l'Eſprit des loix; mais cette lecture n'eſt capable que «
de mortifier les bons François «.

Il faut s'arrêter ſur le raiſonnement de M. Crévier. Il accuſe M. de Monteſquieu de ne pas aimer ſa patrie autant qu'il le doit, parce qu'il a une oppoſition décidée pour le *deſpotiſme*, & parce qu'il aime beaucoup les hommes. Mais, ſi ce grand homme étoit moins oppoſé au deſpotiſme, & s'il aimoit moins les hommes, M. Crévier jugeroit donc alors qu'il aimeroit ſa patrie autant qu'il la doit aimer. N'uſons pas de repréſailles contre cet écrivain; croyons qu'il n'a pas entendu ce qu'il a voulu dire; & c'eſt une juſtice qu'il faut ſouvent lui rendre.

Mais voyons donc ce que M. de Monteſquieu penſe effectivement de ſa patrie. Il dit, livre XX, chap. XX, à la fin : » Si, depuis deux ou trois ſiè- «
cles, la France a augmenté ſans ceſſe ſa puiſſance, «

» il faut attribuer cela à la bonté de ses loix, non pas
» à la fortune, qui n'a pas ces sortes de constance «.

Rapprochons, de ce passage, celui où il exprime ses véritables sentimens sur le gouvernement Anglois. » Ce n'est point à moi, dit-il, à examiner si
» les Anglois jouissent actuellement de cette liberté,
» ou non. Il me suffit de dire qu'elle est établie par leurs
» loix, & je n'en cherche pas davantage. Je ne pré-
» tends point par-là ravaler les autres gouvernemens,
» ni dire que cette liberté politique extrême doive
» mortifier ceux qui n'en ont qu'une modérée. Com-
» ment dirois-je cela, moi qui crois que l'excès même
» de la raison n'est pas toujours desirable, & que les
» hommes s'accommodent toujours mieux des milieux,
» que des extrémités? «

Ces deux passages ainsi placés dans le point de comparaison font disparoître l'accusation dont M. Crévier a voulu noircir M. de Montesquieu, & ne laissent que de l'étonnement sur l'atrocité de la calomnie.

Mais il ne faut pas encore se lasser de la surprise : l'auteur du libèle a porté l'attentat jusqu'au comble. Si on l'en croit, M. de Montesquieu est ennemi de la religion; mais il n'est pas de ces ennemis ordinaires qui, contens de s'affranchir eux-mêmes de son joug, s'inquiettent peu des ſentimens que les autres ont pour elle. Il veut la détruire ; &, pour mieux réuſſir, il l'attaque par la ruſe : mais écoutons M. Crévier. » Cet ouvrage, dit-il, dans ſon avant-propos, « prive la vertu de ſon motif, & délivre le vice de la « terreur la plus capable de le réprimer. Il détruit les « devoirs dans leur ſource ; &, en anéantiſſant ceux qui « ſe rapportent à l'auteur de notre être, quelle force « laiſſe-t-il à ceux qui ne regardent que nos compa- « gnons ? «

» Et l'auteur, continue le libèle, exécute tout cela « ſourdement, & ſans déclarer une guerre ouverte à « l'orthodoxie. Ceux qui l'ont ſuivi dans le même plan « funeſte, devenus plus audacieux par les ſuccès de « leur précurſeur, ont levé le maſque. Mais, par leur « témérité même, ils ſont de moins dangereux enne- « mis ; parce que, . . . . en prenant les armes, ils nous « ont avertis de les prendre de notre côté. L'auteur « de l'Eſprit des loix conduit ſon entrepriſe plus adroi- « tement : il ne livre point l'aſſaut à la religion ; il va « à la ſape, & mine la religion ſans bruit «.

M. Crévier entre, à cet égard, dans quelques détails : ils contiennent la moitié de ſon livre. Mais, qui le croiroit ! Les prétendues preuves du crime affreux dont il charge ſon ennemi, ne ſont que la répétition des calomnies que le nouvelliſte eccléſiaſtique avoit vomies contre l'auteur de l'Eſprit des loix, au mois d'octobre 1749. Cet affreux libèle fut foudroyé par M. de Monteſquieu lui-même dans ſa *Défenſe de l'Eſprit des loix*. Il ne reſta à cet écrivain que la honte d'avoir attaqué un grand homme qui ne méritoit que des éloges, & le chagrin d'avoir fourni la matière d'un opuſcule qui tranſmettra cette honte à la poſtérité.

Tout le monde lut, & tous les gens de goût admirèrent cet ouvrage; mais il paroît qu'il eſt demeuré inconnu à M. Crévier. Auſſi nous dit-il qu'il a travaillé ſur l'édition de l'Eſprit des loix de 1749. Son ouvrage eſt cependant de 1764, poſtérieur de ſix ans à l'édition de 1758. Elle a été faite d'après les corrections que M. de Monteſquieu avoit lui-même remiſes aux Libraires avant ſa mort. 'il eût eu ſoin de ſe la procurer, comme il le devoit, il y auroit trouvé quelques changemens, dont pluſieurs tendent à éclaircir certains paſſages, ſur leſquels le nouvelliſte avoit cru trouver priſe; & que M. Cr er a relevés d'après lui, quoiqu'ils ne ſoient plus tels qu'ils étoient. Il y auroit lu la Défenſe de l'Eſprit des loix, & y auroit appris le reſpect qu'il devoit aux talens, aux vues de l'auteur, & à l'ouvrage.

En 1764, parut dans les pays étrangers, un cri-

tique

tique de l'Esprit des loix, d'un autre genre. Il a respecté, comme il le devoit, les qualités du cœur de M. de Montesquieu; la calomnie n'a point sali ses écrits; il a seulement prétendu trouver des erreurs dans l'ouvrage, & il a renfermé ses observations dans des notes insérées dans une édition contrefaite des œuvres de M. de Montesquieu, en Hollande. L'examen d'une ou de deux de ces notes suffira pour les apprécier toutes; & l'on va choisir entre celles qui sont les plus importantes.

M. de Montesquieu, après avoir établi la distinction qui caractérise les trois genres de gouvernement, fait voir que, dans chacun de ces gouvernemens, les loix doivent être relatives à leur *nature*; c'est-à-dire, à ce qui les constitue : ainsi, dans la démocratie, le peuple doit être, à certains égards, le monarque; à d'autres, le sujet : il faut, par exemple, qu'il élise ses magistrats, & qu'il les juge. Si les magistrats cessent d'être électifs, ou si quelque autre que le peuple a le droit de leur demander compte de leur conduite, dès-lors ce n'est plus une démocratie; les magistrats, ou les juges des magistrats, ravissent la puissance au peuple, & se l'attribuent.

Il est de la *nature* de la monarchie que la nation soit gouvernée par un prince dont le pouvoir soit modéré par les loix. Pour que ce gouvernement ne change pas de nature, & ne dégénère pas en despotisme, il faut qu'il y ait, entre le monarque & le peuple, beaucoup de rangs, beaucoup de pouvoirs intermédiaires. Si les ordres passoient, du trône, immédiatement au peuple, la terreur les feroit exécuter, & l'arbitraire s'introduiroit sur les débris des loix. Si les ordres, au contraire, ne parviennent aux extrémités de la nation que par dégrés, la sphère de ceux qui les font arriver touchant immédiatement à ceux qui les doivent exécuter, la crainte ne fait plus d'impression; c'est la loi qui parle par la bouche de ses émissaires; ce n'est plus le monarque.

Il faut encore, dans une monarchie, un corps dépositaire des loix, médiateur entre les sujets & le prince. S'il n'existe point de dépôt pour les loix; si elles ne sont pas sous la main de gardiens fidèles qui, pour arrêter l'effet des volontés momentanées du souverain, les placent à propos entre la nation & lui; elles n'ont plus de stabilité; elles n'ont plus d'effet, & le despotisme les anéantit.

Il est de la *nature* du gouvernement despotique, que la volonté, les caprices du tyran soient la seule loi: il faut donc qu'il exerce son autorité, ou par lui seul, ou par un seul qui le représente. Prend-il des mesures pour faire exécuter ses volontés ? se prescrit-il des règles ? ou souffre-t-il qu'on lui en rappelle ? Sa volonté n'est pas la seule loi : il cesse d'être despote, & monte à la monarchie.

Tels sont, en général, les établissemens que doit former un législateur qui songe à fonder ou à introduire l'un de ces trois gouvernemens. Mais, s'il veut que son ouvrage soit durable, après avoir réglé la *nature* de son gouvernement, il faut aussi qu'il s'occupe de son *principe*; c'est-à-dire, de ce qui le soutiendra & le fera agir. Ainsi, il faut que, pour une république, il trouve le secret d'insinuer & de perpétuer, dans le cœur des citoyens, l'amour de la république, c'est-à-dire, l'amour de l'égalité ; en sorte que les magistratures n'y soient pas regardées comme un objet d'ambition, mais comme une occasion de signaler son attachement pour la patrie, & de se livrer tout entier au maintien de la liberté des citoyens & de l'égalité entre eux.

Pour le mouvement & le maintien d'un état monarchique, il faut que le cœur des sujets soit animé par l'honneur ; c'est-à-dire, par l'ambition & par l'amour de l'estime : ces deux passions sont nécessaires, mais elles se tempèrent mutuellement. Le monarque est le seul dispenſateur des diſtinctions & des récompenſes : il faut donc que l'ambition de les obtenir inſpire le deſir de le ſervir utilement pour l'état, & de ſe ſignaler aſſez pour qu'il apperçoive ces ſervices, & les récompenſe. Si les graces & les récompenſes dépendoient d'un autre pouvoir que de celui du monarque, ſon autorité ſeroit nulle ; il n'auroit aucun reſſort dans la main, pour faire agir les différentes parties de l'état, ſoit pour les affaires du dehors, ſoit pour celles du dedans. Si les graces & les récompenſes n'étoient pas le fruit du mérite ; ſi elles étoient ſubordonnées à l'arbitraire, & jettées au haſard, il ſeroit inutile de chercher à les mériter, & chacun reſteroit dans l'inertie ; on ne ſeroit pas réveillé par la vertu, c'eſt-à-dire par l'amour de la patrie ; parce que, dans les monarchies, on eſt accoutumé à confondre l'état avec le monarque. On ne feroit donc rien pour un homme de qui on n'attendroit aucun retour.

Mais il faut que cette ambition ſoit réglée par l'amour de l'eſtime. Si le monarque eſt ſubjugué par ſes paſſions ; ſi, pour mériter les graces qu'il diſpenſe, il faut ſervir ſes caprices contre les loix, on craindra le mépris public, on s'abſtiendra des places auxquelles ſont attachées les fonctions qu'il veut faire employer à l'exécution de ſes injuſtices, ou l'on abdiquera ces places, & l'on reſtera dans une glorieuſe oiſiveté.

Si ces deux paſſions ne ſont pas combinées dans le cœur des ſujets, ou le monarque perd ſa puiſſance, ou il devient deſpote.

Quant au gouvernement deſpotique, ſon *principe* eſt la crainte. Si les ordres du maître étoient reçus de ſang-froid; ſi cette paſſion n'interceptoit pas, au moindre ſignal de ſa volonté, toute faculté de raiſonner, on pourroit faire attention à leur injuſtice, remonter à celle qui maintient un tyran ſur le trône : comme ce n'eſt que la loi du plus fort, en tournant ſes propres forces contre lui, on l'extermineroit. Si, d'ailleurs l'amour de la liberté s'emparoit ſubitement du peuple, comme il arriva à Rome ſous Tarquin, le coup qui abbattroit le tyran, abbattroit la tyrannie; le deſpotiſme ſeroit anéanti, & l'on verroit naître une république.

Ces principes ſont lumineux; ils ſont puiſés dans l'eſſence même des choſes. M. de Monteſquieu, à l'occaſion de ces réflexions, entre dans quelques détails, pour indiquer les routes qui peuvent conduire à l'établiſſement & au maintien de la *nature* & du *principe* de chaque gouvernement. Mais il traite ces détails en grand homme; il écarte toutes les minuties qui caractériſent le génie étroit.

Le *faiseur de notes* n'a point apperçu tout cela. Il en a placé une fort longue à la fin du quatrième livre. Il y dit que M. de Montesquieu s'est *lourdement trompé*, soit qu'il ait voulu nous développer ce qui est, soit qu'il ait voulu nous développer ce qui doit être.

Dans le premier cas, cet auteur, dit le censeur, est contredit par l'expérience. On voit, dit-il, que chaque nation, chaque souverain, est conduit par un objet particulier, vers lequel ils tournent le système de leur gouvernement. Les uns visent aux richesses, les autres à la conquête, les autres au commerce, &c.; & les systêmes politiques sont plus ou moins stables, à mesure que le souverain est plus ou moins despote, parce que le successeur substitue ses idées à celles de celui qui l'a précédé, & change, par conséquent, tout le plan de gouvernement qu'il a établi. Les républiques sont moins sujettes à ces variations, qui ne peuvent arriver qu'autant que l'esprit de la nation entière viendroit à changer.

Ces réflexions, qui sont répétées dans tous nos livres, & qu'un coup d'œil sur le cœur humain & sur son histoire nous font appercevoir, sont de la plus grande vérité : mais que la passion dominante d'une république soit l'amour des richesses, ou la jalousie contre les états qui l'environnent : qu'elle tourne, tant qu'elle voudra, ses opérations du côté de cet objet ; cela sera-t-il que, pour qu'elle soit république, il soit indispensable que le peuple soit libre ; & pour qu'il reste libre, qu'il ait, & qu'il conserve le droit d'élire & de juger ses magistrats ?

Qu'un monarque tourne ses vues du côté de la conquête, ou du côté du commerce ; que son successeur change d'objet ; ces variations feront-elles que l'on puisse concevoir une monarchie sans un souverain dont le pouvoir soit tempéré par les loix, si ces loix ne sont confiées à des dépositaires qui puissent les faire valoir en faveur de la nation ; &, s'il n'y a enfin, dans l'état, différens canaux qui transmettent successivement les ordres du souverain aux extrémités du peuple ? En sera-t-il moins vrai que cette sorte de gouvernement ne se maintiendra point, si le monarque n'a dans sa main des motifs qui excitent les sujets à se livrer au service de l'état ; & si ceux-ci n'en ont un qui les arrête, quand ces motifs leur sont présentés comme un appât pour se prêter à des injustices, ou pour les exécuter ?

On doit dire la même chose du despotisme. Quelles que soient les vues du despote, il ne le sera pas, s'il y a dans ses états d'autres loix que sa volonté ; &

il cessera de l'être, dès que la crainte ne sera pas la cause de l'obéissance.

Si M. de Montesquieu a voulu nous peindre ce qui doit être, le critique trouve que son erreur est encore plus grossière : &, pour établir cette erreur, il appelle à son secours la théorie & l'expérience. Elles nous apprennent, dit-il, que la *vertu*, par laquelle il entend toutes les vertus morales qui nous portent à la perfection, est le seul principe de conduite pour tous les gouvernemens, quels qu'ils soient, & qui ait fait fleurir, & qui fera fleurir les états.

Cette maxime est encore de toute vérité. Quand le peuple & ceux qui le gouvernent sont doués de toutes les vertus morales, l'état est nécessairement florissant : on évite avec prudence tout ce qui peut nuire, & l'on exécute de même tout ce qui est utile. Ceux qui gouvernent sont justes envers le peuple ; le peuple est juste envers eux ; & tous sont justes envers les étrangers : on exécute avec fermeté les résolutions que la prudence a inspirées : on oppose la même vertu à la violence & aux injustices, & toujours avec prudence : enfin on ne desire que ce qui est possible, & on s'abstient de tout excès.

Un état ainsi composé est sans doute une belle chimère ; &, si elle se réalisoit, elle résisteroit à l'inconstance

conſtance du temps. Mais, pour cela, un état où il n'y auroit point de liberté, & où les magiſtrats ſeroient indépendans du peuple, ſoit quant à leur élection, ſoit quant à leur conduite, ſeroit-il une république ? Un état où le prince pourroit tout ce qu'il voudroit, où aucun frein n'arrêteroit ceux qu'il chargeroit de l'exécution de ſes caprices, où l'on chercheroit à l'envi à s'en rendre l'agent aveugle par l'eſpoir des récompenſes; un tel état ſeroit-il une monarchie ? enfin ſeroit-ce un deſpote que celui qui ne pourroit pas tout ce qu'il voudroit, & dont on pourroit examiner & diſcuter les volontés ?

Au ſurplus, en liſant la *Défenſe de l'Eſprit des loix*, on verra que cet *annotateur* ne connoît pas cet ouvrage, ou n'a pas voulu le connoître. Il y auroit appris à ne pas faire un crime à M. de Monteſquieu d'employer les mots *vertu* & *honneur*, comme il les emploie. Il y auroit appris que l'auteur ne s'en eſt ſervi qu'après les avoir définis : il y auroit appris que, *quand un écrivain a défini un mot dans ſon ouvrage, quand il a donné ſon dictionnaire, il faut entendre ſes paroles ſuivant la ſignification qu'il leur a donnée.* C'eſt cependant d'après cette équivoque, que l'auteur des notes a fait, à M. de Monteſquieu, pluſieurs reproches qui, ſans être exprimés ſur le ton que M. Crevier a choiſi, ne laissent pas de produire le même effet.

Cet exemple suffiroit peut-être pour mettre le lecteur en état d'apprécier l'ouvrage dont on l'entretient ici : mais examinons encore comment l'auteur entend un autre des principes fondamentaux de l'Esprit des loix.

M. de Montesquieu, livre XI, chap. VI, dit qu'il y a, dans chaque état, trois sortes de pouvoirs; la puissance législative, la puissance exécutrice des choses qui dépendent du droit des gens ; & la puissance exécutrice de celles qui dépendent du droit civil.

Par la première, le prince ou le magistrat fait des loix pour un temps ou pour toujours, & corrige ou abroge celles qui sont faites. Par la seconde, il fait la paix ou la guerre, envoie ou reçoit des ambassades, établit la sûreté, prévient les invasions. Par la troisième, il punit les crimes, ou juge les différends des particuliers. M. de Montesquieu avertit qu'il appellera cette dernière, la *puissance de juger*; & l'autre simplement, *la puissance exécutrice de l'état.* Il est assurément le maître de ses expressions, quand il en a fixé le sens.

Rien n'est plus exact que cette distribution. Tout état, quant à son administration, est considéré sous deux points de vue : il est considéré relativement aux autres états qui l'environnent, & relativement aux sujets qui le composent. Sous le premier rapport, ce sont les loix du droit des gens qui le gouvernent : mais, comme ces loix lui sont communes avec les autres états, & qu'il n'a point d'empire sur eux, il ne les peut faire exécuter, en ce qui le concerne, que par la voie de la négociation : c'est ce qu'il fait par le canal des ambassadeurs qu'il envoie & qu'il reçoit; ou par la force, si la négociation ne suffit pas : c'est ce qu'il fait encore par le secours des troupes qui s'opposent aux invasions que la négociation n'a pu prévenir, ou qui vont attaquer & arracher par les armes la justice que les représentations des ambassadeurs n'a pu obtenir.

Tout état a donc essentiellement, quant au droit des gens, une puissance exécutrice, qui consiste à négocier, à se défendre, ou à attaquer. Mais, dans ce sens, il n'a pas la puissance législative, parce que les loix qui forment le droit des gens régissent tous les états, & ne dépendent d'aucun.

Il n'en est pas ainsi du droit civil : tout état, quant à ce droit, a la puissance civile, parce que tout état a le droit exclusif de former les loix de son administration intérieure. Mais ce droit seroit illusoire, s'il n'étoit pas accompagné du pouvoir de faire exécuter ces loix. Elles ſont de deux ſortes; les unes répriment les crimes; les autres règlent les propriétés. Pour les mettre à exécution, il faut être revêtu du pouvoir de punir les crimes, & de terminer impérativement les conteſtations qui naiſſent à l'occaſion des propriétés.

M. de Monteſquieu avoit préſenté ces principes d'une manière aſſez lumineuſe pour ceux qui ſçavent lire; mais on a cru devoir les développer pour l'auteur des notes. Celui de l'Eſprit des loix, qui examine en quoi conſiſte la plus grande liberté poſſible des ſujets, dit que, lorſque, dans la même perſonne, ou dans le même corps de magiſtrature, la *puiſſance légiſlative* eſt réunie à la *puiſſance exécutrice*, il n'y a point de liberté, parce qu'on peut craindre que le même monarque, ou le même ſénat, ne faſſe des loix tyranniques, pour les exécuter tyranniquement.

Cette maxime eſt encore de la plus grande évidence : ſi celui qui fait les loix, tient en même temps dans ſa main les forces néceſſaires pour procurer à l'état l'exécution du droit des gens, & ſi les précautions requiſes par la nature du gouvernement monarchique ne dirigent pas ſes volontés; il n'y aura pas de liberté, puiſqu'il pourra tout ce qu'il voudra. En effet, s'il dépendoit d'un tel prince de faire des loix de ses caprices, il tourneroit ses forces exécutrices contre ses propres sujets, & seroit un vrai despote.

C'est ainsi que raisonne M. de Montesquieu ; & il n'est pas possible de se refuser à l'évidence de ses raisonnemens. Mais l'annotateur dit qu'il faut corriger tout cela. Il n'y a point, dit-il, trois pouvoirs dans un état ; mais il y a trois espèces de pouvoirs dans le pouvoir de gouverner, qui sont la *puissance législative*, la *puissance judiciaire*, & la *puissance exécutrice*. Par la première, le prince ou le magistrat font des loix ; par la seconde, il juge les actions des citoyens suivant ces loix ; par la troisième, il exécute ses jugemens. Cet écrivain nous assure ensuite que M. de Montesquieu traite sa matière conformément à cette division, & qu'il s'est mis en contradiction avec lui-même, lorsqu'il a distingué une *puissance exécutrice des choses qui dépendent du droit des gens*, & une *puissance exécutrice de celles qui dépendent du droit civil*.

Il est plaisant de voir comment ce critique prouve la contradiction qu'il annonce : il faut copier ses propres termes : » De grace, dit-il, quelle connexion la « *puissance de faire des loix* a-t-elle avec celle d'*envoyer* « *des ambassadeurs*, pour qu'on puisse regarder celle-ci « comme exécutrice de ce que le législateur établit ? « Comment l'acte d'*envoyer des ambassadeurs* peut-il «

» opérer tyranniquement ſur les loix auxquelles il ne
» s'étend point? La puiſſance légiſlative dénonce une
» peine contre les aſſemblées : ſuppoſons que ce ſoit
» une loi tyrannique, l'acte d'envoyer des ambaſſa-
» deurs peut-il être un moyen d'exécuter tyrannique-
» ment cette loi? «

Il prétend enſuite que ces ridicules idées ſont celles de M. de Monteſquieu, qui s'eſt mal énoncé; mais qui a voulu dire que » la puiſſance légiſlative
» défend les aſſemblées privées : cette loi eſt ſuppoſée
» tyrannique. Si la puiſſance légiſlative ſe trouvoit
» jointe à l'exécutrice, celle-ci pourroit exécuter ty-
» ranniquement les peines portées par cette loi; parce
» qu'en ce cas la volonté ſe trouveroit combinée à la
» force. De même, ſi la puiſſance judiciaire ſe trouvoit
» jointe à la légiſlative, les jugemens ne ſuivroient pas
» tant l'eſprit de la loi, ou ſon équité, mais la volonté
» & les vues particulières de celui qui l'a faite; le juge
» ſeroit légiſlateur. Voilà, dit enſuite cet interprète,
» comment il faut entendre M. de Monteſquieu; & ce
» qu'il dit prouve évidemment qu'on ne peut l'expli-
» quer d'une autre façon, à moins d'en ôter tout le
» ſens, & de tomber dans l'abſurde «.

Ainſi notre critique, pour relever M. de Monteſquieu de l'abſurde dans lequel il prétend que ce grand homme étoit tombé, fait diſparoître la puiſſance qui appartient à chaque état de ſe rendre, ou de ſe faire rendre la juſtice qui lui eſt due en conſéquence du droit des gens; &, pour cet effet, il confond le droit des gens avec le droit civil. Il dit que, » ſui- « vant que l'objet des affaires étrangères ſe rapporte « à la ſimple volonté ou à l'exécution, il tombe ſous « la puiſſance légiſlative, ou ſous l'exécutrice. Par « exemple, faire la paix, en tant que contracter, eſt « un acte de ſimple volonté, qui ne peut tomber ſous « la puiſſance exécutrice «.

Sous quelle puiſſance cet acte tombe-t-il donc? Ce n'eſt pas ſous celle qu'il plaît à l'annotateur d'appeller *judiciaire*. Eſt-ce ſous la puiſſance *légiſlative*? Mais elle ne peut jamais être relative qu'au droit civil. Un ſouverain, quel qu'il ſoit, ne peut jamais faire des loix que pour ſes états. Reſte donc la puiſſance exécutrice, dans le ſens que M. de Monteſquieu l'a définie. Deux ſouverains contractent enſemble : ce n'eſt pas à l'autorité du droit civil qu'ils ſoumettent leur contrat ; il n'y a point de loix civiles qui leur ſoient communes : c'eſt donc le droit des gens qui doit inſpirer & maintenir leurs accords : ils ſont donc, en traitant enſemble, uſage de la *puiſſance exécutrice* dont parle M. de Monteſquieu, & dont chaque ſouverain eſt revêtu. Si l'un des deux manque à ſes engagemens, celui qui ſera léſé appellera à ſon ſecours les autres moyens qu'il tient de la puiſſance exécutrice.

Ces deux paſſages ſuffiſent pour faire connoître l'ouvrage dont il eſt ici queſtion, & pour perſuader aux Libraires que le public leur ſçaura gré de n'avoir pas chargé cette édition de ces notes ridicules.

Au reſte, elle eſt entièrement conforme, quant au corps de l'ouvrage, à celle de 1758, qui avoit été faite ſur les corrections de M. de Monteſquieu lui-même. On a fait quelques changemens à la Table des matières. On s'étoit propoſé, en la rédigeant, de raſſembler, ſous chaque mot, toutes les vues de l'auteur, & de préſenter ſon ſyſtême ſur chaque choſe. Quelques-unes de ces vues étoient échappées au rédacteur; il les a employées: il s'étoit trompé ſur quelques objets; il s'eſt rectifié. Enfin, il a donné une nouvelle forme & un nouvel ordre ſur quelques articles, pour donner plus de jour à la matière. On ſe flatte que le public ſçaura gré de ces attentions.

# ÉLOGE

## DE MONSIEUR LE PRÉSIDENT DE MONTESQUIEU,

*Mis à la tête du cinquième volume de l'*ENCYCLOPÉDIE*, par M. d'*ALEMBERT.

L'INTÉRÊT que les bons citoyens prennent à l'ENCYCLOPÉDIE, & le grand nombre de gens de lettres qui lui consacrent leurs travaux, semblent nous permettre de la regarder comme un des monumens les plus propres à être dépositaires des sentimens de la patrie, & des hommages qu'elle doit aux hommes célèbres qui l'ont honorée. Persuadés néanmoins que M. de Montesquieu étoit en droit d'attendre d'autres panégyristes que nous, & que la douleur publique eût mérité des interprètes plus éloquens, nous eussions renfermé au-dedans de nous-mêmes nos justes regrets & notre respect pour sa mémoire : mais l'aveu de ce que nous lui devons nous est trop précieux, pour en laisser le soin à d'autres. Bienfaiteur de l'humanité par ses écrits, il a daigné l'être aussi de cet ouvrage ; & notre reconnoissance ne veut que tracer quelques lignes au pied de sa statue.

CHARLES DE SECONDAT, BARON DE LA BREDE ET DE MONTESQUIEU, ancien président à mortier au parlement de Bordeaux, de l'académie Françoise, de l'académie royale des sciences & des belles-lettres de Prusse, &

de la société royale de Londres, naquit au château de la Brède, près de Bordeaux, le 18 janvier 1689, d'une famille noble de Guyenne. Son trisaïeul, Jean de Secondat, maître d'hôtel de Henri II, roi de Navarre, & ensuite de Jeanne, fille de ce roi, qui épousa Antoine de Bourbon, acquit la terre de Montesquieu, d'une somme de 10000 livres que cette princesse lui donna par un acte authentique, en récompense de sa probité & de ses services. Henri III, roi de Navarre, depuis Henri IV, roi de France, érigea en baronnie la terre de Montesquieu, en faveur de Jacob de Secondat, fils de Jean, d'abord gentilhomme ordinaire de la chambre de ce prince, & ensuite mestre de camp du régiment de Châtillon. Jean Gaston de Secondat, son second fils, ayant épousé la fille du premier président du parlement de Bordeaux, acquit dans cette compagnie une charge de président à mortier. Il eut plusieurs enfans, dont un entra dans le service, s'y distingua, & le quitta de fort bonne heure : ce fut le père de Charles de Secondat, auteur de l'esprit des loix. Ces détails paroîtront peut-être déplacés à la tête de l'éloge d'un philosophe, dont le nom a si peu besoin d'ancêtres : mais n'envions point à leur mémoire l'éclat que ce nom répand sur elle.

Les succès de l'enfance, présage quelquefois si trompeur, ne le furent point dans Charles de Secondat : il annonça de bonne heure ce qu'il devoit être ; & son père donna tous ses soins à cultiver ce génie naissant, objet de son espérance & de sa tendresse. Dès l'âge de vingt ans, le jeune Montesquieu préparoit déjà les matériaux de l'esprit des loix, par un extrait raisonné des immenses volumes qui composent le corps du droit civil : ainsi autrefois Newton avoit jetté, dès sa première jeunesse, les fondemens des ouvrages qui l'ont rendu immortel. Cependant l'étude de la jurisprudence ; quoique moins aride pour M. de Montesquieu que pour la plupart de ceux qui s'y livrent, parce qu'il la cultivoit en philosophe, ne suffisoit pas à l'étendue & à l'activité de son génie. Il approfondissoit, dans le même temps, des matières encore plus importantes & plus délicates (*a*), & les discutoit dans le silence avec la sagesse, la décence & l'équité qu'il a depuis montrées dans ses ouvrages.

Un oncle paternel, président à mortier au parlement de Bordeaux, juge éclairé & citoyen vertueux, l'oracle de sa compagnie & de sa province, ayant perdu un fils unique, & voulant conserver, dans son corps, l'esprit d'élévation qu'il avoit tâché d'y répandre, laissa ses biens & sa charge à monsieur de Montesquieu. Il étoit conseiller au parlement de Bordeaux depuis le 24 février 1714, & fut reçu président à mortier le 13 juillet 1716. Quelques années après, en 1722, pendant la minorité du roi, sa compagnie le chargea de présenter des remontrances à l'occasion d'un nouvel impôt. Placé entre le trône & le peuple, il remplit, en sujet respectueux & en magistrat plein de courage, l'emploi si noble & si peu envié, de faire parvenir au souverain le cri des malheureux & la misère publique, représentée avec autant d'habileté que de force, obtint la justice qu'elle demandoit. Ce succès, il est vrai, par malheur pour l'état bien plus que pour lui, fut aussi passager que s'il eût été injuste ; à peine la voix des peuples eut-elle cessé de se faire entendre, que l'impôt supprimé fut remplacé par un autre : mais le citoyen avoit fait son devoir.

(*a*) C'étoit un ouvrage en forme de lettres, dont le but étoit de prouver que l'idolâtrie de la plupart des païens ne paroissoit pas mériter une damnation éternelle. *Note de monsieur d'*ALEMBERT.

Il fut reçu, le 3 avril 1716, dans l'académie de Bordeaux qui ne faisoit que de naître. Le goût pour la musique & pour les ouvrages de pur agrément, avoit d'abord rassemblé les membres qui la formoient. M. de Montesquieu crut, avec raison, que l'ardeur naissante & les talens de ses confrères pourroient s'exercer avec encore plus d'avantage sur les objets de la physique. Il étoit persuadé que la nature, si digne d'être observée par-tout, trouvoit aussi par-tout des yeux dignes de la voir; qu'au contraire les ouvrages de goût ne souffrant point de médiocrité, & la capitale étant en ce genre le centre des lumières & des secours, il étoit trop difficile de rassembler loin d'elle un assez grand nombre d'écrivains distingués. Il regardoit les sociétés de bel esprit, si étrangement multipliées dans nos provinces, comme une espèce, ou plutôt comme une ombre de luxe littéraire, qui nuit à l'opulence réelle, sans même en offrir l'apparence. Heureusement monsieur le duc de la Force, par un prix qu'il venoit de fonder à Bordeaux, avoit secondé des vues si éclairées & si justes. On jugea qu'une expérience bien faite seroit préférable à un discours foible ou à un mauvais poëme; & Bordeaux eut une académie des sciences.

M. de Montesquieu, nullement empressé de se montrer au public, sembloit attendre, selon l'expression d'un grand génie, *un âge mûr pour écrire*. Ce ne fut qu'en 1721, c'est-à-dire, âgé de trente-deux ans, qu'il mit au jour les *lettres Persanes*. Le *Siamois* des *amusemens sérieux & comiques* pouvoit lui en avoir fourni l'idée; mais il surpassa son modèle. La peinture des mœurs orientales, réelles ou supposées, de l'orgueil & du flègme de l'amour Asiatique, n'est que le moindre objet de ces lettres; elle n'y sert, pour ainsi dire, que de prétexte à une satyre fine de nos mœurs, & à des matières importantes, que l'auteur approfondit, en paroissant glisser sur elles. Dans cette espèce de tableau mouvant, Usbek expose surtout, avec autant de légèreté que d'énergie, ce qui a le plus frappé parmi nous ses yeux pénétrans; notre habitude de traiter sérieusement les choses les plus futiles, & de tourner les plus importantes en plaisanterie; nos conversations si bruyantes & si frivoles; notre ennui dans le sein du plaisir même; nos préjugés & nos actions en contradiction continuelle avec nos lumières; tant d'amour pour la gloire, joint à tant de respect pour l'idole de la faveur; nos courtisans si rampans & si vains; notre politesse extérieure, & notre mépris réel pour les étrangers, ou notre prédilection affectée pour eux; la bisarrerie de nos goûts, qui n'a rien au-dessous d'elle, que l'empressement de toute l'Europe à les adopter; notre dédain barbare pour deux des plus respectables occupations d'un citoyen, le commerce & la magistrature; nos disputes littéraires si vives & si inutiles; notre fureur d'écrire avant que de penser, & de juger avant que de connoître. A cette peinture vive, mais sans fiel, il oppose, dans l'apologue des Troglodites, le tableau d'un peuple vertueux, devenu sage par le malheur: morceau digne du portique. Ailleurs, il montre la philosophie long-temps étouffée, reparoissant tout-à-coup, regagnant, par ses progrès, le temps qu'elle a perdu; pénétrant jusques chez les Russes à la voix d'un génie qui l'appelle; tandis que, chez d'autres peuples de l'Europe, la superstition, semblable à une atmosphère épaisse, empêche la lumière qui les environne de toutes parts d'arriver jusqu'à eux. Enfin, par les principes qu'il établit sur la nature des gouvernemens anciens & modernes, il présente le germe de ces idées lumineuses, développées depuis par l'auteur dans son grand ouvrage.

Ces différens sujets, privés aujourd'hui des graces de la nouveauté qu'ils avoient dans la naissance des lettres Persanes, y conserveront toujours le mérite du caractère original qu'on a sçu leur donner : mérite d'autant plus réel, qu'il vient ici du génie seul de l'écrivain, & non du voile étranger dont il s'est couvert ; car Usbek a pris, durant son séjour en France, non seulement une connoissance si parfaite de nos mœurs, mais une si forte teinture de nos manières même, que son style fait souvent oublier son pays. Ce léger défaut de vraisemblance peut n'être pas sans dessein & sans adresse : en relevant nos ridicules & nos vices, il a voulu sans doute aussi rendre justice à nos avantages. Il a senti toute la fadeur d'un éloge direct ; & il nous a plus finement loués, en prenant si souvent notre ton pour médire plus agréablement de nous.

Malgré le succès de cet ouvrage, monsieur de Montesquieu ne s'en étoit point déclaré ouvertement l'auteur. Peut-être croyoit-il échapper plus aisément par ce moyen à la satyre littéraire, qui épargne plus volontiers les écrits anonymes, parce que c'est toujours la personne, & non l'ouvrage, qui est le but de ses traits. Peut-être craignoit-il d'être attaqué sur le prétendu contraste des lettres Persanes avec l'austérité de sa place ; espèce de reproche, disoit-il, que les critiques ne manquent jamais, parce qu'il ne demande aucun effort d'esprit. Mais son secret étoit découvert, & déjà le public le montroit à l'académie Françoise. L'événement fit voir combien le silence de monsieur de Montesquieu avoit été sage. Usbek s'exprime quelquefois assez librement, non sur le fond du christianisme, mais sur des matières que trop de personnes affectent de confondre avec le christianisme même ; sur l'esprit de persécution dont tant de chrétiens ont été animés; ſur les uſurpations temporelles de la puiſſance eccléſiaſtique; ſur la multiplication exceſſive des monaſtères, qui enlève des ſujets à l'état, ſans donner à dieu des adorateurs; ſur quelques opinions qu'on a vainement tenté d'ériger en dogmes; ſur nos diſputes de religion, toujours violentes, & ſouvent funeſtes. S'il paroît toucher ailleurs à des queſtions plus délicates, & qui intéreſſent de plus près la religion chrétienne, ſes réflexions, appréciées avec juſtice, ſont en effet très-favorables à la révélation; puiſqu'il ſe borne à montrer combien la raiſon humaine, abandonnée à elle-même, eſt peu éclairée ſur ces objets. Enfin, parmi les véritables lettres de monſieur de Monteſquieu, l'imprimeur étranger en avoit inſéré quelques-unes d'une autre main: & il eût fallu du moins, avant que de condamner l'auteur, démêler ce qui lui appartenoit en propre. Sans égard à ces conſidérations, d'un côté la haine ſous le nom de zèle, de l'autre le zèle ſans diſcernement ou ſans lumières, ſe ſoulevèrent & ſe réunirent contre les *lettres Perſanes*. Des délateurs, eſpèce d'hommes dangereuſe & lâche, que même dans un gouvernement ſage on a quelquefois le malheur d'écouter, allarmèrent, par un extrait infidèle, la piété du miniſtère. M. de Monteſquieu, par le conſeil de ſes amis, ſoutenu de la voix publique, s'étant préſenté pour la place de l'académie Françoiſe, vacante par la mort de monſieur de Sacy, le miniſtre (1) écrivit à cette compagnie que ſa majeſté ne donneroit jamais ſon agrément à l'auteur des lettres Perſanes: qu'il n'avoit point lu ce livre; mais que des perſonnes en qui il avoit confiance lui en avoient fait connoître le poiſon & le danger. M. de Monteſquieu ſentit le coup qu'une pareille accuſation pouvoit porter à ſa per-

(1) M. le cardinal DE FLEURY.

sonne, à sa famille, à la tranquillité de sa vie. Il n'attachoit pas assez de prix aux honneurs littéraires, ni pour les rechercher avec avidité, ni pour affecter de les dédaigner quand ils se présentoient à lui, ni enfin pour en regarder la simple privation comme un malheur : mais l'exclusion perpétuelle, & sur-tout les motifs de l'exclusion, lui paroissoient une injure. Il vit le ministre, lui déclara que, par des raisons particulières, il n'avouoit point les lettres Persanes ; mais qu'il étoit encore plus éloigné de désavouer un ouvrage dont il croyoit n'avoir point à rougir ; & qu'il devoit être jugé d'après une lecture, & non sur une délation : le ministre prit enfin le parti par où il auroit dû commencer ; il lut le livre, aima l'auteur, & apprit à mieux placer sa confiance. L'académie Françoise ne fut point privée d'un de ses plus beaux ornemens ; & la France eut le bonheur de conserver un sujet que la superstition ou la calomnie étoient prêtes à lui faire perdre : car monsieur de Montesquieu avoit déclaré au gouvernement, qu'après l'espèce d'outrage qu'on alloit lui faire, il iroit chercher, chez les étrangers qui lui tendoient les bras, la sureté, le repos, & peut-être les récompenses qu'il auroit dû espérer dans son pays. La nation eût déploré cette perte, & la honte en fût pourtant retombée sur elle.

Feu monsieur le maréchal d'Estrées, alors directeur de l'académie Françoise, se conduisit dans cette circonstance en courtisan vertueux, & d'une ame vraiment élevée : il ne craignit, ni d'abuser de son crédit, ni de le compromettre ; il soutint son ami, & justifia Socrate. Ce trait de courage, si précieux aux lettres, si digne d'avoir aujourd'hui des imitateurs, & si honorable à la mémoire de monsieur le maréchal d'Estrées, n'auroit pas dû être oublié dans son éloge.

M. de Montesquieu fut reçu le 24 janvier 1728. Son discours

discours est un des meilleurs qu'on ait prononcés dans une pareille occasion : le mérite en est d'autant plus grand, que les récipiendaires, gênés jusqu'alors par ces formules & ces éloges d'usage ausquels une espèce de prescription les assujettit, n'avoient encore osé franchir ce cercle pour traiter d'autres sujets, ou n'avoient point pensé du moins à les y renfermer. Dans cet état même de contrainte, il eut l'avantage de réussir. Entre plusieurs traits dont brille son discours *, on reconnoîtroit l'écrivain qui pense au seul portrait du cardinal de Richelieu, *qui apprit à la France le secret de ses forces, & à l'Espagne celui de sa foiblesse ; qui ôta à l'Allemagne ses chaînes, & lui en donna de nouvelles.* Il faut admirer M. de Montesquieu d'avoir sçu vaincre la difficulté de son sujet, & pardonner à ceux qui n'ont pas eu le même succès.

Le nouvel académicien étoit d'autant plus digne de ce titre, qu'il avoit, peu de temps auparavant, renoncé à tout autre travail, pour se livrer entièrement à son génie & à son goût. Quelque importante que fût la place qu'il occupoit, avec quelques lumières & quelque intégrité qu'il en eût rempli les devoirs, il sentoit qu'il y avoit des objets plus dignes d'occuper ses talens ; qu'un citoyen est redevable à sa nation & à l'humanité de tout le bien qu'il peut leur faire ; & qu'il seroit plus utile à l'une & à l'autre, en les éclairant par ses écrits, qu'il ne pouvoit l'être en discutant quelques contestations particulières dans l'obscurité. Toutes ces réflexions le déterminèrent à vendre sa charge. Il cessa d'être magistrat, & ne fut plus qu'homme de lettres.

Mais, pour se rendre utile par ses ouvrages aux différentes nations, il étoit nécessaire qu'il les connût. Ce fut dans cette

(*) On le trouvera à la fin de cet éloge.

vue qu'il entreprit de voyager. Son but étoit d'examiner par-tout le physique & le moral; d'étudier les loix & la constitution de chaque pays; de visiter les sçavans, les écrivains, les artistes célèbres; de chercher sur-tout ces hommes rares & singuliers, dont le commerce supplée quelquefois à plusieurs années d'observations & de séjour. Monsieur de Montesquieu eût pu dire, comme Démocrite: » Je n'ai rien oublié pour m'instruire : j'ai quitté mon pays, & » parcouru l'univers, pour mieux connoître la vérité : j'ai vu » tous les personnages illustres de mon temps «. Mais il y eut cette différence entre le Démocrite François, & celui d'Abdère, que le premier voyageoit pour instruire les hommes, & le second pour s'en moquer.

Il alla d'abord à Vienne, où il vit souvent le célèbre prince Eugène. Ce héros si funeste à la France (à laquelle il auroit pu être si utile), après avoir balancé la fortune de Louis XIV, & humilié la fierté Ottomane, vivoit sans faste durant la paix, aimant & cultivant les lettres dans une cour où elles sont peu en honneur (*b*), & donnant à ses maîtres l'exemple de les protéger. M. de Montesquieu crut entrevoir, dans ses discours, quelques restes d'intérêt pour son ancienne patrie. Le prince Eugène (2) en laissoit voir sur-tout, autant que le peut faire un ennemi, sur les suites funestes de cette

(*b*) Quelques Allemands ont pris, très-mal-à-propos, ces paroles pour une injure. L'amour des hommes est un devoir dans les princes; l'amour des lettres est un goût qu'il leur est permis de ne pas avoir. *Note de M. d'*ALEMBERT.

(2) Le prince (Eugène) lui demanda un jour en quel état étoient les affaires de la *constitution* en France, M. de Montesquieu lui répondit que le ministère prenoit des mesures pour éteindre peu à peu le jansénisme; & que, dans quelques années, il n'en seroit plus question. Vous n'en sortirez jamais, dit le prince : « le feu roi s'est laissé engager dans une « affaire dont son arrière petit-fils ne ver- « ra pas la fin ». *Eloge manuscript de M.* DE MONTESQUIEU, *par M. de* SECONDAT *son fils*.

division intestine qui trouble depuis si long-temps l'église de France : l'homme d'état en prévoyoit la durée & les effets, & les prédit au philosophe.

M. de Montesquieu partit de Vienne pour voir la Hongrie, contrée opulente & fertile, habitée par une nation fière & généreuse, le fléau de ses tyrans, & l'appui de ses souverains. Comme peu de personnes connoissent bien ce pays, il a écrit avec soin cette partie de ses voyages.

D'Allemagne, il passa en Italie. Il vit à Venise le fameux Law, à qui il ne restoit, de sa grandeur passée, que des projets heureusement destinés à mourir dans sa tête, & un diamant qu'il engageoit pour jouer aux jeux de hasard. Un jour la conversation rouloit sur le fameux systême que Law avoit inventé ; époque de tant de malheurs & de fortunes, & sur-tout d'une dépravation remarquable dans nos mœurs. Comme le parlement de Paris, dépositaire immédiat des loix dans les temps de minorité, avoit fait éprouver au ministre Ecossois quelque résistance dans cette occasion, monsieur de Montesquieu lui demanda pourquoi on n'avoit pas essayé de vaincre cette résistance par un moyen presque toujours infaillible en Angleterre, par le grand mobile des actions des hommes, en un mot, par l'argent. *Ce ne sont pas*, répondit Law, *des génies aussi ardens & aussi généreux que mes compatriotes ; mais ils sont beaucoup plus incorruptibles.* Nous ajouterons, sans aucun préjugé de vanité nationale, qu'un corps libre pour quelques instans doit mieux résister à la corruption, que celui qui l'est toujours : le premier, en vendant sa liberté, la perd ; le second ne fait, pour ainsi dire, que la prêter, & l'exerce même en l'engageant. Ainsi les circonstances & la nature du gouvernement font les vices & les vertus des nations.

Un autre personnage non moins fameux, que monsieur de Montesquieu vit encore plus souvent à Venise, fut le comte de Bonneval. Cet homme, si connu par ses aventures qui n'étoient pas encore à leur terme, & flatté de converser avec un juge digne de l'entendre, lui faisoit avec plaisir le détail singulier de sa vie, le récit des actions militaires où il s'étoit trouvé, le portrait des généraux & des ministres qu'il avoit connus. M. de Montesquieu se rappelloit souvent ces conversations, & en racontoit différens traits à ses amis.

Il alla, de Venise, à Rome. Dans cette ancienne capitale du monde, qui l'est encore à certains égards, il s'appliqua sur-tout à examiner ce qui la distingue aujourd'hui le plus; les ouvrages des Raphaël, des Titien, & des Michel-Ange. Il n'avoit point fait une étude particulière des beaux arts; mais l'expression, dont brillent les chefs-d'œuvre en ce genre, saisit infailliblement tout homme de génie. Accoutumé à étudier la nature, il la reconnoît quand elle est imitée, comme un portrait ressemblant frappe tous ceux à qui l'original est familier. Malheur aux productions de l'art dont toute la beauté n'est que pour les artistes!

Après avoir parcouru l'Italie, monsieur de Montesquieu vint en Suisse. Il examina soigneusement les vastes pays arrosés par le Rhin. Et il ne lui resta plus rien à voir en Allemagne, car Frédéric ne règnoit pas encore. Il s'arrêta ensuite quelque temps dans les Provinces-Unies, monument admirable de ce que peut l'industrie humaine, animée par l'amour de la liberté. Enfin il se rendit en Angleterre, où il demeura deux ans. Digne de voir & d'entretenir les plus grands hommes, il n'eut à regretter que de n'avoir pas fait plutôt ce voyage. Locke & Newton étoient morts. Mais il eut souvent l'honneur de faire sa cour à leur protectrice, la célèbre reine d'Angleterre, qui cultivoit la philosophie sur le trône, & qui goûta, comme elle le devoit, monsieur de Montesquieu. Il ne fut pas moins accueilli par la nation qui n'avoit pas besoin, sur cela, de prendre le ton de ses maîtres. Il forma à Londres des liaisons intimes avec des hommes exercés à méditer, & à se préparer aux grandes choses par des études profondes. Il s'instruisit avec eux de la nature du gouvernement, & parvint à le bien connoître. Nous parlons ici d'après les témoignages publics que lui en ont rendu les Anglois eux-mêmes, si jaloux de nos avantages, & si peu disposés à reconnoître en nous aucune supériorité.

Comme il n'avoit rien examiné, ni avec la prévention d'un enthousiaste, ni avec l'austérité d'un cynique; il n'avoit remporté de ses voyages, ni un dédain outrageant pour les étrangers, ni un mépris encore plus déplacé pour son propre pays. Il résultoit, de ses observations, que l'Allemagne étoit faite pour y voyager, l'Italie pour y séjourner, l'Angleterre pour y penser, & la France pour y vivre.

De retour enfin dans sa patrie, monsieur de Montesquieu se retira pendant deux ans à sa terre de la Brède. Il y jouit en paix de cette solitude que le spectacle & le tumulte du monde sert à rendre plus agréable : il vécut avec lui-même, après en être sorti long-temps. &, ce qui nous intéresse le plus, il mit la dernière main à son ouvrage *sur la cause de la grandeur & de la décadence des Romains*, qui parut en 1734.

Les empires, ainsi que les hommes, doivent croître, dépérir & s'éteindre. Mais cette révolution nécessaire a souvent des causes cachées, que la nuit des temps nous dérobe, & que le mystère ou leur petitesse apparente a même quelquefois voilées aux yeux des contemporains. Rien ne ressemble plus, sur ce point, à l'histoire moderne, que l'histoire ancienne. Celle des Romains mérite néanmoins, à cet égard, quelque exception. Elle présente une politique raisonnée, un systême suivi d'aggrandissement, qui ne permet pas d'attribuer la fortune de ce peuple à des ressorts obscurs & subalternes. Les causes de la grandeur Romaine se trouvent donc dans l'histoire; & c'est au philosophe à les y découvrir. D'ailleurs, il n'en est pas des systêmes dans cette étude, comme dans celle de la physique. Ceux-ci sont presque toujours précipités, parce qu'une observation nouvelle & imprévue peut les renverser en un instant; au contraire, quand on recueille avec soin les faits que nous transmet l'histoire ancienne d'un pays, si on ne rassemble pas toujours tous les matériaux qu'on peut desirer, on ne sçauroit du moins espérer d'en avoir un jour davantage. L'étude réfléchie de l'histoire, étude si importante & si difficile, consiste à combiner, de la manière la plus parfaite, ces matériaux défectueux: tel seroit le mérite d'un architecte, qui, sur des ruines sçavantes, traceroit, de la manière la plus vraisemblable, le plan d'un édifice antique; en suppléant, par le génie, & par d'heureuses conjectures, à des restes informes & tronqués.

C'est sous ce point de vue qu'il faut envisager l'ouvrage de monsieur de Montesquieu. Il trouve les causes de la grandeur des Romains dans l'amour de la liberté, du travail, & de la patrie, qu'on leur inspiroit dès l'enfance; dans ces dissensions intestines, qui donnoient du ressort aux esprits, & qui cessoient tout-à-coup à la vue de l'ennemi; dans cette constance après le malheur, qui ne désespéroit jamais de la république; dans le principe où ils furent toujours de ne faire jamais la paix qu'après des victoires ; dans l'honneur du triomphe, sujet d'émulation pour les généraux ; dans la protection qu'ils accordoient aux peuples révoltés contre leurs rois ; dans l'excellente politique de laisser aux vaincus leurs dieux & leurs coutumes ; dans celle de n'avoir jamais deux puissans ennemis sur les bras, & de tout souffrir de l'un, jusqu'à ce qu'ils eussent anéanti l'autre. Il trouve les causes de leur décadence dans l'aggrandissement même de l'état, qui changea en guerres civiles les tumultes populaires ; dans les guerres éloignées, qui, forçant les citoyens à une trop longue absence, leur faisoit perdre insensiblement l'esprit républicain ; dans le droit de bourgeoisie accordé à tant de nations, & qui ne fit plus, du peuple Romain, qu'une espèce de monstre à plusieurs têtes ; dans la corruption introduite par le luxe de l'Asie ; dans les proscriptions de Sylla, qui avilirent l'esprit de la nation, & la préparèrent à l'esclavage ; dans la nécessité où les Romains se trouvèrent de souffrir des maîtres, lorsque leur liberté leur fut devenue à charge ; dans l'obligation où ils furent de changer de maximes, en changeant de gouvernement ; dans cette suite de monstres qui régnèrent, presque sans interruption, depuis Tibère jusqu'à Nerva, & depuis Commode jusqu'à Constantin ; enfin, dans la translation & le partage de l'empire, qui périt d'abord en Occident par la puissance des Barbares, & qui, après avoir langui plusieurs siècles en Orient sous des empereurs imbécilles ou féroces, s'anéantit insensiblement, comme ces fleuves qui disparoissent dans des sables.

Un assez petit volume a suffi à monsieur de Montesquieu, pour développer un tableau si intéressant & si vaste. Comme l'auteur ne s'appesantit point sur les détails, & ne saisit que les branches fécondes de son sujet, il a sçu renfermer en très-peu d'espace un grand nombre d'objets distinctement apperçus, & rapidement présentés, sans fatigue pour le lecteur. En laissant beaucoup voir, il laisse encore plus à penser: & il auroit pu intituler son livre, *histoire Romaine, à l'usage des hommes d'état & des philosophes.*

Quelque réputation que monsieur de Montesquieu se fût acquise par ce dernier ouvrage, & par ceux qui l'avoient précédé, il n'avoit fait que se frayer le chemin à une plus grande entreprise, à celle qui doit immortaliser son nom, & le rendre respectable aux siècles futurs. Il en avoit dès long-temps formé le dessein : il en médita pendant vingt ans l'exécution; ou, pour parler plus exactement, toute sa vie en avoit été la méditation continuelle. D'abord il s'étoit fait, en quelque façon, étranger dans son propre pays, afin de le mieux connoître. Il avoit ensuite parcouru toute l'Europe, & profondément étudié les différens peuples qui l'habitent. L'isle fameuse, qui se glorifie tant de ses loix, & qui en profite si mal, avoit été pour lui, dans ce long voyage, ce que l'isle de Crète fut autrefois pour Lycurgue, une école où il avoit sçu s'instruire sans tout approuver. Enfin, il avoit, si on peut parler ainsi, interrogé & jugé les nations & les hommes célèbres qui n'existent plus aujourd'hui que dans les annales du monde. Ce fut ainsi qu'il s'éleva par dégrés au plus beau titre qu'un sage puisse mériter, celui de législateur des nations.

S'il étoit animé par l'importance de la matière, il étoit effrayé en même temps par son étendue : il l'abandonna, & y revint à plusieurs reprises. Il sentit plus d'une fois, comme il l'avoue lui-même, tomber les mains paternelles. Encouragé enfin par ses amis, il ramassa toutes ses forces, & donna l'*Esprit des loix.*

Dans

Dans cet important ouvrage, monsieur de Montesquieu, sans s'appesantir, à l'exemple de ceux qui l'ont précédé, sur des discussions métaphysiques relatives à l'homme supposé dans un état d'abstraction; sans se borner, comme d'autres, à considérer certains peuples dans quelques relations ou circonstances particulières, envisage les habitans de l'univers dans l'état réel où ils sont, & dans tous les rapports qu'ils peuvent avoir entre eux. La plupart des autres écrivains en ce genre sont presque toujours, ou de simples moralistes, ou de simples jurisconsultes, ou même quelquefois de simples théologiens. Pour lui, l'homme de tous les pays & de toutes les nations, il s'occupe moins de ce que le devoir exige de nous, que des moyens par lesquels on peut nous obliger de le remplir; de la perfection métaphysique des loix, que de celle dont la nature humaine les rend susceptibles; des loix qu'on a faites, que de celles qu'on a dû faire; des loix d'un peuple particulier, que de celles de tous les peuples. Ainsi, en se comparant lui-même à ceux qui ont couru avant lui cette grande & noble carrière, il a pu dire, comme le Corrège, quand il eut vu les ouvrages de ses rivaux, *Et moi aussi, je suis peintre* (*c*).

Rempli & pénétré de son objet, l'auteur de l'esprit des loix y embrasse un si grand nombre de matières, & les traite avec tant de brièveté & de profondeur, qu'une lecture assidue & méditée peut seule faire sentir le mérite de ce livre. Elle servira sur-tout, nous osons le dire, à faire disparoître le prétendu défaut de méthode, dont quelques lecteurs ont accusé monsieur de Montesquieu; avantage qu'ils n'auroient pas dû le taxer légèrement d'avoir négligé dans une matière

(*c*) On trouvera, à la suite de cet éloge, l'analyse de l'*esprit des loix*, par le même auteur.

philosophique, & dans un ouvrage de vingt années. Il faut distinguer le désordre réel de celui qui n'est qu'apparent. Le désordre est réel, quand l'analogie & la suite des idées n'est point observée; quand les conclusions sont érigées en principes, ou les précèdent; quand le lecteur, après des détours sans nombre, se retrouve au point d'où il est parti. Le désordre n'est qu'apparent, quand l'auteur, mettant à leur véritable place les idées dont il fait usage, laisse à suppléer aux lecteurs les idées intermédiaires. Et c'est ainsi que monsieur de Montesquieu a cru pouvoir & devoir en user dans un livre destiné à des hommes qui pensent, dont le génie doit suppléer à des omissions volontaires & raisonnées.

L'ordre, qui se fait appercevoir dans les grandes parties de l'esprit des loix, ne règne pas moins dans les détails : nous croyons que, plus on approfondira l'ouvrage, plus on en sera convaincu. Fidèle à ses divisions générales, l'auteur rapporte à chacune les objets qui lui appartiennent exclusivement; &, à l'égard de ceux qui, par différentes branches, appartiennent à plusieurs divisions à la fois, il a placé sous chaque division la branche qui lui appartient en propre. Par-là on apperçoit aisément, & sans confusion, l'influence que les différentes parties du sujet ont les unes sur les autres; comme, dans un arbre ou systême bien entendu des connoissances humaines, on peut voir le rapport mutuel des sciences & des arts. Cette comparaison d'ailleurs est d'autant plus juste, qu'il en est du plan qu'on peut se faire dans l'examen philosophique des loix, comme de l'ordre qu'on peut observer dans un arbre encyclopédique des sciences : il y restera toujours de l'arbitraire; & tout ce qu'on peut exiger de l'auteur, c'est qu'il suive, sans détour & sans écart, le systême qu'il s'est une fois formé.

Nous dirons de l'obſcurité, que l'on peut ſe permettre dans un tel ouvrage, la même choſe que du défaut d'ordre. Ce qui ſeroit obſcur pour les lecteurs vulgaires ne l'eſt pas pour ceux que l'auteur a eus en vue. D'ailleurs, l'obſcurité volontaire n'en eſt pas une. Monſieur de Monteſquieu ayant à préſenter quelquefois des vérités importantes, dont l'énoncé abſolu & direct auroit pu bleſſer ſans fruit, a eu la prudence de les envelopper; &, par cet innocent artifice, les a voilées à ceux à qui elles ſeroient nuiſibles, ſans qu'elles fuſſent perdues pour les ſages.

Parmi les ouvrages qui lui ont fourni des ſecours, & quelquefois des vues pour le ſien, on voit qu'il a ſur-tout profité des deux hiſtoriens qui ont penſé le plus, Tacite & Plutarque: mais, quoiqu'un philoſophe qui a fait ces deux lectures ſoit diſpenſé de beaucoup d'autres, il n'avoit pas cru devoir, en ce genre, rien négliger ni dédaigner de ce qui pouvoit être utile à ſon objet. La lecture que ſuppoſe l'eſprit des loix eſt immenſe; & l'uſage raiſonné que l'auteur a fait de cette multitude prodigieuſe de matériaux, paroîtra encore plus ſurprenant, quand on ſçaura qu'il étoit preſque entièrement privé de la vue, & obligé d'avoir recours à des yeux étrangers. Cette vaſte lecture contribue non ſeulement à l'utilité, mais à l'agrément de l'ouvrage. Sans déroger à la majeſté de ſon ſujet, monſieur de Monteſquieu ſçait en tempérer l'auſtérité, & procurer aux lecteurs des momens de repos, ſoit par des faits ſinguliers & peu connus, ſoit par des alluſions délicates, ſoit par ces coups de pinceau énergiques & brillans, qui peignent d'un ſeul trait les peuples & les hommes.

Enfin, car nous ne voulons pas jouer ici le rôle des commentateurs d'Homère, il y a ſans doute des fautes dans l'esprit des loix, comme il y en a dans tout ouvrage de génie, dont l'auteur a le premier osé se frayer des routes nouvelles. M. de Montesquieu a été parmi nous, pour l'étude des loix, ce que Descartes a été pour la philosophie : il éclaire souvent, & se trompe quelquefois ; & en se trompant même, il instruit ceux qui sçavent lire. Cette nouvelle édition montrera, par les additions & corrections qu'il y a faites, que, s'il est tombé de temps en temps, il a sçu le reconnoître & se relever. Par-là, il acquerra du moins le droit à un nouvel examen, dans les endroits où il n'aura pas été de l'avis de ses censeurs. Peut-être même ce qu'il aura jugé le plus digne de correction leur a-t-il absolument échappé, tant l'envie de nuire est ordinairement aveugle.

Mais ce qui est à la portée de tout le monde dans l'esprit des loix, ce qui doit rendre l'auteur cher à toutes les nations, ce qui serviroit même à couvrir des fautes plus grandes que les siennes, c'est l'esprit de citoyen qui l'a dicté. L'amour du bien public, le desir de voir les hommes heureux, s'y montrent de toutes parts; &, n'eût-il que ce mérite si rare & si précieux, il seroit digne, par cet endroit seul, d'être la lecture des peuples & des rois. Nous voyons déjà, par une heureuse expérience, que les fruits de cet ouvrage ne se bornent pas, dans ses lecteurs, à des sentimens stériles. Quoique monsieur de Montesquieu ait peu survécu à la publication de l'esprit des loix, il a eu la satisfaction d'entrevoir les effets qu'il commence à produire parmi nous ; l'amour naturel des François pour leur patrie, tourné vers son véritable objet ; ce goût pour le commerce, pour l'agriculture, & pour les arts utiles, qui se répand insensiblement dans notre nation ; cette lumière générale sur les principes du gouvernement, qui rend les peuples plus attachés à ce qu'ils doivent aimer. Ceux qui ont si indécemment attaqué cet ouvrage, lui doivent peut-être plus qu'ils ne s'imaginent. L'ingratitude, au reste, est le moindre reproche qu'on ait à leur faire. Ce n'est pas sans regret & sans honte pour notre siècle, que nous allons les dévoiler ; mais cette histoire importe trop à la gloire de M. de Montesquieu, & à l'avantage de la philosophie, pour être passée sous silence. Puisse l'opprobre, qui couvre enfin ses ennemis, leur devenir salutaire !

A peine l'esprit des loix parut-il, qu'il fut recherché avec empressement, sur la réputation de l'auteur : mais, quoique monsieur de Montesquieu eût écrit pour le bien du peuple, il ne devoit pas avoir le peuple pour juge : la profondeur de l'objet étoit une suite de son importance même. Cependant les traits qui étoient répandus dans l'ouvrage, & qui auroient été déplacés s'ils n'étoient pas nés du fond du sujet, persuadèrent à trop de personnes qu'il étoit écrit pour elles. On cherchoit un livre agréable ; & on ne trouvoit qu'un livre utile, dont on ne pouvoit d'ailleurs, sans quelque attention, saisir l'ensemble & les détails. On traita légèrement l'esprit des loix ; le titre même fut un sujet de plaisanterie (4) ; enfin, l'un des plus beaux monumens littéraires qui soient sortis de notre nation, fut regardé d'abord par elle avec assez d'indifférence. Il fallut que les véritables juges eussent eu le temps de lire : bientôt ils ramenèrent la multitude, toujours prompte à changer d'avis. La partie du public qui enseigne dicta à la partie qui écoute ce qu'elle devoit penser & dire ; & le suffrage des hommes éclairés, joint aux échos qui le répétèrent, ne forma plus qu'une voix dans toute l'Europe.

(4) M. DE MONTESQUIEU, disoit-on, devoit intituler son livre : DE L'ESPRIT SUR LES LOIX.

Ce fut alors que les ennemis publics & secrets des lettres & de la philosophie (car elles en ont de ces deux espèces) réunirent leurs traits contre l'ouvrage. De-là, cette foule de brochures qui lui furent lancées de toutes parts, & que nous ne tirerons pas de l'oubli où elles sont déjà plongées. Si leurs auteurs n'avoient pris de bonnes mesures pour être inconnus à la postérité, elle croiroit que l'esprit des loix a été écrit au milieu d'un peuple de barbares.

M. de Montesquieu méprisa sans peine les critiques ténébreuses de ces auteurs sans talent, qui, soit par une jalousie qu'ils n'ont pas droit d'avoir, soit pour satisfaire la malignité du public qui aime la satyre & la méprise, outragent ce qu'ils ne peuvent atteindre; &, plus odieux par le mal qu'ils veulent faire, que redoutables par celui qu'ils font, ne réussissent pas même dans un genre d'écrire que sa facilité & son objet rendent également vil. Il mettoit les ouvrages de cette espèce sur la même ligne que ces nouvelles hebdomadaires de l'Europe, dont les éloges sont sans autorité & les traits sans effet, que des lecteurs oisifs parcourent sans y ajouter foi, & dans lesquelles les souverains sont insultés sans le sçavoir, ou sans daigner s'en venger. Il ne fut pas aussi indifférent sur les principes d'irreligion qu'on l'accusa d'avoir semé dans l'esprit des loix. En méprisant de pareils reproches, il auroit cru les mériter; & l'importance de l'objet lui ferma les yeux sur la valeur de ses adversaires. Ces hommes également dépourvus de zèle, & également empressés d'en faire paroître; également effrayés de la lumière que les lettres répandent, non au préjudice de la religion, mais à leur désavantage, avoient pris différentes formes pour lui porter atteinte. Les uns, par un stratagême aussi puérile que pusillanime, s'étoient écrit à eux-mêmes;

les autres ; après l'avoir déchiré ſous le maſque de l'anonyme, s'étoient enſuite déchirés entre eux à ſon occaſion. M. de Monteſquieu, quoique jaloux de les confondre, ne jugea pas à propos de perdre un temps précieux à les combattre les uns après les autres : il ſe contenta de faire un exemple ſur celui qui s'étoit le plus ſignalé par ſes excès.

C'étoit l'auteur d'une feuille anonyme & périodique, qui croit avoir ſuccédé à Paſcal, parce qu'il a ſuccédé à ſes opinions ; panégyriſte d'ouvrages que perſonne ne lit, & apologiſte de miracles que l'autorité ſéculière a fait ceſſer dès qu'elle l'a voulu ; qui appelle impiété & ſcandale le peu d'intérêt que les gens de lettres prennent à ſes querelles ; & s'eſt aliéné, par une adreſſe digne de lui, la partie de la nation qu'il avoit le plus d'intérêt de ménager. Les coups de ce redoutable athlète furent dignes des vues qui l'inſpirèrent : il accuſa monſieur de Monteſquieu de ſpinoſiſme & de déiſme (deux imputations incompatibles) d'avoir ſuivi le ſyſtême de Pope (dont il n'y avoit pas un mot dans l'ouvrage) ; d'avoir cité Plutarque, qui n'eſt pas un auteur chrétien ; de n'avoir point parlé du péché originel & de la grace. Il prétendit enfin que l'eſprit des loix étoit une production de la conſtitution *unigenitus* ; idée qu'on nous ſoupçonnera peut-être de prêter par dériſion au critique. Ceux qui ont connu monſieur de Monteſquieu, l'ouvrage de Clément XI & le ſien, peuvent juger, par cette accuſation, de toutes les autres.

Le malheur de cet écrivain dut bien le décourager : il vouloit perdre un ſage par l'endroit le plus ſenſible à tout citoyen, il ne fit que lui procurer une nouvelle gloire, comme homme de lettres : la *défenſe de l'eſprit des loix* parut. Cet ouvrage, par la modération, la vérité, la fineſſe de plaiſanterie qui y règnent, doit être regardé comme un modèle en ce genre. M. de Montesquieu, chargé par son adversaire d'imputations atroces, pouvoit le rendre odieux sans peine; il fit mieux, il le rendit ridicule. S'il faut tenir compte à l'aggresseur d'un bien qu'il a fait sans le vouloir, nous lui devons une éternelle reconnoissance de nous avoir procuré ce chef-d'œuvre. Mais, ce qui ajoute encore au mérite de ce morceau précieux, c'est que l'auteur s'y est peint lui-même sans y penser: ceux qui l'ont connu croient l'entendre; & la postérité s'assurera, en lisant sa *défense*, que sa conversation n'étoit pas inférieure à ses écrits; éloge que bien peu de grands hommes ont mérité.

Une autre circonstance lui assure pleinement l'avantage dans cette dispute. Le critique, qui, pour preuve de son attachement à la religion, en déchire les ministres, accusoit hautement le clergé de France, & sur-tout la faculté de théologie, d'indifférence pour la cause de dieu, en ce qu'ils ne proscrivoient pas authentiquement un si pernicieux ouvrage. La faculté étoit en droit de mépriser le reproche d'un écrivain sans aveu: mais il s'agissoit de la religion; une délicatesse louable lui a fait prendre le parti d'examiner l'esprit des loix. Quoiqu'elle s'en occupe depuis plusieurs années, elle n'a rien prononcé jusqu'ici; &, fût-il échappé à monsieur de Montesquieu quelques inadvertances légères, presque inévitables dans une carrière si vaste, l'attention longue & scrupuleuse qu'elles auroient demandée de la part du corps le plus éclairé de l'église, prouveroit au moins combien elles seroient excusables. Mais ce corps, plein de prudence, ne précipitera rien dans une si importante matière. Il connoît les bornes de la raison & de la foi: il sçait que l'ouvrage d'un homme de lettres ne doit point être examiné

miné comme celui d'un théologien ; que les mauvaises conséquences auxquelles une proposition peut donner lieu par des interprétations odieuses, ne rendent point blâmable la proposition en elle-même ; que d'ailleurs nous vivons dans un siècle malheureux, où les intérêts de la religion ont besoin d'être ménagés ; & qu'on peut lui nuire auprès des simples, en répandant mal-à-propos, sur des génies du premier ordre, le soupçon d'incrédulité ; qu'enfin, malgré cette accusation injuste, monsieur de Montesquieu fut toujours estimé, recherché & accueilli par tout ce que l'église a de plus respectable & de plus grand. Eût-il conservé auprès des gens de bien la considération dont il jouissoit, s'ils l'eussent regardé comme un écrivain dangereux ?

Pendant que des insectes le tourmentoient dans son propre pays, l'Angleterre élevoit un monument à sa gloire. En 1752, monsieur Dassier, célèbre par les médailles qu'il a frappées à l'honneur de plusieurs hommes illustres, vint de Londres à Paris pour frapper la sienne. M. de la Tour, cet artiste si supérieur par son talent, & si estimable par son désintéressement & l'élévation de son ame, avoit ardemment desiré de donner un nouveau lustre à son pinceau, en transmettant à la postérité le portrait de l'auteur de l'esprit des loix ; il ne vouloit que la satisfaction de le peindre ; & il méritoit, comme Appelle, que cet honneur lui fût réservé : mais monsieur de Montesquieu, d'autant plus avare du temps de monsieur de la Tour que celui-ci en étoit plus prodigue, se refusa constamment & poliment à ses pressantes sollicitations. M. Dassier essuya d'abord des difficultés semblables. » Croyez-vous, dit-il enfin à monsieur de Montesquieu, qu'il n'y ait pas autant d'orgueil à refuser ma proposition, qu'à l'accepter « ? Désarmé par cette plaisanterie, il laissa faire à monsieur Dassier tout ce qu'il voulut.

L'auteur de l'esprit des loix jouissoit enfin paisiblement de sa gloire, lorsqu'il tomba malade au commencement de février. Sa santé, naturellement délicate, commençoit à s'altérer depuis long-temps, par l'effet lent & presque infaillible des études profondes, par les chagrins qu'on avoit cherché à lui susciter sur son ouvrage; enfin, par le genre de vie qu'on le forçoit de mener à Paris, & qu'il sentoit lui être funeste. Mais l'empressement avec lequel on recherchoit sa société étoit trop vif, pour n'être pas quelquefois indiscret; on vouloit, sans s'en appercevoir, jouir de lui aux dépens de lui-même. A peine la nouvelle du danger où il étoit se fut-elle répandue, qu'elle devint l'objet des conversations & de l'inquiétude publique. Sa maison ne désemplissoit point de personnes de tout rang qui venoient s'informer de son état, les unes par un intérêt véritable, les autres pour s'en donner l'apparence, ou pour suivre la foule. Sa Majesté, pénétrée de la perte que son royaume alloit faire, en demanda plusieurs fois des nouvelles; témoignage de bonté & de justice, qui n'honore pas moins le monarque que le sujet. La fin de monsieur de Montesquieu ne fut point indigne de sa vie. Accablé de douleurs cruelles, éloigné d'une famille à qui il étoit cher, & qui n'a pas eu la consolation de lui fermer les yeux, entouré de quelques amis, & d'un plus grand nombre de spectateurs, il conserva, jusqu'au dernier moment, la paix & l'égalité de son ame. Enfin, après avoir satisfait avec décence à tous ses devoirs, plein de confiance en l'être éternel auquel il alloit se rejoindre, il mourut avec la tranquillité d'un homme de bien, qui n'avoit jamais consacré ses talens qu'à l'avantage de la vertu & de l'humanité. La France & l'Europe le perdirent le

10 février 1755, à l'âge de soixante-six ans révolus.

Toutes les nouvelles publiques ont annoncé cet événement comme une calamité. On pourroit appliquer à monsieur de Montesquieu ce qui a été dit autrefois d'un illustre Romain ; que personne, en apprenant sa mort, n'en témoigna de joie ; que personne même ne l'oublia dès qu'il ne fut plus. Les étrangers s'empressèrent de faire éclater leurs regrets ; & milord Chesterfield, qu'il suffit de nommer, fit imprimer, dans un des papiers publics de Londres, un article en son honneur, article digne de l'un & de l'autre ; c'est le portrait d'Anaxagore, tracé par Périclès (*d*). L'académie royale des

(*d*) Voici cet éloge en anglois, tel qu'on le lit dans la gazette appellée *evening-poste*, ou *poste du soir* :

*On the 10th of this month, died at Paris, universally and sincerely regretted, Charles Secondat, baron of Montesquieu, and president a mortier of the parliament of Bourdeaux. His virtues did honour to human nature, his writings justice. A friend to kind, he asserted their un doubted and inalienable rights with freedom, even in his man own country, whose prejudices in matters of religion and governement he had long lamented, and endeavoured (not without some success) to remove. He wel knew, and justly admired the happy constitution of this country, where fix'd and known laws equally restrain monarchy from tyranny, and liberty from licentiousness. His works will illustrate his name, and survive him, as long as right reason, moral obligation, and the true spirit of laws, shall be understood, respected and maintained.* C'EST-A-DIRE. Le 10 de février, est mort à Paris, universellement & sincèrement regretté, Charles de Secondat, baron de Montesquieu, président au mortier au parlement de Bordeaux. Ses vertus ont fait honneur à la nature humaine ; ses écrits lui ont rendu & fait rendre justice. Ami de l'humanité, il en soutient avec force & avec vérité les droits indubitables & inaliénables. Il l'ose sur-tout dans son propre pays, dont les préjugés en matière de religion & de gouvernement ont excité pendant long-temps ses gémissemens : Il entreprend de les détruire ; & ses efforts ont eu quelques succès. (*il faut se ressouvenir que c'est un Anglois qui parle*) Il connoissoit parfaitement bien, & admiroit avec justice, l'heureux gouvernement de ce pays, dont les loix, fixes & connues, sont un frein contre la monarchie qui tendroit à la tyrannie, & contre la liberté qui dégénéreroit en licence. Ses ouvrages rendront son nom célèbre ; & lui survivront aussi long-temps que la droite raison, les obligations morales, & le vrai esprit des loix, seront entendus, respectés & conservés. *Note* de M. D'ALEMBERT.

ſciences & des belles-lettres de Pruſſe, quoiqu'on n'y ſoit point dans l'uſage de prononcer l'éloge des aſſociés étrangers, a cru devoir lui faire cet honneur, qu'elle n'a fait encore qu'à l'illuſtre Jean Bernoulli. M. de Maupertuis, tout malade qu'il étoit, a rendu lui-même à ſon ami ce dernier devoir, & n'a voulu ſe repoſer ſur perſonne d'un ſoin ſi cher & ſi triſte. A tant de ſuffrages éclatans en faveur de monſieur de Monteſquieu, nous croyons pouvoir joindre, ſans indiſcrétion, les éloges que lui a donnés, en préſence de l'un de nous, le monarque même auquel cette académie célèbre doit ſon luſtre, prince fait pour ſentir les pertes de la philoſophie, & pour l'en conſoler.

Le 17 février, l'académie Françoiſe lui fit, ſelon l'uſage, un ſervice ſolemnel, auquel, malgré la rigueur de la ſaiſon, preſque tous les gens de lettres de ce corps, qui n'étoient point abſens de Paris, ſe firent un devoir d'aſſiſter. On auroit dû, dans cette triſte cérémonie, placer l'eſprit des loix ſur ſon cercueil, comme on expoſa autrefois, vis-à-vis le cercueil de Raphaël, ſon dernier tableau de la transfiguration. Cet appareil ſimple & touchant eût été une belle oraiſon funèbre.

Juſqu'ici nous n'avons conſidéré monſieur de Monteſquieu que comme écrivain & philoſophe : ce ſeroit lui dérober la moitié de ſa gloire, que de paſſer ſous ſilence ſes agrémens & ſes qualités perſonnelles.

Il étoit, dans le commerce, d'une douceur & d'une gaieté toujours égales. Sa converſation étoit légère, agréable, & inſtructive, par le grand nombre d'hommes & de peuples qu'il avoit connus. Elle étoit coupée, comme ſon ſtyle, pleine de ſel & de ſaillies, ſans amertume & ſans ſatyre. Perſonne ne racontoit plus vivement, plus promptement, avec plus de grace & moins d'apprêt. Il sçavoit que la fin d'une histoire plaisante en toujours le but; il se hâtoit donc d'y arriver, & produisoit l'effet sans l'avoir promis.

Ses fréquentes distractions ne le rendoient que plus aimable; il en sortoit toujours par quelque trait inattendu, qui réveilloit la conversation languissante : d'ailleurs, elles n'étoient jamais ni jouées, ni choquantes, ni importunes. Ce feu de son esprit, le grand nombre d'idées dont il étoit plein, les faisoient naître ; mais il n'y tomboit jamais au milieu d'un entretien intéressant ou sérieux : le desir de plaire à ceux avec qui il se trouvoit, le rendoit alors à eux sans affectation & sans effort.

Les agrémens de son commerce tenoient, non-seulement à son caractère & à son esprit, mais à l'espèce de régime qu'il observoit dans l'étude. Quoique capable d'une méditation profonde & long-temps soutenue, il n'épuisoit jamais ses forces ; il quittoit toujours le travail, avant que d'en ressentir la moindre impression de fatigue (*e*).

Il étoit sensible à la gloire; mais il ne vouloit y parvenir qu'en la méritant. Jamais il n'a cherché à augmenter la sienne par ces manœuvres sourdes, par ces voies obscures & honteuses, qui deshonorent la personne, sans ajouter au nom de l'auteur.

(*e*) L'auteur de la feuille anonyme & périodique, dont nous avons parlé ci-dessus, prétend trouver une contradiction manifeste, entre ce que nous disons ici, & ce que nous avons dit un peu plus haut, que la santé de monsieur de Montesquieu s'étoit altérée par l'*effet* LENT & *presque infaillible des études profondes.* Mais pourquoi, en rapprochant les deux endroits, a-t-il supprimé les mots, *lent & presque infaillible*, qu'il avoit sous les yeux? C'est évidemment parce qu'il a senti qu'un effet lent n'est pas moins réel, pour n'être pas ressenti sur le champ; & que, par conséquent, ces mots détruisoient l'apparence de la contradiction qu'on prétendoit faire remarquer. Telle est la bonne foi de cet auteur dans des bagatelles, & à plus forte raison dans des matières plus sérieuses. *Note tirée de l'avertissement du sixième volume de l'encyclopédie.*

Digne de toutes les distinctions & de toutes les récompenses, il ne demandoit rien, & ne s'étonnoit point d'être oublié : mais il a osé, même dans des circonstances délicates, protéger à la cour des hommes de lettres persécutés, célèbres & malheureux, & leur a obtenu des graces.

Quoiqu'il vécût avec les grands, soit par nécessité, soit par convenance, soit par goût, leur société n'étoit pas nécessaire à son bonheur. Il fuyoit, dès qu'il le pouvoit, à sa terre; il y retrouvoit, avec joie, sa philosophie, ses livres, & le repos. Entouré de gens de la campagne dans ses heures de loisir, après avoir étudié l'homme dans le commerce du monde & dans l'histoire des nations, il l'étudioit encore dans ces ames simples que la nature seule a instruites, & y trouvoit à apprendre : il conversoit gaiement avec eux; il leur cherchoit de l'esprit, comme Socrate; il paroissoit se plaire autant dans leur entretien, que dans les sociétés les plus brillantes, sur-tout quand il terminoit leurs différends, & soulageoit leurs peines par ses bienfaits.

Rien n'honore plus sa mémoire que l'économie avec laquelle il vivoit, & qu'on a osé trouver excessive, dans un monde avare & fastueux, peu fait pour en pénétrer les motifs, & encore moins pour les sentir. Bienfaisant, & par conséquent juste, M. de Montesquieu ne vouloit rien prendre sur sa famille, ni des secours qu'il donnoit aux malheureux, ni des dépenses considérables ausquelles ses longs voyages, la foiblesse de sa vue, & l'impression de ses ouvrages, l'avoient obligé. Il a transmis à ses enfans, sans diminution ni augmentation, l'héritage qu'il avoit reçu de ses pères; il n'y a rien ajouté que la gloire de son nom & l'exemple de sa vie.

Il avoit épousé, en 1715, demoiselle Jeanne de Lartigue, fille de Pierre de Lartigue, lieutenant-colonel au régiment de Maulévrier : il en a eu deux filles, & un fils qui, par son caractère, ses mœurs & ses ouvrages, s'est montré digne d'un tel père.

Ceux qui aiment la vérité & la patrie ne seront pas fâchés de trouver ici quelques-unes de ses maximes : il pensoit,

Que chaque portion de l'état doit être également soumise aux loix ; mais que les privilèges de chaque portion de l'état doivent être respectés, lorsque leurs effets n'ont rien de contraire au droit naturel, qui oblige tous les citoyens à concourir également au bien public : que la possession ancienne étoit, en ce genre, le premier des titres, & le plus inviolable des droits, qu'il étoit toujours injuste, & quelquefois dangereux de vouloir ébranler :

Que les magistrats, dans quelque circonstance & pour quelque grand intérêt de corps que ce puisse être, ne doivent jamais être que magistrats, sans parti & sans passion, comme les loix, qui absolvent & punissent sans aimer ni haïr.

Il disoit, enfin, à l'occasion des disputes ecclésiastiques qui ont tant occupé les empereurs & les chrétiens Grecs, que les querelles théologiques, lorsqu'elles cessent d'être renfermées dans les écoles, deshonorent infailliblement une nation aux yeux des autres : en effet, le mépris même des sages pour ces querelles ne la justifie pas ; parce que les sages faisant par-tout le moins de bruit & le plus petit nombre, ce n'est jamais sur eux qu'un nation est jugée (6).

L'importance des ouvrages dont nous avons eu à parler dans cet éloge, nous en a fait passer sous silence de moins

(6) Il disoit qu'il y avoit très-peu de choses vraies dans le livre de l'abbé du Bos sur *l'établissement de la monarchie Françoise dans les Gaules*, & qu'il en auroit fait une réfutation suivie, s'il ne lui avoit fallu le relire une troisième ou une quatrième fois ; ce qu'il regardoit comme le plus grand des supplices.

considérables, qui servoient à l'auteur comme de délassement, & qui auroient suffi pour l'éloge d'un autre. Le plus remarquable est le *Temple de Gnide*, qui suivit d'assez près les *Lettres Persanes*. M. de Montesquieu, après avoir été, dans celles-ci, Horace, Théophraste & Lucien, fut Ovide & Anacréon dans ce nouvel essai. Ce n'est plus l'amour despotique de l'Orient qu'il se propose de peindre; c'est la délicatesse & la naïveté de l'amour pastoral, tel qu'il est dans une ame neuve que le commerce des hommes n'a point encore corrompue. L'auteur, craignant peut-être qu'un tableau si étranger à nos mœurs ne parût trop languissant & trop uniforme, a cherché à l'animer par les peintures les plus riantes. Il transporte le lecteur dans des lieux enchantés, dont, à la vérité, le spectacle intéresse peu l'amant heureux, mais dont la description flatte encore l'imagination, quand les desirs sont satisfaits. Emporté par son sujet, il a répandu, dans sa prose, ce style animé, figuré & poëtique, dont le roman de Télémaque a fourni parmi nous le premier modèle. Nous ignorons pourquoi quelques censeurs du temple de Gnide ont dit, à cette occasion, qu'il auroit eu besoin d'être en vers. Le style poëtique, si on entend, comme on le doit, par ce mot, un style plein de chaleur & d'images, n'a pas besoin, pour être agréable, de la marche uniforme & cadencée de la versification: mais, si on ne fait consister ce style que dans une diction chargée d'épithètes oisives, dans les peintures froides & triviales des aîles & du carquois de l'Amour, & de semblables objets, la versification n'ajoutera presque aucun mérite à ces ornemens usés: on y cherchera toujours en vain l'ame & la vie. Quoi qu'il en soit, le Temple de Gnide étant une espèce de poëme en prose, c'est à nos écrivains les plus célèbres en ce genre à fixer le rang qu'il doit occuper: il mérite

mérite de pareils juges. Nous croyons, du moins, que les peintures de cet ouvrage soutiendroient avec succès une des principales épreuves des descriptions poëtiques, celle de les représenter sur la toile. Mais ce qu'on doit sur-tout remarquer dans le Temple de Gnide, c'est qu'Anacéron même y est toujours observateur & philosophe. Dans le quatrième chant, il paroît décrire les mœurs des Sibarites, & on s'apperçoit aisément que ces mœurs sont les nôtres. La préface porte sur-tout l'empreinte de l'auteur des Lettres Persanes. En présentant le Temple de Gnide comme la traduction d'un manuscrit Grec, plaisanterie défigurée depuis par tant de mauvais copistes, il en prend occasion de peindre, d'un trait de plume, l'ineptie des critiques, & le pédantisme des traducteurs, & finit par ces paroles dignes d'être rapportées : Si les gens graves desiroient de moi quelque ouvrage moins « frivole, je suis en état de les satisfaire. Il y a trente ans que « je travaille à un livre de douze pages, qui doit contenir tout « ce que nous sçavons sur la métaphysique, la politique & la « morale, & tout ce que de très-grands auteurs ont oublié « dans les volumes qu'ils ont donnés sur ces sciences-là «.

Nous regardons comme une des plus honorables récompenses de notre travail, l'intérêt particulier que monsieur de Montesquieu prenoit à l'encyclopédie, dont toutes les ressources ont été jusqu'à présent dans le courage & l'émulation de ses auteurs. Tous les gens de lettres, selon lui, devoient s'empresser de concourir à l'exécution de cette entreprise utile. Il en a donné l'exemple, avec monsieur de Voltaire, & plusieurs autres écrivains célèbres. Peut-être les traverses que cet ouvrage a essuyées, & qui lui rappelloient les siennes propres, l'intéressoient-elles en notre faveur. Peut-être étoit-il sensible, sans s'en appercevoir, à la justice que nous avions osé lui rendre dans le premier volume de l'encyclopédie, lorsque personne n'osoit encore élever sa voix pour le défendre. Il nous destinoit un article sur le *Goût*, qui a été trouvé imparfait dans ses papiers : nous le donnerons en cet état au public, & nous le traiterons avec le même respect que l'antiquité témoigna autrefois pour les dernières paroles de Sénèque. La mort l'a empêché d'étendre plus loin ses bienfaits à notre égard; &, en joignant nos propres regrets à ceux de l'Europe entière, nous pourrions écrire sur son tombeau :

FINIS VITÆ EJUS NOBIS LUCTUOSUS, *PATRIÆ* TRISTIS ; EXTRANEIS ETIAM IGNOTISQUE NON SINE CURA FUIT.

Tacit. *in Agricol.* c. 43.

# ANALYSE DE L'ESPRIT DES LOIX,

## PAR M. D'ALEMBERT,

*Pour servir de suite à l'éloge de M. de* MONTESQUIEU.

LA plupart des gens de lettres qui ont parlé de l'*Esprit des loix*, s'étant plus attachés à le critiquer, qu'à en donner une juste idée; nous allons tâcher de suppléer à ce qu'ils auroient dû faire, & d'en développer le plan, le caractère & l'objet. Ceux qui en trouveront l'analyse trop longue, jugeront peut-être, après l'avoir lue, qu'il n'y avoit que ce seul moyen de bien faire saisir la méthode de l'auteur. On doit se souvenir, d'ailleurs, que l'histoire des écrivains célèbres n'est que celle de leurs pensées & de leurs travaux; & que cette partie de leur éloge en est la plus essentielle & la plus utile.

Les hommes, dans l'état de nature, abstraction faite de toute religion, ne connoissant, dans les différends qu'ils peuvent avoir, d'autre loi que celle des animaux, le droit du plus fort, on doit regarder l'établissement des sociétés comme une espèce de traité contre ce droit injuste; traité destiné à établir entre les différentes parties du genre humain, une sorte de balance. Mais il en est de l'équilibre moral comme du physique; il est rare qu'il soit parfait & durable; & les traités du genre humain sont, comme les traités entre nos princes, une semence continuelle de divisions. L'intérêt, le besoin & le plaisir ont rapproché les hommes. Mais ces mêmes motifs les poussent sans cesse à vouloir jouir des avantages de la société, sans en porter les charges ; & c'est en ce sens qu'on peut dire, avec l'auteur, que les hommes, dès qu'ils sont en société, sont en état de guerre. Car la guerre suppose, dans ceux qui la font, sinon l'égalité de force, au moins l'opinion de cette égalité ; d'où naît le desir & l'espoir mutuel de se vaincre : or, dans l'état de société, si la balance n'est jamais parfaite entre les hommes, elle n'est pas non plus trop inégale : Au contraire ; ou ils n'auroient rien à se disputer dans l'état de nature ; ou, si la nécessité les y obligeoit, on ne verroit que la foiblesse fuyant devant la force, des oppresseurs sans combat, & des opprimés sans résistance.

Voilà donc les hommes réunis & armés tout-à-la-fois, s'embrassant d'un côté, si on peut parler ainsi ; & cherchant, de l'autre, à se blesser mutuellement. Les loix sont le lien, plus ou moins efficace, destiné à suspendre ou à retenir leurs coups. Mais l'étendue prodigieuse du globe que nous habitons, la nature différente des régions de la terre & des peuples qui la couvrent, ne permettant pas que tous les hommes vivent sous un seul & même gouvernement, le genre humain a dû se partager en un certain nombre d'états, distingués par la différence des loix ausquelles ils obéissent. Un seul gouvernement n'auroit fait, du genre humain, qu'un corps exténué & languissant, étendu sans vigueur sur la surface de la terre : les différens états sont autant de corps agiles & robustes, qui, en se donnant la main les uns aux autres, n'en forment qu'un, & dont l'action réciproque entretient par-tout le mouvement & la vie.

On peut distinguer trois sortes de gouvernemens ; le

républicain ; le monarchique, le despotique. Dans le républicain, le peuple en corps a la souveraine puissance. Dans le monarchique, un seul gouverne par des loix fondamentales. Dans le despotique, on ne connoît d'autre loi que la volonté du maître, ou plutôt du tyran. Ce n'est pas à dire qu'il n'y ait dans l'univers que ces trois espèces d'états ; ce n'est pas à dire même qu'il y ait des états qui appartiennent uniquement & rigoureusement à quelqu'une de ces formes ; la plupart sont, pour ainsi dire, mi-partis ou nuancés les uns des autres. Ici, la monarchie incline au despotisme ; là, le gouvernement monarchique est combiné avec le républicain ; ailleurs, ce n'est pas le peuple entier, c'est seulement une partie du peuple qui fait les loix. Mais la division précédente n'en est pas moins exacte & moins juste. Les trois espèces de gouvernement, qu'elle renferme, sont tellement distinguées, qu'elles n'ont proprement rien de commun ; &, d'ailleurs, tous les états que nous connoissons participent de l'une ou de l'autre. Il étoit donc nécessaire de former, de ces trois espèces, des classes particulières, & de s'appliquer à déterminer les loix qui leur sont propres. Il sera facile ensuite de modifier ces loix dans l'application à quelque gouvernement que ce soit, selon qu'il appartiendra plus ou moins à ces différentes formes.

Dans les divers états, les loix doivent être relatives à leur *nature*, c'est-à-dire, à ce qui les constitue ; & à leur *principe*, c'est-à-dire, à ce qui les soutient & les fait agir : distinction importante, la clef d'une infinité de loix, & dont l'auteur tire bien des conséquences.

Les principales loix relatives à la *nature* de la démocratie sont que le peuple y soit, à certains égards, le monarque ; à d'autres le sujet ; qu'il élise & juge ses magistrats ;

& que les magiſtrats, en certaines occaſions, décident. La nature de la monarchie demande qu'il y ait, entre le monarque & le peuple, beaucoup de pouvoirs & de rangs intermédiaires, & un corps dépoſitaire des loix, médiateur entre les ſujets & le prince. La nature du deſpotiſme exige que le tyran exerce ſon autorité, ou par lui ſeul, ou par un ſeul qui la repréſente.

Quant au *principe* des trois gouvernemens, celui de la démocratie eſt l'amour de la république, c'eſt-à-dire de l'égalité : dans les monarchies, où un ſeul eſt le diſpenſateur des diſtinctions & des récompenſes, où l'on s'accoutume à confondre l'état avec ce ſeul homme, le principe eſt l'honneur, c'eſt-à-dire l'ambition & l'amour de l'eſtime : ſous le deſpotiſme enfin, c'eſt la crainte. Plus ces principes ſont en vigueur, plus le gouvernement eſt ſtable ; plus ils s'altèrent & ſe corrompent, plus il incline à ſa deſtruction. Quand l'auteur parle de l'égalité dans les démocraties, il n'entend pas une égalité extrême, abſolue, & par conſéquent chimérique ; il entend cet heureux équilibre qui rend tous les citoyens également ſoumis aux loix, & également intéreſſés à les obſerver.

Dans chaque gouvernement, les loix de l'éducation doivent être relatives au *principe*. On entend ici, par *éducation*, celle qu'on reçoit en entrant dans le monde ; & non celle des parens & des maîtres, qui ſouvent y eſt contraire, ſur-tout dans certains états. Dans les monarchies, l'éducation doit avoir pour objet l'urbanité & les égards réciproques ; dans les états deſpotiques, la terreur & l'aviliſſement des eſprits ; dans les républiques, on a beſoin de toute la puiſſance de l'éducation ; elle doit inſpirer un ſentiment noble, mais pénible, le renoncement à ſoi-même, d'où naît l'amour de la patrie.

Les loix que le législateur donne doivent être conformes au *principe* de chaque gouvernement; dans la république, entretenir l'égalité & la frugalité; dans la monarchie, soutenir la noblesse, sans écraser le peuple; sous le gouvernement despotique, tenir également tous les états dans le silence. On ne doit point accuser monsieur de Montesquieu d'avoir ici tracé aux souverains les principes du pouvoir arbitraire, dont le nom seul est odieux aux princes justes, &, à plus forte raison, au citoyen sage & vertueux. C'est travailler à l'anéantir, que de montrer ce qu'il faut faire pour le conserver : la perfection de ce gouvernement en est la ruine; & le code exact de la tyrannie, tel que l'auteur le donne, est en même temps la satyre, & le fléau le plus redoutable des tyrans. A l'égard des autres gouvernemens, ils ont chacun leurs avantages : Le républicain est plus propre aux petits états, le monarchique aux grands; le républicain plus sujet aux excès, le monarchique aux abus; le républicain apporte plus de maturité dans l'exécution des loix, le monarchique plus de promptitude.

La différence des principes des trois gouvernemens doit en produire dans le nombre & l'objet des loix, dans la forme des jugemens & la nature des peines. La constitution des monarchies, étant invariable & fondamentale, exige plus de loix civiles & de tribunaux, afin que la justice soit rendue d'une manière plus uniforme & moins arbitraire. Dans les états modérés, soit monarchies, soit républiques, on ne sçauroit apporter trop de formalités aux loix criminelles. Les peines doivent non-seulement être en proportion avec le crime, mais encore les plus douces qu'il est possible, sur-tout dans la démocratie : l'opinion attachée aux peines fera souvent plus d'effet que leur grandeur même. Dans les républiques, il faut juger ſelon la loi, parce qu'aucun particulier n'eſt le maître de l'altérer. Dans les monarchies, la clémence du ſouverain peut quelquefois l'adoucir ; mais les crimes ne doivent jamais y être jugés que par les magiſtrats expreſſément chargés d'en connoître. Enfin, c'eſt principalement dans les démocraties que les loix doivent être ſévères contre le luxe, le relâchement des mœurs, & la ſéduction des femmes. Leur douceur & leur foibleſſe même les rend aſſez propres à gouverner dans les monarchies ; & l'hiſtoire prouve que ſouvent elles ont porté la couronne avec gloire.

Monſieur de Monteſquieu ayant ainſi parcouru chaque gouvernement en particulier, les examine enſuite dans le rapport qu'ils peuvent avoir les uns aux autres, mais ſeulement ſous le point de vue le plus général, c'eſt-à-dire, ſous celui qui eſt uniquement relatif à leur nature & à leur principe. Enviſagés de cette manière, les états ne peuvent avoir d'autres rapports que celui de ſe défendre ou d'attaquer. Les républiques devant, par leur nature, renfermer un petit état, elles ne peuvent ſe défendre ſans alliance ; mais c'eſt avec des républiques qu'elles doivent s'allier. La force défenſive de la monarchie conſiſte principalement à avoir des frontières hors d'inſulte. Les états ont, comme les hommes, le droit d'attaquer pour leur propre conſervation : du droit de la guerre dérive celui de conquête ; droit néceſſaire, légitime & malheureux, *qui laiſſe toujours à payer une dette immenſe pour s'acquitter envers la nature humaine*, & dont la loi générale eſt de faire aux vaincus le moins de mal qu'il eſt poſſible. Les républiques peuvent moins conquérir que les monarchies : des conquêtes immenſes ſuppoſent le deſpotiſme, ou l'aſſurent. Un des grands principes de l'eſprit de conquête

conquête doit être de rendre meilleure, autant qu'il est possible, la condition du peuple conquis : c'est satisfaire, tout-à la fois, la loi naturelle & la maxime d'état. Rien n'est plus beau que le traité de paix de Gélon avec les Carthaginois, par lequel il leur défendit d'immoler à l'avenir leurs propres enfans. Les Espagnols, en conquérant le Pérou, auroient dû obliger de même les habitans à ne plus immoler des hommes à leurs dieux ; mais ils crurent plus avantageux d'immoler ces peuples mêmes. Ils n'eurent plus pour conquête qu'un vaste désert ; ils furent forcés à dépeupler leur pays ; & s'affoiblirent pour toujours par leur propre victoire. On peut être obligé quelquefois de changer les loix du peuple vaincu ; rien ne peut jamais obliger de lui ôter ses mœurs, ou même ses coutumes, qui sont souvent toutes ses mœurs. Mais le moyen le plus sûr de conserver une conquête, c'est de mettre, s'il est possible, le peuple vaincu au niveau du peuple conquérant, de lui accorder les mêmes droits & les mêmes privilèges : c'est ainsi qu'en ont souvent usé les Romains ; c'est ainsi sur-tout qu'en usa César à l'égard des Gaulois.

Jusqu'ici, en considérant chaque gouvernement, tant en lui-même, que dans son rapport aux autres, nous n'avons eu égard ni à ce qui doit leur être commun, ni aux circonstances particulières tirées, ou de la nature du pays, ou du génie des peuples : c'est ce qu'il faut maintenant développer.

La loi commune de tous les gouvernemens, du moins des gouvernemens modérés, & par conséquent justes, est la liberté politique dont chaque citoyen doit jouir. Cette liberté n'est point la licence absurde de faire tout ce qu'on veut, mais le pouvoir de faire tout ce que les loix permettent. Elle peut être envisagée, ou dans son rapport à la constitution, ou dans son rapport au citoyen.

Il y a, dans la constitution de chaque état, deux sortes de pouvoirs, la puissance législative, & l'exécutrice; & cette dernière a deux objets, l'intérieur de l'état, & le dehors. C'est de la distribution légitime & de la répartition convenable de ces différentes espèces de pouvoirs, que dépend la plus grande perfection de la liberté politique, par rapport à la constitution. Monsieur de Montesquieu en apporte pour preuve la constitution de la république Romaine, & celle de l'Angleterre. Il trouve le principe de celle-ci dans cette loi fondamentale du gouvernement des anciens Germains, que les affaires peu importantes y étoient décidées par les chefs, & que les grandes étoient portées au tribunal de la nation, après avoir auparavant été agitées par les chefs. Monsieur de Montesquieu n'examine point si les Anglois jouissent, ou non, de cette extrême liberté politique que leur constitution leur donne : il lui suffit qu'elle soit établie par leurs loix. Il est encore plus éloigné de vouloir faire la satyre des autres états : il croit, au contraire, que l'excès, même dans le bien, n'est pas toujours desirable; que la liberté extrême a ses inconvéniens, comme l'extrême servitude; & qu'en général la nature humaine s'accommode mieux d'un état moyen.

La liberté politique, considérée par rapport au citoyen, consiste dans la sureté où il est, à l'abri des loix; ou, du moins, dans l'opinion de cette sureté, qui fait qu'un citoyen n'en craint point un autre. C'est principalement par la nature & la proportion des peines, que cette liberté s'établit, ou se détruit. Les crimes contre la religion doivent être punis par la privation des biens que la religion procure; les crimes contre les mœurs, par la honte; les crimes contre la tranquillité publique, par la prison ou l'exil; les crimes contre la sureté, par les supplices. Les écrits doivent être moins punis que les actions ; jamais les simples pensées ne doivent l'être. Accusations non juridiques, espions, lettres anonymes, toutes ces ressources de la tyrannie, également honteuses à ceux qui en sont l'instrument & à ceux qui s'en servent, doivent être proscrites dans un bon gouvernement monarchique. Il n'est permis d'accuser qu'en face de la loi, qui punit toujours l'accusé ou le calomniateur. Dans tout autre cas, ceux qui gouvernent doivent dire, avec l'empereur Constance : *Nous ne sçaurions soupçonner celui à qui il a manqué un accusateur, lorsqu'il ne lui manquoit pas un ennemi.* C'est une très-bonne institution que celle d'une partie publique qui se charge, au nom de l'état, de poursuivre les crimes ; & qui ait toute l'utilité des délateurs, sans en avoir les vils intérêts, les inconvéniens & l'infamie.

La grandeur des impôts doit être en proportion directe avec la liberté. Ainsi, dans les démocraties, ils peuvent être plus grands qu'ailleurs, sans être onéreux ; parce que chaque citoyen les regarde comme un tribut qu'il se paie à luimême, & qui assure la tranquillité & le sort de chaque membre. De plus, dans un état démocratique, l'emploi infidèle des deniers publics est plus difficile ; parce qu'il est plus aisé de le connoître & de le punir, le dépositaire en devant compte, pour ainsi dire, au premier citoyen qui l'exige.

Dans quelque gouvernement que ce soit, l'espèce de tributs la moins onéreuse est celle qui est établie sur les marchandises ; parce que le citoyen paie sans s'en appercevoir. La quantité excessive de troupes en temps de paix n'est qu'un prétexte pour charger le peuple d'impôts, un moyen d'énerver l'état, & un instrument de servitude. La régie des tributs, qui en fait rentrer le produit en entier dans le fisc public, est sans comparaison moins à charge au peuple, &

par conséquent plus avantageuse, lorsqu'elle peut avoir lieu, que la ferme de ces mêmes tributs, qui laisse toujours entre les mains de quelques particuliers une partie des revenus de l'état. Tout est perdu sur-tout ( ce sont ici les termes de l'auteur ) lorsque la profession de traitant devient honorable ; & elle le devient dès que le luxe est en vigueur. Laisser quelques hommes se nourrir de la substance publique pour les dépouiller à leur tour, comme on l'a autrefois pratiqué dans certains états, c'est réparer une injustice par une autre, & faire deux maux au lieu d'un.

Venons maintenant, avec monsieur de Montesquieu, aux circonstances particulières indépendantes de la nature du gouvernement, & qui doivent en modifier les loix. Les circonstances qui viennent de la nature du pays sont de deux sortes; les unes ont rapport au climat, les autres au terrein. Personne ne doute que le climat n'influe sur la disposition habituelle des corps, & par conséquent sur les caractères; c'est pourquoi les loix doivent se conformer au physique du climat dans les choses indifférentes, & au contraire le combattre dans les effets vicieux : ainsi, dans les pays où l'usage du vin est nuisible, c'est une très-bonne loi que celle qui l'interdit : dans les pays où la chaleur du climat porte à la paresse, c'est une très-bonne loi que celle qui encourage au travail. Le gouvernement peut donc corriger les effets du climat : & cela suffit pour mettre l'esprit des loix à couvert du reproche très-injuste qu'on lui a fait d'attribuer tout au froid & à la chaleur ; car outre que la chaleur & le froid ne sont pas la seule chose par laquelle les climats soient distingués, il seroit aussi absurde de nier certains effets du climat, que de vouloir lui attribuer tout.

L'usage des esclaves, établi dans les pays chauds de l'Asie

& de l'Amérique, & réprouvé dans les climats tempérés de l'Europe, donne ſujet à l'auteur de traiter de l'eſclavage civil. Les hommes n'ayant pas plus de droit ſur la liberté que ſur la vie les uns des autres, il s'enſuit que l'eſclavage, généralement parlant, eſt contre la loi naturelle. En effet, le droit d'eſclavage ne peut venir ni de la guerre, puiſqu'il ne pourroit être alors fondé que ſur le rachat de la vie, & qu'il n'y a plus de droit ſur la vie de ceux qui n'attaquent plus; ni de la vente qu'un homme fait de lui-même à un autre, puiſque tout citoyen étant redevable de ſa vie à l'état, lui eſt, à plus forte raiſon, redevable de ſa liberté, & par conſéquent n'eſt pas le maître de la vendre. D'ailleurs, quel ſeroit le prix de cette vente? Ce ne peut être l'argent donné au vendeur, puiſqu'au moment qu'on ſe rend eſclave, toutes les poſſeſſions appartiennent au maître : or, une vente ſans prix eſt auſſi chimérique qu'un contrat ſans condition. Il n'y a peut-être jamais eu qu'une loi juſte en faveur de l'eſclavage; c'étoit la loi Romaine, qui rendoit le débiteur eſclave du créancier : encore cette loi, pour être équitable, devoit borner la ſervitude quant au dégré & quant au temps. L'eſclavage peut, tout au plus, être toléré dans les états deſpotiques, où les hommes libres, trop foibles contre le gouvernement, cherchent à devenir, pour leur propre utilité, les eſclaves de ceux qui tyranniſent l'état; ou bien dans les climats dont la chaleur énerve ſi fort le corps & affoiblit tellement le courage, que les hommes n'y ſont portés à un devoir pénible que par la crainte du châtiment.

A côté de l'eſclavage civil, on peut placer la ſervitude domeſtique, c'eſt-à-dire celle où les femmes ſont dans certains climats. Elle peut avoir lieu dans ces contrées de l'Aſie où elles ſont en état d'habiter avec les hommes avant que de pouvoir faire uſage de leur raiſon ; nubiles par la loi du climat, enfans par celle de la nature. Cette ſujétion devient encore plus néceſſaire dans les pays où la polygamie eſt établie : uſage que monſieur de Monteſquieu ne prétend pas juſtifier dans ce qu'il a de contraire à la religion ; mais qui, dans les lieux où il eſt reçu ( & à ne parler que politiquement), peut être fondé, juſqu'à un certain point, ou ſur la nature du pays, ou ſur le rapport du nombre des femmes au nombre des hommes. Monſieur de Monteſquieu parle, à cette occaſion, de la répudiation & du divorce ; & il établit, ſur de bonnes raiſons, que la répudiation, une fois admiſe, devroit être permiſe aux femmes comme aux hommes.

Si le climat a tant d'influence ſur la ſervitude domeſtique & civile, il n'en a pas moins ſur la ſervitude politique, c'eſt-à-dire ſur celle qui ſoumet un peuple à un autre. Les peuples du Nord ſont plus forts & plus courageux que ceux du Midi : ceux-ci doivent donc, en général, être ſubjugués, ceux-là conquérans ; ceux-ci eſclaves, ceux-là libres. C'eſt auſſi ce que l'hiſtoire confirme : l'Aſie a été conquiſe onze fois par les peuples du Nord : l'Europe a ſouffert beaucoup moins de révolutions.

A l'égard des loix relatives à la nature du terrein, il eſt clair que la démocratie convient mieux que la monarchie aux pays ſtériles, où la terre a beſoin de toute l'induſtrie des hommes. La liberté d'ailleurs eſt, en ce cas, une eſpèce de dédommagement de la dureté du travail. Il faut plus de loix pour un peuple agriculteur que pour un peuple qui nourrit des troupeaux, pour celui-ci que pour un peuple chaſſeur, pour un peuple qui fait uſage de la monnoie que pour celui qui l'ignore.

Enfin, on doit avoir égard au génie particulier de la nation.

La vanité, qui grossit les objets, est un bon ressort pour le gouvernement; l'orgueil, qui les déprise, est un ressort dangereux. Le législateur doit respecter, jusqu'à un certain point, les préjugés, les passions, les abus. Il doit imiter Solon, qui avoit donné aux Athéniens, non les meilleures loix en elles-mêmes, mais les meilleures qu'ils pussent avoir: le caractère gai de ces peuples demandoit des loix plus faciles: le caractère dur des Lacédémoniens, des loix plus sévères. Les loix sont un mauvais moyen pour changer les manières & les usages; c'est par les récompenses & l'exemple qu'il faut tâcher d'y parvenir. Il est pourtant vrai, en même temps, que les loix d'un peuple, quand on n'affecte pas d'y choquer grossièrement & directement ses mœurs, doivent influer insensiblement sur elles, soit pour les affermir, soit pour les changer.

Après avoir approfondi de cette manière la nature & l'esprit des loix par rapport aux différentes espèces de pays & de peuples, l'auteur revient de nouveau à considérer les états les uns par rapport aux autres. D'abord, en les comparant entre eux d'une manière générale, il n'avoit pu les envisager que par rapport au mal qu'ils peuvent se faire; ici il les envisage par rapport aux secours mutuels qu'ils peuvent se donner: or ces secours sont principalement fondés sur le commerce. Si l'esprit de commerce produit naturellement un esprit d'intérêt opposé à la sublimité des vertus morales, il rend aussi un peuple naturellement juste, & en éloigne l'oisiveté & le brigandage. Les nations libres, qui vivent sous des gouvernemens modérés, doivent s'y livrer plus que les nations esclaves. Jamais une nation ne doit exclure de son commerce une autre nation, sans de grandes raisons. Au reste, la liberté en ce genre n'est pas une faculté absolue accordée aux négocians de faire ce qu'ils veulent, faculté qui leur seroit ſouvent préjudiciable; elle conſiſte à ne gêner les négocians qu'en faveur du commerce. Dans la monarchie, la nobleſſe ne doit point s'y adonner, encore moins le prince. Enfin, il eſt des nations auxquelles le commerce eſt déſavantageux: ce ne ſont pas celles qui n'ont beſoin de rien, mais celles qui ont beſoin de tout: paradoxe que l'auteur rend ſenſible par l'exemple de la Pologne, qui manque de tout, excepté de bled, & qui, par le commerce qu'elle en fait, prive les payſans de leur nourriture, pour ſatisfaire au luxe des ſeigneurs. Monſieur de Monteſquieu, à l'occaſion des loix que le commerce exige, fait l'hiſtoire de ſes différentes révolutions; & cette partie de ſon livre n'eſt ni la moins intéreſſante, ni la moins curieuſe. Il compare l'appauvriſſement de l'Eſpagne, par la découverte de l'Amérique, au ſort de ce prince imbécille de la fable, prêt à mourir de faim, pour avoir demandé aux dieux que tout ce qu'il toucheroit ſe convertît en or. L'uſage de la monnoie étant une partie conſidérable de l'objet du commerce, & ſon principal inſtrument, il a cru devoir, en conſéquence, traiter des opérations ſur la monnoie, du change, du paiement des dettes publiques, du prêt à intérêt, dont il fixe les loix & les limites, & qu'il ne confond nullement avec les excès ſi juſtement condamnés de l'uſure.

La population & le nombre des habitans ont, avec le commerce, un rapport immédiat; & les mariages ayant pour objet la population, monſieur de Monteſquieu approfondit ici cette importante matière. Ce qui favoriſe le plus la propagation, eſt la continence publique; l'expérience prouve que les conjonctions illicites y contribuent peu, & même y nuiſent. On a établi, avec juſtice, pour les mariages, le conſentement des pères: cependant on y doit mettre des reſtrictions; car la loi doit, en général, favoriſer les mariages. La loi qui défend le mariage des mères avec les fils, eſt (indépendamment

dépendamment des préceptes de la religion ) une très - bonne loi civile; car, sans parler de plusieurs autres raisons, les contractans étant d'âge très-différent, ces sortes de mariages peuvent rarement avoir la propagation pour objet. La loi qui défend le mariage du père avec la fille, est fondée sur les mêmes motifs : cependant ( à ne parler que civilement ) elle n'est pas si indispensablement nécessaire que l'autre à l'objet de la population, puisque la vertu d'engendrer finit beaucoup plus tard dans les hommes ; aussi l'usage contraire a-t-il eu lieu chez certains peuples, que la lumière du christianisme n'a point éclairés. Comme la nature porte d'elle-même au mariage, c'est un mauvais gouvernement que celui où on aura besoin d'y encourager. La liberté, la sureté, la modération des impôts, la proscription du luxe, sont les vrais principes & les vrais soutiens de la population : cependant on peut, avec succès, faire des loix pour encourager les mariages, quand, malgré la corruption, il reste encore des ressorts dans le peuple qui l'attachent à sa patrie. Rien n'est plus beau que les loix d'Auguste pour favoriser la propagation de l'espèce. Par malheur, il fit ces loix dans la décadence, ou plutôt dans la chûte de la république ; & les citoyens découragés devoient prévoir qu'ils ne mettroient plus au monde que des esclaves ; aussi l'exécution de ces loix fut-elle bien foible durant tout le temps des empereurs païens. Constantin enfin les abolit en se faisant chrétien, comme si le christianisme avoit pour but de dépeupler la société, en conseillant à un petit nombre la perfection du célibat.

L'établissement des hôpitaux, selon l'esprit dans lequel il est fait, peut nuire à la population, ou la favoriser. Il peut, & il doit même y avoir des hôpitaux dans un état dont la plupart des citoyens n'ont que leur industrie pour ressource ;

parce que cette induſtrie peut quelquefois être malheureuſe : mais les ſecours, que ces hôpitaux donnent, ne doivent être que paſſagers, pour ne point encourager la mendicité & la fainéantiſe. Il faut commencer par rendre le peuple riche, & bâtir enſuite des hôpitaux pour les beſoins imprévus & preſſans. Malheureux les pays où la multitude des hôpitaux & des monaſtères, qui ne ſont que des hôpitaux perpétuels, fait que tout le monde eſt à ſon aiſe, excepté ceux qui travaillent!

Monſieur de Monteſquieu n'a encore parlé que des loix humaines. Il paſſe maintenant à celles de la religion, qui, dans preſque tous les états, ſont un objet ſi eſſentiel du gouvernement. Par-tout il fait l'éloge du chriſtianiſme; il en montre les avantages & la grandeur; il cherche à le faire aimer; il ſoutient qu'il n'eſt pas impoſſible, comme Bayle l'a prétendu, qu'une ſociété de parfaits chrétiens forme un état ſubſiſtant & durable. Mais il s'eſt cru permis auſſi d'examiner ce que les différentes religions (humainement parlant) peuvent avoir de conforme ou de contraire au génie & à la ſituation des peuples qui les profeſſent. C'eſt dans ce point de vue qu'il faut lire tout ce qu'il a écrit ſur cette matière, & qui a été l'objet de tant de déclamations injuſtes. Il eſt ſurprenant ſur-tout que, dans un ſiècle qui en appelle tant d'autres barbares, on lui ait fait un crime de ce qu'il dit de la tolérance; comme ſi c'étoit approuver une religion, que de la tolérer; comme ſi enfin l'évangile même ne proſcrivoit pas tout autre moyen de la répandre, que la douceur & la perſuaſion. Ceux en qui la ſuperſtition n'a pas éteint tout ſentiment de compaſſion & de juſtice, ne pourront lire, ſans être attendris, la remontrance aux inquiſiteurs, ce tribunal odieux, qui outrage la religion en paroiſſant la venger.

Enfin, après avoir traité en particulier des différentes eſpèces de loix que les hommes peuvent avoir, il ne reste plus qu'à les comparer toutes ensemble, & à les examiner dans leur rapport avec les choses sur lesquelles elles statuent. Les hommes sont gouvernés par différentes espèces de loix; par le droit naturel, commun à chaque individu; par le droit divin, qui est celui de la religion; par le droit ecclésiastique, qui est celui de la police de la religion; par le droit civil, qui est celui des membres d'une même société; par le droit politique, qui est celui du gouvernement de cette société; par le droit des gens, qui est celui des sociétés les unes par rapport aux autres. Ces droits ont chacun leurs objets distingués, qu'il faut bien se garder de confondre. On ne doit jamais règler par l'un ce qui appartient à l'autre, pour ne point mettre de désordre ni d'injustice dans les principes qui gouvernent les hommes. Il faut enfin que les principes qui prescrivent le genre des loix, & qui en circonscrivent l'objet, règnent aussi dans la manière de les composer. L'esprit de modération doit, autant qu'il est possible, en dicter toutes les dispositions. Des loix bien faites seront conformes à l'esprit du législateur, même en paroissant s'y opposer. Telle étoit la fameuse loi de Solon, par laquelle tous ceux qui ne prenoient point de part dans les séditions étoient déclarés infâmes. Elle prévenoit les séditions, ou les rendoit utiles, en forçant tous les membres de la république à s'occuper de ses vrais intérêts. L'ostracisme même étoit une très-bonne loi : car, d'un côté, elle étoit honorable au citoyen qui en étoit l'objet; & prévenoit, de l'autre, les effets de l'ambition : il falloit d'ailleurs un très-grand nombre de suffrages, & on ne pouvoit bannir que tous les cinq ans. Souvent les loix qui paroissent les mêmes n'ont ni le même motif, ni le même effet, ni la même équité; la forme du gouvernement, les conjonctures & le génie du peuple changent tout. Enfin le ſtyle des loix doit être ſimple & grave. Elles peuvent ſe diſpenſer de motiver, parce que le motif eſt ſuppoſé exiſter dans l'eſprit du légiſlateur ; mais, quand elles motivent, ce doit être ſur des principes évidens : elles ne doivent pas reſſembler à cette loi qui, défendant aux aveugles de plaider, apporte pour raiſon qu'ils ne peuvent pas voir les ornemens de la magiſtrature.

Monſieur de Monteſquieu, pour montrer, par des exemples, l'application de ſes principes, a choiſi deux différens peuples, le plus célèbre de la terre, & celui dont l'hiſtoire nous intéreſſe le plus, les Romains & les François. Il ne s'attache qu'à une partie de la juriſprudence du premier ; celle qui regarde les ſucceſſions. A l'égard des François, il entre dans le plus grand détail ſur l'origine & les révolutions de leurs loix civiles, & ſur les différens uſages, abolis ou ſubſiſtans, qui en ont été la ſuite. Il s'étend principalement ſur les loix féodales, cette eſpèce de gouvernement inconnu à toute l'antiquité, qui le ſera peut-être pour toujours aux ſiècles futurs, & qui a fait tant de biens & tant de maux. Il diſcute ſur-tout ces loix dans le rapport qu'elles ont à l'établiſſement & aux révolutions de la monarchie Françoiſe. Il prouve, contre monſieur l'abbé du Bos, que les Francs ſont réellement entrés en conquérans dans les Gaules ; & qu'il n'eſt pas vrai, comme cet auteur le prétend, qu'ils aient été appellés par les peuples pour ſuccéder aux droits des empereurs Romains qui les opprimoient : détail profond, exact & curieux, mais dans lequel il nous eſt impoſſible de le ſuivre.

Telle eſt l'analyſe générale, mais très-informe & très-imparfaite, de l'ouvrage de monſieur de Monteſquieu. Nous l'avons ſéparée du reſte de ſon éloge, pour ne pas trop interrompre la ſuite de notre récit.

# DISCOURS

PRONONCÉ LE 24 JANVIER 1728,

*Par M. le président de* MONTESQUIEU, *lorsqu'il fut reçu à l'académie Françoise, à la place de feu M.* DE *S*ACY.

MESSIEURS,

En m'accordant la place de M. de Sacy, vous avez moins appris au public ce que je suis, que ce que je dois être.

Vous n'avez pas voulu me comparer à lui, mais me le donner pour modèle.

Fait pour la société, il y étoit aimable, il y étoit utile: il mettoit la douceur dans les manières, & la sévérité dans les mœurs.

Il joignoit à un beau génie une ame plus belle encore: les qualités de l'esprit n'étoient chez lui que dans le second ordre; elles ornoient le mérite, mais ne le faisoient pas.

Il écrivoit pour instruire; &, en instruisant, il se faisoit toujours aimer. Tout respire, dans ses ouvrages, la candeur & la probité, le bon naturel s'y fait sentir; le grand homme ne s'y montre jamais qu'avec l'honnête homme.

Il suivoit la vertu par un penchant naturel, & il s'y attachoit encore par ses réflexions. Il jugeoit qu'ayant écrit sur la morale, il devoit être plus difficile qu'un autre sur ses devoirs; qu'il n'y avoit point pour lui de dispenses, puisqu'il avoit donné les règles; qu'il seroit ridicule qu'il n'eût pas la force de faire des choses dont il avoit cru tous les hommes capables ; qu'il abandonnât ses propres maximes ; & que, dans chaque action, il eût en même temps à rougir de ce qu'il auroit fait, & de ce qu'il auroit dit.

Avec quelle noblesse n'exerçoit-il pas sa profession? Tous ceux qui avoient besoin de lui devenoient ses amis. Il ne trouvoit presque pour récompense, à la fin de chaque jour, que quelques bonnes actions de plus. Toujours moins riche, & toujours plus désintéressé, il n'a presque laissé à ses enfans que l'honneur d'avoir eu un si illustre père.

Vous aimez, messieurs, les hommes vertueux ; vous ne faites grace au plus beau génie d'aucune qualité du cœur ; & vous regardez les talens, sans la vertu, comme des présens funestes, uniquement propres à donner de la force ou un plus grand jour à nos vices.

Et par-là, vous êtes bien dignes de ces grands protecteurs qui vous ont confié leur gloire, qui ont voulu aller à la postérité, mais qui ont voulu y aller avec vous.

Bien des orateurs & des poëtes les ont célébrés, mais il n'y a que vous qui ayez été établis pour leur rendre, pour ainsi dire, un culte règlé.

Pleins de zèle & d'admiration pour ces grands hommes, vous les rappellez sans cesse à notre mémoire. Effet surprenant de l'art ! vos chants sont continuels, & ils nous paroissent toujours nouveaux.

Vous nous étonnez toujours, quand vous célébrez ce grand ministre, qui tira du cahos les règles de la monarchie ; qui apprit à la France le secret de ses forces, à l'Espagne celui de sa foiblesse ; ôta à l'Allemagne ses chaînes, lui en donna de nouvelles ; brisa tour à tour toutes les puissances ; & destina, pour ainsi dire, LOUIS LE GRAND aux grandes choses qu'il fit depuis.

Vous ne vous ressemblez jamais dans les éloges que vous faites de ce chancelier, qui n'abusa ni de la confiance des rois, ni de l'obéissance des peuples, & qui, dans l'exercice de la magistrature, fut sans passion, comme les loix, qui absolvent & qui punissent sans aimer ni haïr.

Mais l'on aime sur-tout à vous voir travailler à l'envi au portrait de LOUIS LE GRAND, ce portrait toujours commencé, & jamais fini, tous les jours plus avancé, & tous les jours plus difficile.

Nous concevons à peine le règne merveilleux que vous chantez. Quand vous nous faites voir les sciences par-tout encouragées, les arts protégés, les belles-lettres cultivées, nous croyons vous entendre parler d'un règne paisible & tranquille. Quand vous chantez les guerres & les victoires, il semble que vous nous racontiez l'histoire de quelque peuple sorti du Nord, pour changer la face de la terre. Ici, nous voyons le roi; là, le héros. C'est ainsi qu'un fleuve majestueux va se changer en un torrent, qui renverse tout ce qui s'oppose à son passage: c'est ainsi que le ciel paroît au laboureur pur & serein, tandis que, dans la contrée voisine, il se couvre de feux, d'éclairs & de tonnerres.

Vous m'avez, messieurs, associé à vos travaux, vous m'avez élevé jusqu'à vous, & je vous rends graces de ce qu'il m'est permis de vous connoître mieux, & de vous admirer de plus près.

Je vous rends graces de ce que vous m'avez donné un droit particulier d'écrire la vie & les actions de notre jeune monarque. Puisse-t-il aimer à entendre les éloges que l'on donne aux princes pacifiques! Que le pouvoir immense, que dieu a mis entre ses mains, soit le gage du bonheur de tous! Que toute la terre repose sous son trône! Qu'il soit le roi d'une nation, & le protecteur de toutes les autres! Que tous les peuples l'aiment; que ses sujets l'adorent; & qu'il n'y ait pas un seul homme dans l'univers qui s'afflige de son bonheur, & craigne ses prospérités! Périssent enfin ces jalousies fatales qui rendent les hommes ennemis des hommes! Que le sang humain, ce sang qui souille toujours la terre, soit épargné! & que, pour parvenir à ce grand objet, ce ministre nécessaire au monde, ce ministre tel que le peuple François auroit pu le demander au ciel, ne cesse de donner ces conseils qui vont au cœur du prince, toujours prêt à faire le bien qu'on lui propose, ou à réparer le mal qu'il n'a point fait, & que le temps a produit!

LOUIS nous a fait voir que, comme les peuples sont soumis aux loix, les princes le sont à leur parole sacrée : que les grands rois, qui ne sçauroient être liés par une autre puissance, le sont invinciblement par les chaînes qu'ils se sont faites, comme le dieu qu'ils représentent, qui est toujours indépendant & toujours fidèle dans ses promesses.

Que de vertus nous présage une foi si religieusement gardée! Ce sera le destin de la France, qu'après avoir été agitée sous les VALOIS, affermie sous HENRI, aggrandie sous son successeur, victorieuse ou indomptable sous LOUIS LE GRAND, elle sera entièrement heureuse sous le règne de celui qui ne sera point forcé à vaincre, & qui mettra toute sa gloire à gouverner.

# AVERTISSEMENT
## DE L'AUTEUR.

*Pour l'intelligence des quatre premiers livres de cet ouvrage, il faut observer que ce que j'appelle la* vertu *dans la république, c'est l'amour de la patrie, c'est-à-dire, l'amour de l'égalité. Ce n'est point une vertu morale, ni une vertu chrétienne; c'est la vertu* politique*; & celle-ci est le ressort qui fait mouvoir le gouvernement républicain, comme l'*honneur *est le ressort qui fait mouvoir la monarchie. J'ai donc appellé* vertu politique *l'amour de la patrie & de l'égalité. J'ai eu des idées nouvelles; il a bien fallu trouver de nouveaux mots, ou donner aux anciens de nouvelles acceptions. Ceux qui n'ont pas compris ceci m'ont fait dire des choses absurdes, & qui seroient révoltantes dans tous les pays du monde, parce que, dans tous les pays du monde, on veut de la morale.*

2°. *Il faut faire attention qu'il y a une très-grande différence entre dire qu'une certaine qualité, modification de l'ame, ou vertu, n'est pas le ressort qui fait agir un gouvernement, & dire qu'elle n'est point dans ce gouvernement. Si je disois, Telle roue, tel pignon, ne sont point le ressort qui fait mouvoir cette montre; en concluroit-on qu'ils ne sont point dans la montre? Tant s'en faut que les vertus morales & chrétiennes soient exclues de la monarchie, que même la vertu politique ne l'est pas. En un mot, l'honneur est dans la république, quoique la vertu politique en soit le ressort; la vertu politique est dans la monarchie, quoique l'honneur en soit le ressort.*

*Enfin l'homme de bien, dont il est question dans le livre III, chapitre V, n'est pas l'homme de bien chrétien, mais l'homme de bien politique, qui a la vertu politique dont j'ai parlé. C'est l'homme qui aime les loix de son pays, & qui agit par l'amour des loix de son pays. J'ai donné un nouveau jour à toutes ces choses dans cette édition-ci, en fixant encore plus les idées: &, dans la plupart des endroits où je me suis servi du mot de* vertu, *j'ai mis* vertu politique.

# PRÉFACE.

Si, dans le nombre infini de choſes qui ſont dans ce livre, il y en avoit quelqu'une qui, contre mon attente, pût offenſer, il n'y en à pas du moins qui y ait été miſe avec mauvaiſe intention. Je n'ai point naturellement l'eſprit déſapprobateur. *Platon* remercioit le ciel de ce qu'il étoit né du temps de *Socrate;* & moi, je lui rends graces de ce qu'il m'a fait naître dans le gouvernement où je vis, & de ce qu'il a voulu que j'obéiſſe à ceux qu'il m'a fait aimer.

Je demande une grace que je crains qu'on ne m'accorde pas; c'eſt de ne pas juger par la lecture d'un moment, d'un travail de vingt années; d'approuver ou de condamner le livre entier, & non pas quelques phraſes. Si l'on veut chercher le deſſein de l'auteur, on ne le peut bien découvrir que dans le deſſein de l'ouvrage.

J'ai d'abord examiné les hommes; & j'ai cru que, dans cette infinie diverſité de loix & de mœurs, ils n'étoient pas uniquement conduits par leurs fantaiſies.

J'ai poſé les principes; & j'ai vu les cas particuliers s'y plier comme d'eux-mêmes, les hiſtoires de toutes les nations n'en être que les ſuites, & chaque loi particulière liée avec une autre loi, ou dépendre d'une autre plus générale.

Quand j'ai été rappellé à l'antiquité, j'ai cherché à en prendre l'esprit, pour ne pas regarder comme semblables des cas réellement différens, & ne pas manquer les différences de ceux qui paroissent semblables.

Je n'ai point tiré mes principes de mes préjugés, mais de la nature des choses.

Ici, bien des vérités ne se feront sentir qu'après qu'on aura vu la chaîne qui les lie à d'autres. Plus on réfléchira sur les détails, plus on sentira la certitude des principes. Ces détails mêmes, je ne les ai pas tous donnés; car qui pourroit dire tout sans un mortel ennui?

On ne trouvera point ici ces traits saillans, qui semblent caractériser les ouvrages d'aujourd'hui. Pour peu qu'on voie les choses avec une certaine étendue, les saillies s'évanouissent; elles ne naissent, d'ordinaire, que parce que l'esprit se jette tout d'un côté, & abandonne tous les autres.

Je n'écris point pour censurer ce qui est établi dans quelque pays que ce soit. Chaque nation trouvera ici les raisons de ses maximes; & on en tirera naturellement cette conséquence, qu'il n'appartient de proposer des changemens, qu'à ceux qui sont assez heureusement nés pour pénétrer, d'un coup de génie, toute la constitution d'un état.

Il n'est pas indifférent que le peuple soit éclairé. Les

préjugés des magiſtrats ont commencé par être les préjugés de la nation. Dans un temps d'ignorance, on n'a aucun doute, même lorſqu'on fait les plus grands maux ; dans un temps de lumière, on tremble encore lorſqu'on fait les plus grands biens. On ſent les abus anciens, on en voit la correction ; mais on voit encore les abus de la correction même. On laiſſe le mal, ſi l'on craint le pire ; on laiſſe le bien, ſi on eſt en doute du mieux. On ne regarde les parties, que pour juger du tout enſemble : on examine toutes les cauſes, pour voir tous les réſultats.

Si je pouvois faire en ſorte que tout le monde eût de nouvelles raiſons pour aimer ſes devoirs, ſon prince, ſa patrie, ſes loix ; qu'on pût mieux ſentir ſon bonheur dans chaque pays, dans chaque gouvernement, dans chaque poſte où l'on ſe trouve ; je me croirois le plus heureux des mortels.

Si je pouvois faire en ſorte que ceux qui commandent augmentaſſent leurs connoiſſances ſur ce qu'ils doivent preſcrire, & que ceux qui obéiſſent trouvaſſent un nouveau plaiſir à obéir, je me croirois le plus heureux des mortels.

Je me croirois le plus heureux des mortels, ſi je pouvois faire que les hommes puſſent ſe guérir de leurs préjugés. J'appelle ici préjugés, non pas ce qui fait qu'on ignore de certaines choſes, mais ce qui fait qu'on s'ignore ſoi-même.

C'eſt en cherchant à inſtruire les hommes, que l'on peut pratiquer cette vertu générale qui comprend l'amour de tous. L'homme, cet être flexible, ſe pliant dans la ſociété aux penſées & aux impreſſions des autres, eſt également capable de connoître ſa propre nature, lorſqu'on la lui montre, & d'en perdre juſqu'au ſentiment, lorſqu'on la lui dérobe.

J'ai bien des fois commencé, & bien des fois abandonné cet ouvrage; j'ai mille fois envoyé aux vents les feuilles que j'avois écrites (*a*); je ſentois tous les jours les mains paternelles tomber (*b*); je ſuivois mon objet ſans former de deſſein; je ne connoiſſois ni les règles ni les exceptions; je ne trouvois la vérité que pour la perdre. Mais, quand j'ai découvert mes principes, tout ce que je cherchois eſt venu à moi; & dans le cours de vingt années, j'ai vu mon ouvrage commencer, croître, s'avancer, & finir.

Si cet ouvrage a du ſuccès, je le devrai beaucoup à la majeſté de mon ſujet: cependant je ne crois pas avoir totalement manqué de génie. Quand j'ai vu ce que tant de grands hommes, en France, en Angleterre & en Allemagne, ont écrit avant moi, j'ai été dans l'admiration; mais je n'ai point perdu le courage. *Et moi auſſi je ſuis peintre* (*c*), ai-je dit avec le *Corrège*.

(*a*) *Ludubria ventis.*

(*b*) *Bis patriæ cecidere manus.........*

(*c*) *Ed io anche ſon pittore.*

# TABLE
## DES LIVRES ET CHAPITRES
### CONTENUS EN CE PREMIER VOLUME.



## *LIVRE PREMIER.*
### Des loix en général.



## *LIVRE II.*
### Des loix qui dérivent directement de la nature du gouvernement.

## *LIVRE III.*

### Des principes des trois gouvernemens.

## LIVRE IV.

### Que les loix de l'éducation doivent être relatives aux principes du gouvernement.



## LIVRE V.

### Que les loix que le législateur donne doivent être relatives au principe du gouvernement.

## LIVRE VI.

Conséquences des principes des divers gouvernemens, par rapport à la simplicité des loix civiles & criminelles, la forme des jugemens, & l'établissement des peines.

## *LIVRE VII.*

### Conséquences des différens principes des trois gouvernemens, par rapport aux loix somptuaires, au luxe, & à la condition des femmes.

## *LIVRE VIII.*

## De la corruption des principes des trois gouvernemens.

## *LIVRE IX.*

### Des loix, dans le rapport qu'elles ont avec la force défensive.

## *LIVRE X.*

## Des loix, dans le rapport qu'elles ont avec la force offensive.

## *LIVRE XI.*

### Des loix qui forment la liberté politique, dans son rapport avec la constitution.

## *LIVRE XII.*

### Des loix qui forment la liberté politique, dans son rapport avec le citoyen.

## *LIVRE XIII.*

### Des rapports que la levée des tributs & la grandeur des revenus publics ont avec la liberté.

## LIVRE XIV.

## Des loix, dans le rapport qu'elles ont avec la nature du climat.

## LIVRE XV.

### Comment les loix de l'esclavage civil ont du rapport avec la nature du climat.

## LIVRE XVI.

### Comment les loix de l'esclavage domestique ont du rapport avec la nature du climat.

## LIVRE XVII.

### Comment les loix de la servitude politique ont du rapport avec la nature du climat.



## LIVRE XVIII.

### Des loix, dans le rapport qu'elles ont avec la nature du terrein.

## *LIVRE XIX.*

Des loix, dans le rapport qu'elles ont avec les principes qui forment l'esprit général, les mœurs & les manières d'une nation.

## *LIVRE XX.*

Des loix, dans le rapport qu'elles ont avec le commerce, conſidéré dans ſa nature & ſes diſtinctions.

## *LIVRE XXI.*

Des loix, dans le rapport qu'elles ont avec le commerce, considéré dans les révolutions qu'il a eues dans le monde.

Fin de la table des livres & chapitres du premier volume.

livre 1er des loix en general

loix dans le rapport qu'elles ont avec les divers etres

ur de montesquieu considere les loix en general - il les regarde comme les rapports necessaires qui derivent de la nature des choses.

il craint sans doute une objection. il la previent - c'est une grande absurdité, dit il, de supposer une fatalité aveugle qui produit tous les effets que nous voyons dans le monde.

il y a dit il encore une raison primitive, et les loix sont les rapports qui se trouvent entr'elle et les différens etres, et les rapports de ces divers etres entr'eux.

dieu a du rapport avec l'univers. les loix selon lesquelles il a crée sont celles selon lesquelles il conserve. il agit selon ces regles parce qu'il les connoist. il les connoist parcequ'il les a faites. il les a faites parcequ'elles ont du rapport avec sa sagesse et sa puissance.

si le monde subsiste toujours, il faut que ses mouvemens aient des loix invariables, et la création qui paroist un acte arbitraire suppose des regles aussy invariables que la fatalité des athées.

ces regles sont un rapport constamment etably.

les mouvemens des corps suivent les rapports de la masse et de la vitesse. chaque diversité est uniformité, chaque changement est constance -

on sent d'abord a quel point ces principes sont etrangers a l'ouvrage qu'on entreprend - il ne s'agit pas de scavoir si les loix sont des rapports nécessaires des etres entr'eux dans un ouvrage qui se borne a rechercher l'esprit des loix arbitraires qui forment les divers gouvernemens tels qu'ils sont etablis sur la terre, et qui ne remonte jamais aux loix naturelles - ce 1er chapitre, et le 2d encore qui traitte des loix de la nature n'ont rien de commun avec ces loix positives dont on se borne a rechercher l'esprit et les rapports entr'elles.

et nous ne nous arrestons un moment a parler de ces deux chapitres que pour observer des contradictions qui nous ont fait eprouver le plus sensible etonnement.

# ŒUVRES
DE
# M. DE MONTESQUIEU.

## DE L'ESPRIT DES LOIX.

## LIVRE PREMIER.
*DES LOIX EN GÉNÉRAL.*

### CHAPITRE PREMIER.
*Des loix, dans le rapport qu'elles ont avec les divers êtres.*

LES LOIX, dans la signification la plus étendue, sont les rapports nécessaires qui dérivent de la nature des choses; &, dans ce sens, tous les êtres ont leurs loix, la divinité (*a*) a ses loix, le monde matériel a ses loix, les intelligences supérieures à l'homme ont leurs loix, les bêtes ont leurs loix, l'homme a ses loix.

(*a*) *La loi*, dit Plutarque, *est la reine de tous mortels & immortels*. Au traité *Qu'il est requis qu'un prince soit sçavant*.

Ceux qui ont dit qu'*une fatalité aveugle a produit tous les effets que nous voyons dans le monde*, ont dit une grande absurdité : car quelle plus grande absurdité qu'une fatalité aveugle qui auroit produit des êtres intelligens?

Il y a donc une raison primitive ; & les loix sont les rapports qui se trouvent entre elle & les différens êtres, & les rapports de ces divers êtres entre eux.

Dieu a du rapport avec l'univers, comme créateur & comme conservateur ; les loix selon lesquelles il a créé sont celles selon lesquelles il conserve : il agit selon ces règles, parce qu'il les connoît ; il les connoît, parce qu'il les a faites ; il les a faites, parce qu'elles ont du rapport avec sa sagesse & sa puissance.

Comme nous voyons que le monde, formé par le mouvement de la matière, & privé d'intelligence, subsiste toujours, il faut que ses mouvemens aient des loix invariables ; &, si l'on pouvoit imaginer un autre monde que celui-ci, il auroit des règles constantes, ou il seroit détruit.

Ainsi la création, qui paroît être un acte arbitraire, suppose des règles aussi invariables que la fatalité des athées. Il seroit absurde de dire que le créateur, sans ces règles, pourroit gouverner le monde, puisque le monde ne subsisteroit pas sans elles.

Ces règles sont un rapport constamment établi. Entre un corps mu & un autre corps mu, c'est suivant les rapports de la masse & de la vîtesse que tous les mouvemens sont reçus, augmentés, diminués, perdus ; chaque diversité est *uniformité*, chaque changement est *constance*.

Les êtres particuliers intelligens peuvent avoir des loix qu'ils ont faites ; mais ils en ont aussi qu'ils n'ont pas faites. Avant qu'il y eût des êtres intelligens, ils étoient possibles ;

~~[illegible] des loix sont le rapport qu'elles ont avec les divers êtres~~

si les loix sont les rapports necessaires qui derivent de la nature des choses.
si la divinité a ses loix, comme le monde materiel a les siennes, ce sont
ces loix invariables qui ont produit tous les effets que nous voyons
dans le monde, et ces loix sont une ~~veritable~~ fatalité, puisqu'
aucune intelligence n'a pu les etablir, et ne peut les detruire

si dieu n'est point distingué des differens etres, et si ses ~~propres~~ loix
sont les rapports qui se trouvent entre la raison primitive ~~et~~
~~luy mesme~~, cette raison primitive est la loy souveraine qui
gouverne le monde et luy

quel est l'organe qui peut nous transmettre la connoissance et
nous manifester ~~la~~ ressemblances des loix de la creation, et de
celles qui concernent les etres crees

peut on dire que dieu a fait des loix qui sont des rapports
necessaires, des loix qui derivent de la nature des choses, et
de la raison primitive

nous ne voyons que le monde ait subsisté, et doive subsister
toujours - nous voyons qu'il subsiste depuis un tel tems
selon l'etendue ou les limites de nos raisonnemens - nous
pouvons dire que ses mouvemens ne varient pas dans
le cercle etroit de tems qui nous est connu - nous ne pouvons
pas dire que les loix de ces mouvemens soient invariables -
sa destruction sera peut etre operée par une grande
revolution - elle sera peut etre preparée par des variations successives - chacun de nous peut former des conjectures differentes ~~que nulle~~ experience ne peut detruire,
~~[illegible]~~ des regles aussi ~~[illegible]~~
~~[illegible]~~ fatalité des athees devient celle des deistes, cette fatalité
n'est qu'elle le rapport du createur avec des etres crées - la creation
suppose un tems ou rien n'etoit encore - quel est le rapport de
celuy qui est avec tout ce qui n'est pas - si ce rapport est necessaire, il est eternel - il doit avoir produit son effet de toute
eternité - et la creation ne peut pas etre un effet de toute
eternité

il n'est pas vrai que les loix du mouvement des corps soient
exactement connues, parce qu'on ne connoit point ce que
devroit en resulter pour les corps [illegible] nous
croyons [illegible] des loix [illegible] la terre
et quand [illegible] plus foible
[illegible]

n'est que des etres intelligens peuvent avoir des loix qu'ils ont faites
les loix faites par les etres intelligens ne sont pas de veritables loix
fondées sur les rapports necessaires qui derivent de la nature des choses
s'il n'y a de loix que celles qui se trouvoient tracées dans les rapports
possibles, avant qu'il y eut des etres intelligens – il s'ensuit que
les loix ne sont l'ouvrage ny de dieu, ny des hommes [illegible] mais
il y a des rapports de justice anterieurs a la loy positive qui les etablit. [illegible]
[illegible] trouver cette idée generale par [illegible] des suppositions [illegible]
il n'y a pas un principe etably dans chacune de ces suppositions
qui ne soit une erreur necessaire [illegible] il n'est pas toujours
[illegible] juste de se conformer aux loix des hommes [illegible]
[illegible] propres loix. si les loix qu'un seul homme [illegible] sont les rapports
naturels [illegible] que la societé les respecte – si les loix de la société
ne sont pas les rapports naturels, [illegible] que chaque homme
soit obligé de s'y conformer [illegible] connoissance comme un des devoirs de l'homme
il ne suffit pas de prononcer en general le devoir de la reconnoissance
il faut scavoir quels en sont les objets – on n'a jamais calculé quel doit
etre precisement l'effet naturel d'un bienfait [illegible] qu'il a eue de son origine
on [illegible] l'etre creé ne doit point, et ne peut point avoir d'autre dependance
que celle de sa nature, et si telle est sa nature qu'il ne puisse
pas connoistre son origine il ne peut pas avoir l'idée de sa
dependance [illegible] qu'un etre intelligent qui fait du mal a un etre intelligent
on [illegible] merite de recevoir le mal qu'il a fait [illegible] de rendre le mal pour le mal –
il n'est pas vray qu'il soit juste de rendre le mal pour le mal
la societé ne doit pas commettre le crime pour le punir, et donner
la mort a celuy qui a fait un meurtre – la punition ne doit pas
etre proportionnée au crime – elle n'a d'autre mesure que le
danger qu'elle doit prevenir – il peut punir un coupable pour
qu'il n'y ait point de coupables
[illegible]
ainsy [illegible] tous les principes qui ne tiennent point
a des idées elementaires qui ne resultent point d'une
exacte analyse de nos idées, et qui n'ont point [illegible]
rapport entre eux
on se demande comment ces idées etranges ont pu se presenter aux
auteurs [illegible] se presenter d'abord a l'esprit dans un
ouvrage dont toutes les parties liées ensemble par leurs
rapports mutuels ne devroient etre, pour ainsy dire,
que les consequences des memes principes
[illegible] comme il l'a pu [illegible]
on parle ici des bestes [illegible] – on ne scait, si [illegible] les bestes
[illegible] l'ame des bestes

ils avoient donc des rapports possibles, & par conséquent des loix possibles. Avant qu'il y eût des loix faites, il y avoit des rapports de justice possibles. Dire qu'il n'y a rien de juste ni d'injuste que ce qu'ordonnent ou défendent les loix positives, c'est dire, qu'avant qu'on eût tracé de cercle, tous les rayons n'étoient pas égaux.

Il faut donc avouer des rapports d'équité antérieurs à la loi positive qui les établit : comme par exemple, que, supposé qu'il y eût des sociétés d'hommes, il seroit juste de se conformer à leurs loix; que, s'il y avoit des êtres intelligens qui eussent reçu quelque bienfait d'un autre être, ils devroient en avoir de la reconnoissance; que, si un être intelligent avoit créé un être intelligent, le créé devroit rester dans la dépendance qu'il a eue dès son origine; qu'un être intelligent qui a fait du mal à un être intelligent, mérite de recevoir le même mal; & ainsi du reste.

Mais il s'en faut bien que le monde intelligent soit aussi bien gouverné que le monde physique. Car, quoique celui-là ait aussi des loix qui par leur nature sont invariables, il ne les suit pas constamment comme le monde physique suit les siennes. La raison en est que les êtres particuliers intelligens sont bornés par leur nature, & par conséquent sujets à l'erreur; &, d'un autre côté, il est de leur nature qu'ils agissent par eux-mêmes. Ils ne suivent donc pas constamment leurs loix primitives; & celles mêmes qu'ils se donnent, ils ne les suivent pas toujours.

On ne sçait si les bêtes sont gouvernées par les loix générales du mouvement, ou par une motion particulière. Quoi qu'il en soit, elles n'ont point avec dieu de rapport plus intime que le reste du monde matériel; & le sentiment ne leur sert que dans le rapport qu'elles ont entre elles, ou avec d'autres êtres particuliers, ou avec elles-mêmes.

Par l'attrait du plaiſir, elles conſervent leur être particulier ; &, par le même attrait, elles conſervent leur eſpèce. Elles ont des loix naturelles, parce qu'elles ſont unies par le ſentiment ; elles n'ont point de loix poſitives, parce qu'elles ne ſont point unies par la connoiſſance. Elles ne ſuivent pourtant pas invariablement leurs loix naturelles : les plantes, en qui nous ne remarquons ni connoiſſance, ni ſentiment, les ſuivent mieux.

Les bêtes n'ont point les ſuprêmes avantages que nous avons ; elles en ont que nous n'avons pas. Elles n'ont point nos eſpérances, mais elles n'ont pas nos craintes ; elles ſubiſſent comme nous la mort, mais c'eſt ſans la connoître ; la plupart même ſe conſervent mieux que nous, & ne font pas un auſſi mauvais uſage de leurs paſſions.

L'homme, comme être phyſique, eſt, ainſi que les autres corps, gouverné par des loix invariables. Comme être intelligent, il viole ſans ceſſe les loix que dieu a établies, & change celles qu'il établit lui-même : il faut qu'il ſe conduiſe ; & cependant il eſt un être borné : il eſt ſujet à l'ignorance & à l'erreur, comme toutes les intelligences finies : les foibles connoiſſances qu'il a, il les perd encore. Comme créature ſenſible, il devient ſujet à mille paſſions. Un tel être pouvoit à tous les inſtans oublier ſon créateur ; dieu l'a rappellé à lui par les loix de la religion. Un tel être pouvoit à tous les inſtans s'oublier lui-même ; les philoſophes l'ont averti par les loix de la morale. Fait pour vivre dans la ſociété, il y pouvoit oublier les autres ; les légiſlateurs l'ont rendu à ſes devoirs par les loix politiques & civiles.

ne gouvernées par les loix generales du mouvement ou par une motion particulie[re]
comment peut on apprivoiser les animaux farouches, [illegible]
au frein un coursier indompté, elever des chiens de berger, accoutumer des oiseaux a l'obeissance — comment peut on scavoir tout
ce que font les renards, les castors, et les elephants sans [illegible]
que les bestes sont unies entr'elles et meme avec les hommes
[par] la connoissance, et qu'elles peuvent [avoir des rapports]
et des affections qui n'appartiennent qu'aux estres intelligens
il ne paroit pas que les bestes en general etablissent des loix
positives entr'elles cependant les abeilles, les castors, et
les chiens de berger semblent connoitre des devoirs
respectifs qu'ils executent et qu'ils font executer — il
est du moins prouvé que les bestes connoissent et [illegible]
les loix positives que l'homme leur impose, et [illegible]
homme ne peut etre plus souple, plus actif, plus habile et
plus obeissant dans la dependance d'un maistre que
ne l'est le chien de chasse a la voix de l'homme.
[illegible] presente la division du grand ouvrage de
l'esprit des loix quand on distingue les loix de la religion,
celles de la morale, et les loix politiques et civiles.
les loix de la religion ne sont point des mysteres ce sont les rapports
necessaires des hommes entr'eux et avec dieu — elles ne sont
point distinguées des loix de la morale, et les loix de la
morale ne peuvent point l'etre des loix politiques et
civiles [illegible] seulement les loix politiques et civiles sont
ce qu'elles doivent etre, les principes du gouvernement du bonheur des hommes
cette annonce est inutile — il falloit dire
j'examineray les rapports necessaires qui derivent de la
nature des hommes et des choses, s'il etoit vray qu'on
voulust examiner les rapports des hommes et des choses —
c'est le seul objet qu'on semble annoncer, et c'est objet
qu'on annonce est aussy tost abandonné —
c'est un portique [illegible] qui ne sert qu'a masquer
des ruines [illegible] des edifices mal assemblés
de toutes les gouvernemens

des loix de la nature.

avant toutes ces loix, dit on, sont celles de la nature.

comment les loix de la nature sont elles avant toutes les autres loix, s'il n'y a point d'autres loix veritables que celles de la nature, que celles qui derivent de la constitution des etres.

pour connoistre les loix de la nature parmy les hommes, il faut considerer les hommes en societé - car si l'homme par sa nature est un animal sociable, on ne peut pas decouvrir ses loix naturelles hors de la societé : il ne peut pas recevoir les loix de sa nature dans un etat ou les besoins de sa nature ne sont pas remplis, ny meme connus. on parle de l'homme seul - on parle de ce [illegible] l'homme seul ne sent ny sa foiblesse, ny sa force - il est ce qu'il est sans y reflechir - c'est la comparaison avec les autres hommes qui nous donne le sentiment de nos avantages, ou de nos pertes - il seroit timide à la seule vue d'un autre homme - comme nous le serions nous meme a la vue d'un [illegible] qui se montreroit à nous pour la premiere fois ; se sentir à peine egal. on dit que dans cet etat un homme se sentiroit [illegible] un homme n'est pas seul quand il voit assez d'autres hommes pour se sentir inferieur, pour se sentir à peine egal - il faudroit supposer icy deux hommes errans dans la meme forest, et les observer dans le moment d'une rencontre imprevue - l'un [illegible] avoir peur de l'autre - c'est un moment - ce n'est pas un etat - on ne peut pas former une [illegible] sur un moment - si la paix est la loy naturelle pour un moment - [illegible] la nature des hommes, ce sont les hommes policés qui en connoissent les avantages, c'est le plus grand nombre. la guerre derive, les guerres sont l'effet de l'interest du petit nombre, qui trompe et entraine la multitude [illegible]

[illegible] il considere les societés sans culture [illegible] une grande etendue [illegible] pour leur subsistance - [illegible] le desir de terrein pour leur subsistance, d'attaquer des societés qui viennent leur disputer leur terrein [illegible] est plus ou moins

## CHAPITRE II.

### *Des loix de la nature.*

AVANT toutes ces loix, font celles de la nature; ainfi nommées, parce qu'elles dérivent uniquement de la conftitution de notre être. Pour les connoître bien, il faut confidérer un homme avant l'établiffement des fociétés. Les loix de la nature feront celles qu'il recevroit dans un état pareil.

Cette loi qui, en imprimant dans nous-mêmes l'idée d'un créateur, nous porte vers lui, eft la première des *loix naturelles*, par fon importance, & non pas dans l'ordre de ces loix. L'homme, dans l'état de nature, auroit plutôt la faculté de connoître, qu'il n'auroit des connoiffances. Il eft clair que fes premières idées ne feroient point des idées fpéculatives; il fongeroit à la confervation de fon être, avant de chercher l'origine de fon être. Un homme pareil ne fentiroit d'abord que fa foibleffe; fa timidité feroit extrême: &, fi l'on avoit là-deffus befoin de l'expérience, l'on a trouvé dans les forêts des hommes fauvages (*a*); tout les fait trembler, tout les fait fuir.

Dans cet état, chacun fe fent inférieur; à peine chacun fe fent-il égal. On ne chercheroit donc point à s'attaquer; & la paix feroit la première loi naturelle.

Le defir que *Hobbes* donne d'abord aux hommes de fe fubjuguer les uns les autres, n'eft pas raifonnable. L'idée de l'empire & de la domination eft fi compofée, & dépend de tant

(*a*) Témoin le fauvage qui fut trouvé dans les forêts de Hanover, & que l'on vit en Angleterre fous le règne de *Georges I.*

d'autres idées, que ce ne feroit pas celle qu'il auroit d'abord.

*Hobbes* demande *pourquoi, si les hommes ne sont pas naturellement en état de guerre, ils vont toujours armés?* & *pourquoi ils ont des clefs pour fermer leurs maisons?* Mais on ne sent pas que l'on attribue aux hommes, avant l'établissement des sociétés, ce qui ne peut leur arriver qu'après cet établissement, qui leur fait trouver des motifs pour s'attaquer & pour se défendre.

Au sentiment de sa foiblesse, l'homme joindroit le sentiment de ses besoins. Ainsi une autre loi naturelle seroit celle qui lui inspireroit de chercher à se nourrir.

J'ai dit que la crainte porteroit les hommes à se fuir : mais les marques d'une crainte réciproque les engageroient bientôt à s'approcher. D'ailleurs, ils y seroient portés par le plaisir qu'un animal sent à l'approche d'un animal de son espèce. De plus, ce charme que les deux sexes s'inspirent par leur différence, augmenteroit ce plaisir; & la prière naturelle qu'ils se font toujours l'un à l'autre, seroit une troisième loi.

Outre le sentiment que les hommes ont d'abord, ils parviennent encore à avoir des connoissances; ainsi ils ont un second lien que les autres animaux n'ont pas. Ils ont donc un nouveau motif de s'unir; & le desir de vivre en société est une quatrième loi naturelle.

excité dans la proportion de leurs besoins - et ce sont ces besoins qu'il faut connoitre, et qui seroient [illegible] selon les [illegible] qui ont donné les habitudes et les mœurs de chaque société

il n'y a rien de plus compliqué, de plus divers que l'idée de l'empire et de la domination quand on veut l'analyser - il n'y a rien de plus simple et de plus naturel que le desir de dominer quand il faut se defendre, quand il faut disputer une subsistance qui ne [illegible], ou quand l'habitude de vaincre un ennemi donne la confiance dans l'attaque, et l'ambition dans les conquestes.

Il semble que les hommes sont naturellement ce qu'ils sont dans toutes les nations et dans toutes les sociétés - il n'est pas vrai qu'on doive considérer les hommes avant l'établissement des sociétés pour sçavoir ce qu'ils sont naturellement.

voila la 1ere loy naturelle, la recherche des besoins - voila le principe de toute loy naturelle, le sentiment des besoins: il n'y a point [illegible] naturelle a tous les animaux vivans que celle de chercher a se nourrir.

tous les besoins humains se font sentir a l'homme selon les facultés que l'age luy donne - la [illegible] naturelle des deux sexes est comme la [illegible] naturelle de la faim et de la soif

on suppose icy que les hommes ont commencé par vivre [illegible] - tout homme naist d'un pere et d'une mere - il est elevé par eux - il a des freres et des sœurs, des oncles, des tantes, et des cousins et a par la meme des voisins - les familles [illegible] a petite distance - tout homme naist, vit, et meurt en société. il n'a point eprouvé la crainte [illegible] de ses semblables - le desir [illegible] en société [illegible] [illegible] l'habitude [illegible] [illegible] par sa nature [illegible] quand il en est privé

[illegible] ce desir une quatrième loy naturelle
[illegible] à tous les besoins de l'homme et qu'il n'est
point distingué de tous les sentimens dont il se compose -
en général tous nos sentimens naturels qui sont ceux de nos
besoins agissent ensemble quand nous avons acquis les facultés qui nous les donnent - l'ordre successif de nos sentimens
ne peut être analogue qu'au developpement successif
de nos organes, et de nos sens - nous sentons le besoin de
manger avant celuy qui n'appartient qu'à la puberté -
nous sentons les besoins de l'enfance avant ceux de la
jeunesse - les philosophes ont pris l'analyse de leurs idées
pour l'histoire de la nature.

des loix positives

les hommes nés en société ont senti la foiblesse de leur enfance -
quand ils sont hommes, ils ont acquis les moeurs de la société
qui les vit naître, et qui les a nourris ; si cette société est
en guerre avec d'autres sociétés, ceux qu'elle élève ont
contracté des moeurs guerrières - mais il n'est pas naturel
que l'égalité cesse dans chaque famille, ou société, et que
l'état de guerre commence entre les hommes qui ont acquis
l'age de la force, et leur famille ou leur société -
on ne se représente pas dans quel état il faut supposer
les hommes pour [illegible] ce qu'on dit icy d'eux
Il semble que les guerres des nations ne soient que des
exercices de force, comme dans l'arène des athlètes - il
semble que l'ambition de chaque homme dans chaque
nation ne soit que le plaisir de deployer la vigueur
de son bras -
on savait que parmy les nations sauvages chaque homme
soit dans un état de guerre - chaque homme, chaque
famille est libre, et il n'y a point de loix - les loix mêmes
de nation à nation ne sont que des traittés que le besoin,
la haine, un evenement imprevu, la rencontre d'une
[illegible] ce que on auroit [illegible] dire
[illegible] établir de erreurs
[illegible] mots
sans [illegible] des gens
on auroit [illegible]

## CHAPITRE III.

### *Des loix positives.*

Si-tôt que les hommes sont en société, ils perdent le sentiment de leur foiblesse; l'égalité qui étoit entre eux cesse, & l'état de guerre commence.

Chaque société particulière vient à sentir sa force; ce qui produit un état de guerre de nation à nation. Les particuliers, dans chaque société, commencent à sentir leur force; ils cherchent à tourner en leur faveur les principaux avantages de cette société; ce qui fait entre eux un état de guerre.

Ces deux sortes d'états de guerre font établir les loix parmi les hommes. Considérés comme habitans d'une si grande planette, qu'il est nécessaire qu'il y ait différens peuples, ils ont des loix dans le rapport que ces peuples ont entre eux; & c'est le DROIT DES GENS. Considérés comme vivant dans une société qui doit être maintenue, ils ont des loix dans le rapport qu'ont ceux qui gouvernent avec ceux qui sont gouvernés; & c'est le DROIT POLITIQUE. Ils en ont encore dans le rapport que tous les citoyens ont entre eux; & c'est le DROIT CIVIL.

Le *droit des gens* est naturellement fondé sur ce principe, que les diverses nations doivent se faire dans la paix le plus de bien, & dans la guerre le moins de mal qu'il est possible, sans nuire à leurs véritables intérêts.

L'objet de la guerre, c'est la victoire; celui de la victoire, la conquête; celui de la conquête, la conservation. De ce principe & du précédent, doivent dériver toutes les loix qui forment le *droit des gens*.

Toutes les nations ont un droit des gens; & les *Iroquois*

mêmes, qui mangent leurs prisonniers, en ont un. Ils envoient & reçoivent des ambassades ; ils connoissent des droits de la guerre & de la paix : le mal est que ce droit des gens n'est pas fondé sur les vrais principes.

Outre le droit des gens, qui regarde toutes les sociétés, il y a un *droit politique* pour chacune. Une société ne sçauroit subsister sans un gouvernement. *La réunion de toutes les forces particulières*, dit tres-bien *Gravina*, forme ce qu'on appelle l'ÉTAT POLITIQUE.

La force générale peut être placée entre les mains d'*un seul*, ou entre les mains de *plusieurs*. Quelques-uns ont pensé que, la nature ayant établi le pouvoir paternel, le gouvernement d'un seul étoit le plus conforme à la nature. Mais l'exemple du pouvoir paternel ne prouve rien. Car, si le pouvoir du père a du rapport au gouvernement d'un seul ; après la mort du père, le pouvoir des frères ; ou, après la mort des frères, celui des cousins germains, ont du rapport au gouvernement de plusieurs. La puissance politique comprend nécessairement l'union de plusieurs familles.

Il vaut mieux dire que le gouvernement le plus conforme à la nature, est celui dont la disposition particulière se rapporte mieux à la disposition du peuple pour lequel il est établi.

Les forces particulières ne peuvent se réunir, sans que toutes les volontés se réunissent. *La réunion de ces volontés*, dit encore très-bien *Gravina*, *est ce qu'on appelle l'ÉTAT CIVIL.*

La loi, en général, est la raison humaine, en tant qu'elle gouverne tous les peuples de la terre ; & les loix politiques & civiles de chaque nation ne doivent être que les cas particuliers où s'applique cette raison humaine.

Elles doivent être tellement propres au peuple pour lequel elles sont faites, que c'est un très-grand hasard si celles

celuy de ceux qui gouvernent et de ceux qui sont gouvernés est
le droit politique.
celuy de tous les cytoyens entr'eux est le droit civil
on fonde le droit des gens sur un principe ou de droit ou de fait
le principe de droit le voicy — les nations doivent se faire
tout le bien qui depend d'elles, et ne doivent point se
faire de mal — les principes de fait sont aussy differents
que les relations que les interests et les habitudes
mettent entre une nation et une nation.
L'objet de la guerre est celuy qu'on se propose — tantost
on veut se venger — tantost on veut se defendre — tantost
on veut conquerir — tantost on croit que l'honneur
vain et ridicule interest, fait une loy de guerroyer
enfin l'objet de la guerre est aussy different que
les circonstances qui l'accompagnent. la victoire en
est quelquefois l'objet, et le plus souvent le moyen —
la conqueste en est tantost l'objet et tantost la
suite — ~~la~~ conservation de la conqueste depend aussy
de l'objet qu'on se propose — on ne peut pas deriver
de ces faux supositions toutes les loix qui forment
le droit des gens.
toutes les nations ont un droit des gens, parceque vous
donnez cette denomination qui n'offre point une idée
fixe a toutes les relations des nations les plus sauvages
avec les autres nations sauvages — mais elles ne suivent
ny les vrais ny les faux principes — elles n'ont point
d'interest connu, ny de marche constante — elles se
decident par la passion du moment, et n'ont ny
souvenir ny prevoyance — peut on dire qu'elles
ont un droit des gens.
une societé dit on ne scauroit subsister sans un gouvernement — voila la question qu'il falloit traitter — elle
est bien plus douteuse qu'on ne pense — j'observe que
les hommes ne sont point gouvernés dans l'ordre de
leurs besoins et de leurs plaisirs — ils ne sont gênés que
par leurs loix, et les loix ont reçu les objets pour les
quels elles sont etablies — presque toutes les loix

sont factices, et les loix naturelles sont naturellement remplies
par tous les hommes - nous vivons en famille, et en société
sans que l'etat y soit pour rien - nous ne sentons le pouvoir
du souverain que pour des places, des honneurs, des guerres etrangeres dont nous pourrions nous passer, nous avons
des procès pour ces loix factices que nous avons créées - nous
n'en avons presque point pour les loix naturelles. il suffiroit dans chaque lieu du concours des familles réunies
pour y punir les malfaiteurs - et les crimes seroient bien
rares, quand les mœurs de la société seroient celles de
la famille - enfin c'est une question a traitter - ce
n'est pas un principe a supposer -
on n'etablit ce principe que pour amener la definition
de gravina qui n'en avoit pas besoin - il dit que la
réunion des forces particulieres s'appele le droit politique
on rapporte ensuite une autre definition de gravina:
la reunion des volontés est ce qu'on appele l'etat civil
quelle est cette distinction des forces qui ne peuvent pas
agir sans les volontés, et des volontés dont la réunion
entraine celle de toutes les forces.
on dit que le gouvernement d'un seul a rapport au
pouvoir paternel, et celuy de plusieurs au pouvoir
des freres et des cousins germains -
on ajoute que le gouvernement le plus conforme a
la nature est celuy qui se rapporte mieux a la
disposition du peuple pour lequel il est etably -
si cette disposition du peuple n'etoit pas elle meme
naturelle on ne pourroit pas dire que le gouvernement
seroit le plus conforme a la nature.
on generalise la loy - on dit qu'elle est la raison humaine
en tant qu'elle gouverne tous les peuples de la terre.
cela suppose que tous les peuples sont gouvernés
par la raison.
on dit que les loix doivent etre tellement propres au peuple
pour lequel elles sont faites que c'est un tres grand hasard,

celles d'une nation peuvent convenir à une autre.

Il faut qu'elles se rapportent à la nature & au principe du gouvernement qui est établi, ou qu'on veut établir; soit qu'elles le forment, comme font les loix politiques; soit qu'elles le maintiennent, comme font les loix civiles.

Elles doivent être relatives au *physique* du pays; au climat glacé, brûlant, ou tempéré; à la qualité du terrein, à sa situation, à sa grandeur; au genre de vie des peuples, laboureurs, chasseurs ou pasteurs: elles doivent se rapporter au degré de liberté que la constitution peut souffrir, à la religion des habitans, à leurs inclinations, à leurs richesses, à leur nombre, à leur commerce, à leurs mœurs, à leurs manières: enfin elles ont des rapports entre elles; elles en ont avec leur origine, avec l'objet du législateur, avec l'ordre des choses sur lesquelles elles sont établies. C'est dans toutes ces vues qu'il faut les considérer.

C'est ce que j'entreprends de faire dans cet ouvrage. J'examinerai tous ces rapports: ils forment tous ensemble ce que l'on appelle l'ESPRIT DES LOIX.

Je n'ai point séparé les loix *politiques* des *civiles*: Car, comme je ne traite point des loix, mais de l'esprit des loix; & que cet esprit consiste dans les divers rapports que les loix peuvent avoir avec diverses choses; j'ai dû moins suivre l'ordre naturel des loix, que celui de ces rapports & de ces choses.

J'examinerai d'abord les rapports que les loix ont avec la nature & avec le principe de chaque gouvernement: &, comme ce principe a sur les loix une suprême influence, je m'attacherai à le bien connoître; &, si je puis une fois l'établir, on en verra couler les loix comme de leur source. Je passerai ensuite aux autres rapports, qui semblent être plus particuliers.

# LIVRE II.

## *Des loix qui dérivent directement de la nature du gouvernement.*

### CHAPITRE PREMIER.

*De la nature des trois divers gouvernemens.*

IL y a trois eſpèces de gouvernemens ; le RÉPUBLICAIN, le MONARCHIQUE, & le DESPOTIQUE. Pour en découvrir la nature, il ſuffit de l'idée qu'en ont les hommes les moins inſtruits. Je ſuppoſe trois définitions, ou plutôt trois faits : l'un, que *le gouvernement républicain eſt celui où le peuple en corps, ou ſeulement une partie du peuple, a la ſouveraine puiſſance : le monarchique, celui où un ſeul gouverne, mais par des loix fixes & établies : au lieu que, dans le deſpotique, un ſeul, ſans loi & ſans règle, entraîne tout par ſa volonté & par ſes caprices.*

Voilà ce que j'appelle la nature de chaque gouvernement. Il faut voir quelles ſont les loix qui ſuivent directement de cette nature, & qui par conſéquent ſont les premières loix fondamentales.

celles d'une nation peuvent convenir a un autre.
ou deviendront donc ces loix qui devroient etre les rapports necessaires
derivés de la nature des hommes —
est ce que la nature humaine est tellement diverse dans les diverses nati[ons]
qu'il n'y ait point de rapports communs —
sans doute les loix doivent se rapporter a la nature, et au principe
du gouvernement qui est etably, quand on ne veut pas le changer, et
du gouvernement qu'on veut etablir — mais quel doit etre le principe
du gouvernement luy meme — c'est dans ce principe qu'on doit rech[er]
cher le veritable esprit des loix. les loix sont bonnes quand elles s'en
rapprochent — les loix sont mauvaises, quand elles s'en ecartent —
on cherche icy les rapports des loix positives avec le principe quel
conque d'un gouvernement — c'est a dire qu'on cherche les loix tell[es]
qu'elles sont — on ne les cherche pas telles qu'elles devroient etre —
on les trouve parfaites quand elles sont d'accord avec [illegible] principes
etablis, soit qu'elles fassent le bonheur ou le malheur des hommes
on appele l'esprit des loix dans chaque nation le rapport qu'ont
les loix entr'elles — on n'entend pas par l'esprit des loix celuy qui
devroit dicter les loix — on fait l'histoire des gouvernements — on
ne donne pas les principes d'un bon gouvernement —
ainsy l'auteur de l'ouvrage n'a point trompé ses lecteurs sur l'objet
qu'il se propose — ce sont eux mesmes qui se sont laissés tromper par
leur propre admiration —
les loix dit on doivent etre relatives au physique du pays, au clima[t]
a la qualité du terrein, au genre de vie, au degré de liberté que la
constitution peut souffrir, a la religion des habitans
on confond sans cesse les mœurs avec les loix —
on blasphéme le 1er principe de la nature, on compose avec la
liberté — on pese les degrés de servitude legale —
on consacre les superstitions — on expliquera les rapports de la
loy qui sacrifie des hommes sur les autels des dieux.
on prend les vices et les erreurs pour des principes. on prend leurs
consequences pour des regles —
l'auteur enfin expose trés clairement son objet — il marque le
cercle dans lequel il renferme ses idées et son ouvrage —
il examine les rapports que les loix ont avec la nature et le princ[ipe]
de chaque gouvernement — s'il peut etablir [illegible] ce principe
il en verra couler les loix comme de leur source — il n'annonce pa[s]
une seule idée nouvelle — il dira qu'on a pensé [illegible]

livre 2d

de la nature des trois divers gouvernemens

on distingue trois gouvernemens le republicain, le monarchique, et la despotique - il falloit ajouter l'aristocratique -
rien n'est plus different d'une republique et d'une monarchie qu'une aristocratie héréditaire
on appele le despotisme un gouvernement -
on croit qu'il existe parmi les hommes un gouvernement dans lequel un seul homme sans loix et sans regle gouverne tout par sa volonté et par ses caprices -
on parle de cet etrange et monstrueux gouvernement comme des autres - il existe un esprit des loix pour ce despotisme extravagant et chimerique, comme pour la republique la mieux constituée. il faut voir quelles sont les loix qui suivent directement de sa nature, et on les appele de ce nom respectable et sacré de premieres loix fondamentales -
on suppose dans toutes ces annonces exactes et precises que les gouvernemens ne se sont point formés par des circonstances souvent imprevues, par des volontés particulieres, et fugitives, par des contradictions - on suppose qu'il n'y a point de loix contraires les unes aux autres. on suppose que le principe de chaque gouvernement a dicté les loix, tandis que le plus souvent le principe auquel elles semblent conformes n'est lui meme que la suite et l'effet de ces loix successives, et qu'on ne l'a reconnu ny suivy constamment qu'apres un long laps de temps pendant lesquels les loix se sont etablies. on oublie enfin partout les veritables principes des bonnes ou des mauvaises loix, les détails des moeurs de chaque peuple qui proviennent de son climat, de son caractere, et des evenemens qui composent son histoire, et qui restent le plus souvent ensevelis dans le silence de grossieres traditions.

du gouvernement republicain et des loix relatives a la démocratie

les definitions qui semblent substituer des idées a des mots sont les ornemens du stile - mais il n'y a point de progrés dans les idées
on sait bien sans toutes ces definitions qu'il faut prendre le suffrage du peuple dans une democratie -

## CHAPITRE II.

### *Du gouvernement républicain, & des loix relatives à la démocratie.*

LORSQUE, dans la république, le peuple en corps a la souveraine puiſſance, c'eſt une *démocratie*. Lorſque la ſouveraine puiſſance eſt entre les mains d'une partie du peuple, cela s'appelle une *ariſtocratie*.

Le peuple, dans la démocratie, eſt, à certains égards, le monarque; à certains autres, il eſt le ſujet.

Il ne peut être monarque que par ſes ſuffrages, qui ſont ſes volontés. La volonté du ſouverain eſt le ſouverain lui-même. Les loix, qui établiſſent le droit de ſuffrage, ſont donc fondamentales dans ce gouvernement. En effet, il eſt auſſi important d'y règler comment, par qui, à qui, ſur quoi, les ſuffrages doivent être donnés, qu'il l'eſt, dans une monarchie, de ſçavoir quel eſt le monarque, & de quelle manière il doit gouverner.

*Libanius* (a) dit qu'à *Athènes un étranger qui ſe méloit dans l'aſſemblée du peuple, étoit puni de mort*. C'eſt qu'un tel homme uſurpoit le droit de ſouveraineté.

Il eſt eſſentiel de fixer le nombre des citoyens qui doivent former les aſſemblées; ſans cela, on pourroit ignorer ſi le peuple a parlé, ou ſeulement une partie du peuple. A Lacédémone, il falloit dix mille citoyens. A Rome, née dans la petiteſſe pour aller à la grandeur; à Rome, faite pour éprouver toutes les viciſſitudes de la fortune; à Rome, qui avoit tantôt preſque tous ſes citoyens hors de ſes murailles,

(a) Déclamations 17 & 18.

tantôt toute l'Italie & une partie de la terre dans ses murailles, on n'avoit point fixé ce nombre (*b*) ; & ce fut une des grandes causes de sa ruine.

Le peuple, qui a la souveraine puissance, doit faire par lui-même tout ce qu'il peut bien faire ; & ce qu'il ne peut pas bien faire, il faut qu'il le fasse par ses ministres.

Ses ministres ne sont point à lui, s'il ne les nomme : c'est donc une maxime fondamentale de ce gouvernement, que le peuple nomme ses ministres, c'est-à-dire, ses magistrats.

Il a besoin, comme les monarques, & même plus qu'eux, d'être conduit par un conseil ou sénat. Mais, pour qu'il y ait confiance, il faut qu'il en élise les membres ; soit qu'il les choisisse lui-même, comme à Athènes ; ou par quelque magistrat qu'il a établi pour les élire, comme cela se pratiquoit à Rome dans quelques occasions.

Le peuple est admirable pour choisir ceux à qui il doit confier quelque partie de son autorité. Il n'a à se déterminer que par des choses qu'il ne peut ignorer, & des faits qui tombent sous les sens. Il sçait très-bien qu'un homme a été souvent à la guerre, qu'il y a eu tels ou tels succès : il est donc très-capable d'élire un général. Il sçait qu'un juge est assidu, que beaucoup de gens se retirent de son tribunal contens de lui, qu'on ne l'a pas convaincu de corruption ; en voilà assez pour qu'il élise un préteur. Il a été frappé de la magnificence ou des richesses d'un citoyen ; cela suffit pour qu'il puisse choisir un édile. Toutes ces choses sont des faits, dont il s'instruit mieux dans la place publique, qu'un monarque dans son palais. Mais, sçaura-t-il conduire une

(*b*) Voyez les Considérations sur les causes de la grandeur des Romains & de leur décadence, chap. IX.

ne soit pas que les hommes en general ont plus de connoissance des affaires, plus d'experience, et plus d'habileté dans une republique q
ue dans une monarchie - c'est la difference des circonstances, et non des
hommes. on scait mieux ce qu'on fait que ce qu'on ne fait pas. beaucoup
d'hommes parlent en france, et peu sont instruits, parce qu'ils ne sont
pas employés - on ne peut pas croire aussy que des gens bornés qui
se maintiennent en france dans un ministere ignoré, pussent gouverner les affaires d'une republique - aussy longtems que la constitution
actuelle de l'angleterre ne sera point alterée, il n'y aura point
de premiers ministres ignorans et imbeciles - athenes et rome
ont dirigé le choix du peuple par l'opinion de la classe la plus
eclairée, et par la liberté mutuelle de tous les citoyens - quand
chacun a le droit de parler, il faut bien que celuy qui ne scait
rien soit forcé a se taire, et quand la multitude parle, elle est
encore excitée par ceux qui scavent la persuader - ainsy le bas
peuple ne pouvoit point pretendre aux charges dans athenes
comme ailleurs - et ~~[illegible]~~ les senateurs dans rome eurent longtems
le pouvoir d'obtenir les suffrages du peuple, et d'exclure les
plebeiens - cette exclusion des plebeiens n'est point au reste
une preuve du discernement du peuple - il y avoit des plebeiens
non moins capables que les senateurs; elle est une preuve
d'un prejugé que le peuple eut peine a vaincre;
on suppose que le peuple dans les republiques se borne a choisir
ses guerriers et ses magistrats - on oublie tant d'objets multipliés des decisions du peuple dans rome, dans athenes, et dans
toutes les autres republiques - il y a des republiques ou tous
les jugemens etoient prononcés, toutes les affaires etoient
reglées par tous les citoyens; et quand les principes de la
puissance individuelle et de la liberté de chaque citoyen
ont eté ~~discutés~~ dans toute leur etendue, quand on a dit
qu'une loy ~~generale~~ devoit etre etablie par le voeu de chaque
citoyen sans exception, on n'a pas cru detruire les principes
et la constitution du gouvernement democratique

[illegible] étranger n'avoit point le droit de suffrage, parce qu'il
pu faire ligue dans un pays où les républiques étoient voisines, et
qu'ils auroient pu trahir dans des momens et sur des objets impor
le secret de l'état — on punissoit de mort l'étranger qui entroit à l'as
semblée du peuple, parce qu'il falloit écarter par la crainte [illegible]
qu'on ne pouvoit pas discerner dans la foule —
ces raisons sont simples — cette phrase est plus belle — c'est qu'un étr
usurpoit le droit de souveraineté —
on dit qu'il est essentiel de fixer le nombre des citoyens —
pourquoy — il faut dire le but qu'on se propose [illegible]
et le moyen essentiel pour y parvenir —
on exclud des citoyens quand on en fixe le nombre — et on le droit
d'exclurre des citoyens —
on n'avoit [illegible] fixation dans athenes — étoit ce une loy [illegible]
étoit elle utile — étoit elle nécessaire — athenes n'avoit pas [illegible]
toire étendu, comme l'italie — rome eut peut estre tort d'ap
l'italie entière dans la république — athenes eut [illegible] peut estre
de priver la république d'une partie de ses citoyens dans un
toire borné —
si rome eut tort pour sa propre grandeur dont l'orgueil semble
ser principe de son gouvernement, il s'ensuit que ses loix ne
pas du son principe comme de leur source —
il [illegible] qu'en général on ne fait des loix que pour répar
mal, ou pour en prévenir le retour. on a besoin d'estre averti
des inconveniens — on fait la loy parce qu'on en sent, et non p
qu'on en prévoit la nécessité — souvent le mal plus puissant
perdre le pouvoir d'y remedier — ainsy l'on n'avoit point
dans rome les effets lointains de l'adoption des villes d'itali
ne pouvoit plus les proscrire quand on les avoit adoptées —
ne pouvoit plus combattre l'italie, quand la cause du
les villes auroit été commune, et quand elle leur avoit
sa discipline, ses arts, et ses loix
il ne faut pas établir des maximes profondes pour dire que
dans une démocratie doit nommer ses magistrats
mais la manière de les nommer [illegible] mo
[illegible], et celle de les faire nommer par un magistrat con
rome ne l'est point du tout.

affaire, connoître les lieux, les occasions, les momens; en profiter? Non : il ne le sçaura pas.

Si l'on pouvoit douter de la capacité naturelle qu'a le peuple pour discerner le mérite, il n'y auroit qu'à jetter les yeux sur cette suite continuelle de choix étonnans que firent les *Athéniens* & les *Romains*; ce qu'on n'attribuera pas sans doute au hasard.

On sçait qu'à *Rome*, quoique le peuple se fût donné le droit d'élever aux charges les *Plébéiens*, il ne pouvoit se résoudre à les élire; &, quoiqu'à *Athènes* on pût, par la loi d'*Aristide*, tirer les magistrats de toutes les classes, il n'arriva jamais, dit *Xénophon* (c), que le bas peuple demandât celles qui pouvoient intéresser son salut ou sa gloire.

Comme la plupart des citoyens, qui ont assez de suffisance pour élire, n'en ont pas assez pour être élus; de même le peuple, qui a assez de capacité pour se faire rendre compte de la gestion des autres, n'est pas propre à gérer par lui-même.

Il faut que les affaires aillent, & qu'elles aillent un certain mouvement, qui ne soit ni trop lent ni trop vîte. Mais le peuple a toujours trop d'action, ou trop peu. Quelquefois, avec cent mille bras, il renverse tout; quelquefois, avec cent mille pieds, il ne va que comme les insectes.

Dans l'état populaire, on divise le peuple en de certaines classes. C'est dans la manière de faire cette division que les grands législateurs se sont signalés; & c'est de-là qu'ont toujours dépendu la durée de la démocratie, & sa prospérité.

*Servius-Tullius* suivit, dans la composition de ses classes, l'esprit de l'aristocratie. Nous voyons, dans *Tite Live* (d) & dans *Denys d'Halicarnasse* (e), comment il mit le droit de

(c) Pages 691 & 692, édition de Wechelius, de l'an 1596.

(e) Liv. I.

(d) Liv. IV, art. 15 & suiv.

ſuffrage entre les mains des principaux citoyens. Il avoit diviſé le peuple de Rome en cent quatrevingt-treize centuries, qui formoient ſix claſſes. Et mettant les riches, mais en plus petit nombre, dans les premières centuries ; les moins riches, mais en plus grand nombre, dans les ſuivantes ; il jetta toute la foule des indigens dans la dernière : & chaque centurie n'ayant qu'une voix (*f*), c'étoient les moyens & les richeſſes qui donnoient le ſuffrage, plutôt que les perſonnes.

*Solon* diviſa le peuple d'*Athènes* en quatre claſſes. Conduit par l'eſprit de la démocratie, il ne les fit pas pour fixer ceux qui devoient élire, mais ceux qui pouvoient être élus : &, laiſſant à chaque citoyen le droit d'élection, il voulut (*g*) que, dans chacune de ces quatre claſſes, on pût élire des juges ; mais que ce ne fût que dans les trois premières, où étoient les citoyens aiſés, qu'on pût prendre les magiſtrats.

Comme la diviſion de ceux qui ont droit de ſuffrage eſt, dans la république, une loi fondamentale ; la manière de le donner eſt une autre loi fondamentale.

Le ſuffrage par le *ſort* eſt de la nature de la démocratie ; le ſuffrage par *choix* eſt de celle de l'ariſtocratie.

Le ſort eſt une façon d'élire qui n'afflige perſonne ; il laiſſe à chaque citoyen une eſpérance raiſonnable de ſervir ſa patrie.

Mais, comme il eſt défectueux par lui-même, c'eſt à le régler & à le corriger que les grands légiſlateurs ſe ſont ſurpaſſés.

*Solon* établit, à *Athènes*, que l'on nommeroit par choix à tous les emplois militaires, & que les ſénateurs & les juges ſeroient élus par le ſort.

---

(*f*) Voyez, dans les Conſidérations ſur les cauſes de la grandeur des Romains & de leur décadence, ch. IX, comment cet eſprit de *Servius Tullius* ſe conſerva dans la république.

(*g*) Denys d'Halicarnaſſe, éloge d'Iſocrate, p. 97, t. 2, édit. de Wechelius. Pollux, liv. VIII, ch. X, art. 130.

peuple sans doute est incapable de juger, quand les préjugés sont nés des loix factices, quand on a voulu faire des loix inutiles, quand on s'écarte à l'infini du cours des idées simples, et du petit nombre de loix naturelles qui suffisent aux humains. L'incapacité du peuple vient de la multitude et des erreurs des loix; il n'est pas démontré impossible de mettre dans l'opinion de tous les hommes trois ou quatre principes faciles, et invariables qui peuvent gouverner toutes leurs affaires, et suppléer aux loix infinies dont le gouvernement de tous les peuples est embarrassé. voila du moins les questions interessantes qu'il faudroit discuter, et ce n'est que par leur solution que nous pouvons apprendre quel est le veritable esprit des loix.

on concentre cet esprit dans l'effort qu'ont fait tous les grands législateurs pour diviser le peuple en differentes classes.

les uns ont ~~[illegible]~~ le droit d'election, les autres le droit d'eligibilité selon qu'ils ont voulu plus d'influence au peuple, ou à la partie la plus riche du peuple —

on conçoit que chacun a pris des moyens qui etoient indiqués par leur objet — servius tullius favorisoit les nobles — solon etablissoit la démocratie.

il faudroit sçavoir quelles sont les difficultés qu'ils avoient à vaincre, ou les facilités dont ils pouvoient profiter pour apprécier le merite de leurs efforts — mais on ne peut pas juger de l'etendue ou du merite de leurs vues et de leurs loix par la seule division du peuple en differentes classes.

cette division est encore appelée une loy fondamentale.

je n'entendrois par loy fondamentale que celle qui mettroit en activité les pouvoirs de tous les citoyens —

car toute autre loy par la division de ces pouvoirs ne peut etre bonne qu'autant qu'elle se rapproche de cette loy fondamentale; toute autre loy peut s'en eloigner, et ce n'est point alors qu'on doit la regarder comme un fondement auquel tout doit se rapporter —

on ne cite icy pour loix démocratiques que celles qui genent, qui limitent, ou qui detruisent la démocratie —

on n'expose donc icy que l'esprit de telle ou telle démocratie plus ou moins altérée — on n'expose pas l'esprit des loix de la démocratie.

on nous presente encore comme des operations sublimes des grands legislateurs celles qu'ils ont employées pour corriger les vices du sort dans les elections -

il peut bien qu'il y ait quelque difference dans les usages de chaque republique -

les emplois militaires etoient nommés par le choix, les magistratures par le sort a athenes - on ne voit pas la raison de cette difference - les brigues pouvoient influer sur les places militaires, comme sur celles des magistrats, et si le peuple connoit si bien qu'un homme a fait la guerre avec succés, qu'un juge est avide, qu'il a eté point convaincu de corruption ; pourquoy ne luy en laisse t on pas le choix des guerriers et des juges avec la meme confiance

c'est encore une loy fondamentale de la loy qui [illegible] la maniere de donner les billets de suffrage - on dit que les billets doivent etre secrets dans une democratie - plusieurs cantons suisses sont regis par la democratie, et les suffrages n'y sont point secrets -

on dit encore que c'est une loy fondamentale de la democratie que le peuple y fasse les loix - c'est la definition meme de la democratie - et non une loy - la democratie est le gouvernement d'un peuple qui fait ses loix

si les arrets du senat avoient force de loy pendant un an, c'est que ces arrets etoient censés conformes aux loix - il est surement contraire a la democratie d'admettre des loix faites par un corps etranger au peuple, et il est a craindre que ce corps qui fait des loix pour une année n'acquiere ensuite le droit de les rendre perpetuelles, et n'usurpe sur ce peuple l'authorité legislative.

il est bon d'observer que pour montrer l'esprit des loix de la democratie on se borne a rappeler quelques loix d'athenes et de rome sur la division des classes du peuple sur le suffrage par sort, ou par choix et sur les billets de suffrage publics ou secrets - c'est a ces foibles objets que se reduit toute cette philosophie profonde que semble annoncer un titre toujours sentencieux et decisif +

+ qui semble semble enfin une des premiers parmi ceux de la legislation

Il voulut que l'on donnât par choix les magiſtratures civiles qui exigeoient une grande dépenſe, & que les autres fuſſent données par le ſort.

Mais, pour corriger le ſort, il règla qu'on ne pourroit élire que dans le nombre de ceux qui ſe préſenteroient; que celui qui auroit été élu ſeroit examiné par des juges (*h*), & que chacun pourroit l'accuſer d'en être indigne (*i*) : cela tenoit en même temps du ſort & du choix. Quand on avoit fini le temps de ſa magiſtrature, il falloit eſſuyer un autre jugement ſur la manière dont on s'étoit comporté. Les gens ſans capacité devoient avoir bien de la répugnance à donner leur nom pour être tirés au ſort.

La loi, qui fixe la manière de donner les billets de ſuffrage, eſt encore une loi fondamentale dans la démocratie. C'eſt une grande queſtion, ſi les ſuffrages doivent être publics, ou ſecrets. *Cicéron* (*k*) écrit que les loix (*l*) qui les rendirent ſecrets dans les derniers temps de la république Romaine, furent une des grandes cauſes de ſa chûte. Comme ceci ſe pratique diverſement dans différentes républiques, voici, je crois, ce qu'il en faut penſer.

Sans doute que, lorſque le peuple donne ſes ſuffrages, ils doivent être publics (*m*); & ceci doit être regardé comme une loi fondamentale de la démocratie. Il faut que le petit peuple ſoit éclairé par les principaux, & contenu par la gravité de certains perſonnages. Ainſi, dans la république

(*h*) Voy. l'oraiſon de Démoſthène, *de falſâ legat.* & l'oraiſon contre Timarque.

(*i*) On tiroit même, pour chaque place, deux billets; l'un qui donnoit la place, l'autre qui nommoit celui qui devoit ſuccéder, en cas que le premier fût rejetté.

(*k*) Liv. I & III des Loix.

(*l*) Elles s'appelloient *loix tabulaires.* On donnoit à chaque citoyen deux tables; la première marquée d'un A, pour dire *antiquo*; l'autre d'un U & d'un R, *uti rogas.*

(*m*) A Athènes, on levoit les mains.

Romaine ; en rendant les ſuffrages ſecrets, on détruiſit tout; il ne fut plus poſſible d'éclairer une populace qui ſe perdoit. Mais lorſque, dans une ariſtocratie, le corps des nobles donne les ſuffrages (*n*), ou, dans une démocratie, le ſénat (*o*); comme il n'eſt là queſtion que de prévenir les brigues, les ſuffrages ne ſçauroient être trop ſecrets.

La brigue eſt dangereuſe dans un ſénat; elle eſt dangereuſe dans un corps de nobles : elle ne l'eſt pas dans le peuple, dont la nature eſt d'agir par paſſion. Dans les états où il n'a point de part au gouvernement, il s'échauffera pour un acteur, comme il auroit fait pour les affaires. Le malheur d'une république, c'eſt lorſqu'il n'y a plus de brigues; & cela arrive, lorſqu'on a corrompu le peuple à prix d'argent : il devient de ſang froid; il s'affectionne à l'argent, mais il ne s'affectionne plus aux affaires; ſans ſouci du gouvernement, & de ce qu'on y propoſe, il attend tranquillement ſon ſalaire.

C'eſt encore une loi fondamentale de la démocratie, que le peuple ſeul faſſe des loix. Il y a pourtant mille occaſions où il eſt néceſſaire que le ſénat puiſſe ſtatuer; il eſt même ſouvent à propos d'eſſayer une loi avant de l'établir. La conſtitution de Rome & celle d'Athènes étoient très-ſages. Les arrêts du ſénat (*p*) avoient force de loi pendant un an; ils ne devenoient perpétuels que par la volonté du peuple.

---

(*n*) Comme à Veniſe.

(*o*) Les trente tyrans d'Athènes voulurent que les ſuffrages des *Aréopagites* fuſſent publics, pour les diriger à leur fantaiſie. *Lyſias, orat. contrà Agorat. cap* VIII.

(*p*) Voyez Denys d'Halicarnaſſe, liv. IV & IX.

CHAPITRE

des loix relatives a la nature
de l'aristocratie-

on n'y doit point donner le suffrage par sort -
telle est la 1re maxime-
on n'en seroit pas moins odieux-
telle en est la raison-
il s'ensuit qu'on peut donner les suffrages par sort dans
l'aristocratie, parce qu'on n'y est pas du moins plus
odieux, quand on est nommé par le sort -
l'election est indifferente au peuple qui ne la fait pas
elle est toujours concentrée dans un ordre auquel le
peuple n'a point donné sa confiance.
il ne faut pas la considerer par rapport au peuple
mais par rapport au corps meme qui gouverne
ce qui forme l'aristocratie-
ce corps peut etre regy par des loix democratiques
si tous ses membres sont egaux-
le suffrage par le sort peut leur convenir entr'eux-
ils n'en seront pas moins les tyrans du peuple quand
ils ne se tyranniseront pas eux memes-
ainsy je crois qu'a venise les conseils et entr'autres
le conseil des dix sont nommés par le sort- le doge,
et les ambassadeurs sont nommés par le choix.
il y a dans les monarchies meme des corps qui resistent
a ~~l'~~esprit ~~mon~~archique, et qui donnent des suffrages ~~par le~~ sort-
ainsy quand les nobles sont nombreux, ~~un petit le~~ [illegible]
~~le senat formant une~~ democratie- mais il ne
faut pas dire que la democratie est dans les nobles,
~~aristocratie~~ dans le senat-
quand il se forme une aristocratie ~~dans le~~ le gouvernement du
si celui ~~baïce~~ veritable aristocratie
petit nombre et le grand nombre ~~dans le~~ [illegible]
ne forme point par la meme une democratie

## CHAPITRE III.

*Des loix relatives à la nature de l'aristocratie.*

DANS l'aristocratie, la souveraine puissance est entre les mains d'un certain nombre de personnes. Ce sont elles qui font les loix, & qui les font exécuter ; & le reste du peuple n'est tout au plus à leur égard, que comme, dans une monarchie, les sujets sont à l'égard du monarque.

On n'y doit point donner le suffrage par sort ; on n'en auroit que les inconvéniens. En effet, dans un gouvernement qui a déjà établi les distinctions les plus affligeantes, quand on seroit choisi par le sort, on n'en seroit pas moins odieux : c'est le noble qu'on envie, & non pas le magistrat.

Lorsque les nobles sont en grand nombre, il faut un sénat qui règle les affaires que le corps des nobles ne sçauroit décider, & qui prépare celles dont il décide. Dans ce cas, on peut dire que l'aristocratie est en quelque sorte dans le sénat, la démocratie dans le corps des nobles ; & que le peuple n'est rien.

Ce sera une chose très-heureuse dans l'aristocratie, si, par quelque voie indirecte, on fait sortir le peuple de son anéantissement : ainsi, à Gènes, la banque de saint Georges, qui est administrée en grande partie par les principaux du peuple (*a*), donne à celui-ci une certaine influence dans le gouvernement, qui en fait toute la prospérité.

Les sénateurs ne doivent point avoir le droit de remplacer ceux qui manquent dans le sénat ; rien ne seroit plus capable

(*a*) Voyez M. *Addisson*, voyages d'Italie, page 16.

de perpétuer les abus. A Rome, qui fut dans les premiers temps une espèce d'aristocratie, le sénat ne se suppléoit pas lui-même ; les sénateurs nouveaux étoient nommés (*b*) par les censeurs.

Une autorité exorbitante, donnée tout-à-coup à un citoyen dans une république, forme une monarchie, ou plus qu'une monarchie. Dans celles-ci, les loix ont pourvu à la constitution, ou s'y sont accommodées ; le principe du gouvernement arrête le monarque : mais, dans une république où un citoyen se fait donner (*c*) un pouvoir exorbitant, l'abus de ce pouvoir est plus grand ; parce que les loix, qui ne l'ont point prévu, n'ont rien fait pour l'arrêter.

L'exception à cette règle est lorsque la constitution de l'état est telle qu'il a besoin d'une magistrature qui ait un pouvoir exorbitant. Telle étoit Rome avec ses dictateurs, telle est Venise avec ses inquisiteurs d'état ; ce sont des magistratures terribles qui ramenent violemment l'état à la liberté. Mais, d'où vient que ces magistratures se trouvent si différentes dans ces deux républiques ? C'est que Rome défendoit les restes de son aristocratie contre le peuple ; au lieu que Venise se sert de ses inquisiteurs d'état pour maintenir son aristocratie contre les nobles. De-là il suivoit qu'à Rome la dictature ne devoit durer que peu de temps, parce que le peuple agit par sa fougue, & non pas par ses desseins. Il falloit que cette magistrature s'exerçât avec éclat, parce qu'il s'agissoit d'intimider le peuple, & non pas de le punir ; que le dictateur ne fût créé que pour une seule affaire, & n'eût une autorité sans bornes qu'à raison de cette

(*b*) Ils le furent d'abord par les consuls.

(*c*) C'est ce qui renversa la république Romaine. Voyez les Considérations sur les causes de la grandeur des Romains & de leur décadence.

on fait sentir l'avantage d'employer les voyes indirectes dans une a-
ristocratie pour faire sortir le peuple de son aneantissement.
on considere sans doute l'avantage de l'aristocratie meme - car il est
bien sur que le peuple est moins malheureux quand il n'est pas compté
pour rien.
pourquoy faut il dans l'aristocratie que le peuple soit dans l'aneantissement - le peuple n'est pas aneanty quand il est libre. il
peut, il doit l'estre dans la plus part des aristocraties. chaque
citoyen n'a pas le gouvernement de l'etat - mais chaque famille
a le gouvernement d'elle meme - les loix fiscales peuvent estre
rares - les loix criminelles simples et impartiales et moderées,
les privileges nuls dans le commerce, et le peuple actif et tranquille n'est point dans l'aneantissement -
il semble que l'aneantissement du peuple soit le caractere de
l'aristocratie, et qu'elle puisse egalement s'en eloigner quelquefois par des voyes indirectes.
il faut reconnoistre que la plus part des anciennes aristocraties
etoient meslées de democratie -
les gouvernemens ne se sont pas formés par des principes, mais
par des evenemens - le peuple a souvent exercé le pouvoir dans
la republique de genes - et cette association a la banque qu'on
vient appeler une voye indirecte pour employer le peuple n'est
point reste de son ancienne influence.
les aristocraties se sont formées souvent par l'effet des divisions
populaires - les riches et les puissants ont profité de ces divisions
et il n'est pas etonnant qu'ils aient conservé dans les changemens une partie des loix de leur premiere constitution.
a rome l'aristocratie [illegible] qui s'etoit formée avec les rois avoit eté reformée
par l'influence du peuple - c'est du sein de [illegible]
que [illegible] s'efforçoit d'accroistre ses pouvoirs. c'est
sous une aristocratie devenue trop puissante que le
peuple soulevé ressaisissoit ses droits, et c'est par l'influence meme du peuple que s'etablit cette dictature
perpetuelle qui detruisit egalement le senat et le
peuple, et ne laissa plus regner sur le monde conquis
qu'un romain des nobles et des romains esclaves - on vit le
monstre du despotisme engendré du sein de la democratie -

on dit que les senateurs ne doivent point avoir le droit de remplacer ceux qui manquent dans le senat, parceque rien ne seroit plus capable de perpetuer les abus -

qu'entend on par abus -

le 1er des abus est dans tous les etats d'usurper la liberté naturelle du peuple -

c'est cet abus qu'on ne veut pas perpetuer -

on oublie qu'on parle icy des loix relatives a l'aristocratie, des loix par lesquelles elle doit se perpetuer -

est ce l'inobservation des loix -

telle est sans doute la tendance de l'aristocratie, elle tend a violer les loix qui rapprochent ceux qui gouvernent de ceux qui sont gouvernes -

La democratie a la tendance contraire -

ce seroit sans doute diminuer l'influence de la democratie sur l'aristocratie meme -

mais on ne parle icy que des loix conformes a l'esprit de l'aristocratie, et la meilleure loy pour elle est celle qui tend a perpetuer les abus sur lesquels elle est etablie -

ainsy les senateurs doivent avoir le droit de remplacer ceux qui manquent dans le senat, si le senat meme forme [illegible] l'aristocratie toute entiere parceque il ne s'agit que d'etablir et de perpetuer l'aristocratie

les senateurs a rome etoient nommes par les censeurs, les censeurs par le peuple. ainsi

il n'est question [illegible] on pose une maxime, il faut savoir le but que on se propose

[illegible] qui ne se propose que de dire les choses comme elles sont ne doit pour que les maximes qui les conservent comme elles sont -

[illegible] par les censeurs a rome, et les censeurs etoient nommes par le peuple afin qu'il y ait des bornes a l'aristocratie du senat.

mais a quel exces d'erreur ne doit pas enfin parvenir celuy qui prend la tasche de justifier les gouvernemens conformes a leurs principes sans en considerer les effets - il n'y a rien d'injuste et d'inhumain qui ne soit utile ou necessaire pour un objet aussy criminel que ses moyens, et celuy qui veut tout expliquer risque souvent luy meme d'imaginer des [illegible] auxquels on n'a point pensé pour suppleer a [illegible] des connexions [illegible] et pour mettre ses raisonnemens a la place des evenemens qu'il ignore

affaire, parce qu'il étoit toujours créé pour un cas imprévu. A Venise, au contraire, il faut une magistrature permanente : c'est là que les desseins peuvent être commencés, suivis, suspendus, repris ; que l'ambition d'un seul devient celle d'une famille, & l'ambition d'une famille celle de plusieurs. On a besoin d'une magistrature cachée ; parce que les crimes qu'elle punit, toujours profonds, se forment dans le secret & dans le silence. Cette magistrature doit avoir une inquisition générale ; parce qu'elle n'a pas à arrêter les maux que l'on connoît, mais à prévenir même ceux qu'on ne connoît pas. Enfin, cette dernière est établie pour venger les crimes qu'elle soupçonne ; & la première employoit plus les menaces que les punitions pour les crimes, même avoués par leurs auteurs.

Dans toute magistrature, il faut compenser la grandeur de la puissance par la briéveté de sa durée. Un an est le temps que la plupart des législateurs ont fixé ; un temps plus long seroit dangereux, un plus court seroit contre la nature de la chose. Qui est-ce qui voudroit gouverner ainsi ses affaires domestiques ? A Raguse (*d*), le chef de la république change tous les mois, les autres officiers toutes les semaines, le gouverneur du château tous les jours. Ceci ne peut avoir lieu que dans une petite république (*e*), environnée de puissances formidables, qui corromproient aisément de petits magistrats.

La meilleure aristocratie est celle où la partie du peuple qui n'a point de part à la puissance, est si petite & si pauvre, que la partie dominante n'a aucun intérêt à l'opprimer. Ainsi, quand *Antipater* (*f*) établit à Athènes que ceux qui n'au-

(*d*) Voyages de Tournefort.

(*e*) A Luques, les magistrats ne sont établis que pour deux mois.

(*f*) Diodore, liv. XVIII, page 601, édition de Rhodoman.

roient pas deux mille drachmes seroient exclus du droit de suffrage, il forma la meilleure aristocratie qui fût possible; parce que ce cens étoit si petit, qu'il n'excluoit que peu de gens, & personne qui eût quelque considération dans la cité.

Les familles aristocratiques doivent donc être peuple, autant qu'il est possible. Plus une aristocratie approchera de la démocratie, plus elle sera parfaite; & elle le deviendra moins à mesure qu'elle approchera de la monarchie.

La plus imparfaite de toutes est celle où la partie du peuple qui obéit est dans l'esclavage civil de celle qui commande, comme l'aristocratie de *Pologne*, où les paysans sont esclaves de la noblesse.

## CHAPITRE IV.

*Des loix, dans leur rapport avec la nature du gouvernement monarchique.*

LES pouvoirs intermédiaires, subordonnés & dépendans, constituent la nature du gouvernement monarchique, c'est-à-dire, de celui où un seul gouverne par des loix fondamentales. J'ai dit *les pouvoirs intermédiaires, subordonnés & dépendans*: en effet, dans la monarchie, le prince est la source de tout pouvoir politique & civil. Ces loix fondamentales supposent nécessairement des canaux moyens par où coule la puissance: car, s'il n'y a dans l'état que la volonté momentanée & capricieuse d'un seul, rien ne peut être fixe, & par conséquent aucune loi fondamentale.

Le pouvoir intermédiaire subordonné le plus naturel, est celui de la noblesse. Elle entre, en quelque façon, dans l'essence de la monarchie, dont la maxime fondamentale

c'est ainsy qu'on justifie a venise l'etablissement d'une inquisition qui n'a de
bornes ny dans ses objets, ny dans ses moyens, ny dans ses punitions, qui
punit de mort des crimes qu'elle soupconne, qui n'a point de formes a suivre
ny de comptes a rendre, qui sert d'instrument a l'ambition coupable de
corps des nobles pour ecraser l'ambition de chaque noble, qui n'est instruit
que par des delations secretes, qui n'exerce que des poursuites secretes, et
qui peut sans avoir rien a craindre satisfaire a ses animosités secretes
par des vengeances atroces et cachées qu'on respecte comme le secret de
l'etat.
on etablit en maxime que cette abominable magistrature doit prevenir
les maux qu'on ne connoit pas, doit venger les crimes qu'on soupconne —
il n'y a rien qu'on ne puisse justifier — il n'y a rien qui ne doive etre
comme il est — les particuliers auroient leurs cruelles maximes comme
les etats — il s'agiroit seulement de connoitre leur caractere, leur
position, leur interest, leurs principes habituels pour etablir en
maximes les crimes qu'ils doivent faire —
c'est un devoir bien extraordinaire, que celuy de faire tout le mal
qu'on peut pour maintenir et perfectioner tout le mal qu'on a
fait —
il est impossible de ne pas errer sans cesse au milieu des constitutions
differentes, et de toutes les extravagances humaines quand on n'aura
point formé pour soymeme des maximes morales qui puissent
tendre au bonheur des humains, et qui deviennent le principe
de tous les jugemens qu'on doit porter sur les moeurs et les loix
par lesquelles les humains sont gouvernés ;
voila la base qui manque a cet ouvrage celebre — il est impossible
de retrouver le veritable esprit d'un ouvrage qu'on appele
l'esprit des loix — l'esprit des differentes loix bonnes ou mauvaises
est variable comme elles, et n'est rien par luy meme — on ne les
considere pas meme comme bonnes ou mauvaises. on les observe
comme loix — on appele les mauvaises loix bonnes et utiles
quand elles se soutiennent mutuellement par leurs rapports.
mais parcequ'il est impossible que le sentiment habituel de chaque
homme n'influe sans cesse sur tout ce qu'il dit, il est impossible
aussy que les principes de la bonne morale ne se montrent pas
a ces raisonnemens meme sur le rapport des loix entr'elles —
on oublie de temps en temps une indifference qui semble ecarter l'auteur
au bien de tout sentiment humain — on sent que le premier principe

eſt, *Point de monarque, point de nobleſſe; point de nobleſſe, point de monarque;* mais on a un deſpote.

Il y a des gens qui avoient imaginé, dans quelques états en Europe, d'abolir toutes les juſtices des ſeigneurs. Ils ne voyoient pas qu'ils vouloient faire ce que le parlement d'Angleterre a fait. Aboliſſez, dans une monarchie, les prérogatives des ſeigneurs, du clergé, de la nobleſſe & des villes; vous aurez bientôt un état populaire, ou bien un état deſpotique.

Les tribunaux d'un grand état en Europe frappent ſans ceſſe, depuis pluſieurs ſiècles, ſur la juriſdiction patrimoniale des ſeigneurs & ſur l'eccléſiaſtique. Nous ne voulons pas cenſurer des magiſtrats ſi ſages : mais nous laiſſons à décider juſqu'à quel point la conſtitution en peut être changée.

Je ne ſuis pas entêté des privilèges des eccléſiaſtiques : mais je voudrois qu'on fixât bien une fois leur juriſdiction. Il n'eſt point queſtion de ſçavoir ſi on a eu raiſon de l'établir : mais ſi elle eſt établie; ſi elle fait une partie des loix du pays, & ſi elle y eſt par-tout relative; ſi, entre deux pouvoirs que l'on reconnoît indépendans, les conditions ne doivent pas être réciproques; & s'il n'eſt pas égal à un bon ſujet de défendre la juſtice du prince, ou les limites qu'elle s'eſt de tout temps preſcrites.

Autant que le pouvoir du clergé eſt dangereux dans une république, autant eſt-il convenable dans une monarchie : ſur-tout dans celles qui vont au deſpotiſme. Où en ſeroient l'Eſpagne & le Portugal depuis la perte de leurs loix, ſans ce pouvoir qui arrête ſeul la puiſſance arbitraire? barrière toujours bonne, lorſqu'il n'y en a point d'autre : car, comme le deſpotiſme cauſe à la nature humaine des maux effroyables, le mal même qui le limite eſt un bien.

Comme la mer, qui semble vouloir couvrir toute la terre, est arrêtée par les herbes & les moindres graviers qui se trouvent sur le rivage; ainsi les monarques, dont le pouvoir paroît sans bornes, s'arrêtent par les plus petits obstacles, & soumettent leur fierté naturelle à la plainte & à la prière.

Les Anglois, pour favoriser la liberté, ont ôté toutes les puissances intermédiaires qui formoient leur monarchie. Ils ont bien raison de conserver cette liberté; s'ils venoient à la perdre, ils seroient un des peuples les plus esclaves de la terre.

M. *Law*, par une ignorance égale de la constitution républicaine & de la monarchique, fut un des plus grands promoteurs du despotisme que l'on eût encore vu en Europe. Outre les changemens qu'il fit si brusques, si inusités, si inouis, il vouloit ôter les rangs intermédiaires, & anéantir les corps politiques: il dissolvoit (*a*) la monarchie par ses chimériques remboursemens, & sembloit vouloir racheter la constitution même.

Il ne suffit pas qu'il y ait, dans une monarchie, des rangs intermédiaires; il faut encore un dépôt de loix. Ce dépôt ne peut être que dans les corps politiques, qui annoncent les loix lorsqu'elles sont faites, & les rappellent lorsqu'on les oublie. L'ignorance naturelle à la noblesse, son inattention, son mépris pour le gouvernement civil, exigent qu'il y ait un corps qui fasse sans cesse sortir les loix de la poussière où elles seroient ensevelies. Le conseil du prince n'est pas un dépôt convenable. Il est, par sa nature, le dépôt de la volonté momentanée du prince qui exécute, & non pas le dépôt des loix fondamentales. De plus, le conseil du monarque

(*a*) Ferdinand, roi d'Arragon, se fit grand-maître des ordres; & cela seul altéra la constitution.

du pouvoir et la liberté du peuple. partout où il existe il ne le capable d'et[re]
libre. on avoue que la plus parfaite aristocratie est celle qui se rappro[che]
le plus de la démocratie. on oublie que c'est celle qui est le moins aris[to]
cratique, que c'est celle qui tend le plus a sa destruction. il ne s'agi[t]
que des loix relatives a la nature de l'aristocratie. un sentiment jus[te]
l'emporte. on rend hommage a la morale. on appele la plus impa[r]
faite de toutes les aristocraties, celle ou la partie qui obéit est da[ns]
l'esclavage civil, de celle qui commande, c'est a dire celle qui a le
mieux établi les loix relatives a la nature de l'aristocratie, et
qui tient mieux dans sa main tous les moyens de la maintenir.

des loix dans leur rapport avec la nature du gouvernement monarchique.

les pouvoirs intermédiaires, subordonnés, et dépendans constituent la nature du gouvernement monarchique, c'est a dire de celuy ou un seul gouverne par des loix fondamentales.

je demande s'il faut que ces loix fondamentales soient avouées, reconnues dans une monarchie.

je demande quelle est la loy fondamentale avouée et reconnue dans la monarchie de france.

le roy n'en reconnoist qu'une, la succession a la couronne.

il n'y a point de loix fondamentales du gouvernement, quand elles se bornent a regler le droit d'une famille pour gouverner.

le parlement n'en reconnoist qu'une, la nécessité d'enregistrer les loix dans les parlemens, et de leur en confier les jugemens.

la nation en general, ou plustost le petit nombre de ceux qui parle pour la nation n'en reconnoit qu'une, la necessité d'un consentement national pour la levée des impots. mais cette loy subsistante dans l'ancien etat de la monarchie, est abolie depuis longtems les rois ont établi les impots. les parlemens les ont enregistrés la nation n'a point été consultée.

quelques pays d'etats ont conservé leurs formes antiques. on ne peut regarder leurs formes renfermées dans les limites d'une province, comme des loix fondamentales du royaume.

enfin l'on entend par loix fondamentales, non celles qu'on auroit le droit de reclamer, mais les loixs toujours subsistantes qui sont tellement propres a la constitution qu'on ne peut pas les enfreindre sans la changer ou la détruire.

des loixs semblables sont connues de tous. quelle est la loy semblable qu'on puisse citer en france. ainsi selon cette définition le gouvernement de la france ne seroit point une monarchie on dira qu'on ne doit pas reconnoistre qu'il n'y a point de loix fondamentales en france - c'est flatter les rois, détruire la monarchie, établir le despotisme -

ce n'est point flatter les rois que de les accuser - c'est leur crime si des loix qui devoient estre fondamentales ne l'ont point eté - c'est le danger de leur puissance d'estre établie sur un terrain qu'ils ont creusé de leurs propres mains. ils ont sappé les fondemens d'une puissance legitime, quand ils ont detruit ceux de la liberté nationale.

les rois se garderoient bien de dire qu'il n'y a point de loix fondamentales en france - celuy qui fait cette observation sçait qu'on doit les réclamer quand elles ne subsistent plus -

cette réclamation naturelle est le voeu des citoyens dans tous les momens d'effervescence ou leur voix peut se faire entendre - quand le gouvernement a fatigué tous les ressorts du despotisme, et quand il a luy meme epuisé tous ses moyens, si ses propres dissipations le livrent aux embarras des besoins de l'etat, il est forcé de se rapprocher luy meme d'un principe qui se retrouve toujours conservé par l'opinion publique, et de consulter la nation;

si le despotisme regnoit partout ou il n'y a point de loix fondamentales, on le retrouveroit dans les sociétés meme dont la liberté forme la constitution - la liberté des citoyens n'y fait point une loy - c'est leur existence - elle n'est point distinguée de l'air qu'ils respirent - ils ne distinguent point la liberté de la vie - c'est l'etat de plusieurs nations sauvages, ou civilisées - il est possible qu'aucune loy ne soit ecrite - telle pourroit estre l'impression souveraine du sentiment intime de la liberté que les loix ne seroient faites que pour les circonstances, pour les besoins du moment - chaque loy pourroit estre passagere, ou durable - la republique n'en subsisteroit pas moins par l'effet d'un sentiment commun - et il n'y auroit point de loix fondamentales -

il ne doit point y avoir de loix fondamentales parmy les arabes errans - ils sont comme une armée pendant la guerre - les loix du camp varient comme celles du combat - et chaque famille rassemblée sous sa tente y jouit du plus grand degré de liberté possible -

change ſans ceſſe ; il n'eſt point permanent ; il ne ſçauroit être nombreux ; il n'a point, à un aſſez haut degré, la confiance du peuple : il n'eſt donc pas en état de l'éclairer dans les temps difficiles, ni de le ramener à l'obéiſſance.

Dans les états deſpotiques, où il n'y a point de loix fondamentales, il n'y a pas non plus de dépôt de loix. De-là vient que, dans ces pays, la religion a ordinairement tant de force ; c'eſt qu'elle forme une eſpèce de dépôt & de permanence : Et, ſi ce n'eſt pas la religion, ce ſont les coutumes qu'on y vénère, au lieu des loix.

## CHAPITRE V.

### *Des loix relatives à la nature de l'état deſpotique.*

IL réſulte de la nature du pouvoir deſpotique, que l'homme ſeul qui l'exerce, le faſſe de même exercer par un ſeul. Un homme à qui ſes cinq ſens diſent ſans ceſſe qu'il eſt tout, & que les autres ne ſont rien, eſt naturellement pareſſeux, ignorant, voluptueux. Il abandonne donc les affaires. Mais, s'il les confioit à pluſieurs, il y auroit des diſputes entre eux ; on feroit des brigues pour être le premier eſclave ; le prince ſeroit obligé de rentrer dans l'adminiſtration. Il eſt donc plus ſimple qu'il l'abandonne à un vizir (*a*), qui aura d'abord la même puiſſance que lui. L'établiſſement d'un vizir eſt, dans cet état, une loi fondamentale.

On dit qu'un pape, à ſon élection, pénétré de ſon incapacité, fit d'abord des difficultés infinies. Il accepta enfin, & livra à ſon neveu toutes les affaires. Il étoit dans l'admiration, & diſoit : » Je n'aurois jamais cru que cela eût été

(*a*) Les rois d'orient ont toujours des vizirs, dit M. *Chardin*.

» si aisé. « Il en est de même des princes d'orient. Lorsque, de cette prison où des eunuques leur ont affoibli le cœur & l'esprit, & souvent leur ont laissé ignorer leur état même, on les tire pour les placer sur le trône, ils sont d'abord étonnés : mais, quand ils ont fait un vizir ; & que, dans leur serrail, ils se sont livrés aux passions les plus brutales ; lorsqu'au milieu d'une cour abbattue, ils ont suivi leurs caprices les plus stupides, ils n'auroient jamais cru que cela eût été si aisé.

Plus l'empire est étendu, plus le serrail s'aggrandit ; & plus, par conséquent, le prince est enivré de plaisirs. Ainsi, dans ces états, plus le prince a de peuples à gouverner, moins il pense au gouvernement ; plus les affaires y sont grandes, & moins on y délibère sur les affaires.

angleterre sans doute a quelques loix fondamentales - mais la meme
ou la liberté combat sans cesse contre la prerogative, la meme il y a
bien peu de loix qu'on doive appeler fondamentales, et ces loix sont
recentes; elles ne furent pas connues sous henry sept, sous elizabeth
sous jaques premier, et l'ignorance generale fut le principe de
l'erreur monarchique dont charles Ier fut la victime.
l'angleterre doit sa constitution fondamentale a la revolution
de 1688, puisqu'elle fut sans cesse enfreinte sous cromwel, et
sous charles second -
il n'est point necessaire que des loix fondamentales remontent a
l'origine d'un gouvernement - c'est souvent une loy nouvelle,
imprevue qui devient le lien de toutes les autres, et qui forme
tout a coup cette force irresistible qui appartient aux loix fondamentales -
si les assemblées provinciales doivent faire dans la suite en france tous
les progrés dont elles sont susceptibles, leur constitution nouvelle et
imprevue deviendra la constitution fondamentale d'une
monarchie reguliere;
il n'y a point de loix fondamentales quand il n'y a point d'authorité
qui resiste a celle d'un seul homme qui gouverne - car si tel est
son plaisir de violer une loy fondamentale, son pouvoir n'est
point arreté par un autre pouvoir, et sa violation n'est pas
punie.
il n'y a donc point de loix fondamentales la' ou les pouvoirs intermediaires sont subordonnés et dépendans, et selon la definition
qu'on en donne, il n'y a point de monarchie -
il ne faut pas croire qu'on renverse la monarchie, parce qu'on luy
resiste - il reste beaucoup de choses en son pouvoir sur lesquelles
on ne luy resiste pas.
il falloit donc chercher au milieu de ces pouvoirs intermediaires
subordonnés, et dependans un veritable principe de resist. ce
devant lequel la monarchie s'arreste et sans lequel on ne pourroit
pas la distinguer du despotisme -
c'est ce principe de resistance qui forme la balance dans toutes
les gouvernemens, qui en arreste les excès, et qui les rend par
la meme plus ou moins durables - c'est luy qui se combine

ir, commandant comme ayant ~~des~~ grandes charges, ou [illegible]
git par l'intervention des hommes en place. ce sont les
laces qui donnent tous les pouvoirs. c'est donc dans les places,
dans les corps établis et permanens qu'il faut rechercher
es pouvoirs intermédiaires.

i les états generaux formoient un corps subsistant comme
es parlemens, la noblesse alors qui formeroit un des ordres
xerceroit des pouvoirs constans, et il feroit partie d'un
~~corps~~ et d'une puissance intermédiaire.

ainsy les états de quelque province sont une puissance
intermédiaire. ce qu'on dit de la noblesse en france n'est
applicable qu'à la noblesse de ces provinces.

~~[illegible]~~ inséparable de la monarchie

mais il faut avouer que la noblesse dans ce sens est encore plus
de l'essence de l'aristocratie, puisque les aristocrates sont
précisément ce que nous entendons par le corps des nobles.
les senateurs etoient les nobles a rome, et sont les nobles
a venise.

ce sont les corps en france, et non les ordres qui forment les
pouvoirs intermédiaires. ~~c'est~~ ce sont les parlemens ~~c'est~~ le
clergé. ce n'est ny la noblesse ny le peuple.

il n'y a que les assemblées provinciales qui puissent
rendre a la noblesse, et au tiers etat une force que la
cessation des états generaux, et des guerres civiles leur
a fait perdre.

on considere les justices possedées par les seigneurs comme
des pouvoirs intermediaires. ces justices ne sont qu'un
vain honneur sans effet. les seigneurs meme en retirent plus
les charges que des avantages. il n'en resulte pour eux
aucun pouvoir dans l'etat. la suppression des justices
seroit un soulagement pour le peuple, et ne seroit pas
une perte pour la noblesse.

# LIVRE III.

## *Des principes des trois gouvernemens.*

### CHAPITRE PREMIER.

*Différence de la nature du gouvernement & de son principe.*

APRÈS avoir examiné quelles sont les loix relatives à la nature de chaque gouvernement, il faut voir celles qui le sont à son principe.

Il y a cette différence (*a*) entre la nature du gouvernement & son principe, que sa nature est ce qui le fait être tel; & son principe, ce qui le fait agir. L'une est sa structure particulière, & l'autre les passions humaines qui le font mouvoir.

Or, les loix ne doivent pas être moins relatives au principe de chaque gouvernement, qu'à sa nature. Il faut donc chercher quel est ce principe. C'est ce que je vais faire dans ce livre-ci.

(*a*) Cette distinction est très-importante, & j'en tirerai bien des conséquences : elle est la clef d'une infinité de loix.

## CHAPITRE II.

*Du principe des divers gouvernemens.*

J'AI dit que la nature du gouvernement républicain est que le peuple en corps, ou de certaines familles, y aient la souveraine puissance : celle du gouvernement monarchique, que le prince y ait la souveraine puissance, mais qu'il l'exerce selon des loix établies : celle du gouvernement despotique, qu'un seul y gouverne selon ses volontés & ses caprices. Il ne m'en faut pas davantage pour trouver leurs trois principes ; ils en dérivent naturellement. Je commencerai par le gouvernement républicain, & je parlerai d'abord du démocratique.

## CHAPITRE III.

*Du principe de la démocratie.*

IL ne faut pas beaucoup de probité, pour qu'un gouvernement monarchique, ou un gouvernement despotique, se maintiennent ou se soutiennent. La force des loix dans l'un, le bras du prince toujours levé dans l'autre, règlent ou contiennent tout. Mais, dans un état populaire, il faut un ressort de plus, qui est la VERTU.

Ce que je dis est confirmé par le corps entier de l'histoire, & est très-conforme à la nature des choses. Car il est clair que, dans une monarchie, où celui qui fait exécuter les loix se juge au-dessus des loix, on a besoin de moins de vertu que dans un gouvernement populaire, où celui qui fait exé-

Il ne s'ensuit pas que le clergé, la noblesse, et les villes dussent perdre toutes leurs prérogatives parce qu'ils supporteraient de moins une charge sans avantage, et qu'ils auraient de moins un honneur sans pouvoir.

les accroissements de la juridiction parlementaire, aux dépens de celle des seigneurs et du clergé ont augmenté la force de résistance dans notre gouvernement au lieu de l'affaiblir et il en résulte un pouvoir intermédiaire bien supérieur à toutes ces faibles juridictions dispersées qui ne s'exerçaient qu'en 1ère instance sur des objets de peu d'importance et qui ne peuvent avoir aucun rapport entre elles -

le principe qui doit toujours mener la juridiction ecclésiastique en particulier tient plus au progrès des idées en général, et à la nature des pouvoirs civils auxquels rien dans l'état ne peut être étranger qu'à la simple rivalité des cours souveraines - les papes disaient autrefois; tout ce qui est mal est un péché - l'église doit juger de tout ce qui est mal, parce qu'elle juge de tout ce qui est péché - les juges civils ont formé un raisonnement semblable - toute action humaine
[extérieure et visible]
est du pouvoir des juges civils - la religion ne peut
[humaines extérieures, et visibles sont [illegible] soumis]
s'exercer que par des actions [illegible]
[dans tous les rapports sensibles à la juridiction civile]
Le prince est en France protecteur des canons - l'église a fait les canons. le prince les protège - les [illegible] tribunaux civils veillent à leur exécution -

on ne détruit point un pouvoir intermédiaire, parce que la juridiction purement spirituelle n'exerce point un pouvoir civil -

le clergé en France est une puissance intermédiaire, c'est qu'il est adopté comme un corps national, c'est qu'il forme un ordre dans l'état, dès que cet ordre s'assemble, et qu'il a conservé le droit de délibérer sur des intérêts civils qui n'ont point de rapport avec les objets de la religion -

rien n'est plus contraire a la puissance du clergé que ce qu'on dit de plus favorable pour elle. l'espagne et le portugal n'en est souvent l'utilité que par leur superstition, et ce n'est pas par la superstition qu'on peut aujourd'huy justifier en france l'utilité de la puissance ecclesiastique - on ne peut la considerer que comme un mal qui tombe en plus grand que celuy du despotisme -
en general le clergé comme depositaire de la religion ne doit tenir dans un etat que comme la religion meme. son pouvoir n'est pas sur la terre - elle exhorte. elle persuade. elle ne gouverne pas -
le clergé ne doit exercer ses pouvoirs civils que comme cytoyen, comme un corps national, comme un ordre de l'etat, pour l'interest de l'etat, de la nation, et des cytoyens
on parle des pouvoirs intermediaires, comme s'ils devoient temperer la monarchie - on oublie, on ignore qu'on gouverna autre chose a la monarchie, que celle de la plainte, et de la priere.
on observe enfin que les anglois ont detruit les pouvoirs intermediaires pour etablir la liberté -
ainsy les pouvoirs intermediaires en france ne sont que les instrumens du pouvoir arbitraire, et non la sauvegarde de la liberté -
ce ne sont donc plus les pouvoirs intermediaires qui peuvent distinguer la monarchie du despotisme -
vous ne diminuez pas l'authorité par les instrumens dont elle se sert pour se maintenir ou pour s'etendre.
on ne comprend plus rien a cette foible dissertation qui finit par contredire tous les principes qu'elle annonce.
on dit que dans le renversoit la monarchie en voulant aquitter les dettes de l'etat - est ce parce que le souverain sans besoins n'auroit pas eu celuy de consulter les cours souveraines - mais l'on auroit pas eu le dessein de mettre des impots, de multiplier les

cuter les loix, sent qu'il y est soumis lui-même, & qu'il en portera le poids.

Il est clair encore que le monarque qui, par mauvais conseil ou par négligence, cesse de faire exécuter les loix, peut aisément réparer le mal; il n'a qu'à changer de conseil, ou se corriger de cette négligence même. Mais lorsque, dans un gouvernement populaire, les loix ont cessé d'être exécutées, comme cela ne peut venir que de la corruption de la république, l'état est déjà perdu.

Ce fut un assez beau spectacle dans le siècle passé, de voir les efforts impuissans des Anglois pour établir parmi eux la démocratie. Comme ceux qui avoient part aux affaires n'avoient point de vertu, que leur ambition étoit irritée par le succès de celui qui avoit le plus osé (*a*), que l'esprit d'une faction n'étoit réprimé que par l'esprit d'une autre; le gouvernement changeoit sans cesse: le peuple étonné cherchoit la démocratie, & ne la trouvoit nulle part. Enfin, après bien des mouvemens, des chocs & des secousses, il fallut se reposer dans le gouvernement même qu'on avoit proscrit.

Quand *Sylla* voulut rendre à Rome la liberté, elle ne put plus la recevoir; elle n'avoit plus qu'un foible reste de vertu: &, comme elle en eut toujours moins, au lieu de se réveiller après *César*, *Tibère*, *Caïus*, *Claude*, *Néron*, *Domitien*, elle fut toujours plus esclave; tous les coups portèrent sur les tyrans, aucun sur la tyrannie.

Les politiques Grecs, qui vivoient dans le gouvernement populaire, ne reconnoissoient d'autre force qui pût le soutenir, que celle de la vertu. Ceux d'aujourd'hui ne nous

(*a*) Cromwel.

parlent que de manufactures, de commerce, de finances, de richesses & de luxe même.

Lorsque cette vertu cesse, l'ambition entre dans les cœurs qui peuvent la recevoir, & l'avarice entre dans tous. Les desirs changent d'objets : ce qu'on aimoit, on ne l'aime plus. On étoit libre avec les loix, on veut être libre contre elles. Chaque citoyen est comme un esclave échappé de la maison de son maître. Ce qui étoit *maxime*, on l'appelle *rigueur*; ce qui étoit *règle*, on l'appelle *gêne*; ce qui étoit *attention*, on l'appelle *crainte*. C'est la frugalité qui y est l'avarice, & non pas le desir d'avoir. Autrefois le bien des particuliers faisoit le trésor public; mais, pour lors, le trésor public devient le patrimoine des particuliers. La république est une dépouille; & sa force n'est plus que le pouvoir de quelques citoyens, & la licence de tous.

*Athènes* eut dans son sein les mêmes forces pendant qu'elle domina avec tant de gloire, & pendant qu'elle servit avec tant de honte. Elle avoit vingt mille citoyens (*b*), lorsqu'elle défendit les Grecs contre les Perses, qu'elle disputa l'empire à Lacédémone, & qu'elle attaqua la Sicile. Elle en avoit vingt mille, lorsque *Demetrius de Phalère* les dénombra (*c*) comme dans un marché l'on compte les esclaves. Quand *Philippe* osa dominer dans la Grèce, quand il parut aux portes d'Athènes (*d*), elle n'avoit encore perdu que le temps. On peut voir, dans *Démosthène*, quelle peine il fallut pour la réveiller : on y craignoit *Philippe*, non pas comme

(*b*) Plutarque, *in Pericle*. Platon, *in Critiâ*.

(*c*) Il s'y trouva vingt-un mille citoyens, dix mille étrangers, quatre cent mille esclaves. *Voyez Athénée*, *liv. VI*.

(*d*) Elle avoit vingt mille citoyens. Voyez Démosthène, *in Aristog*.

droits de toute espece, et de tourmenter par des exactions un peuple accablé sous le joug des loix de la fiscalité.

les mauvaises loix sont presque toujours en france l'effet des embarras d'un gouvernement endetté - les besoins d'un peuple pour l'ignorance des formes des impositions - le gouvernement sera toujours plus ou moins éclairé par les connoissances generales qu'il ne sera pas dans le besoin, et il sera toujours doux et tempéré par l'influence des mœurs nationales.

[illegible] des lettres serviroit le [illegible] des vertus du gouvernement, et l'union de la constitution.

il ne suffit pas de dire, qu'il y ait dans la monarchie des rangs intermediaires - il faut encore un dépost des loix.

quoy ces pouvoirs intermediaires qui devoient balancer les volontés du souverain dans la monarchie ne sont plus que des rangs - ces rangs sont ceux que le souverain donne, et je ne m'étonne plus qu'on les regarde comme subordonnés et dependans, comme des instrumens du pouvoir et non comme des pouvoirs, et qu'il n'y ait de liberté que lorsqu'ils sont détruits -

il faut un dépost de loix - c'est là que doit se trouver une source de resistance aux volontés changeantes du gouvernement momentané - ce sont les depositaires des loix qui forment une puissance vraiment intermediaire, et cette puissance n'est pas entièrement subordonnée et dependante, puisqu'elle s'anéantit quelquefois elle meme plustost que d'obeir, puisqu'elle n'a jamais plus de force sur l'opinion publique que dans sa resistance, puisqu'elle [illegible] egalement son pouvoir quand elle l'exerce, et quand elle y renonce.

le souverain ne peut pas detruire des loix par un simple acte de sa volonté - il faut que cette volonté prenne le caractere, et les formes des loix pour les suspendre, les changer ou les detruire - la loy doit toujours etre la meme aux yeux du peuple - il faut qu'il soit [illegible] par la solemnité de la loy, comme il l'est par la garde qui veille autour du souverain - c'est par les formes que la volonté du souverain peut devenir [illegible] en effet que devient la volonté [illegible]

[illegible]

il n'y a point de ~~depost de loix~~ là où le dépost des loix est dans les mains du souverain luy meme - il pourroit sans cesse violer le dépost et la loy -

telle étoit cependant la constitution en france -

le parlement n'étoit que le conseil des rois - ils le composoient a volonté comme aujourd'huy le conseil d'état - ils le composoient de ceux meme qui les servoient dans le palais, de ceux qui les accompagnoient a la guerre, en général de ceux qui etoient les plus puissans soit par le[s] biens ou par leurs grâces.

le regime féodal qui multiplia les puissances qui s'élevoient autour du trone leur donna des conseils nécessaires - les grands vassaux, les barons, les seigneurs les plus riches furent appelés au conseil de leurs souverains, et [illegible] de les conseiller devint un droit des fiefs - les rois influoient sur ce conseil forcé par l'influence et le credit de ceux auxquels ils donnoient ces charges domestiques de l'interieur du palais qui devinrent dans la suite des charges de la couronne - il fallut joindre a ce conseil incapable par sa noble ignorance de juger selon les loix des personnes plus instruites qui furent choisis dans le seul ordre où les connoissances etoient releguées, dans l'ordre du clergé - ces clercs etoient choisis par la libre volonté du souverain - ce sont ces clercs qui rassemblerent les coustumes qui les tournerent en loix, et qui formerent le depost de la legislation -

ainsy le dépost des loix fut d'abord etably dans le conseil meme du souverain - ce ne fut que [vers] 1300 qu'on etablit un parlement et des parlemens sedentaires, qu'on distingua le conseil et le parlement, et que les loix eurent un autre depost que celuy du conseil - et c'est depuis ce temps que les rois auparavant foibles et toujours combattus ont accru [illegible] leur puissance, et sont parvenus a ce degré d'autorité qui semblent n'avoir de bornes [illegible] la loy.

[illegible] les plus vraisemblables [illegible] et quand une reflexion [illegible] histoire [illegible] nous [illegible] qui pensent [illegible] l'ennemi de la liberté, mais des plaisirs (*e*). Cette ville, qui avoit résisté à tant de défaites, qu'on avoit vu renaître après ses destructions, fut vaincue à *Cheronée*, & le fut pour toujours. Qu'importe que Philippe renvoie tous les prisonniers ? Il ne renvoie pas des hommes. Il étoit toujours aussi aisé de triompher des forces d'Athènes, qu'il étoit difficile de triompher de sa vertu.

Comment *Carthage* auroit-elle pu se soutenir ? Lorsque Annibal, devenu préteur, voulut empêcher les magistrats de piller la république, n'allèrent-ils pas l'accuser devant les Romains ? Malheureux, qui vouloient être citoyens sans qu'il y eût de cité, & tenir leurs richesses de la main de leurs destructeurs ! Bientôt Rome leur demanda pour ôtages trois cent de leurs principaux citoyens ; elle se fit livrer les armes & les vaisseaux, & ensuite leur déclara la guerre. Par les choses que fit le désespoir dans Carthage désarmée (*f*), on peut juger de ce qu'elle auroit pu faire avec sa vertu, lorsqu'elle avoit ses forces.

(*e*) Ils avoient fait une loi pour punir de mort celui qui proposeroit de convertir aux usages de la guerre l'argent destiné pour les théâtres.

(*f*) Cette guerre dura trois ans.

## CHAPITRE IV.

### *Du principe de l'aristocratie.*

COMME il faut de la vertu dans le gouvernement populaire, il en faut aussi dans l'aristocratique. Il est vrai qu'elle n'y est pas si absolument requise.

Le peuple qui est, à l'égard des nobles, ce que les sujets sont à l'égard du monarque, est contenu par leurs loix. Il a donc moins besoin de vertu que le peuple de la démocratie. Mais comment les nobles seront-ils contenus ? Ceux qui doivent faire exécuter les loix contre leurs collègues, sentiront d'abord qu'ils agissent contre eux-mêmes. Il faut donc de la vertu dans ce corps, par la nature de la constitution.

Le gouvernement aristocratique a, par lui-même, une certaine force que la démocratie n'a pas. Les nobles y forment un corps qui, par sa prérogative & pour son intérêt particulier, réprime le peuple : il suffit qu'il y ait des loix, pour qu'à cet égard elles soient exécutées.

Mais, autant il est aisé à ce corps de réprimer les autres, autant est-il difficile qu'il se réprime lui-même (*a*). Telle est la nature de cette constitution, qu'il semble qu'elle mette les mêmes gens sous la puissance des loix, & qu'elle les en retire.

Or, un corps pareil ne peut se réprimer que de deux manières ; ou par une grande vertu, qui fait que les nobles se trouvent en quelque façon égaux à leur peuple, ce qui peut former une grande république ; ou par une vertu moindre, qui est une certaine modération qui rend les nobles au moins égaux à eux-mêmes ; ce qui fait leur conservation.

La *modération* est donc l'ame de ces gouvernemens. J'entends celle qui est fondée sur la vertu ; non pas celle qui vient d'une lâcheté & d'une paresse de l'ame.

(*a*) Les crimes publics y pourront être punis, parce que c'est l'affaire de tous ; les crimes particuliers n'y seront pas punis, parce que l'affaire de tous est de ne les pas punir.

ce sont les corps politiques, quelsqu'ils soient, depositaires des loix, ou
meme des usages, [illegible] [illegible]
[illegible] qu'il faut regarder comme les vrais pouvoirs
intermédiaires, comme des centres de resistance qui peuvent
avertir, suspendre ou meme arreter la puissance du souverain
et comme les contrepoids qui doivent maintenir le gouvernement
dans l'equilibre et le repos de la balance politique.
les assemblées provinciales deviendront dans l'ordre de l'administration
ce que les parlemens sont dans celuy de la législation
et la france aura, comme une monarchie reglée, une constitution
nationale.

des loix relatives a la nature de l'etat despotique.

l'auteur a mieux connu le despotisme que la monarchie parce
qu'il entend par despotisme une authorité sans bornes exercée
sur un peuple esclave; au lieu que la monarchie n'offre pas
une idée simple et que l'authorité d'un monarque est susceptible
de differens dégrés qu'on ne peut pas distinguer dans une
définition générale –
c'est la definition litterale du despotisme qui luy donne l'unique
reflexion qu'il se permette – un seul doit gouverner par un
seul – il possede [illegible] puissance sans bornes – il transmet sa puissance
comme il la possede, et se repose dans ses plaisirs.
mais quel est le coin de la terre où l'on trouve cette authorité
sans bornes. la turquie a sa religion, ses usages, et meme ses loix,
il y a plus de loix civiles dans sa religion que de loix religieuses
mahomet est bien moins fondateur d'une religion que d'un empire
chaque peuple meme a ses loix qu'il observe sous l'empire des
mahometans – la perse et jusqu'icy l'egypte ont eté gouvernés
par les loix et par les mœurs du régime des fiefs – les arabes et
les barbares sont libres sous un chef de guerre – il y a dans les
etats les plus despotiques des revolutions subites qui prouvent
bien que le despotisme absolu n'est pas etably dans l'opinion
du peuple, et qu'il reste au fond de tous le sentiment habituel
de la liberté semblable à ces sources foibles et paisibles dont on
entend a peine le murmure, et qui deviennent des torrens dans
la saison des orages.

~~différence ... des deux gouvernements~~

## Différence de la nature du gouvernement et de son principe....

On regarde cette différence comme essentielle, - on annonce qu'elle est la clef d'une infinité de ~~loix~~ -

il semble que la nature du gouvernement a ses conséquences à part, que son principe a son action à part - l'une est ce qui fait qu'il est tel, l'autre est ce qui le fait agir, mais les hommes ne peuvent pas plus être sans agir, qu'ils ne peuvent agir sans être - l'action du corps humain ne dépend pas seulement des impressions des objets, et de la volonté qui le meut - elle dépend de la nature même des organes - ce sont les organes tels qu'ils sont qui sont cause que les hommes agissent, comme ils agissent.

toutes ces divisions arbitraires, ou spéculatives ne sont point dans les choses même - il y a telle loy qu'on rapporte à la nature du gouvernement qui fut établie par une circonstance subite, imprévue, ou par l'action de son principe, ou par une suite d'événemens étrangers également à son principe et à sa nature - le rapport même le plus juste, ou le plus habilement apperçu n'en a souvent été ny la cause ny le motif - il peut avoir eu son influence sans avoir été la seule cause - en un mot il ne suffit pas dans le cours des affaires et dans la variation des dispositions humaines de voir un rapprochement de quelques loix pour en conclure que les unes découlent des autres -

il ne s'ensuit pas un doute, un scepticisme universel, il s'ensuit qu'il faut prouver ce qu'on présume - quand les présomptions sont dénuées de preuves, elles ne sont pas encore sans utilité - les présomptions d'un esprit éclairé ne sont jamais sans vraisemblance, et elles sont utiles pour connoître les loix qu'il faut maintenir - il ne s'agit pas d'écrire des loix qui s'accordent avec les loix qui ont été conservées - il faut connoître les conséquences inséparables de la nature du gouvernement ou de son principe pour apprendre le plus souvent à les condamner

## CHAPITRE V.

### *Que la vertu n'est point le principe du gouvernement monarchique.*

Dans les monarchies, la politique fait faire les grandes choses avec le moins de vertu qu'elle peut ; comme, dans les plus belles machines, l'art emploie aussi peu de mouvemens, de forces & de roues qu'il est possible.

L'état subsiste, indépendamment de l'amour pour la patrie, du desir de la vraie gloire, du renoncement à soi-même, du sacrifice de ses plus chers intérêts, & de toutes ces vertus héroïques que nous trouvons dans les anciens, & dont nous avons seulement entendu parler.

Les loix y tiennent la place de toutes ces vertus, dont on n'a aucun besoin ; l'état vous en dispense : une action qui se fait sans bruit y est en quelque façon sans conséquence.

Quoique tous les crimes soient publics par leur nature, on distingue pourtant les crimes véritablement publics d'avec les crimes privés ; ainsi appellés, parce qu'ils offensent plus un particulier, que la société entière.

Or, dans les républiques, les crimes privés sont plus publics ; c'est-à-dire, choquent plus la constitution de l'état, que les particuliers : &, dans les monarchies, les crimes publics sont plus privés ; c'est-à-dire, choquent plus les fortunes particulières, que la constitution de l'état même.

Je supplie qu'on ne s'offense pas de ce que j'ai dit ; je parle après toutes les histoires. Je sçais très-bien qu'il n'est pas rare qu'il y ait des princes vertueux ; mais je dis que, dans une monarchie, il eſt très-difficile que le peuple le ſoit (a).

Qu'on liſe ce que les hiſtoriens de tous les temps ont dit ſur la cour des monarques; qu'on ſe rappelle les converſations des hommes de tous les pays ſur le miſérable caractère des courtiſans : ce ne ſont point des choſes de ſpéculation, mais d'une triſte expérience.

L'ambition dans l'oiſiveté, la baſſeſſe dans l'orgueil, le deſir de s'enrichir ſans travail, l'averſion pour la vérité, la flatterie, la trahiſon, la perfidie, l'abandon de tous ſes engagemens, le mépris des devoirs du citoyen, la crainte de la vertu du prince, l'eſpérance de ſes foibleſſes, &, plus que tout cela, le ridicule perpétuel jetté ſur la vertu, forment, je crois, le caractère du plus grand nombre des courtiſans, marqué dans tous les lieux & dans tous les temps. Or, il eſt très-malaiſé que la plupart des principaux d'un état ſoient malhonnêtes gens, & que les inférieurs ſoient gens de bien; que ceux-là ſoient trompeurs, & que ceux-ci conſentent à n'être que dupes.

Que ſi, dans le peuple, il ſe trouve quelque malheureux honnête homme (b), le cardinal de Richelieu, dans ſon teſtament politique, inſinue qu'un monarque doit ſe garder de s'en ſervir (c). Tant il eſt vrai que la vertu n'eſt pas le reſſort de ce gouvernement! Certainement, elle n'en eſt point excluе; mais elle n'en eſt pas le reſſort.

(a) Je parle ici de la vertu politique, qui eſt la vertu morale, dans le ſens qu'elle ſe dirige au bien général; fort peu des vertus morales particulières; & point du tout de cette vertu qui a du rapport aux vérités révélées. On verra bien ceci au liv. V, ch. II.

(b) Entendez ceci dans le ſens de la note précédente.

(c) *Il ne faut pas*, y eſt-il dit, *ſe ſervir de gens de bas lieu; ils ſont trop auſtères & trop difficiles.*

CHAPITRE

et surtout il faut bien se garder de croire qu'on justifie les loix par leur accord avec la nature ou le principe d'un mauvais gouvernement

du principe des divers gouvernemens

on doit seulement observer icy qu'on ~~fait~~ croit pouvoir faire dériver naturellement la ~~[illegible]~~ de chaque gouvernement ~~de sa nature de chaque~~ gouvernement

du principe de la démocratie

si vous préférez dans un ouvrage de raisonnement l'éloquence à la vérité, si vous voulez vous livrer à la noble et douce impression de la littérature et de la vertu, si trompé par la séduction du langage vous ~~prenez des expressions énergiques pour~~ des idées justes, et des vues profondes, lisez ce que dicte à l'homme de génie un beau mouvement qui ne luy laisse pas ~~l'usage~~ le pouvoir d'analyser ses idées —

si vous voulez vous interroger vous même, si vous ~~osez~~ arrêtez ~~[illegible]~~ le nuage ~~brillant~~ qui laisse ~~[illegible]~~ échapper tant de traits de lumières, ne croyez pas qu'il soit aisé de le faire disparoître — un voile brillant arrête nos regards en même tems qu'il les éblouit — nous avons peine à discerner ce qui nous offusque et ce qui nous éclaire, et c'est icy qu'on sent plus que jamais à quel point les idées accessoires peuvent déconcerter les recherches laborieuses de l'analyse.

la vertu, principe de la démocratie, La vertu bannie d'un gouvernement monarchique

qu'est ce que la vertu — comment pouvons nous expliquer ce que fut confucius à la chine, ce que fut zoroastre dans la perse, ce que furent les législateurs d'une morale douce et charitable dans les indes — nous sommes portés à regarder comme des souverains justes que des poëtes des princes vertueux qui gouvernoient des nations dont les mœurs générales étoient paisibles comme des vertus domestiques — il existe dans une vaste partie du continent de l'asie un peuple doux [illegible] accoutumé a des arts et des occupations sedentaires qui vit separé par famille, qui souffre sans se plaindre le joug d'une nation dominante, guerriere, et toujours agitée, et qui n'en partagea jamais les troubles et les mouvemens - [illegible] immense a les vertus qui conviennent a son climat, a sa situation, et qui maintiennent sa religion, ses loix, et ses mœurs depuis un tems qui remonte au dela des monumens de toute histoire connue = il vit cependant sous un gouvernement sans loix; il voit ses maitres se rassembler, se disperser sans cesse, comme des nuages errans sur sa tete, et il jouit [illegible] des orages de son travail, et de [illegible] de son repos -

ce peuple est sans liberté, et n'est pas sans vertus; [illegible] quel tems les atheniens ont ils eu des vertus. [illegible] on crut devoir leur donner des loix de sang - quand solon leur proposa des loix plus douces, il leur fit jurer par les plus saints des sermens qu'ils n'y renonceroient pas avant qu'il revint dans sa patrie - il s'exila pour jamais, parcequ'il voulut assujettir par un serment cette inconstance populaire qu'aucune Loy n'avoit pu contenir. cette inconstance fut dans tous les tems le caractere des atheniens et devint la source de leur ruine - ils ont fatigué pericles - ils ont condamné le sage aristide - ils ont immolé socrate - ils ont banny themistocle, alcibiade, et demosthene. - dans quel tems les atheniens ont ils eu des vertus - ils etoient reunis avec la grece entiere; ils avoient une meilleure discipline, ils combattoient avec des armes superieures quand ils vainquirent les perses - [illegible] ils perirent vaincus par philippe qui se servit de leur legereté contre eux meme, qui les affoiblit par leurs divisions avant de les combattre - ils perirent enfin par demetrius general d'alexandre - ils etoient les mêmes quand ils furent vainqueurs et [illegible] quand ils furent vaincus

## CHAPITRE VI.

### *Comment on supplée à la vertu dans le gouvernement monarchique.*

JE me hâte, & je marche à grands pas, afin qu'on ne croie pas que je fasse une satire du gouvernement monarchique. Non : s'il manque d'un ressort, il en a un autre. L'HONNEUR, c'est-à-dire, le préjugé de chaque personne & de chaque condition, prend la place de la vertu politique dont j'ai parlé, & la représente par-tout. Il y peut inspirer les plus belles actions ; il peut, joint à la force des loix, conduire au but du gouvernement, comme la vertu même.

Ainsi, dans les monarchies bien réglées, tout le monde sera à peu près bon citoyen, & on trouvera rarement quelqu'un qui soit homme de bien ; car, pour être homme de bien (*a*), il faut avoir intention de l'être (*b*), & aimer l'état moins pour soi que pour lui-même.

(*a*) Ce mot, *homme de bien*, ne s'entend ici que dans un sens politique.
(*b*) Voyez la note (*a*) de la page 32.

## CHAPITRE VII.

### *Du principe de la monarchie.*

LE gouvernement monarchique suppose, comme nous avons dit, des prééminences, des rangs, & même une noblesse d'origine. La nature de l'*honneur* est de demander des préférences & des distinctions ; il est donc, par la chose même, placé dans ce gouvernement.

L'ambition eſt pernicieuſe dans une république : elle a de bons effets dans la monarchie ; elle donne la vie à ce gouvernement ; & on y a cet avantage, qu'elle n'y eſt pas dangereuſe, parce qu'elle y peut être ſans ceſſe réprimée.

Vous diriez qu'il en eſt comme du ſyſtême de l'univers, où il y a une force qui éloigne ſans ceſſe du centre tous les corps, & une force de peſanteur qui les y ramène. L'honneur fait mouvoir toutes les parties du corps politique ; il les lie par ſon action même ; & il ſe trouve que chacun va au bien commun, croyant aller à ſes intérêts particuliers.

Il eſt vrai que, philoſophiquement parlant, c'eſt un honneur faux qui conduit toutes les parties de l'état : mais cet honneur faux eſt auſſi utile au public, que le vrai le ſeroit aux particuliers qui pourroient l'avoir.

Et n'eſt-ce pas beaucoup, d'obliger les hommes à faire toutes les actions difficiles, & qui demandent de la force, ſans autre récompenſe que le bruit de ces actions ?

## CHAPITRE VIII.

### *Que l'honneur n'eſt point le principe des états deſpotiques.*

Ce n'eſt point l'*honneur* qui eſt le principe des états deſpotiques : les hommes y étant tous égaux, on n'y peut ſe préférer aux autres : les hommes y étant tous eſclaves, on n'y peut ſe préférer à rien.

De plus, comme l'honneur a ſes loix & ſes règles, & qu'il ne ſçauroit plier ; qu'il dépend bien de ſon propre caprice, & non pas de celui d'un autre ; il ne peut ſe trouver que dans des états où la conſtitution eſt fixe, & qui ont des loix certaines.

qu'est ce que les vertus des romains —

si l'on remonte au tems des premiers rois de rome, on voit remus assassiné par son frere, romulus par les quirites, servius foulé aux pieds par sa fille, tarquin le superbe, et la conjuration des enfans de brutus. les rois ici étoient représentans absolus ; ils étoient les premiers magistrats d'une république — les consuls furent pendant l'année de leur consulat ce que les rois étoient pendant leur vie — les divisions de la république ont commencé avec le consulat et n'ont point cessé jusqu'à ce qu'une dictature perpétuelle eut étouffé le soupir de la liberté. c'est l'ambition du senat, et celle des plus puissans citoyens qui ont formé le combat éternel qui sembloit devoir déchirer la constitution et qui l'a formée et maintenue. les crimes [illegible] parfois [illegible] les usurpations, les cruautés, les assassinats ne sont pas des actes de vertus — il est bien rare que les seditions soient faites par le seul effet des sentimens patriotiques — il faut que les chefs mettent en action leurs vices et ceux des autres pour remplir leurs projets et pour faire des revolutions, et les usurpations plus ou moins lentes des puissans sont toujours dictées par des sentimens destructeurs de la vertu publique ; ainsy telle fut dans rome la balance des forces respectives du senat et du peuple que leurs divisions pendant longtems l'agiterent sans la détruire, et qu'elle fut meme retablie par des interets opposés — mais les decemvirs opprimerent les citoyens — les gracques furent assassinés, scipion fut trouvé mort dans son lit, sylla commit en secret les forfaits dont il étonna son siecle. catilina trouva des incendiaires pour bruler rome — clodius fut puissant malgré sa renommée. cesar eut le peuple pour luy — le senat avoit montré sous appius sous sylla, sous cesar la même âme avec laquelle il fut esclave sous néron.

dans tous les tems, dans tous les pays qui nous sont connus, les hommes ont eu des vices et des passions. les hommes plus libres les mettent en action avec moins de réserve et de discretion — les hommes plus asservis [illegible] les citoyens plus secrets pour satisfaire à leurs desirs et les occasions

sont plus rares pour exciter de grands mouvemens dans une monarchie que dans une republique - ces mouvemens meme des
republiques excitent et maintiennent la liberte jusqu'a ce
qu'ils la detruisent - mais il ne faut pas croire que les partis
qui se combattent, ou ceux meme dont les succes doivent
sauver la liberte n'aient eu d'autre objet que l'interest
meme de la liberte - qu'on lise l'histoire de toutes les republiques - c'est tantost pour un objet, et tantost pour un autre
que se forment les divisions - la loy agraire fut pendant
des siecles le cry de guerre de ceux qui vouloient a rome
soulever et diriger le peuple. et dans ces contestations
particulieres, il n'y a rien le plus souvent qui tienne
a la vertu - l'amour du peuple a rome etoit la haine
du senat, et la jalousie contre les tribuns formoit
l'esprit hereditaire des familles patriciennes - les ani-
mosites personnelles plus libres et plus violentes dans
les republiques donnent des alimens toujours nouveaux
a la discorde des ordres et des citoyens. on n'en considere dans l'histoire que les utiles resultats - on cherche
des principes vertueux quand les effets sont utiles, et
l'on oublie les passions des hommes qui sont les vrais
principes de leurs actions.

rome eut cependant des vertus - oui sans doute - les
hommes vertueux qui sont toujours en petit nombre
eurent l'avantage d'avoir de plus grandes choses
a faire - ils eurent la liberte de montrer leurs vertus
comme les autres avoient celle de montrer leurs vices -
mais en general les vertus des romains furent des vertus
guerrieres et l'on scait combien elles supposent de
qualites feroces et vraiment nuisibles au bonheur
du genre humain - les romains vecurent pendant
longtems dans l'ignorance des sciences, des
lettres et des arts et leurs vertus

Comment feroit-il fouffert chez le *defpote?* Il fait gloire de méprifer la vie, & le defpote n'a de force que parce qu'il peut l'ôter. Comment pourroit-il fouffrir le defpote? Il a des règles fuivies, & des caprices foutenus; le defpote n'a aucune règle, & fes caprices détruifent tous les autres.

L'honneur inconnu aux états defpotiques, où même fouvent on n'a pas de mot pour l'exprimer (*a*), règne dans les monarchies; il y donne la vie à tout le corps politique, aux loix, & aux vertus mêmes.

(*a*) Voyez *Perry*, page 447.

## CHAPITRE IX.

### *Du principe du gouvernement defpotique.*

COMME il faut de la *vertu* dans une république, & dans une monarchie de l'*honneur*, il faut de la CRAINTE dans un gouvernement defpotique : pour la vertu, elle n'y eft point néceffaire; & l'honneur y feroit dangereux.

Le pouvoir immenfe du prince y paffe tout entier à ceux à qui il le confie. Des gens capables de s'eftimer beaucoup eux-mêmes, feroient en état d'y faire des révolutions. Il faut donc que la *crainte* y abbatte tous les courages, & y éteigne jufqu'au moindre fentiment d'ambition.

Un gouvernement modéré peut, tant qu'il veut, & fans péril, relâcher fes refforts. Il fe maintient par fes loix & par fa force même. Mais lorfque, dans le gouvernement defpotique, le prince ceffe un moment de lever le bras; quand il ne peut pas anéantir à l'inftant ceux qui ont les premières places (*a*) ; tout eſt perdu : car le reſſort du gouvernement, qui eſt la *crainte*, n'y étant plus, le peuple n'a plus de protecteur.

C'eſt apparemment dans ce ſens, que des *cadis* ont ſoutenu que le grand-ſeigneur n'étoit point obligé de tenir ſa parole ou ſon ſerment, lorſqu'il bornoit par-là ſon autorité (*b*).

Il faut que le peuple ſoit jugé par les loix, & les grands par la fantaiſie du prince ; que la tête du dernier ſujet ſoit en ſureté, & celle des bachas toujours expoſée. On ne peut parler ſans frémir de ces gouvernemens monſtrueux. Le ſophi de Perſe, détrôné de nos jours par *Mirivéis*, vit le gouvernement périr avant la conquête, parce qu'il n'avoit pas verſé aſſez de ſang (*c*).

L'hiſtoire nous dit que les horribles cruautés de Domitien effrayèrent les gouverneurs, au point que le peuple ſe rétablit un peu ſous ſon règne (*d*). C'eſt ainſi qu'un torrent, qui ravage tout d'un côté, laiſſe de l'autre des campagnes où l'œil voit de loin quelques prairies.

(*a*) Comme il arrive ſouvent dans l'ariſtocratie militaire.

(*b*) Ricault, *de l'empire Ottoman*.

(*c*) Voyez l'hiſtoire de cette révolution, par le père Ducerceau.

(*d*) Son gouvernement étoit militaire ; ce qui eſt une des eſpèces du gouvernement deſpotique.

## CHAPITRE X.

### *Différence de l'obéiſſance dans les gouvernemens modérés, & dans les gouvernemens deſpotiques.*

DANS les états deſpotiques, la nature du gouvernement demande une obéiſſance extrême ; & la volonté du prince, une fois connue, doit avoir auſſi infailliblement ſon effet,

furent bornées a combattre et a vaincre.

je demande a présent ce qu'on entend par vertu —

est cette disposition habituelle que donnent les moeurs plus douces les idées plus justes, les sentimens plus desinteressés, qui fait aimer tout ce qui est digne de l'estime et de l'amour des hommes, qui resserre les liens de la famille, ceux de l'amitié, qui fait cherir le bien de ses concytoyens, et l'etat qui veille sur leur bien etre, et qui peut enfin sacrifier des interets particuliers a l'interet general.

c'est là la vraye vertu qui peut contribuer plus efficacement au bonheur des hommes — mais ce n'est là le caractere ny de rome ny d'athenes.

entre l'amour de la patrie qui devient une source de mepris ou de haine pour toute autre nation que la sienne —

ce prejugé si naturel a tous les hommes du peuple n'est pas une vertu —

entre l'amour de la patrie sans haine nationale et sans interet personnel —

ce feu pur et sacré ne brusle qu'au coeur d'un petit nombre de sages, et le grand nombre ne connoit pas d'autre interet que [illegible]

quel est le citoyen romain qui fut pas enorgueilli d'un titre qui le rendoit egal aux rois

a rome l'amour de la patrie etoit l'amour de la domination sur le reste de la terre, l'amour des places, et des honneurs, dans la ville reine et capitale du monde et l'on ne peut pas appeler une vertu un sentiment que devoient donner egalement les vertus et les vices

cesar s'enorgueillissoit d'etre romain en detruisant la liberte comme caton qui mourut pour la defendre —

les passions, les vices, les erreurs ont été le principe des republiques et sont [illegible] sées comme le principe des monarchies —

# le sien [illegible] bourgeois [illegible] celuy de ses concitoyens ou celuy de sa nation toute entiere sur les autres ! 33

du principe de l'aristocratie

quand on suit ~~cette suite~~ des raisonnemens metaphysiques sans l'examen des faits qui doivent faire sentir par leur varieté combien on doit se defier des raisonnemens, il faut en admettre aussy toutes les consequences, et ces consequences [illegible] exactement deduites [illegible] bien voir le vice des principes —

l'aristocratie est une democratie par rapport a ceux qui gouvernent — elle est une monarchie par rapport a ceux qui sont gouvernés — elle devroit donc avoir toutes les vertus de l'une et tous les vices de l'autre — cette logique n'est pas celle du cœur humain —

on dit que le peuple a moins de besoin de vertu dans une aristocratie parcequ'il est contenu par les loix —

le peuple a plus besoin de vertu dans une democratie, non parce qu'il est moins contenu par les loix, mais parcequ'il dicte luy meme les loix —

les loix sont les expressions des idées habituelles de ceux qui les dictent.

on demande comment les nobles seront contenus dans une aristocratie — car ceux qui doivent faire executer les loix contre leurs collegues sentiront d'abord qu'ils agissent contre eux memes — il s'ensuivroit qu'il faut dit on de la vertu dans ce corps par la nature de la constitution — mais il s'ensuit aussy qu'il n'y en aura point par la nature meme de cette constitution.

on voit a quelle horrible inquisition on a recours a venise pour conserver parmy les nobles non des vertus mais des loix — il n'y a point de vertus dans un corps [illegible] il faut veiller [illegible] l'empire des loix.

[illegible] l'aristocratie [illegible] faire executer les loix [illegible] le gouvernement [illegible] semble [illegible] le peuple [illegible] du joug dont ils voudroient l'accabler.

ils aveuent memes [illegible] il faut penser en general que des hommes [illegible] de pouvoir, de la richesse, et des plaisirs [illegible] ny moderation, ny vertu [illegible] les pouvoirs [illegible] multiplier leurs jouissances aux depens du plus grand nombre — les vices de la monarchie [illegible]

[illegible] les vices de la monarchie [illegible] souverain —

qu'une boule jettée contre une autre doit avoir le sien.

Il n'y a point de tempérament, de modification, d'accommodemens, de termes, d'équivalens, de pourparlers, de remontrances; rien d'égal ou de meilleur à proposer. L'homme est une créature qui obéit à une créature qui veut.

On n'y peut pas plus représenter ses craintes sur un événement futur, qu'excuser ses mauvais succès sur le caprice de la fortune. Le partage des hommes, comme des bêtes, y est l'instinct, l'obéissance, le châtiment.

Il ne sert de rien d'opposer les sentimens naturels, le respect pour un père, la tendresse pour ses enfans & ses femmes, les loix de l'honneur, l'état de sa santé; on a reçu l'ordre, & cela suffit.

En *Perse*, lorsque le roi a condamné quelqu'un, on ne peut plus lui en parler, ni demander grace. S'il étoit ivre ou hors de sens, il faudroit que l'arrêt s'exécutât tout de même (*a*); sans cela il se contrediroit, & la loi ne peut se contredire. Cette manière de penser y a été de tout temps: l'ordre que donna *Assuérus* d'exterminer les Juifs ne pouvant être révoqué, on prit le parti de leur donner la permission de se défendre.

Il y a pourtant une chose que l'on peut quelquefois opposer à la volonté du prince (*b*); c'est la religion. On abandonnera son père, on le tuera même, si le prince l'ordonne : mais on ne boira pas du vin, s'il le veut & s'il l'ordonne. Les loix de la religion sont d'un précepte supérieur; parce qu'elles sont données sur la tête du prince, comme sur celles des sujets. Mais, quant au droit naturel, il n'en est pas de même; le prince est supposé n'être plus un homme.

(*a*) Voyez *Chardin*.

(*b*) Ibid.

Dans les états monarchiques & modérés, la puissance est bornée par ce qui en est le ressort ; je veux dire l'honneur, qui règne, comme un monarque, sur le prince & sur le peuple. On n'ira point lui alléguer les loix de la religion ; un courtisan se croiroit ridicule : on lui alléguera sans cesse celles de l'honneur. De-là résultent des modifications nécessaires dans l'obéissance ; l'honneur est naturellement sujet à des bizarreries, & l'obéissance les suivra toutes.

Quoique la manière d'obéir soit différente dans ces deux gouvernemens, le pouvoir est pourtant le même. De quelque côté que le monarque se tourne, il emporte & précipite la balance, & est obéi. Toute la différence est que, dans la monarchie, le prince a des lumières, & que les ministres y sont infiniment plus habiles & plus rompus aux affaires, que dans l'état despotique.

## CHAPITRE XI.

### *Réflexions sur tout ceci.*

TELS sont les principes des trois gouvernemens : ce qui ne signifie pas que, dans une certaine république, on soit vertueux ; mais qu'on devroit l'être : cela ne prouve pas non plus que, dans une certaine monarchie, on ait de l'honneur ; & que, dans un état despotique particulier, on ait de la crainte : mais qu'il faudroit en avoir ; sans quoi le gouvernement sera imparfait.

que la vertu n'est point le principe
du gouvernement monarchique

telle est la maxime ... on

ainsy la politique fait faire les grandes choses dans une monarchie avec le moins de vertu qu'elle peut — telle est la maxime

~~telle est la maxime qu'on suit~~

voyons voir si cette maxime est formée la politique ... gouvernement humain-

la perfection d'un seul homme, et d'un seul moment n'est point la politique des etats-

il est bien vray que la plus part des hommes n'ont point de vertus, et ne croyent pas a celles qu'un petit nombre d'hommes eclairés a recues de la nature, et perfectionnées par la raison — ces hommes employent ceux qu'ils croyent utiles pour leurs petits interests, ou leurs petites vues- ils ne songent pas a faire les choses au moins de vertus possibles - ils songent a faire ce qu'ils desirent, et le plus souvent ils employent des gens qui n'ont pas plus de merite qu'eux, parce qu'il existe une sorte d'antipathie entre les ministres sans vertus, et les hommes vertueux;

mais ce defaut necessaire de tous les ministres vitieux ou bornés a plus d'effets dans les monarchies, parcequ'on etouffe par le credit personnel ou par celuy des places les reclamations les plus raisonnables.

c'est un principe du plus grand nombre des hommes qui se fait sentir plus ou moins dans les divers gouvernemens, et qu'on ne peut pas regarder comme le principe exclusif des monarchies

sans doute une monarchie subsiste plus ou moins longtems sans l'amour de la patrie, et de la gloire, et sans le renoncement a soymeme- mais il ne faut pas croire que les monarchies ne soient pas minées, et ne doivent pas perir par l'effet meme de leurs vices — les vertus seroient utiles et necessaires pour conserver une monarchie, et elle se detruit tost ou tard parceque les vertus luy manquent.

ainsy la prerogative des loix d'angleterre fut resserrée dans les bornes parcequ'on voulut l'etendre — ainsy les despotes eprouvent des revolutions qui sont l'effet des memes causes qui semblent maintenir le despotisme

# quand on a tout a craindre, on n'a plus rien a menager. l'exces des craintes devient fureur.

les vices dans une monarchie entraisnent dans tous les etats, et surtout dans le gouvernement meme des dissipations ruineuses - l'excès des dissipations multiplie les impots, et les droits de toute espece - l'accroissement des revenus ne sert qu'a celuy des depenses - la [illegible] augmentent dans la meme proportion que la recette; les ressources s'epuisent - un moment vient ou l'on a besoin de recourir a sa nation, aux corps conservateurs des droits de la nation - on sent qu'il faut ramener a soy l'opinion publique - elle resiste par les memes raisons qui la font rechercher. l'authorité se compromet - elle peut se retablir par l'economie et par la fermeté - elle peut se ruiner et s'affoiblir par le desordre toujours perseverant, et par la crainte, et l'on ne sçait pas ou peut aller le progrès de la nation eclairée, et mécontente.

ainsy les vertus n'en sont pas moins utiles a la monarchie, quoique il soit dans la nature de la monarchie de les corrompre - elle les corrompt dans les chefs par le sentiment habituel d'un pouvoir auquel il semble pendant longtems que rien ne resiste - elle les corrompt dans le cœur des sujets par toute l'influence que doit avoir sur eux un mauvais gouvernement - et quand la corruption est a son comble, elle se punit elle meme par la discorde, par l'anarchie, et par les revolutions qui donnent ~~[illegible]~~ la durée des empires

les loix ne peuvent dans aucun etat suppléer aux vertus puisque sans les vertus elles doivent perdre leur force, et que la conjuration ancienne des vices doit enfin renverser toutes les loix -

si les rois sont sans vertus, ils le sont bientost sans force - ils encouragent les vices des courtisans; [illegible] leur recompense dans la meme cause qui a fait tomber les ressources de l'etat les corps [illegible] sont corrompus par l'influence de la cour

# LIVRE IV.

## *Que les loix de l'éducation doivent être relatives aux principes du gouvernement.*

## CHAPITRE PREMIER.

### *Des loix de l'éducation.*

Les *loix de l'éducation* font les premières que nous recevons. Et, comme elles nous préparent à être citoyens, chaque famille particulière doit être gouvernée fur le plan de la grande famille qui les comprend toutes.

Si le peuple en général a un principe, les parties qui le compofent, c'eft-à-dire les familles, l'auront auffi. Les loix de l'éducation feront donc différentes dans chaque efpèce de gouvernement. Dans les monarchies, elles auront pour objet l'*honneur*; dans les républiques, la *vertu*; dans le defpotifme, la *crainte*.

## CHAPITRE II.

### *De l'éducation dans les monarchies.*

Ce n'eft point dans les maifons publiques où l'on inftruit l'enfance, que l'on reçoit dans les monarchies la principale éducation; c'eft lorfque l'on entre dans le monde, que l'éducation, en quelque façon, commence. Là est l'école de ce que l'on appelle *honneur*, ce maître universel qui doit partout nous conduire.

C'est là que l'on voit, & que l'on entend toujours dire trois choses : qu'*il faut mettre, dans les vertus, une certaine noblesse ; dans les mœurs, une certaine franchise ; dans les manières, une certaine politesse.*

Les vertus, qu'on nous y montre, sont toujours moins ce que l'on doit aux autres, que ce que l'on se doit à soi-même : elles ne sont pas tant ce qui nous appelle vers nos concitoyens, que ce qui nous en distingue.

On n'y juge pas les actions des hommes comme bonnes, mais comme belles ; comme justes, mais comme grandes ; comme raisonnables, mais comme extraordinaires.

Dès que l'honneur y peut trouver quelque chose de noble, il est ou le juge qui les rend légitimes, ou le sophiste qui les justifie.

Il permet la galanterie, lorsqu'elle est unie à l'idée des sentimens du cœur, ou à l'idée de conquête : & c'est la vraie raison pour laquelle les mœurs ne sont jamais si pures dans les monarchies, que dans les gouvernemens républicains.

Il permet la ruse, lorsqu'elle est jointe à l'idée de la grandeur de l'esprit, ou de la grandeur des affaires ; comme dans la politique, dont les finesses ne l'offensent pas.

Il ne défend l'adulation que lorsqu'elle est séparée de l'idée d'une grande fortune, & n'est jointe qu'au sentiment de sa propre bassesse.

A l'égard des mœurs, j'ai dit que l'éducation des monarchies doit y mettre une certaine franchise. On y veut donc de la vérité dans les discours. Mais est-ce par amour pour elle ? point du tout. On la veut, parce qu'un homme qui

est

les interests se communiquent les [illegible] et tendent tous a le [illegible] affaires de l'etat deviennent des chroniques — la division des mini[illegible] produire l'agitation des parlemens — les provinces partagent les mouvemens de la capitale — un gouvernement foible et variable cede ou resiste, et son autorité s'affoiblit egale[illegible] par [illegible] par une severité nuisible ou passagere, et par une condescendance habituelle — le souverain devient incertain, indifferent, s'accoutume à ces [illegible] d'une colere qu'il ne ressent pas, et d'une foiblesse dont il ne sait plus rougir, il est sans desirs, sans volontés; il ne gouverne plus l'etat, et il ne luy reste d'autre pouvoir, et d'autre regne que de renvoyer ses ministres —

ainsy la monarchie se detruit par ses vices, et quand l'autorité nous instruit par ses variations mesme de tout ce qu'elle a perdu, nous apprenons qu'elle ne peut pas se passer de vertus.

comment on peut suppleer a la vertu dans le gouvernement monarchique

quel est le supplement de la vertu, l'honneur — qu'est ce que l'honneur —

l'honneur chez les germains et les premiers francs consistoit dans le droit, le bouclier, et le cheval de combat — l'honneur etoit chez ces peuples barbares la [illegible]

l'honneur fut sous la [illegible] race [illegible] commensal des rois, d'en tenir des [illegible] des dignités, des honneurs, d'etre commensal aussy de ceux qui possedoient les honneurs, de les suivre partout dans leur maison, dans leurs voyages, et dans leurs guerres. la commensalité [illegible] fut l'honneur de toute cette partie de la nation qui repondoit a ce que nous appelons aujourd'huy la noblesse de france —

l'honneur au contraire de la 2e race, pst dans l'ordre
de la noblesse de posseder les chasteaux, des fiefs, des vassaux
de se battre pour les dames, et de parvenir a l'ordre de
chevalerie — cet honneur etoit meslé d'amour de
guerre, duels, et de tournois.
cet honneur avoit amené le mepris de
tous les arts — tous ceux qui remplissoient cette classe
ou l'honneur etoit la loy dominante ne scavoient
ny lire, ny ecrire, et ne pouvoient point se mesler
du gouvernement —
ainsy le gouvernement consistoit a reprimer leurs
excès, a defendre le peuple de leurs vexations, a faire
des etablissemens qu'ils ne connoissoient pas, a sauver
l'etat luy meme des suites de la superstition, et c'etoient
des clercs qui conduisoient les affaires dans tous les
genres — l'honneur du tems pouvoit agir pendant la
guerre, et n'influoit pas sur la formation et sur
l'execution des loix pendant la paix —
il n'agissoit que pour les enfreindre, et on ne peut
pas regarder comme le principe du gouvernement
le principe des embarras qui peuvent retarder la
marche l'action du gouvernement.
il paroit que dans la suite quand les lumieres se sont
uniformement repandues dans les differentes classes
de la societe, cette classe a laquelle l'honneur semble
appartenir est devenue moins etrangere aux
affaires de l'etat, et le gouvernement a ressenti son
influence — mais aussy les idées de l'honneur ne sont
plus celles les memes — l'honneur s'est reglé comme
dans toutes les societes humaines, le desir d'etre
loué, de paroistre a son avantage, d'avoir des succes

et ses succès ~~sont~~ différens selon ~~les états~~ et les ~~occupations~~ emplois -
l'honneur dans un militaire suppose du courage, et dans toutes les classes, il a quelque rapport avec l'amour de la gloire - il n'en diffère que par ses bornes; l'honneur s'attache aux actions en société ~~la gloire a plus d'étendue~~ - il faut de plus grands objets pour acquérir de la gloire -
comment ce sentiment peut-il être le principe propre des monarchies. ciceron avoit tous les sentimens qui forment l'amour de la gloire et l'honneur: son amour propre avide recherchoit le suffrage de ses amis, de ses sociétés, de ses cliens, de ses concitoyens, le suffrage de rome, et celui de l'empire -
dans toutes les nations, l'honneur peut être la vertu du plus grand nombre - il ne suppose pas des vertus - il en exige l'apparence - il [illegible] ~~[illegible]~~ hommes plus que la satisfaction de soi-même - il y a partout très peu d'hommes vertueux. il y a partout très peu d'hommes sans honneur.
l'honneur peut aider un esprit médiocre à bien faire - mais les grands talens dans les grandes places exigent de grandes vertus, et les grandes vertus sont celles [illegible] ne peuvent pas provenir de l'honneur qui n'est qu'un intérêt personnel.
l'honneur ~~enfin~~ peut contribuer à faire pardonner des vices dans un monde ébloui par de fausses idées, et par de faux succès, et quand l'honneur peut contribuer soit en donnant de l'éclat aux vices, soit même en ne les dissimulant pas, l'honneur alors loin de servir de ressort à la monarchie devient le signal sensible de sa décadence.
en un mot le faux honneur est nuisible à la monarchie comme tous les vices dont il est l'ouvrage, et le véritable honneur ne seroit jamais distingué des vertus dont il seroit l'expression.

du principe de la monarchie

si la nature de l'honneur est de demander des preferences, et des distinction, quelle est dans une monarchie la distinction et la preference qui soit aussy flatteuse qu'une place decernée dans une republique par la voix de tout un peuple.

on relegue l'ambition dans une monarchie - on la bannit dans les republiques

on oublie qu'elle est la veritable ambition d'un homme, celle d'etre utile a son pays, celle de commander par la persuasion, de regner par l'eloquence, et d'elever sa renommée sur les services rendus a ses concitoyens.

on n'appele ambition que la puerile envie d'une distinction exterieure, le desir d'un honneur sans pouvoir, et la servile avidité des places dont le credit et le pouvoir est fondé sur l'adulation, l'intrigue et la bassesse —

quelle est la republique qui puisse se soutenir sans cette meme ambition qui peut egalement luy procurer des avantages, et l'exposer a des dangers, l'ambition des hommes armés de grands talens et de grandes vues, et quelle est la monarchie où l'homme vertueux, habile, ardent de bien faire puisse deployer sa noble et utile ambition - il inspire la crainte - il eprouve la jalousie - il est meme rejetté le plus souvent a une sorte de mepris, petit et subalterne qu'a une foule de brouillons qui bornés a leurs dedommagement de [illegible] interets personnels n'ont pas le sentiment des vertus, et ne regardent les vues du bien public que comme les reves et les erreurs d'un esprit [illegible] de luy meme et des autres —

eſt accoutumé à la dire, paroît être hardi & libre. En effet, un tel homme ſemble ne dépendre que des choſes, & non pas de la manière dont un autre les reçoit.

C'eſt ce qui fait qu'autant qu'on y recommande cette eſpèce de franchiſe, autant on y mépriſe celle du peuple, qui n'a que la vérité & la ſimplicité pour objet.

Enfin, l'éducation dans les monarchies exige, dans les manières, une certaine politeſſe. Les hommes, nés pour vivre enſemble, ſont nés auſſi pour ſe plaire; & celui qui n'obſerveroit pas les bienſéances, choquant tous ceux avec qui il vivroit, ſe décréditeroit au point qu'il deviendroit incapable de faire aucun bien.

Mais ce n'eſt pas d'une ſource ſi pure que la politeſſe a coutume de tirer ſon origine. Elle naît de l'envie de ſe diſtinguer. C'eſt par orgueil que nous ſommes polis : nous nous ſentons flattés d'avoir des manières qui prouvent que nous ne ſommes pas dans la baſſeſſe, & que nous n'avons pas vécu avec cette ſorte de gens que l'on a abandonnés dans tous les âges.

Dans les monarchies, la politeſſe eſt naturaliſée à la cour. Un homme exceſſivement grand rend tous les autres petits. De-là, les égards que l'on doit a tout le monde : de-là naît la politeſſe, qui flatte autant ceux qui ſont polis, que ceux à l'égard de qui ils le ſont; parce qu'elle fait comprendre qu'on eſt de la cour, ou qu'on eſt digne d'en être.

L'air de la cour conſiſte à quitter ſa grandeur propre pour une grandeur empruntée. Celle-ci flatte plus un courtiſan que la ſienne même. Elle donne une certaine modeſtie ſuperbe qui ſe répand au loin; mais dont l'orgueil diminue inſenſiblement, à proportion de la diſtance où l'on eſt de la ſource de cette grandeur.

On trouve, à la cour, une délicatesse de goût en toutes choses, qui vient d'un usage continuel des superfluités d'une grande fortune; de la variété, & sur tout de la lassitude des plaisirs; de la multiplicité, de la confusion même des fantaisies, qui, lorsqu'elles sont agréables, y sont toujours reçues.

C'est sur toutes ces choses que l'éducation se porte, pour faire ce qu'on appelle l'honnête homme, qui a toutes les qualités & toutes les vertus que l'on demande dans ce gouvernement.

Là l'honneur, se mêlant par-tout, entre dans toutes les façons de penser & toutes les manières de sentir, & dirige même les principes.

Cet honneur bizarre fait que les vertus ne sont que ce qu'il veut, & comme il les veut: il met, de son chef, des règles à tout ce qui nous est prescrit: il étend ou il borne nos devoirs à sa fantaisie, soit qu'ils aient leur source dans la religion, dans la politique, ou dans la morale.

Il n'y a rien, dans la monarchie, que les loix, la religion & l'honneur prescrivent tant que l'obéissance aux volontés du prince: mais cet honneur nous dicte que le prince ne doit jamais nous prescrire une action qui nous déshonore, parce qu'elle nous rendroit incapables de le servir.

*Crillon* refusa d'assassiner le duc *de Guise*; mais il offrit à *Henri III* de se battre contre lui. Après la saint Barthelemi, *Charles IX* ayant écrit à tous les gouverneurs de faire massacrer les huguenots, le vicomte *Dorte*, qui commandoit dans Bayonne, écrivit au roi: » (*a*) SIRE, je n'ai trouvé, » parmi les habitans & les gens de guerre, que de bons » citoyens, de braves soldats, & pas un bourreau; ainsi, eux

(*a*) Voyez l'histoire de d'Aubigné.

il faut donc que celui qui veut parvenir dans une monarchie en ignore [illegible] les perde par des occupations bornées et par une secrète singularisant pour les hommes médiocres dont la fortune depend — il faut qu'il perde ses vertus comme ses talens pour acquerir et pour maintenir sa faveur — il perd par la meme la veritable ambition qui n'est que le desir d'exercer toutes ses facultés, et de deployer toutes ses forces —

ainsy ce faux honneur qu'on a pris pour le principe de la monarchie et qui devroit exciter son activité [illegible] tous les sentimens qui pourroient seconder l'ambition et les progrès du gouvernement

que l'honneur n'est point le principe.

des etats despotiques

pourquoy les etats despotiques n'auroient ils pas leur faux honneur comme les monarchies —

ce voyageur françois transporté dans ce [illegible] meprisé par les turcs, temoins de la perte des janissaires au milieu des grecs, observateurs des regards orgueilleux [illegible] qui diroit qu'il n'y a pas dans les etats despotiques un sentiment plus [illegible] altier que ce faux sentiment qui agit de l'honneur françois

L'orgueil des turcs est imprimé sur leur visage, dans leurs regards dans leur demarche — il se fait sentir dans tous leurs mouvemens — leur repos semble un etat d'independance absolue — le turc respire en paix et [illegible] orgueil est exprimé dans toutes leurs [illegible] leur religion, la religion de [illegible] conquerans sur le [illegible], dans leurs usages, dans leurs traités avec les nations etrangeres — c'est [illegible] orgueil que le turc le plus obeisse - il est fier de commander il est fier de servir

on dit que l'honneur ne seroit pas souffert chez le despote parce

qu'il fait gloire de mepriser la vie et que le despote n'est

fort que parce qu'il peut l'oster -

quelle est la force que le despote n'ait pas · il oste la vie,

et les biens - il agit comme il veut, et pourquoy de tous

les peuples, les turcs sont ils ceux qui reçoivent leur arrest

de mort avec le plus de courage et de tranquillité

c'est parce qu'ils aiment et qu'ils meprisent la vie, qu'ils

veulent en gouster tous les delices, et qu'ils ne craignent

point de l'abreger pour la rendre plus heureuse - le turc

a besoin non de vivre, mais de jouir de la vie

on dit que l'honneur ne pourroit pas souffrir le despote

parce qu'il a des regles suivies, et des caprices soutenus -

quelles sont ces regles suivies en france qui puissent

contrarier le monarque - contre les duels - ils ne sont

contraires parmy toutes les loix politiques qu'a la loy

qui les defend - ils sont nuisibles aux citoyens et [illegible]

au souverain - c'est pour leurs interests [illegible]

rien qu'il a proscrit les duels.

quels sont ces caprices soutenus que contrarient

ou combattent la volonté du monarque -

j'ay vu l'honneur a la cour multiplier les flatteries

les mensonges, et toutes les servitudes serviles - je

n'ay point vu de caprices de l'honneur insulter au

souverain. et quand dans quelque occasion on [illegible]

une [illegible] indecente, humiliante, ce n'est

aux [illegible] d'ou la comparaison est rien plus

[illegible] que celle de l'honneur a

[illegible] au sein de la cour, le [illegible]

[illegible] une [illegible] avec des [illegible]

de la nation [illegible] pour condamner [illegible]

& moi, supplions votre majesté d'employer nos bras & nos « vies à choses faisables. « Ce grand & généreux courage regardoit une lâcheté comme une chose impossible.

Il n'y a rien que l'honneur prescrive plus à la noblesse, que de servir le prince à la guerre : en effet, c'est la profession distinguée ; parce que ses hasards, ses succès & ses malheurs mêmes, conduisent à la grandeur. Mais, en imposant cette loi, l'honneur veut en être l'arbitre ; &, s'il se trouve choqué, il exige ou permet qu'on se retire chez soi.

Il veut qu'on puisse indifféremment aspirer aux emplois, ou les refuser ; il tient cette liberté au-dessus de la fortune même.

L'honneur a donc ses règles suprêmes ; & l'éducation est obligée de s'y conformer (b). Les principales sont, qu'il nous est bien permis de faire cas de notre fortune ; mais qu'il nous est souverainement défendu d'en faire aucun de notre vie.

La seconde est que, lorsque nous avons été une fois placés dans un rang, nous ne devons rien faire ni souffrir qui fasse voir que nous nous tenons inférieurs à ce rang même.

La troisième, que les choses que l'honneur défend sont plus rigoureusement défendues, lorsque les loix ne concourent point à les proscrire ; & que celles qu'il exige sont plus fortement exigées, lorsque les loix ne les demandent pas.

(b) On dit ici ce qui est, & non pas ce qui doit être : l'honneur est un préjugé, que la religion travaille tantôt à détruire, tantôt à régler.

## CHAPITRE III.

### *De l'éducation dans le gouvernement despotique.*

Comme l'éducation dans les monarchies ne travaille qu'à élever le cœur, elle ne cherche qu'à l'abbaisser dans les états despotiques. Il faut qu'elle y soit servile. Ce sera un bien, même dans le commandement, de l'avoir eue telle; personne n'y étant tyran, sans être en même temps esclave.

L'extrême obéissance suppose de l'ignorance dans celui qui obéit; elle en suppose même dans celui qui commande: il n'a point à délibérer, à douter, ni à raisonner; il n'a qu'à vouloir.

Dans les états despotiques, chaque maison est un empire séparé. L'éducation qui consiste principalement à vivre avec les autres, y est donc très-bornée: elle se réduit à mettre la crainte dans le cœur, & à donner à l'esprit la connoissance de quelques principes de religion fort simples. Le sçavoir y sera dangereux, l'émulation funeste; &, pour les vertus, *Aristote* ne peut croire qu'il y en ait quelqu'une de propre aux esclaves (*a*); ce qui borneroit bien l'éducation dans ce gouvernement.

L'éducation y est donc, en quelque façon, nulle. Il faut ôter tout, afin de donner quelque chose; & commencer par faire un mauvais sujet, pour faire un bon esclave.

Eh! pourquoi l'éducation s'attacheroit-elle à y former un bon citoyen qui prît part au malheur public? S'il aimoit l'état, il seroit tenté de relâcher les ressorts du gouvernement: s'il ne réussissoit pas, il se perdroit; s'il réussissoit, il courroit risque de se perdre, lui, le prince, & l'empire.

(*a*) Politiq. liv. I.

cependant les officiers des cours les plus stables n'ayant point [illegible] la volonté perseverante du souverain, et [illegible] dans la nation, y apporter avec tranquillité des changemens suivis dans l'ordre qui semble le plus interessant pour [illegible] dans l'ordre de la legislation +

+ le sultan ne pourroit pas faire dans son empire les mesmes revolutions [illegible] ouvrées d'un bout de la france à l'autre sur la fin du dernier regne — tant il est vray qu'il n'y a point [illegible] d'asiatiques, et s'il y en avoit eu, on seroit tenté de croire quelquefois … mais un moment, mais quelques années mesme de despotisme ne forment point ce qu'on appele un gouvernement despotique.

## Du principe du gouvernement despotique —

on soutient qu'il existe sur la terre un gouvernement despotique, il ne peut se maintenir que par la crainte [illegible] enfin il ne faut pas croire qu'il n'y ait point de courage dans les mesmes etats ou la crainte domine — #1

#2 la crainte sauvegarde du despotisme est surtout dans les plus riches et les plus puissans — ce sont eux dont on envie les richesses — ce sont eux qui deviennent les victimes des affaires qu'ils gouvernent — le peuple n'est point l'objet de la haine ou de l'envie. #3 —

#1 la crainte s'allie avec le courage dans ceux qui ne craignent pas de risquer leur vie pour remplir les places qui donnent le pouvoir, et la mort. #2

#3 la crainte n'exclud pas le courage dans ceux qui ne sont point en butte aux revolutions de la fortune.

le courage est souvent dans le caractere ou dans les habitudes des mesmes peuples qui sont soumis à des gouvernemens arbitraires et rigoureux, l'esclavage auquel ils sont accoutumés n'a point affoibli leur intrepidité naturelle — les japonois sont esclaves, et leur courage est celuy des stoiciens —

mais le gouvernement n'existe pas, [illegible] qu'on a [illegible] — mais il n'a pas besoin [illegible] de se deffendre [illegible] — mais il [illegible] il respire la crainte que par moments, et par secousse et [illegible]

... embrasseurs, et tel est le sentiment de l'honneur ... qu'ils se percent le ventre ... d'un coup de poignard pour un mot qui les humilie.
au reste la crainte est dans tous les gouvernemens un peu mieux toujours actif pour faire exécuter les volontés du souverain vers les loix.
La crainte ... la crainte ... qui sont ... dans une monarchie tous les hommes éclairés, tous les hommes sages qui ... tentés de publier leurs idées sur les objets de l'administration publique, et de proposer des grands changemens utiles-

La différence est que la crainte est une cause d'action dans les états où l'authorité est la plus absolue, et que dans ... les efforts, et sert ... les actions ... tous ceux qui ne sont pas soumis à tous les préjugés du gouvernement.

Différence de ... les gouvernemens modérés, et dans les gouvernemens despotique

on ... que dans ces deux gouvernemens le pouvoir est le meme - il faudroit donc les appeler du meme nom, et la monarchie seroit le despotisme-

nous sommes loin de croire que le pouvoir en france soit ... le souverain ne le croit pas luy meme, puis qu'il n'ose ny faire ses loix a luy seul, ny les exécuter par sa propre force, quoiqu'il soit le seul legislateur, et que tous les arrests des cours souveraines soient donnés en son nom: les parlemens ne le croient pas quand ils refusent l'enregistrement - le clergé et les pays d'états ne le croient pas lorsqu'ils offrent un don gratuit et qu'ils ... ou de rejeter une ... contribution

## CHAPITRE IV.

### *Difference des effets de l'éducation chez les anciens & parmi nous.*

La plupart des peuples anciens vivoient dans des gouvernemens qui ont la vertu pour principe ; &, lorsqu'elle y étoit dans sa force, on y faisoit des choses que nous ne voyons plus aujourd'hui, & qui étonnent nos petites ames.

Leur éducation avoit un autre avantage sur la nôtre ; elle n'étoit jamais démentie. *Epaminondas*, la dernière année de sa vie, disoit, écoutoit, voyoit, faisoit les mêmes choses que dans l'âge où il avoit commencé d'être instruit.

Aujourd'hui, nous recevons trois éducations différentes ou contraires; celle de nos pères, celle de nos maîtres, celle du monde. Ce qu'on nous dit dans la dernière renverse toutes les idées des premières. Cela vient, en quelque partie, du contraste qu'il y a parmi nous entre les engagemens de la religion & ceux du monde ; chose que les anciens ne connoissoient pas.

## CHAPITRE V.

### *De l'éducation dans le gouvernement républicain.*

C'est dans le gouvernement républicain que l'on a besoin de toute la puissance de l'éducation. La crainte des gouvernemens despotiques naît d'elle-même parmi les menaces & les châtimens ; l'honneur des monarchies est favorisé par les passions, & les favorise à son tour : mais la vertu politique est un renoncement à soi-même, qui est toujours une chose très-pénible.

On peut définir cette vertu, l'amour des loix & de la patrie. Cet amour, demandant une préférence continuelle de l'intérêt public au sien propre, donne toutes les vertus particulières : elles ne sont que cette préférence.

Cet amour est singulièrement affecté aux démocraties. Dans elles seules, le gouvernement est confié à chaque citoyen. Or, le gouvernement est comme toutes les choses du monde ; pour le conserver, il faut l'aimer.

On n'a jamais oui dire que les rois n'aimassent pas la monarchie, & que les despotes haïssent le despotisme.

Tout dépend donc d'établir, dans la république, cet amour ; & c'est à l'inspirer, que l'éducation doit être attentive. Mais, pour que les enfans puissent l'avoir, il y a un moyen sûr ; c'est que les pères l'aient eux-mêmes.

On est ordinairement le maître de donner à ses enfans ses connoissances ; on l'est encore plus de leur donner ses passions.

Si cela n'arrive pas, c'est que ce qui a été fait dans la maison paternelle est détruit par les impressions du dehors.

Ce n'est point le peuple naissant qui dégénère ; il ne se perd que lorsque les hommes faits sont déjà corrompus.

## CHAPITRE VI.

### *De quelques institutions des Grecs.*

Les anciens Grecs, pénétrés de la nécessité que les peuples, qui vivoient sous un gouvernement populaire, fussent élevés à la vertu, firent, pour l'inspirer, des institutions singulières. Quand vous voyez, dans la vie de *Lycurgue*, les loix qu'il donna aux Lacédémoniens, vous croyez lire

les despotes eux mesmes ne sont pas toujours obeis. qui sait combien de gouverneurs soumis a l'empire des turcs resistent aux ordres de leur souverain – les hommes sont moins imbeciles qu'on ne s'imagine – ils font un calcul sourd et juste des forces du gouvernement et de leur impuissance – ils ne resistent point, ils ne sont pas tentés de resister quand ils ne peuvent rien – la preuve qu'ils ne les combattoient pas par [illegible] l'ordre du prince s'ils pouvoient les combattre, c'est que tous ceux qui ont repris leur forces s'en servent pour [illegible]

si la religion est une barriere dans les etats despotiques, et on sçait [illegible] fut [illegible] en france une barriere [illegible] respectée par les souverains [illegible] [illegible] et la religion du peuple qui suscita toutes les guerres de la ligue.

reflexions sur tout ceci

nous sommes loin de croire qu'on ait manqué les vrais principes des trois gouvernemens –

nous pensons que les vertus sont necessaires dans tous les gouvernemens, que l'honneur n'est point un sentiment reservé pour les monarchies, que le faux honneur est un prejugé nuisible, et que la crainte est un principe plus ou moins agissant dans toutes les sortes de gouvernemens.

nous pensons enfin qu'il est possible que telle soit la nature d'un gouvernement qu'il soit mis en activité par un principe qui luy est plus analogue a sa constitution – mais nous pensons aussy qu'il devroit [illegible] par le meme principe qui luy donneroit son mouvement, [illegible] dans sa constitution [illegible] le germe de [illegible] tot ou tard en causer la ruine.

c'est lorsque le corps des [illegible] de la religion a receu par [illegible] par des bulles, et par les loix une force civile qui l'authorise [illegible] [illegible]

Des loix de l'education

[illegible] il dire [illegible] essayons [illegible] l'education n'a point de loix, où les peres
et meres suivent de leurs habitudes journalieres, et dirigent [illegible] de
leurs enfans, ou les familles separées ne forment point de societé [illegible]
le gouvernement ne s'occupera jamais d'instruire ceux auxquels
il commande - et telle est la situation des hommes chez la plus
part des peuples qui vegetent sur la surface de la terre,
qu'il faut [illegible] tous les etats [illegible] le propre de [illegible]
a la vertu, a l'honneur, a la crainte, si la vertu, l'honneur et la
crainte ne sont point des principes propres a tel ou tel gouvernement - [illegible] discussions sur les loix de l'education et
[illegible] avec les principes auxquels on les rapporte
[illegible] l'education dans les monarchies
[illegible]

quelle education, celle du monde, celle de la cour, celle des femmes,
quoy depuis deux siecles la nation marche a grands pas dans
un progrés continuel de lumieres et d'action - nous avons
formé une litterature superieure a celle des peuples modernes,
et dans quelque genre a la litterature même des grecs et des
romains - nous avons etendu sans bornes les limites des
sciences, soit que nous ayons accru leur empire par nos
decouvertes, soit que nous ayons receu et perfectionné celles
des autres peuples, nos rivaux - nous avons admis dans
le cercle de nos doutes, de nos recherches, et de nos connoissances tous les objets qui peuvent interesser ou la curiosité
des esprits eclairés, ou les vrais interets des nations - nous
avons jetté des regards libres et tranquilles sur les principes
de l'authorité, sur les conditions de l'obeissance, sur les
devoirs [illegible] la conduite des rois et des citoyens, et quand
un de ces hommes de genie que nous avons justement admiré
[illegible] a osé [illegible] dicter les
loix de l'education, nous n'entendons parler que de ces
[illegible] les causes [illegible] que forment les [illegible] des
hommes raisonnables [illegible]
des femmes [illegible] hommes mediocres qui [illegible]
convoisans [illegible] les principes du gouvernement -

l'hiſtoire des *Sévarambes*. Les loix de Crète étoient l'original de celles de Lacédémone ; & celles de *Platon* en étoient la correction.

Je prie qu'on faſſe un peu d'attention à l'étendue de génie qu'il fallut à ces légiſlateurs, pour voir qu'en choquant tous les uſages reçus, en confondant toutes les vertus, ils montreroient à l'univers leur ſageſſe. *Lycurgue*, mêlant le larcin avec l'eſprit de juſtice, le plus dur eſclavage avec l'extrême liberté, les ſentimens les plus atroces avec la plus grande modération, donna de la ſtabilité à ſa ville. Il ſembla lui ôter toutes les reſſources, les arts, le commerce, l'argent, les murailles : on y a de l'ambition, ſans eſpérance d'être mieux : on y a les ſentimens naturels ; & on n'y eſt ni enfant, ni mari, ni père : la pudeur même eſt ôtée à la chaſteté. C'eſt par ces chemins que *Sparte* eſt menée à la grandeur & à la gloire ; mais avec une telle infaillibilité de ſes inſtitutions, qu'on n'obtenoit rien contre elle en gagnant des batailles, ſi on ne parvenoit à lui ôter ſa police (*a*).

La Crète & la Laconie furent gouvernées par ces loix. Lacédémone céda la dernière aux Macédoniens, & la Crète (*b*) fut la dernière proie des Romains. Les Samnites eurent ces mêmes inſtitutions, & elles furent pour ces Romains le ſujet de vingt-quatre triomphes (*c*).

Cet extraordinaire que l'on voyoit dans les inſtitutions de la Grèce, nous l'avons vu dans la lie & la corruption de nos

(*a*) *Philopœmen* contraignit les Lacédémoniens d'abandonner la manière de nourrir leurs enfans ; ſçachant bien que, ſans cela, ils auroient toujours une ame grande, & le cœur haut. *Plutarq.* vie de *Philopœmen.* Voy. *Tite Live*, l. XXXVIII.

(*b*) Elle défendit pendant trois ans ſes loix & ſa liberté. Voyez les liv. XCVIII, XCIX & c. de *Tite Live*, dans l'épitome de *Florus*. Elle fit plus de réſiſtance que les plus grands rois.

(*c*) *Florus*, liv. I.

temps modernes (*d*). Un légiſlateur honnête-homme a formé un peuple, où la probité paroît auſſi naturelle que la bravoure chez les Spartiates. M. *Pen* eſt un véritable Lycurgue : &, quoique le premier ait eu la paix pour objet, comme l'autre a eu la guerre, ils ſe reſſemblent dans la voie ſingulière où ils ont mis leur peuple, dans l'aſcendant qu'ils ont eu ſur des hommes libres, dans les préjugés qu'ils ont vaincus, dans les paſſions qu'ils ont ſoumiſes.

Le *Paraguay* peut nous fournir un autre exemple. On a voulu en faire un crime à la *ſociété*, qui regarde le plaiſir de commander comme le ſeul bien de la vie : mais il ſera toujours beau de gouverner les hommes, en les rendant plus heureux (*e*).

Il eſt heureux pour elle d'avoir été la première qui ait montré, dans ces contrées, l'idée de la religion jointe à celle de l'humanité. En réparant les dévaſtations des Eſpagnols, elle a commencé à guérir une des grandes plaies qu'ait encore reçues le genre humain.

Un ſentiment exquis qu'a cette ſociété pour tout ce qu'elle appelle honneur, ſon zèle pour une religion qui humilie bien plus ceux qui l'écoutent que ceux qui la prêchent, lui ont fait entreprendre de grandes choſes ; & elle y a réuſſi. Elle a retiré des bois des peuples diſperſés ; elle leur a donné une ſubſiſtance aſſurée ; elle les a vêtus : &, quand elle n'auroit fait par-là qu'augmenter l'induſtrie parmi les hommes, elle auroit beaucoup fait.

Ceux qui voudront faire des inſtitutions pareilles établiront la communauté de biens de la république de *Platon*,

(*d*) *In fece Romuli.* Cicéron.

(*e*) Les Indiens du *Paraguay* ne dépendent point d'un ſeigneur particulier, ne paient qu'un cinquième des tributs, & ont des armes à feu pour ſe défendre.

ce

particuliers dans chaque ordre, dans chaque corps, dans chaque etat, ceux qui
menent les affaires, et dont les demarches ou les opinions influent sur
gouvernement - ce sont des hommes qui ont acquis ailleurs que dans
le monde les connoissances dont ils se servent - ils ont ou des vertus
ou des vices - ils ont des interets ou des vues - ils ont un esprit [illegible]
de suite, de travail, et d'action, bien different de ce vain et
futile esprit du monde qu'on regarde comme le principe de tous
les mouvemens de la monarchie -
ce n'est point dans les sociétés dont on vous decrit les moeurs
futiles, les prejugés steriles, les molles accoutumances que se forma
l'esprit de sully, de colbert, de condé, turenne et luxembourg
de corneille, racine, moliere, bossuet et la fontaine, et
cependant je nomme ceux de tous les etats qui ont le mieux
connu la cour et le monde - ils y vivoient sans doute, et
quel est l'homme d[illegible] policée, et dans un
siecle eclairé qui ne se plaise pas vivre avec un sexe qui
qui leur inspire des sentimens doux, et qui semble chargé par
la nature du soin de lui preparer ses delassemens; ils apportoient
leur esprit dans le monde, et ne l'y formoient pas - ils en
rapportoient des observations souvent severes - ils y dictoient
leurs opinions, ou scavoient apprecier ses erreurs, mais du
sein de leurs interets, de leurs reflexions secretes, de leurs
vertus ou meme de leurs vices devoit s'engendrer une nation
nouvelle, [illegible] nation qui semble avoir reçu toute
armée de leur tete féconde, comme minerve de jupiter
cette nation qui combat [illegible] par ses lumieres les
les mauvais principes de sa legislation, qui la redresse dans
par des loix que ses grands ecrivains ont dictées, et tandis
[illegible] plus fortes que ses loix; cette nation chez la
quelle il semble que tous les prejugés sont detruits, que tous
les vertus sont connues [illegible], il ne manque plus que
de faire tout ce qu'elle veut, et qui chaque jour devient
plus respectée par son gouvernement, c'est cette nation

représentée comme un vain [redacted] amas de ridicules automates mus par un fil faible et léger, [redacted] qu'il convient de les remettre entre les mains des hommes -

ah ce stile éloquent, plein de force et de vigueur, ce langage dont chaque expression est énergique, dont toutes les idées accessoires sont aussy profondes qu'habiles, pourquoy falloit il qu'il fut employé pour exprimer des idées aussy faibles et bornées que celles de la cour et du monde -

sans doute la cour et le monde peuvent avoir un grand [redacted] sur la dispensation des graces et sur le choix des ministres -

ces graces perdues, ces ministres ignorans et timides [redacted] non des changemens, mais des retards dans les changemens -

la marche nationale n'en est point déconcertée - elle avance plus lentement, et ne s'arrête pas -

un ministre est forcé de faire une chose utile qu'il n'avoit pas prévenue ;

un autre ministre apporte en place une idée qu'il a reçue dans sa jeunesse -

[redacted] conseil quelquefois tout entier sent la nécessité d'exécuter cet arrangement que la nation désire, et que le conseil tout entier avoit longtems combattu.

enfin il s'élève de tems en tems un ministre qui reçoit de la nature des vertus, et des talens, de l'énergie, esprit [redacted] et des idées de son siècle, et qui fait [redacted] tout à coup au gouvernement [redacted] le même espace dont la vue l'avoit fait frémir, devant lequel il avoit reculé -

voilà les vrais principes de l'action et des progrès du gouvernement - il existe par l'effet même des connoissances générales dans chaque siècle, et des interests et des passions des hommes dans tous les siècles il existe une tendance générale au changement - il existe aussy dans chaque gouvernement un centre de résistance qui rend les changemens plus difficiles, et qui les rend aussy plus doux et plus paisibles -

gouvernement peut changer tout dans ses principes et dans son esprit par cette innovation perpetuelle et successive sans que le gouvernement s'en apperçoive luy meme - chaque passage est foible, ou pour parler il n'y a point de revolution subite - l'authorité des rois n'a pu s'elever en France que par des guerres civiles peut se plier, s'affoiblir, ou plus tost se regler elle meme nécessaire de toutes les opinions nationales vers une meilleure législation.

ce sont ces opinions nationales qu'on ne plus souvent dans les colleges, qui sont aussy trop loin des instructions de l'enfance, qui plus ou moins repandues dans le monde, toujours actives et vivantes dans un certain nombre d'hommes plus connus et plus estimés de tous les etats ~~formant l'education~~ au milieu meme du monde de tous ceux qui peuvent en etre susceptibles -

ceux meme qui s'y refusent en ont pourtant entendu parler, et n'eprouvent pas cette surprise dont le sentiment resiste davantage aux innovations. aujourd'huy

nous serions bien etonnés d'en etre reduits à cette puerile education ~~qui demande~~ de la civilité qui nous apprend qu'il faut mettre dans une certaine noblesse, dans les moeurs une certaine franchise, dans les manieres, une certaine politesse -

etre avec une frivole distinction personnelle, le langage de la galanterie, la ruse et la finesse pour obtenir un honneur, et cette adulation commune qui loue les rois quand ils sont presents et qui laisse toutes les choses comme elles sont qu'on peut diriger l'administration d'un etat -

a quoy servent ces demy verités, ou plus tost ces erreurs de circonstances, ces maximes de convenances qu'on ~~prononce dans un~~ cercle, et quel est l'effet du ton dont on les prononce au milieu d'une société qui ne peut rien sur les affaires

et cette certaine politesse qui dit qu'un homme est de la cour ou qu'il est digne d'y etre, est-ce avec soutiendrons cette monarchie introduirons les changemens sans lesquels elle ne peut pas se soutenir -

il est facheux de voir un si grand esprit flatté par les applaudissemens de ce monde qui n'est point le public, se rabaisser à de si petites vues -

ah si sa renommée n'avoit pas egaré son ame propre, s'il avoit passé son age mur comme sa jeunesse dans la masle occupation de ses pensées solitaires, il n'auroit pas affoiblys ses talens par la molle habitude des considerations de la cour du monde — il avoit comme philoctete hérité des fleches d'hercule — il devoit [illegible] les monstres qu'il falloit abbattre — cette main [illegible] [illegible] pas [illegible] sur les foibles oiseaux qui voltigent et qui chantent dans leur bocage

une nation en general eprouve des changemens, ou se soutient par les opinions devenues unanimes des hommes eclairés, et par les besoins et les travaux du peuple —

les opinions devenues unanimes forment les loix de l'education pour ceux qui peuvent les recevoir, et bien servir

les besoins et les travaux forment l'education du peuple

Il est une classe d'hommes mediocres, de gens oisifs, soit de la cour, ou du monde, ou de ceux qui vivent dans l'aisance sans connoissances et sans travail qui laissent faire les changemens sans le scavoir, qui souvent eux memes en sont l'instrument sans le scavoir, et qui finissent encore par en profiter sans le scavoir —

cette classe qui forme presque toute la cour, qui est composée de ce meme monde qu'on regarde icy comme le centre de notre education et dans notre gouvernement comme les passagers sur un vaisseau — ils peuvent etre un moment utiles ou nuisibles — mais ils ne servent habituellement à rien dans le cours du voyage —

## de l'education dans le gouvernement despotique —

on suppose que le gouvernement despotique etablit une education servile — un gouvernement sans principes, et sans loix n'a point d'enseignement a faire — il donne des ordres, et non des leçons — les leçons qui restent ne peuvent point avoir de rapport avec des ordres qui changent [illegible] rencontrer [illegible] s'il existoit un despotisme absolu dans quelque coin de la terre, que pourroit-on enseigner, une religion qu'on voudroit abolir, des loix qui ne sont que des caprices qu'il faut oublier, des usages que le gouvernement n'a jamais observés, des objets de connoissance qu'il ne [illegible] pas — il n'y auroit pas d'education [illegible] hommes que pour les bêtes, s'ils etoient livrés à la [illegible] comme des bêtes qui servent [illegible] d'instrument aux hommes —

ce respect qu'il demandoit pour les dieux, cette séparation d'avec les étrangers pour la conservation des mœurs, & la cité faisant le commerce & non pas les citoyens : ils donneront nos arts sans notre luxe, & nos besoins sans nos desirs.

Ils proscriront l'argent, dont l'effet est de grossir la fortune des hommes au-delà des bornes que la nature y avoit mises, d'apprendre à conserver inutilement ce qu'on avoit amassé de même, de multiplier à l'infini les desirs, & de suppléer à la nature, qui nous avoit donné des moyens très-bornés d'irriter nos passions, & de nous corrompre les uns les autres.

» Les *Epidamniens* (*f*) sentant leurs mœurs se corrompre « par leur communication avec les barbares, élurent un ma- « gistrat pour faire tous les marchés au nom de la cité & « pour la cité. « Pour lors, le commerce ne corrompt pas la constitution, & la constitution ne prive pas la société des avantages du commerce.

(*f*) Plutarque, *Demande des choses Grecques.*

## CHAPITRE VII.

*En quel cas ces institutions singulières peuvent être bonnes.*

Ces sortes d'institutions peuvent convenir dans les républiques, parce que la vertu politique en est le principe : mais, pour porter à l'honneur dans les monarchies, ou pour inspirer de la crainte dans les états despotiques, il ne faut pas tant de soins.

Elles ne peuvent d'ailleurs avoir lieu que dans un petit

état (*a*); où l'on peut donner une éducation générale, & élever tout un peuple comme une famille.

Les loix de *Minos*, de *Lycurgue* & de *Platon*, suppofent une attention fingulière de tous les citoyens les uns fur les autres. On ne peut fe promettre cela dans la confufion, dans les négligences, dans l'étendue des affaires d'un grand peuple.

Il faut, comme on l'a dit, bannir l'argent dans ces inftitutions. Mais, dans les grandes fociétés, le nombre, la variété, l'embarras, l'importance des affaires, la facilité des achats, la lenteur des échanges, demandent une mefure commune. Pour porter par-tout fa puiffance, ou la défendre par-tout, il faut avoir ce à quoi les hommes ont attaché partout la puiffance.

(*a*) Comme étoient les villes de la Grèce.

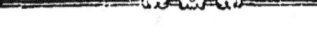

## CHAPITRE VIII.

### *Explication d'un paradoxe des anciens, par rapport aux mœurs.*

POLYBE, le judicieux Polybe, nous dit que la mufique étoit néceffaire pour adoucir les mœurs des *Arcades*, qui habitoient un pays où l'air eft trifte & froid; que ceux de *Cynète*, qui négligèrent la mufique, furpafsèrent en cruauté tous les Grecs, & qu'il n'y a point de ville où l'on ait vu tant de crimes. *Platon* ne craint point de dire que l'on ne peut faire de changement dans la mufique, qui n'en foit un dans la conftitution de l'état. *Ariftote*, qui femble n'avoir fait fa politique que pour oppofer fes fentimens à ceux de *Platon*, eft pourtant d'accord avec lui touchant la puiffance de

[illegible] a des pouvoirs absolus n'existe nulle part sur la terre
le gouvernement turc qui semble le besoin de conserver sa religion, ses lois
son independance — il existe un corps de mollahs ou gens de loi qui jouit
des plus grands privileges, et dont les privileges [illegible] de n'avoir point
crainte de [illegible]
[illegible] il existe un conseil, un divan [illegible] delibere
[illegible] son education analogue aux [illegible] qu'il leur exige de
[illegible] il y a des ecoles bien suivies, une education bien
[illegible] les enfans enlevés et transplantés dans le serrail
qu'ils doivent composer le corps [illegible] qui [illegible] font
la force du gouvernement — chaque peuple [illegible] des
turcs a son commerce, ses mœurs, et son éducation
ce n'est point la crainte qu'on inspire aux mollahs. ils savent
bien qu'ils n'ont rien a craindre —
on élève les enfans du serrail dans les sentimens d'orgueil et d'am
bition que requiere une troupe toujours armée qui doit remplir
tous les postes de l'etat — on leur inspire la [illegible] le courage
et la crainte qui s'accorde avec le courage, et qui seconde
l'obeissance — on leur apprend à mepriser le reste des
habitans de la terre.
les peuples protegés par les turcs n'élevent pas leurs enfans dans
la crainte parceque le gouvernement sous lequel ils vivent n'est
point a craindre pour eux — le gouvernement n'est cruel que
pour ceux qu'il enrichit et qu'il eleve — [illegible] en paix
les classes inferieures jouissent de leur aisance, de leur commerce
et de leurs mœurs domestiques — cependant la crainte
est un sentiment general, involontaire, qui semble [illegible]
l'empression naturelle de tous les objets qui sont sous les yeux —
on voit regner une puissance barbare qui le plus souvent ne
agit que parcequ'elle veut — on eprouve quelquefois des injustices
de la part d'un janissaire, ou d'un grand seigneur, et
l'on sait bien qu'on n'a pas l'esperance d'être vengé par des
loix qui [illegible] pas regulierement suivies — on est frappé de
terreur par les changemens subits qui surviennent dans le gouver
nement, par la destitution [illegible] d'un pacha, d'un [illegible]
[illegible] ceux qui les [illegible] et par les revol
[illegible] imposantes qui renversent le despote luy meme

il ne manque a [illegible] gouvernement [illegible] etably de tout ce qui peut
effrayer l'imagination des hommes — il n'est pas besoin de leur enseigner
la crainte, quand ils voyent les plus [illegible] trembler, quand ils ne
se rendent peut etre pas compte de leur propre position que les
met a l'abry [illegible] leur perte —
[illegible] las empesche pas d'avoir tous emplois [illegible]
naires, et leur habitudes communes que le gouvernement [illegible]
trouble jamais, et rien n'est si paisible que la vie qu'ils menent
dans leur commerce et leur famille sous un gouvernement
qui [illegible] trouble, et dans l'agitation
qui le divise. tel est le caractere tranquille et violent, [illegible]
et paresseux de tous les turcs que ceux meme qui remplissent
les postes dangereux n'en sentent pas les dangers — on voit
qu'ils ont vecu dans les allarmes parce qu'ils finissent par
etre etranglés — ils donnent des ordres — ils n'y pensent plus —
ils envoyent a la mort — ils n'y pensent plus — ils sont a
la veille d'etre mis a mort eux memes — ils n'y pensent pas —
quand les turcs ont adopté le dogme de la predestination
ils ont erigé sans y penser leur caractere en principe — ils
croyent que tout doit arriver comme ils arrivent, parce
qu'il est en eux d'attendre les evenements comme d'autres
prevoir — ainsy leur esprit s'arrete au present, et [illegible]
ces craintes dont nous sommes frappés pour eux, parce que
[illegible] gent pas comme nous a l'avenir, et qu'ils ne
chargent pas leur vie du poids fatiguant de l'esperance
et de la crainte — quand le danger arrive, l'idee presente
entraine toutes leurs facultes — ils eprouvent tout a coup
l'exces du tremblement, ou du courage — ils combattent,
ou s'enfuient avec la meme ardeur, et quand ils n'ont
plus rien a faire pour se sauver, ou pour se deffendre
ils se prosternent, et meurent avec une resignation dont
nous avons peine a nous faire l'idee, [illegible]
n'[illegible] principe, celuy de la crainte,
et [illegible] quel est le sentiment le plus
[illegible] a la definition qu'on se fait [illegible]
ou le systeme qui on peut [illegible] les differents [illegible]
qui [illegible] les hommes [illegible]

la musique sur les mœurs. *Théophraste*, *Plutarque* (*a*), *Strabon* (*b*), tous les anciens ont pensé de même. Ce n'est point une opinion jettée sans réflexion ; c'est un des principes de leur politique (*c*). C'est ainsi qu'ils donnoient des loix, c'est ainsi qu'ils vouloient qu'on gouvernât les cités.

Je crois que je pourrois expliquer ceci. Il faut se mettre dans l'esprit que, dans les villes Grecques, sur-tout celles qui avoient pour principal objet la guerre, tous les travaux & toutes les professions qui pouvoient conduire à gagner de l'argent, étoient regardés comme indignes d'un homme libre. » La plupart des arts, dit *Xénophon* (*d*), corrompent le corps de ceux qui les exercent ; ils obligent de s'asseoir à « l'ombre, ou près du feu : on n'a de temps ni pour ses amis, ni « pour la république. « Ce ne fut que dans la corruption de quelques démocraties, que les artisans parvinrent à être citoyens. C'est ce qu'*Aristote* (*e*) nous apprend ; & il soutient qu'une bonne république ne leur donnera jamais le droit de cité (*f*).

L'agriculture étoit encore une profession servile, & ordinairement c'étoit quelque peuple vaincu qui l'exerçoit ; les *Ilotes*, chez les Lacédémoniens ; les *Périéciens*, chez les Crétois ; les *Pénestes*, chez les Thessaliens ; d'autres (*g*)

---

(*a*) Vie de *Pélopidas*.

(*b*) Liv. I.

(*c*) *Platon*, liv. IV des loix, dit que les préfectures de la musique & de la gymnastique sont les plus importans emplois de la cité ; &, dans sa république, liv. III, *Damon vous dira*, dit-il, *quels sont les sons capables de faire naître la bassesse de l'ame, l'insolence, & les vertus contraires.*

(*d*) Liv. V. Dits mémorables.

(*e*) Politiq. liv. III, chap. IV.

(*f*) *Diophante*, dit *Aristote*, polit. ch. VI, *établit autrefois, à Athènes, que les artisans seroient esclaves du public.*

(*g*) Aussi *Platon* & *Aristote* veulent-ils que les esclaves cultivent les terres, loix, *liv.* VII ; polit. *liv.* VII, *ch.* X. Il est vrai que l'agriculture n'étoit pas partout exercée par des esclaves : au contraire, comme dit *Aristote*, les meilleures républiques étoient celles où les citoyens s'y attachoient. Mais cela n'arriva que par la corruption des anciens peuples esclaves, dans d'autres républiques.

Enfin, tout bas commerce (*h*) étoit infâme chez les Grecs. Il auroit fallu qu'un citoyen eût rendu des services à un esclave, à un locataire, à un étranger : cette idée choquoit l'esprit de la liberté Grecque ; aussi *Platon* (*i*) veut-il, dans ses loix, qu'on punisse un citoyen qui feroit le commerce.

On étoit donc fort embarrassé dans les républiques Grecques. On ne vouloit pas que les citoyens travaillassent au commerce, à l'agriculture, ni aux arts ; on ne vouloit pas non plus qu'ils fussent oisifs (*k*). Ils trouvoient une occupation dans les exercices qui dépendoient de la gymnastique, & dans ceux qui avoient du rapport à la guerre (*l*). L'institution ne leur en donnoit point d'autres. Il faut donc regarder les Grecs comme une société d'athlètes & de combattans. Or, ces exercices, si propres à faire des gens durs & sauvages (*m*), avoient besoin d'être tempérés par d'autres qui pussent adoucir les mœurs. La musique, qui tient à l'esprit par les organes du corps, étoit très-propre à cela. C'est un milieu entre les exercices du corps qui rendent les hommes durs, & les sciences de spéculation qui les rendent sauvages. On ne peut pas dire que la musique inspirât la vertu ; cela seroit inconcevable : mais elle empêchoit l'effet de la férocité de l'institution, & faisoit que l'ame avoit, dans l'éducation, une part qu'elle n'y auroit point eue.

---

gouvernemens, devenus démocratiques ; car, dans les premiers temps, les villes de Grèce vivoient dans l'aristocratie.

(*h*) *Cauponatio.*

(*i*) Lib. II.

(*k*) *Aristote*, politiq. lib. X.

(*l*) *Ars corporum exercendorum, gymnastica ; variis certaminibus terendorum, pædotribica.* Aristote, politiq. lib. VIII, ch. III.

(*m*) *Aristote* dit que les enfans des Lacédémoniens, qui commençoient ces exercices dès l'âge le plus tendre, en contractoient trop de férocité. *Polit.* liv. VIII, ch. IV.

## différence des effets de l'éducation
## chez les anciens et parmy nous

nous ne pouvons pas que les grandes et vertueuses actions que l'histoire
nous a transmises ayent jamais formé les moeurs des anciennes republiques - il y avoit sans doute plus de vertus connues parce que ceux
qui les possedoient et qui formoient toujours le petit nombre n'étoient
point éclairés des places qui les mettent en action; mais il n'est pas vray
que le gouvernement fust conduit par la vertu generale, et il n'est
pas vray que la vertu ne soit pas utile dans une monarchie -
il faut observer aussy que nous rassemblons dans notre souvenir
des traits epars de vertus qui percent a travers un long espace de
tems - leur rapprochement a confondu les epoques, et nous oublions
que ce long espace de tems fut [illegible] plus rempli par le cours
des vices et des passions -
il faut avouer aussy que l'education avoit esté bien perfectionnée
chez les grecs, et qu'on s'en est plus occupé en france dans les tems
mesme qui sembloient ceux de l'ignorance que depuis le
tems ou nous avons acquis nos connoissances - c'est un vice
de l'indifferance des hommes mediocres qui nous ont gouvernés
plustost qu'une suite de la nature de notre gouvernement,
nous avons sans doute trois educations -
la 1ere est differente et variable comme le caractere des peres
et des meres auxquels la nature a confié le soin de leurs enfans
la 2de etoit celle des colleges dans le tems ou l'auteur ecrit -
il seroit aisé de la rendre plus utile - il faudroit étendre
les objets de l'instruction publique - on y substitue depuis
quelques années une education particuliere qui n'a point
d'objet determiné, et qui s'écartant de l'enseignement des
colleges, neglige aussy cette ancienne litterature des grecs
et des romains sans laquelle nous n'aurons jamais de
bons litterateurs -
la 3eme est celle du monde - elle differe moins aujourd'huy
d'éclat, et elle n'a pas besoin de detruire des principes
qu'on n'a point donnés - la religion aujourd'huy n'a rien
parmy nous de fanatisme - elle admet la tolerance elle
enseigne la morale et ses ministres n'enseignent des
choses utiles aux citoyens - mais l'education du monde
est bornée comme ses idées, et elle n'empesche pas

[illegible] derniere education [illegible] capables de se former et de s'instruire
cette education qui resulte de toutes les connoissances repandues
[illegible] la nation, des lectures des grands ecrivains et de la communication [illegible] du commerce, des siences et des decouvertes en
[illegible] d'un bout de l'univers a l'autre –
voila l'education que les hommes peuvent trouver a present
dans tous les etats de l'europe, dont le centre est a paris, et
a londres, et dans plusieurs parties de l'italie, et de l'allemagne et qui [illegible] pas plus [illegible] etrangere en allemagne
aux monarchies qu'aux republiques

## de l'education dans les gouvernemens républicains.

on dit que c'est dans les republiques qu'on a besoin de toute la
puissance de l'education –
est ce qu'on pense que les republiques sont un etat moins naturel
que les monarchies;
il semble au contraire qu'il faudroit user de toute la puissance
de l'education pour apprendre a des hommes nés libres qu'ils
doivent etre asservis;
on regarde cette vertu politique qu'on appelle le principe des
republiques comme un [illegible] qui est
toujours une chose tres penible.
les hommes se reunissent en societé pour jouir d'eux mêmes
et non pas pour y renoncer – ils satisfont un besoin que
la nature leur donne en vivant avec leurs semblables – ils
cherchent leurs avantages, et leurs plaisirs – la vertu
politique consiste a vouloir faire son bonheur et celuy
des autres – l'amour des loix et de la patrie est celuy de
tous les biens qu'on doit a la patrie et aux loix.
on aime moins la patrie quand on s'y trouve plus mal
et nous [illegible] gouvernement qui nous opprime – [illegible]
il semble qu'on a moins besoin de nous apprendre a l'[illegible]
quand nous nous y trouvons bien, et quand nous y jouissons
de toute la liberté qui nous convient, celle qui ne nuit
point aux autres hommes.

Je suppose qu'il y ait parmi nous une société de gens si passionnés pour la chasse, qu'ils s'en occupassent uniquement; il est sûr qu'ils en contracteroient une certaine rudesse. Si ces mêmes gens venoient à prendre encore du goût pour la musique, on trouveroit bientôt de la différence dans leurs manières & dans leurs mœurs. Enfin, les exercices des Grecs n'excitoient en eux qu'un genre de passions, la rudesse, la colère, la cruauté. La musique les excite toutes; & peut faire sentir à l'ame la douceur, la pitié, la tendresse, le doux plaisir. Nos auteurs de morale, qui, parmi nous, proscrivent si fort les théâtres, nous font assez sentir le pouvoir que la musique a sur nos ames.

Si, à la société dont j'ai parlé, on ne donnoit que des tambours & des airs de trompette, n'est-il pas vrai que l'on parviendroit moins à son but, que si l'on donnoit une musique tendre? Les anciens avoient donc raison, lorsque, dans certaines circonstances, ils préféroient, pour les mœurs, un mode à un autre.

Mais, dira-t-on, pourquoi choisir la musique par préférence? C'est que, de tous les plaisirs des sens, il n'y en a aucun qui corrompe moins l'ame. Nous rougissons de lire, dans *Plutarque* (*n*), que les Thébains, pour adoucir les mœurs de leurs jeunes gens, établirent, par les loix, un amour qui devroit être proscrit par toutes les nations du monde.

---

(*n*) Vie de *Pélopidas*.

# LIVRE V.

*Que les loix que le législateur donne doivent être relatives au principe du gouvernement.*

## CHAPITRE PREMIER.

*Idée de ce livre.*

NOUS venons de voir que les loix de l'éducation doivent être relatives au principe de chaque gouvernement. Celles que le législateur donne à toute la société sont de même. Ce rapport des loix avec ce principe tend tous les ressorts du gouvernement, & ce principe en reçoit à son tour une nouvelle force. C'est ainsi que, dans les mouvemens physiques, l'action est toujours suivie d'une réaction.

Nous allons examiner ce rapport dans chaque gouvernement; & nous commencerons par l'état républicain, qui a la vertu pour principe.

## CHAPITRE II.

*Ce que c'est que la vertu dans l'état politique.*

LA VERTU, dans une république, est une chose très-simple : c'est l'amour de la république; c'est un sentiment, & non une suite de connoissances : le dernier homme de l'État peut avoir ce sentiment, comme le premier. Quand le peuple a une fois de bonnes maximes, il s'y tient plus long-temps,

## de quelques institutions des grecs

[illegible] vante l'education vertueuse de lacedemone qui donnoit des leçons du larcin, qui faisoit subir le plus dur esclavage, qui commandoit des sentimens atroces — et voilà ce qu'on appelle la vertu — tout devient vertu pourvu qu'on donne la supériorité dans la guerre, et la stabilité au gouvernement — c'est par ces vertus que lacedemone ceda la dernière aux macedoniens, que la grece fut la dernière proye des romains —

nous entendons par vertus les sentimens que la nature donne aux humains, et qui les rendent mutuellement heureux [illegible] nous appellons vertus politiques les sentimens qui protegent et maintiennent le bonheur des citoyens.

ainsy penn nous paroit bien superieur a lycurgue —

mais n'a point laissé subsister l'action des interets particuliers qui sont inséparables de la vie humaine — il a voulu les ramener à leur veritable objet et non pas les detruire — il a senty que les vices etoient des erreurs — il a voulu montrer que les interets bien entendus de chaque citoyen s'accordoient avec les interets de tous les citoyens, et que les sentimens que la nature donne eclairés par l'experience et par la raison n'etoient point distingués de la vertu — il leur a donné des moeurs franches, douces et paisibles, et il a regardé le commerce et les arts comme la veritable occupation des hommes, et le plus solide fondement de la durée et de la tranquillité des etats.

il etoit loin d'admettre la communauté des biens qui detruit toute propriété, d'etablir un commerce commun dont le profit n'est pas pour celuy qui fait le travail, et de detruire par l'exclusion des etrangers le sentiment de l'humanité qui doit etre le [illegible] et le lien de toutes les sociétés humaines.

il etoit loin de proscrire la monnoye qui n'est pas [illegible] une marchandise que toutes celles avec lesquelles elle s'echange, et qui multiplie par sa circulation facile les travaux, les entreprises, les jouissances de tous les citoyens —

il n'a point fait de loix arbitraires et forcées, et la republique qu'il a fondée a joui plus qu'aucune autre du bonheur attaché aux vertus simples et vraies que la nature donne et que [illegible] peut connoitre par la raison —

on apprend avec peine en lisant ce chapitre que le maître de ce qu'on appeloit le précepteur des nations n'etoit qu'un ecrivain [illegible] et la [illegible] des rheteurs.

## en quel cas ces institutions singulieres peuvent estre bonnes

ces institutions ne peuvent point etre bonnes qui sont singulieres parceque les bonnes institutions sont celles qui donnent aux humains leurs vertus naturelles, et qui font leur bonheur. les loix qui privent les hommes de ce qui leur appartient, de leur propres sentimens, des fruits de leur industrie, et des changemens qui doivent provenir du progres de leurs connoissances ne sont point faites pour eux.

ce n'est point aux petits etats qu'elles doivent etre bornees elles ne devroient exister nulle part, et ces fameux legislateurs n'etoient que des artisans d'erreurs qui [illegible] et laborieux de façonner les hommes a leur propre [illegible] quand ils pouvoient avec des vues plus justes, et beaucoup moins de peine leur apprendre a vivre heureux.

ce n'est point dans les grandes societés le nombre, la variete, l'embarras, l'importance des affaires, la facilité d'acheter, la lenteur des echanges, qui demandent une mesure commune comme celle de l'argent. cette mesure commune est egalement utile et necessaire dans tous les etats; mais il est vray que chaque communauté, chaque ville, chaque province dans une monarchie devroit etre une republique libre, sans entraves et sans loix dans son commerce, et a laquelle le gouvernement general ne donneroit que sa protection, plus forte qu'il [illegible] de la reunion de toutes les provinces. chacune seroit regie comme le plus petit etat, et toutes seroient defendues comme une grande monarchie.

## explication d'un paradoxe des anciens par rapport aux moeurs

on a dit bien peu de chose sur l'education des anciens [illegible] on aime mieux observer en passant ce qu'on appelle un paradoxe que d'approfondir les principes et les effets de cette celebre et surprenante education.

il n'y a personne qui n'ait [illegible] parlé de l'importance de la

que ce qu'on appelle les honnêtes gens. Il eſt rare que la corruption commence par lui. Souvent il a tiré, de la médiocrité de ſes lumières, un attachement plus fort pour ce qui eſt établi.

L'amour de la patrie conduit à la bonté des mœurs ; & la bonté des mœurs mène à l'amour de la patrie. Moins nous pouvons ſatisfaire nos paſſions particulières, plus nous nous livrons aux générales. Pourquoi les moines aiment-ils tant leur ordre ? c'eſt juſtement par l'endroit qui fait qu'il leur eſt inſupportable. Leur règle les prive de toutes les choſes ſur leſquelles les paſſions ordinaires s'appuient : reſte donc cette paſſion pour la règle même qui les afflige. Plus elle eſt auſtère, c'eſt-à-dire, plus elle retranche de leurs penchans, plus elle donne de force à ceux qu'elle leur laiſſe.

## CHAPITRE III.

### *Ce que c'eſt que l'amour de la république dans la démocratie.*

L'AMOUR de la république, dans une démocratie, eſt celui de la démocratie ; l'amour de la démocratie eſt celui de l'égalité.

L'amour de la démocratie eſt encore l'amour de la frugalité. Chacun devant y avoir le même bonheur & les mêmes avantages, y doit goûter les mêmes plaiſirs, & former les mêmes eſpérances ; choſe qu'on ne peut attendre que de la frugalité générale.

L'amour de l'égalité, dans une démocratie, borne l'ambition au ſeul deſir, au ſeul bonheur de rendre à ſa patrie de plus grands ſervices que les autres citoyens. Ils ne peuvent pas lui rendre tous des ſervices égaux ; mais ils doivent tous également lui en rendre. En naissant, on contracte envers elle une dette immense, dont on ne peut jamais s'acquitter.

Ainsi les distinctions y naissent du principe de l'égalité, lors même qu'elle paroît ôtée par des services heureux, ou par des talens supérieurs.

L'amour de la frugalité borne le *desir d'avoir* à l'attention que demande le nécessaire pour sa famille, & même le superflu pour sa patrie. Les richesses donnent une puissance dont un citoyen ne peut pas user pour lui; car il ne seroit pas égal. Elles procurent des délices dont il ne doit pas jouir non plus, parce qu'elles choqueroient l'égalité tout de même.

Aussi les bonnes démocraties, en établissant la frugalité domestique, ont-elles ouvert la porte aux dépenses publiques, comme on fit à Athènes & à Rome. Pour lors, la magnificence & la profusion naissoient du fond de la frugalité même : &, comme la religion demande qu'on ait les mains pures pour faire des offrandes aux dieux, les loix vouloient des mœurs frugales, pour que l'on pût donner à sa patrie.

Le bon sens & le bonheur des particuliers consiste beaucoup dans la médiocrité de leurs talens & de leurs fortunes. Une république où les loix auront formé beaucoup de gens médiocres, composée de gens sages, se gouvernera sagement; composée de gens heureux, elle sera très-heureuse.

CHAPITRE

musique parmy les grecs - l'auteur [illegible] en donne la raison - si
il pensoit que les grecs en tenoient tous les arts mechaniques [illegible]
[illegible] qu'a des exercices du [illegible]
[illegible] ne [illegible]
ie ne reconnois point a ces traits ce peuple aimable et delicat
qui parloit la langue la plus douce et la plus harmonieuse, qui
[illegible]
[illegible] qui [illegible]
plus de ses plus graves interets, que les [illegible]
d'un auteur [illegible] qui [illegible]
pour les jeux et pour les amusemens [illegible], qui
nous a laissé les idées de l'elegance, de [illegible] et de
la delicatesse dans le langage harmonieux [illegible] -
sans doute [illegible] ce peuple charmant aima la musique comme
la poesie, [illegible] les arts
qu'il [illegible] - c'est a son goust meme
pour les [illegible] de l'esprit qu'il faut attribuer [illegible] gout
pour les exercices grossiers de la culture de la terre et des
[illegible] gymnastique qui rendoient le
corps plus [illegible] et plus [illegible]
[illegible] et tous les soins que [illegible] la [illegible] et
la beauté - c'est a la gymnastique que la [illegible] grecque
devoit [illegible] de tous les membres [illegible]
[illegible] qui font [illegible] l'objet de notre
admiration - [illegible] la statue d'un athlete [illegible]
après trois mil ans comme [illegible] monument
des arts, [illegible] que les [illegible] que
ne cultivoient pas les terres de leurs propres mains - mais
nous ne pensons pas qu'ils aient [illegible] du mepris pour
l'agriculture - ils se plaisoient a s'en occuper, a la perfect[illegible]
ils avoient connu le charme de cette [illegible] - ils avoi[illegible]
donné la déesse Cérès aux cultivateurs des champs - ils
luy avoient erigé des temples dans les villes, et dans les
campagne - tous les termes de l'agriculture etoient
[illegible] dans leur langue [illegible] sans con[illegible]
[illegible] qui [illegible] la terre
et qui [illegible]
les moeurs et les amours des bergers [illegible] beau

[illegible] de la grace que notre imagination place [illegible] les
[illegible] peu heureux petits bergers [illegible]
[illegible] elle [illegible] ouvrage [illegible]
[illegible] contre leurs images
[illegible]

il ne faut pas plus confondre les habitans des territoires [illegible]
[illegible]
[illegible] des marbriers, et la [illegible]
[illegible] des mains douces, [illegible]
[illegible] des athéniens [illegible]
nous [illegible] que les oreilles [illegible] habiles [illegible]
[illegible] musique, comme par le passé en
[illegible] secret [illegible]
[illegible]
[illegible] de parler de la musique [illegible]
[illegible] guerre [illegible] combat
[illegible] ranima par les vers [illegible] courage
[illegible] général qui
[illegible] fugitif [illegible] remporta la
victoire

[illegible]

## CHAPITRE IV.

### *Comment on inspire l'amour de l'égalité & de la frugalité.*

L'AMOUR de l'*égalité*, & celui de la *frugalité*, sont extrêmement excités par l'égalité & la frugalité mêmes, quand on vit dans une société où les loix ont établi l'une & l'autre.

Dans les monarchies & les états despotiques, personne n'aspire à l'égalité ; cela ne vient pas même dans l'idée : chacun y tend à la supériorité. Les gens des conditions les plus basses ne desirent d'en sortir, que pour être les maîtres des autres.

Il en est de même de la frugalité. Pour l'aimer, il faut en jouir. Ce ne seront point ceux qui sont corrompus par les délices qui aimeront la vie frugale ; &, si cela avoit été naturel & ordinaire, *Alcibiade* n'auroit pas fait l'admiration de l'univers. Ce ne seront pas non plus ceux qui envient, ou qui admirent le luxe des autres, qui aimeront la frugalité : des gens qui n'ont devant les yeux que des hommes riches, ou des hommes misérables comme eux, détestent leur misère, sans aimer ou connoître ce qui fait le terme de la misère.

C'est donc une maxime très-vraie que, pour que l'on aime l'égalité & la frugalité dans une république, il faut que les loix les y aient établies.

## CHAPITRE V.

### *Comment les loix établissent l'égalité, dans la démocratie.*

QUELQUES législateurs anciens, comme *Lycurgue* & *Romulus*, partagèrent également les terres. Cela ne pouvoit avoir lieu que dans la fondation d'une république nouvelle; ou bien lorsque l'ancienne étoit si corrompue, & les esprits dans une telle disposition, que les pauvres se croyoient obligés de chercher, & les riches obligés de souffrir un pareil remède.

Si, lorsque le législateur fait un pareil partage, il ne donne pas des loix pour le maintenir, il ne fait qu'une constitution passagère : l'inégalité entrera par le côté que les loix n'auront pas défendu, & la république sera perdue.

Il faut donc que l'on règle, dans cet objet, les dots des femmes, les donations, les successions, les testamens; enfin, toutes les manières de contracter. Car, s'il étoit permis de donner son bien à qui on voudroit, & comme on voudroit, chaque volonté particulière troubleroit la disposition de la loi fondamentale.

*Solon*, qui permettoit à Athènes de laisser son bien à qui on vouloit par testament, pourvu qu'on n'eût point d'enfans (*a*), contredisoit les loix anciennes, qui ordonnoient que les biens restassent dans la famille du testateur (*b*). Il contredisoit les siennes propres; car, en supprimant les dettes, il avoit cherché l'égalité.

C'étoit une bonne loi, pour la démocratie, que celle qui

(*a*) *Plutarque*, vie de Solon. (*b*) Ibid.

l'esprit des loix sans morale et sans humanité n'est que le monstrueux esprit
de la violation de toutes les loix.

les hommes, tous les hommes ont les mêmes sens, les mêmes besoins qui derive
de la nature de leurs organes — il n'y a point de gouvernement dont le
principe et les loix doivent repousser les besoins qui sont communs
a tous les hommes —

voila le 1er principe de l'esprit des loix —

il y a des besoins moins pressans qui sont plus ou moins sentis
par les differentes nations, quoiqu'ils soient en general communs de
tous les hommes — le ~~meilleur gouvernement~~ est celuy qui
les respecte, les conserve et ne les blesse jamais —

voila le 2d principe de l'esprit des loix —

il y a des besoins communs a tous les peuples dans le meme
climat, et differens selon le climat — il faut ~~que les loix~~
les sentent puissent les y faire — la difference des climats
forme par la meme une difference dans les principes des
meilleurs gouvernemens

3eme principe de l'esprit des loix —

les differentes nations soit par la nature de leurs organes, soit
par des habitudes acquises qui leur sont propres soit aussy par l'effet
des evenemens qui ne sont pas les memes dans tous les lieux, soit
par celuy de leurs diverses opinions ont contracté des besoins
moraux infiniment variés et differens, et le legislateur
doit sans doute y conformer ses loix quand il ne peut pas
les changer, ou quand il seroit nuisible de les changer

4eme principe de l'esprit des loix ++

les loix doivent etre relatives aux principes du gouvernement quand on ne peut pas les changer ou quand il seroit
nuisible de les changer —

c'est icy que commence l'esprit des loix, tel que montesquieu
l'avoit envisagé — mais il semble qu'il offense par je ne sais
quelle insouciance denaturée, par une atroce insensibilité
les premiers fondemens du bonheur de tous les humains, les
sentimens de la nature, et l'obligation eternellement imposée
aux loix de respecter et de seconder les sentimens de la
nature —

+ enfin les nations se sont accoutumées par une tradition hereditaire, ou par
l'esprit de quelque passion douce ou violente, ou par l'action toujours incessante
[illegible] d'un gouvernement auquel un principe [illegible]
[illegible] il seroit nuisible de les changer

falloit traitter les questions fondamentales du bonheur des hommes, et des droits indestructibles de tous les gouvernements avant de reconnoitre cette aveugle et generale obligation de conformer les loix aux principes du gouvernement.–

ce que c'est que la vertu dans l'etat politique

on definit la vertu dans une republique, l'amour de la republique

je demande si la vertu dans une monarchie seroit l'amour de la monarchie

non sans doute – quelle en est la raison – voila ce que l'auteur de l'esprit des loix a fait attendre et n'a [illegible] jamais dit, [illegible] d'aimer ce qui donne les vertus, la monarchie

l'amour de la republique n'est donc pas la vertu si la constitution de la republique est contraire a la vertu–

il [illegible] on aime une republique qui est bien constituée–

ce n'est pas une definition, car elle laisse plus de choses a demander qu'elle n'en explique, et que elle laisse surtout a demander des faits particuliers et des details qui ne peuvent pas entrer dans une definition generale

il n'y a pas eu dans le monde beaucoup de republiques sages et bien constituées

cette definition meme ne seroit qu'un cercle vitieux

la republique sage et bien constituée est celle qui inspire la vertu

ainsi la vertu seroit d'aimer ce qui l'inspire;

il faut faire une question–

il y a deux manieres d'aimer le gouvernement sous lequel on vit, soit parce qu'il est vertueux soit parce qu'il ne l'est pas

la vertu politique, si c'est celle d'aimer sa patrie, peut avoir sa source dans les vices–

il faut donc remonter a la source pour savoir si cette vertu politique est vertu – et c'est cette source a laquelle jamais ne remonte l'auteur de l'esprit des loix

le peuple est souvent trompé sur ce qu'il aime dans les monarchies. st louis a fait respecter la plus etrange folie, qui jamais ait egaré des rois et des nations, les croisades – louis 12 a fait adorer les fautes de sa politique – françois 1er a fait payer sous sa mere ses imprudences et ses malheurs. [illegible] ~~courtisans [illegible]~~ tenir des graces ~~[illegible]~~ et ces courtisans plus dangereux qui flattent les gens de la cour, les hommes de lettres ont fasciné pendant longtems les yeux de la nation de la gloire de louis 14; le peuple aimoit l'etat, et sembloit oublier [illegible] son amour etoit une vertu politique, et l'on ne peut pas dire que des erreurs qui proviennent des préjugés ou des vices soient des vertus.

défendoit d'avoir deux hérédités (*c*). Elle prenoit ſon origine du partage égal des terres & des portions données à chaque citoyen. La loi n'avoit pas voulu qu'un ſeul homme eût pluſieurs portions.

La loi, qui ordonnoit que le plus proche parent épouſât l'héritière, naiſſoit d'une ſource pareille. Elle eſt donnée chez les Juifs après un pareil partage. *Platon* (*d*), qui fonde ſes loix ſur ce partage, la donne de même ; & c'étoit une loi Athénienne.

Il y avoit à Athènes une loi, dont je ne ſçache pas que perſonne ait connu l'eſprit. Il étoit permis d'épouſer ſa ſœur conſanguine, & non pas ſa ſœur utérine (*e*). Cet uſage tiroit ſon origine des républiques, dont l'eſprit étoit de ne pas mettre ſur la même tête deux portions de fonds de terre, & par conſéquent deux hérédités. Quand un homme épouſoit ſa ſœur du côté du père, il ne pouvoit avoir qu'une hérédité, qui étoit celle de ſon père : mais, quand il épouſoit ſa ſœur utérine, il pouvoit arriver que le père de cette ſœur, n'ayant pas d'enfans mâles, lui laiſſât ſa ſucceſſion ; & que, par conſéquent, ſon frère, qui l'avoit épouſée, en eût deux.

Qu'on ne m'objecte pas ce que dit *Philon* (*f*), que, quoiqu'à Athènes, on épouſât ſa ſœur conſanguine, & non pas ſa ſœur utérine, on pouvoit à Lacédémone épouſer ſa ſœur utérine, & non pas ſa ſœur conſanguine. Car je trouve dans

(*c*) *Philolaüs* de Corinthe établit, à Athènes, que le nombre des portions de terre, & celui des hérédités, feroit toujours le même. *Ariſtote*, polit. liv. II, ch. XII.

(*d*) République, liv. VIII.

(*e*) *Cornelius Nepos*, *in præfat.* Cet uſage étoit des premiers temps. Auſſi Abraham dit-il de Sara : *Elle eſt ma ſœur, fille de mon père, & non de ma mère.* Les mêmes raiſons avoient fait établir une même loi chez différens peuples.

(*f*) *De ſpecialibus legibus quæ pertinent ad præcepta decalogi.*

*Strabon* (*g*) que, quand à Lacédémone une ſœur épouſoit ſon frère, elle avoit, pour ſa dot, la moitié de la portion du frère. Il eſt clair que cette ſeconde loi étoit faite pour prévenir les mauvaiſes ſuites de la première. Pour empêcher que le bien de la famille de la ſœur ne paſſât dans celle du frère, on donnoit en dot à la ſœur la moitié du bien du frère.

*Sénèque* (*h*), parlant de *Silanus* qui avoit épouſé ſa ſœur, dit qu'à Athènes la permiſſion étoit reſtreinte, & qu'elle étoit générale à Alexandrie. Dans le gouvernement d'un ſeul, il n'étoit guères queſtion de maintenir le partage des biens.

Pour maintenir ce partage des terres dans la démocratie, c'étoit une bonne loi que celle qui vouloit qu'un père, qui avoit pluſieurs enfans, en choſît un pour ſuccéder à ſa portion (*i*), & donnât les autres en adoption à quelqu'un qui n'eût point d'enfans, afin que le nombre des citoyens pût toujours ſe maintenir égal à celui des partages.

*Phaléas* de Calcédoine (*k*) avoit imaginé une façon de rendre égales les fortunes, dans une république où elles ne l'étoient pas. Il vouloit que les riches donnaſſent des dots aux pauvres, & n'en reçuſſent pas; & que les pauvres reçuſſent de l'argent pour leurs filles, & n'en donnaſſent pas. Mais je ne ſçache point qu'aucune république ſe ſoit accommodée d'un règlement pareil. Il met les citoyens ſous des conditions dont les différences ſont ſi frappantes, qu'ils haïroient cette égalité même que l'on chercheroit à

(*g*) Lib. X.

(*h*) *Athenis dimidium licet, Alexandriæ totum.* Sénèque, *de morte Claudii.*

(*i*) *Platon* fait une pareille loi, liv. III des loix.

(*k*) *Ariſtote*, politique, liv. II, ch. VII.

sans doute cet amour n'etoit pas au fond celuy de l'etat, puisque la rese de ces erreurs monarchiques est de confondre l'etat avec le prince - une circonstance fait hair le meme prince qu'on avoit aimé, et l'etat n'est plus rien - un prince moins aimé monte sur le trone et l'etat n'est plus rien - des grands ambitieux divisent, et soulevent le peuple, et l'etat et le royne sont plus rien -

~~mais l'amour de la republique peut quouver les memes vicissitudes~~

l'amour de la republique quouve les memes vicissitudes quand il n'est fondé que sur le credit d'un chef de party - ceux qui suivoient les gracques, ~~sip~~ciceron et pompée croyoient aimer la republique - mais les projets des gracques ne furent point remplis - ciceron fut exilé - pompée auroit detruit la liberté comme cesar -

on dit deux choses qui se contrarient, quand on soutient que les romains aimoient la republique, et que leurs divisions avoient maintenu la liberté -

on n'aime point l'etat quand on en est mécontent, quand on aspire au changement, quand on veut le reformer ou le detruire. si la liberté avoit besoin de se soutenir par l'egalité des forces qui se combattent, la liberté n'etoit defendue que par l'impuissance de triompher - les chefs du party populaire auroient commandé dans rome comme les chefs du senat s'ils avoient eté les maitres - on a pris pour l'amour de la liberté les desirs de dominer qui etoit dans le caractere ~~de chaque cytoyen~~ [illegible] et qui repoussoit la domination de chaque cytoyen.

on voit ce desir de dominer dans toutes les actions des romains au dedans, et au dehors, dans leurs orateurs comme dans leurs generaux, dans leurs tribuns comme dans leurs consuls, dans ces decemvirs qui devoient etablir les loix, comme dans cesar qui voulut les detruire - la dictature elle meme etoit une supreme domination faite pour ebranler quiconque pouvoit aspirer a la domination - on n'avoit ~~trouvé~~ imaginé d'autre moyen ~~de conserver la liberté~~ [illegible] que l'autorité la plus absolue pour conserver la liberté ~~[illegible] arbitraire et sans bornes dans~~ ce peuple ambitieux et guerrier ~~qui sembloit~~ dont chaque cytoyen se croyoit né pour commander a l'univers.

L'amour de la république n'est une vertu que lorsqu'il prend sa source dans les vertus domestiques - les citoyens heureux par leurs parens, par leurs enfans, dans leur famille et qui ne desirent point d'autre bonheur aiment la republique comme la protectrice de tous les biens dont ils jouissent. ils aiment la republique par l'effet meme de l'amour qu'ils ont pour leur famille - les vertus domestiques deviennent la source de l'amour de la patrie - mais ces vertus supposent la tranquillité, l'amour de la tranquillité qui ne se trouve ~~ent~~ que dans de très petites republiques.
ainsy la vraie vertu, l'amour vertueux de la patrie se trouve rarement meme dans les republiques, et ce qui n'existe que dans des sociétés paisibles ne peut pas etre le principe de tout etat continuellement agité par des divisions intestines et par des guerres etrangeres.
ce qu'on dit des moines, de l'amour des ~~moines~~ pour un etat qui n'a que des privations n'a point de rapport avec l'amour ~~des~~ citoyens pour leur patrie -
un moine ne doit pas aimer son etat, s'il n'en espere pas un autre - c'est la perspective d'une autre vie qui le console - il est des moines austeres sans devotion - un caractere dur, une habitude contractée, l'aigreur meme que ~~[illegible]~~ du repentir peuvent lui donner ~~aider~~ cette austerité qui le tourmente luy meme - mais il est impossible qu'il aime sa profession quand le zele de la religion ne l'anime pas.
en general on suppose que l'amour de la republique est fondé comme celuy d'un convent sur le renoncement a soy meme - les hommes sont faits pour satisfaire aux sentimens naturels et non pour y renoncer - une republique n'est pas sagement constituée quand elle en exige ce sacrifice, puisque la sage constitution est celle qui fait le bonheur des citoyens - les citoyens ne renoncent pas a leur bonheur en aimant la patrie qui les rend heureux.

introduire. Il eſt bon quelquefois que les loix ne paroiſſent pas aller ſi directement au but qu'elles ſe propoſent.

Quoique, dans la démocratie, l'égalité réelle ſoit l'ame de l'état, cependant elle eſt ſi difficile à établir, qu'une exactitude extrême à cet égard ne conviendroit pas toujours. Il ſuffit que l'on établiſſe un cens (*l*) qui réduiſe ou fixe les différences à un certain point; après quoi, c'eſt à des loix particulières à égaliſer, pour ainſi dire, les inégalités, par les charges qu'elles impoſent aux riches, & le ſoulagement qu'elles accordent aux pauvres. Il n'y a que les richeſſes médiocres qui puiſſent donner ou ſouffrir ces ſortes de compenſations; car, pour les fortunes immodérées, tout ce qu'on ne leur accorde pas de puiſſance & d'honneur, elles le regardent comme une injure.

Toute inégalité, dans la démocratie, doit être tirée de la nature de la démocratie, & du principe même de l'égalité. Par exemple: on y peut craindre que des gens qui auroient beſoin d'un travail continuel pour vivre, ne fuſſent trop appauvris par une magiſtrature, ou qu'ils n'en négligeaſſent les fonctions; que des artiſans ne s'enorgueilliſſent; que des affranchis trop nombreux ne devinſſent plus puiſſans que les anciens citoyens. Dans ces cas, l'égalité entre les citoyens (*m*) peut être ôtée dans la démocratie, pour l'utilité de la démocratie. Mais ce n'eſt qu'une égalité apparente que l'on ôte: car un homme ruiné par une magiſtrature ſeroit dans une pire condition que les autres citoyens; & ce même

(*l*) *Solon* fit quatre claſſes; la première, de ceux qui avoient cinq cent mines de revenu, tant en grains, qu'en fruits liquides; la ſeconde, de ceux qui en avoient trois cent, & pouvoient entretenir un cheval; la troiſième, de ceux qui n'en avoient que deux cent; la quatrième, de tous ceux qui vivoient de leurs bras. *Plutarque*, vie de Solon.

(*m*) *Solon* exclut des charges tous ceux du quatrième cens.

homme, qui feroit obligé d'en négliger les fonctions, mettroit les autres citoyens dans une condition pire que la sienne; & ainsi du reste.

## CHAPITRE VI.

### *Comment les loix doivent entretenir la frugalité dans la démocratie.*

IL ne suffit pas, dans une bonne démocratie, que les portions de terre soient égales; il faut qu'elles soient petites, comme chez les Romains. » A dieu ne plaise, *disoit Curius* » *à ses soldats* (*a*), qu'un citoyen estime peu de terre, ce qui » est suffisant pour nourrir un homme. «

Comme l'égalité des fortunes entretient la frugalité, la frugalité maintient l'égalité des fortunes. Ces choses, quoique différentes, sont telles, qu'elles ne peuvent subsister l'une sans l'autre; chacune d'elles est la cause & l'effet; si l'une se retire de la démocratie, l'autre la suit toujours.

Il est vrai que, lorsque la démocratie est fondée sur le commerce, il peut fort bien arriver que des particuliers y aient de grandes richesses, & que les mœurs n'y soient pas corrompues. C'est que l'esprit de commerce entraîne avec soi celui de frugalité, d'économie, de modération, de travail, de sagesse, de tranquillité, d'ordre & de règle. Ainsi, tandis que cet esprit subsiste, les richesses qu'il produit n'ont aucun mauvais effet. Le mal arrive, lorsque l'excès des richesses détruit cet esprit de commerce : on voit tout-à-coup

(*a*) Ils demandoient une plus grande portion de la terre conquise. *Plutarque*, œuvres morales, vies des anciens rois & capitaines.

en général le bonheur des hommes consiste dans la satisfaction de leurs besoins, et non dans le renoncement a leurs besoins - le bonheur est dans les jouissances et non dans les privations, et la vertu des hommes en général n'est point distinguée de leur bonheur

la vertu publique est le sentiment paisible et constant d'un peuple heureux.

le bonheur général est l'effet des vertus de chaque famille -

ce sont là les maximes vraiment humaines qu'on ne cessera de répéter et qui sont trop souvent oubliées, et cet oubly est la source des erreurs de presque tous les ouvrages de morale et de législation

les uns supposent ~~est~~ que les hommes sont nés méchans, et que leurs besoins sont de violer tous les sentimens qu'ils regardent eux-mêmes comme ceux de tous les hommes et qu'ils appelent lois naturelles.

les autres supposent que la satisfaction des besoins que la nature donne est un vice, puisqu'ils regardent le renoncement ~~à leurs~~ jamais de ces besoins ~~mêmes~~ comme une vertu:

ce n'est pas une vertu de faire souffrir les hommes ni par conseil ni par précepte - ce n'est pas une vertu de se priver mal à propos sans aucune utilité pour les autres hommes - ce n'est pas une vertu de mettre en contradiction tous les sentimens de la nature, et toutes les loix de la société -

ne confondons point les erreurs des hommes mal instruits sur l'objet de leurs besoins, sur les moyens d'y satisfaire avec leurs besoins mêmes -

il est vrai que l'homme par sa nature marche ~~semble tendre au~~ n'a point un instinct qui lui suffise ~~[illegible]~~ il a besoin d'observer, de s'instruire - il a besoin d'expérience ~~[illegible] a la perfection~~ - c'est là ce qui le distingue des animaux dont l'instinct d'abord développé tout entier ne se perfectionne jamais; mais qui tend à la perfection

la nature a ~~mis~~ placé les sociétés, comme chaque homme, dans un ~~état~~ d'enfance ~~dont~~ elles ne peuvent sortir que par une longue succession de connaissances ~~héré~~ditaires - elles se trompent dans l'ignorance sur les objets et les moyens de leur bonheur; elles se réforment a mesure qu'elles s'éclairent - elles connoissent mieux leurs propres sentimens - elles distinguent les vrais besoins - elles savent mieux le bonheur qui convient à des hommes, et les moyens d'y parvenir.

ainsy les sauvages doivent etre regardés, comme des enfans qui n'ont point d'experience par eux memes, et dont l'education est abandonnée — ils doivent avoir les vices que donne a tous les hommes l'ignorance mere des erreurs · ils sont loin d'etre dans l'etat de nature, les peuples inhumains qui se trompent sur presque tous les objets des sentim de l'humanité —

les nations policées sont dans un etat de progrès qui multipliant chaque jour leurs lumieres les rapproche sans cesse davantage de l'etat de nature — elles en sont plus rapprochées au degré de societé qui comporte le plus de liberté sans guerre civile, et le tems doit arriver ou le genre humain instruit par trois ou quatre principes tres simples qui deviendront la pensée pratiques et le sentiment indestructible de tous les hommes sera libre pour jamais de toutes les craintes de la servitude —

mais les hommes doivent etre bien persuadés qu'ils ne seront vraiment affranchis que dans la proportion de leurs vertus — il y aura toujours un melange de servitude dans la corruption — les vices d'un seul homme pourront quelque aussi long tems que le mepris public ne les aura pas flétris; le mepris public sur les vices ne peut etre luy meme que l'habitude generale des vertus, et il n'y a de vertus que celles qu'on exerce dans ses rapports avec sa famille, avec ses voisins, et ces rapports bien observés qui forment le principe de tous les devoirs a remplir envers ses concytoyens et des hommes; sans vertus domestiques il n'y a point de vertu politique, ou la vertu politique n'est qu'une erreur publique conforme aux vices habituels des cytoyens —

pourquoy peut il aimer la republique, quand le malheur qu'elle authorise, ou du moins qu'elle ne scait pas corriger, poursuit le cytoyen jusques dans le sein de ses lares, quand il retrouve un pere avare, une epouse desordonnée, et des enfans egarés de la famille, qui portent dans leurs usages comme dans leurs moeurs l'empreinte des vices qui presiderent a leur naissance, quand il ne retrouve d'autre satisfaction que celle d'etre mecontent de tous ses proches, et de luy meme, et de rendre a force d'erreurs les qui le tourmentent, quand des loix que les vices ont dictées, et que n'ont pas pu diriger les lumieres qui manquent au meme degré que les vertus luy suscitent d'affreuses dissensions, ou quand il les suscite luy meme par l'effet de cette cupidité que les loix memes semblent favoriser, quand enfin il trouve plus doux pour luy de porter dans les troubles et les dissensions civiles que de vivre dans sa famille —

naître les désordres de l'inégalité, qui ne s'étoient pas encore fait sentir.

Pour maintenir l'esprit de commerce, il faut que les principaux citoyens le fassent eux-mêmes ; que cet esprit règne seul, & ne soit point croisé par un autre ; que toutes les loix le favorisent ; que ces mêmes loix, par leurs dispositions, divisant les fortunes à mesure que le commerce les grossit, mettent chaque citoyen pauvre dans une assez grande aisance, pour pouvoir travailler comme les autres ; & chaque citoyen riche dans une telle médiocrité, qu'il ait besoin de son travail pour conserver ou pour acquérir.

C'est une très-bonne loi, dans une république commerçante, que celle qui donne à tous les enfans une portion égale dans la succession des pères. Il se trouve par-là que, quelque fortune que le père ait faite, ses enfans, toujours moins riches que lui, sont portés à fuir le luxe, & à travailler comme lui. Je ne parle que des républiques commerçantes ; car, pour celles qui ne le sont pas, le législateur a bien d'autres règlemens à faire (*b*).

Il y avoit, dans la Grèce, deux sortes de républiques. Les unes étoient militaires, comme Lacédémone ; d'autres étoient commerçantes, comme Athènes. Dans les unes, on vouloit que les citoyens fussent oisifs ; dans les autres, on cherchoit à donner de l'amour pour le travail. *Solon* fit un crime de l'oisiveté, & voulut que chaque citoyen rendît compte de la manière dont il gagnoit sa vie. En effet, dans une bonne démocratie, où l'on ne doit dépenser que pour le nécessaire, chacun doit l'avoir ; car de qui le recevroit-on ?

---

(*b*) On y doit borner beaucoup les dots des femmes.

## CHAPITRE VII.

*Autres moyens de favoriser le principe de la démocratie.*

ON ne peut pas établir un partage égal des terres dans toutes les démocraties. Il y a des circonstances où un tel arrangement seroit impraticable, dangereux, & choqueroit même la constitution. On n'est pas toujours obligé de prendre les voies extrêmes. Si l'on voit, dans une démocratie, que ce partage, qui doit maintenir les mœurs, n'y convienne pas, il faut avoir recours à d'autres moyens.

Si l'on établit un corps fixe qui soit par lui-même la règle des mœurs; un sénat où l'âge, la vertu, la gravité, les services donnent entrée; les sénateurs, exposés à la vue du peuple comme les simulacres des dieux, inspireront des sentimens qui seront portés dans le sein de toutes les familles.

Il faut sur-tout que ce sénat s'attache aux institutions anciennes, & fasse en sorte que le peuple & les magistrats ne s'en départent jamais.

Il y a beaucoup à gagner, en fait de mœurs, à garder les coutumes anciennes. Comme les peuples corrompus font rarement de grandes choses; qu'ils n'ont guères établi de sociétés, fondé de villes, donné de loix; & qu'au contraire ceux qui avoient des mœurs simples & austères ont fait la plupart des établissemens; rappeller les hommes aux maximes anciennes, c'est ordinairement les ramener à la vertu.

De plus : s'il y a eu quelque révolution, & que l'on ait donné à l'état une forme nouvelle, cela n'a guères pu se faire qu'avec des peines & des travaux infinis, & rarement avec l'oisiveté & des mœurs corrompues. Ceux mêmes qui ont

fait

une republique doit etre la protectrice des familles - et chaque famille doit etre le centre de toutes les vertus civiles -

[illegible] l'amour de la republique doit etre l'amour de la famille - si chaque citoyen aime sa famille, s'il aime ce qu'il fait, ce qu'il est, sa [illegible] ou sa [illegible] et sans inquiétude, il aime la république -

et ce cette vertu, et amour ce que c'est que l'amour de la république.

dans une démocratie

on suppose que les hommes doivent aimer une autre république qu'une démocratie -

au [illegible] il est à desirer que les hommes aiment le gouvernement sous lequel ils vivent, et quel qu'il soit, parceque les gouvernemens ne [illegible] de changemens que par le progrès tranquille et constant des connoissances, parcequ'il ne faut pas exciter des guerres civiles, parceque l'amour meme aveugle d'une republique vitieuse entretient la paix, et la paix epargne aux citoyens des maux plus grands que ceux auxquels ils sont condamnés par leurs moeurs ou par leurs loix -

mais il faut avouer aussy que cet amour desirable a son erreur, et que l'erreur n'est jamais un devoir - l'homme plus raisonnable que veut eclairer son siecle, et maintenir la paix sçait bien les vices qu'il faudroit corriger, il les souffre et ne les aime pas. si cet amour etoit une vertu, il faudroit dire que les hommes seroient moins vertueux quand ils connoitroient mieux, et cheriroient davantage la vraie vertu.

on regarde l'amour de la démocratie, comme l'amour de l'égalité, l'amour de la frugalité -

[illegible] d'erreurs dans une seule maxime qui paroit simple et qui renferme l'élément de la bonne morale -

il faut bien d'autres vertus qu'on oublie pour aimer cette egalité [illegible] avoir cette frugalité -

ces deux vertus sont l'effet des habitudes de la vie - elles ne sont pas le principe des actions des citoyens.

[illegible] cette egalité n'est aimée que parce qu'on y trouve [illegible] biens par lesquels on est heureux, et cette frugalité n'existe que par le defaut de commerce, et de richesse qui ne laisse point de comparaison a faire avec un etat d'abondance et de luxe -

on aime les biens qu'on gouste dans l'egalité - mais on ne songe pas

ne reflechit pas, si c'est l'egalité qu'on aime - il ne s'agit pas d'un cytoyen,
un petit nombre de cytoyens plus eclairés ou plus vertueux - il s'agit
d'un sentiment général - le sentiment [illegible] non l'observation - on vit
avec plaisir, avec douceur dans l'egalité, quand on jouit de tout ce qui
fait le bien etre et le contentement dans la vie.
l'egalité veritable, la seule qui puisse s'établir se conserver parmy les hommes
n'est ny celle des richesses et des proprietés, ny celle en général des
jouissances que donnent les plus grandes proprietés, [illegible]
[illegible] l'egalité donc doit une sage contribution [illegible] tenir la
balance et maintenir l'equilibre. cette est celle de la liberté personnelle, de
et celle du pouvoir - je le sens [illegible] que m'appartient
quelconque, je suis independant des possesseurs de ces grands biens
qui ne m'appartiennent pas - je sens quel est mon pouvoir quand
ils n'ont pas plus de pouvoir dans leur richesse que moy dans ma
médiocrite - voila l'orgueil juste et naturel de chaque cytoyen d'une
une republique bien constituée - voila ce qui fait aimer la
republique -
si vous voulez que l'egalité soit dans les richesses, et dans les jouissances, vous tentez une entreprise non moins injuste qu'impossible.
vous privez le travail et l'industrie de sa recompense - vous detruisez
la loy naturelle de la proprieté - la liberté personnelle n'est qu'une
propriété - qui sait si vous respecterez celle-cy quand vous aurez
detruit l'autre - la propriété [illegible] que vous gagnez est la raison
de ma liberté personnelle - ma liberté n'est pas entiere quand je ne
suis pas libre de disposer de ce qui m'appartient - la nature
apprend aux hommes qu'ils sont libres, et qu'on ne peut [illegible]
leur opinions, ny leur ravir ce qu'ils [illegible] - le
gouvernement qui confirme mes droits sur mes biens et sur moy-
meme est conforme a la nature, et celuy qui m'en ravit
l'usage est contraire a la nature - ainsy la republique qui
me defend d'user des fruits de mon travail [illegible]
est aussy mal constituée que la monarchie qui me prive
de l'influence que je dois avoir sur la chose publique [illegible]
republique est mal constituée quand elle s'oppose au cours
nécessaire des evenemens, au progrès invincible de toute lumiere
[illegible] il est dans la nature des choses que le commerce [illegible]
[illegible]

fait la révolution ont voulu la faire goûter; & ils n'ont guère pu y réussir que par de bonnes loix. Les institutions anciennes sont donc ordinairement des corrections; & les nouvelles des abus. Dans le cours d'un long gouvernement, on va au mal par une pente insensible, & on ne remonte au bien que par un effort.

On a douté si les membres du sénat dont nous parlons doivent être à vie, ou choisis pour un temps. Sans doute qu'ils doivent être choisis pour la vie, comme cela se pratiquoit à Rome (*a*), à Lacédémone (*b*) & à Athènes même. Car il ne faut pas confondre ce qu'on appelloit le sénat à Athènes, qui étoit un corps qui changeoit tous les trois mois, avec l'aréopage, dont les membres étoient établis pour la vie, comme des modèles perpétuels.

Maxime générale : Dans un sénat fait pour être la règle, &, pour ainsi dire, le dépôt des mœurs, les sénateurs doivent être élus pour la vie : Dans un sénat fait pour préparer les affaires, les sénateurs peuvent changer.

L'esprit, dit *Aristote*, vieillit comme le corps. Cette réflexion n'est bonne qu'à l'égard d'un magistrat unique, & ne peut être appliquée à une assemblée de sénateurs.

Outre l'aréopage, il y avoit à Athènes des gardiens des mœurs, & des gardiens des loix (*c*). A Lacédémone, tous les vieillards étoient censeurs. A Rome, deux magistrats particuliers avoient la censure. Comme le sénat veille sur le peuple, il faut que des censeurs aient les yeux sur le peuple

(*a*) Les magistrats y étoient annuels, & les sénateurs pour la vie.

(*b*) *Lycurgue*, dit Xénophon, de republ. Lacedœm. *voulut qu'on élût les sénateurs parmi les vieillards, pour qu'ils ne se négligeassent pas, même à la fin de la vie : &, en les établissant juges du courage des jeunes gens, il a rendu la vieillesse de ceux-là plus honorable que la force de ceux-ci.*

(*c*) L'aréopage lui-même étoit soumis à la censure.

& sur le sénat. Il faut qu'ils rétablissent, dans la république, tout ce qui a été corrompu ; qu'ils notent la tiédeur, jugent les négligences, & corrigent les fautes, comme les loix punissent les crimes.

La loi Romaine, qui vouloit que l'accusation de l'adultère fût publique, étoit admirable pour maintenir la pureté des mœurs : elle intimidoit les femmes ; elle intimidoit aussi ceux qui devoient veiller sur elles.

Rien ne maintient plus les mœurs, qu'une extrême subordination des jeunes gens envers les vieillards. Les uns & les autres seront contenus ; ceux-là par le respect qu'ils auront pour les vieillards, & ceux-ci par le respect qu'ils auront pour eux-mêmes.

Rien ne donne plus de force aux loix, que la subordination extrême des citoyens aux magistrats. » La grande différence que *Lycurgue* a mise entre Lacédémone & les autres » cités, dit *Xénophon* (*d*), consiste en ce qu'il a sur-tout fait » que les citoyens obéissent aux loix : ils courent, lorsque le » magistrat les appelle. Mais, à Athènes, un homme riche » seroit au désespoir que l'on crût qu'il dépendît du magistrat. «

L'autorité paternelle est encore très-utile pour maintenir les mœurs. Nous avons déjà dit que, dans une république, il n'y a pas une force si réprimante, que dans les autres gouvernemens. Il faut donc que les loix cherchent à y suppléer : elles le font par l'autorité paternelle.

A Rome, les pères avoient droit de vie & de mort sur leurs enfans (*e*). A Lacédémone, chaque père avoit droit de corriger l'enfant d'un autre.

(*d*) République de Lacédémone.

(*e*) On peut voir, dans l'histoire Romaine avec quel avantage pour la république on se servit de cette puissance. Je ne parlerai que du temps de la plus grande corruption. *Aulus Fulvius* s'étoit

s'il faut prohiber ou limiter le commerce dont les progrès ne peuvent jamais avoir une borne marquée, s'il faut separer les hommes des hommes, s'il faut emprisonner une nation comme on emprisonne un coupable, je diray: pourquoy faut il enfant de la nature que je sois etranger à ce peuple de freres qu'elle m'a donnés, qui cultivent cette meme terre, qui contemplent le meme ciel, qui partagent tous mes besoins, et dont la correspondance ne doit pas etre moins utile pour eux que pour moy — pourquoy privez vous mon intelligence qui s'accroit dans la maturité de mon age des connoissances qu'elle peut rassembler de toutes les parties du monde — pourquoy me defendez vous de rapporter dans ma patrie les bonnes loix, les decouvertes scavantes, ou les plantes salutaires des autres climats — pourquoy voulez vous que ce peuple que vous appelez sans doute le plus sage et que vous voulez rendre plus heureux par votre legislation concentre en luy meme des principes d'action qui feroient peut etre le bonheur du genre humain — la nature n'a point mis de separation entre les peuples puisqu'elle a traversé le continent par des fleuves et qu'elle environne la terre entiere de cet element qui forme la communication des deux mondes — il faut meconnoitre la [illegible] du sein de la terre et des eaux pour vouloir detruire les liens de cette societé generale qui comprend tous les etats et qui n'a d'autre borne que celle du genre humain.

si vous laissez subsister le commerce, il faut qu'il s'etende; son insatiable avidité se nourrit de ce qu'il donne et de ce qu'il reçoit — ses entreprises s'augmentent avec ses moyens, et l'inegalité des fortunes est la suite inséparable de ses succès et de ses revers: l'inegalité des fortunes entraine celle des jouissances, et la frugalité ne peut pas subsister dans l'extreme abondance — mais la liberté reste, et l'egalité des pouvoirs peut se soutenir par les loix et par les moeurs au milieu des infinies variétés qu'eprouve la fortune des citoyens —

Le principe de la republique est ~~dans chaque~~ qu'homme et chaque cytoyen [ait] l'amour de cette egalité de ~~pouvoir est ouverte~~ liberté de sa ... de pouvoir.

comment on inspire l'amour de l'egalité et de la frugalité

cette question est sans interet — l'egalité des fortunes est impossible — il ne faut pas faire aimer ce qui est impossible — l'inegalité des fortunes detruit la frugalité — il n'en faut plus parler. on suppose que les loix ont etably l'egalité, et la frugalité les vertus ne doivent pas etre ordonnées par les loix — les loix sont vitieuses, quand elles commandent des vertus, et elles sont absurdes, puisqu'on a des vertus par ses sentimens et non par les loix.

comment les loix etablissent l'egalité dans une monarchie

des loix ont etablis le partage des terres — telles que celles de lycurgue, celles de romulus; romulus introduisoit un peuple d'etrangers dans une terre nouvelle — il pouvoit faire un partage par la loy — lycurgue reformoit une republique etablie — il a legitimé ses propres usurpations; puisqu'il a disposé par la loy de ce qui n'appartenoit point a l'etat.

une loy contre nature ne peut se maintenir qu'à par des loix denaturées — il faut que les dots des femmes, les donations les successions, les testamens ~~soient reglés par le meme principe~~ car l'egalité du partage seroit detruite par la reunion des biens dont les cytoyens pourroient disposer.

si la loy defend d'avoir deux heredités; on detruit le principe des proprietés pour que les proprietés soient egales. ce sont deux loix qui se contredisent — car la loy qui defend deux heredités combat la loy qui donne le droit a chaque heredité. là la loy foulant aux pieds les sentimens de la nature et de la societé qui forment les mariages par les noeuds d'un amour mutuel ordonne au plus proche parent d'epouser l'heritiere.

La puissance paternelle se perdit à Rome avec la république. Dans les monarchies, où l'on n'a que faire de mœurs si pures, on veut que chacun vive sous la puissance des magistrats.

Les loix de Rome, qui avoient accoutumé les jeunes gens à la dépendance, établirent une longue minorité. Peut-être avons-nous eu tort de prendre cet usage : dans une monarchie, on n'a pas besoin de tant de contrainte.

Cette même subordination, dans la république, y pourroit demander que le père restât, pendant sa vie, le maître des biens de ses enfans, comme il fut règlé à Rome. Mais cela n'est pas de l'esprit de la monarchie.

mis en chemin pour aller trouver *Catilina*; son père le rappella, & le fit mourir. Salluste, *de bello Catil.* Plusieurs autres citoyens firent de même. Dion, *liv.* XXXVII.

## CHAPITRE VIII.

### *Comment les loix doivent se rapporter au principe du gouvernement, dans l'aristocratie.*

Si, dans l'aristocratie, le peuple est vertueux, on y jouira à peu près du bonheur du gouvernement populaire, & l'état deviendra puissant. Mais, comme il est rare que, là où les fortunes des hommes sont inégales, il y ait beaucoup de vertu ; il faut que les loix tendent à donner, autant qu'elles peuvent, un esprit de modération, & cherchent à rétablir cette égalité que la constitution de l'état ôte nécessairement.

L'esprit de modération est ce qu'on appelle la vertu dans l'aristocratie ; il y tient la place de l'esprit d'égalité dans l'état populaire.

Si le faste & la splendeur qui environnent les rois sont une partie de leur puissance, la modestie & la simplicité des manières font la force des nobles aristocratiques (a). Quand ils n'affectent aucune distinction, quand ils se confondent avec le peuple, quand ils sont vêtus comme lui, quand ils lui font partager tous leurs plaisirs, il oublie sa foiblesse.

Chaque gouvernement a sa nature & son principe. Il ne faut donc pas que l'aristocratie prenne la nature & le principe de la monarchie; ce qui arriveroit, si les nobles avoient quelques prérogatives personnelles & particulières, distinctes de celles de leur corps. Les privilèges doivent être pour le sénat, & le simple respect pour les sénateurs.

Il y a deux sources principales de désordres dans les états aristocratiques: l'inégalité extrême entre ceux qui gouvernent & ceux qui sont gouvernés; & la même inégalité entre les différens membres du corps qui gouverne. De ces deux inégalités, résultent des haines & des jalousies que les loix doivent prévenir ou arrêter.

La première inégalité se trouve principalement lorsque les privilèges des principaux ne sont honorables que parce qu'ils sont honteux au peuple. Telle fut à Rome la loi qui défendoit aux patriciens de s'unir par mariage aux plébéiens (b); ce qui n'avoit d'autre effet que de rendre d'un côté les patriciens plus superbes, & de l'autre plus odieux. Il faut voir les avantages qu'en tirèrent les tribuns dans leurs harangues.

(a) De nos jours, les Vénitiens, qui, à bien des égards, se sont conduits très-sagement, décidèrent, sur une dispute entre un noble Vénitien & un gentilhomme de Terre-ferme, pour une préséance dans une église, que, hors de Venise, un noble Vénitien n'avoit point de prééminence sur un autre citoyen.

(b) Elle fut mise, par les décemvirs, dans les deux dernières tables. Voyez *Denys d'Halicarnasse*, liv. X.

-nite comme des loix ciuiles celle qui ne permet d'epouser sa soeur consanguine, parcequ'on n'acquiert de droit que sur l'heritage de son pere, et non sur celuy d'un etranger, et celle qui permet d'epouser sa soeur uterine quand on ne luy donne pour dot que la moitié de la portion du pere.

ailleurs on condamne les riches a donner des dots aux pauvres et a n'en recevoir pas.

ailleurs on etablit les loix des elections pour les magistratures non par rapport au merite et a la capacité des cytoyens, mais par rapport a leur fortune et a leurs richesses

il n'y a rien de plus curieux que cet enchainement de loix factices dont il faut etayer une premiere loy qui n'est pas naturelle, et qu'on n'en appelle pas moins une loy fondamentale

## comment les loix doivent entretenir la frugalité dans une democratie

il ne suffit pas que les portions de terres soient egales - il faut qu'elles soient petites -

on croit entendre parler le fondateur des chartreux qui mesure l'espace etroit d'une cellule et de son jardin -

on avoue pourtant que les particuliers peuvent avoir de grandes richesses dans une republique fondée sur le commerce mais quelle est la republique ou le commerce ne penetre il ne faut donc point establir dans aucune republique quand le monde entier s'eclaire - car les connoisances donnent les moyens d'etablir les communications, et augmente le commerce -

c'est pour conserver l'egalité des fortunes et pour entretenir la frugalité qu'on veut que les partages soient egaux entre les enfans - il etoit plus simple et plus juste d'etablir l'egalité des partages comme la loy naturelle - on a si bien perdu de vue ces loix de la nature qui devroient etre celles de tous les gouvernemens qu'on a besoin pour en conserver une de recourir a quelque loy tacite avec laquelle dont elle se rapproche -

autres moyens de favoriser le principe
de la démocratie.

l'egalité des partages est toujours la loy fondamentale, notre auteur de l'esprit des loix. il la regrette quand on ne peut pas l'etablir. il ne parle que des loix qui peuvent y suppléer.

il faut etablir un senat qui soit la regle des mœurs -

ce senat doit etre a vie comme a rome, a lacedemone, a athenes,

il faut surtout que ce senat s'attache aux institutions anciennes, et fasse en sorte que le peuple et les magistrats ne s'en départent jamais.

athenes avoit etably des gardiens des mœurs et des loix.

a rome la censure etoit une magistrature a part -

tous les viellards etoient censeurs a lacedemone.

il faut que les viellards soient respectés, que la subordination aux magistrats soit extreme, que l'authorité paternelle soit maintenue par la loy -

il faut que l'accusation de l'adultere soit publique - elle l'etoit a rome - a rome les peres avoient droit de vie et de mort sur les enfans -

on ne conçoit pas que l'homme qu'on regarde comme celuy qui a fait penser sa nation ait borné toutes ses pensées à rapporter des loix atroces, et que sa docile credulité les ait approuvées sans examen et sans raisonnement -

quel est le droit d'un homme pour en tuer un autre - une action devient libre et legitime quand elle s'accroit d'horreur, quand un pere trempe ses mains dans le sang de son fils - nous n'avons point d'autre nom pour exprimer le crime le plus affreux que celuy même de parricide. et nous avons appelé du meme nom l'assassinat du pere par le fils, ou du fils par le pere.

c'est une grande question si la societé toute entiere a le droit de mettre un homme a mort - mais ce n'est pas une question de sçavoir si l'homme coupable doit avoir ses juges, et s'il doit mourir par la haine, la colere, la vengeance, ou l'erreur d'un seul homme. on ne sait pas ce qu'on doit admirer davantage ou les excès de l'inhumanité, ou les excès de [illegible]

Cette inégalité se trouvera encore, si la condition des citoyens est différente par rapport aux subsides ; ce qui arrive de quatre manières : lorsque les nobles se donnent le privilège de n'en point payer ; lorsqu'ils font des fraudes pour s'en exempter (*c*) ; lorsqu'ils les appellent à eux, sous prétexte de rétributions ou d'appointemens pour les emplois qu'ils exercent ; enfin, quand ils rendent le peuple tributaire, & se partagent les impôts qu'ils lèvent sur eux. Ce dernier cas est rare ; une aristocratie, en cas pareil, est le plus dur de tous les gouvernemens.

Pendant que Rome inclina vers l'aristocratie, elle évita très-bien ces inconvéniens. Les magistrats ne tiroient jamais d'appointemens de leur magistrature. Les principaux de la république furent taxés comme les autres ; ils le furent même plus, & quelquefois ils le furent seuls. Enfin, bien loin de se partager les revenus de l'état, tout ce qu'ils purent tirer du trésor public, tout ce que la fortune leur envoya de richesses, ils le distribuèrent au peuple, pour se faire pardonner leurs honneurs (*d*).

C'est une maxime fondamentale, qu'autant que les distributions faites au peuple ont de pernicieux effets dans la démocratie, autant en ont-elles de bons dans le gouvernement aristocratique. Les premières font perdre l'esprit de citoyen, les autres y ramènent.

Si l'on ne distribue point les revenus au peuple, il faut lui faire voir qu'ils sont bien administrés : les lui montrer, c'est, en quelque manière, l'en faire jouir. Cette chaîne d'or que l'on tendoit à Venise, les richesses que l'on portoit à Rome

(*c*) Comme dans quelques aristocraties de nos jours. Rien n'affoiblit tant l'état.

(*d*) Voyez, dans *Strabon*, *liv.* XIV, comment les Rhodiens se conduisirent à cet égard.

dans les triomphes, les trésors que l'on gardoit dans le temple de Saturne, étoient véritablement les richesses du peuple.

Il est sur-tout essentiel, dans l'aristocratie, que les nobles ne lèvent pas les tributs. Le premier ordre de l'état ne s'en mêloit point à Rome : on en chargea le second ; & cela même eut, dans la suite, de grands inconvéniens. Dans une aristocratie où les nobles lèveroient les tributs, tous les particuliers seroient à la discrétion des gens d'affaires ; il n'y auroit point de tribunal supérieur qui les corrigeât. Ceux d'entre eux préposés pour ôter les abus, aimeroient mieux jouir des abus. Les nobles seroient comme les princes des états despotiques, qui confisquent les biens de qui il leur plaît.

Bientôt les profits qu'on y feroit seroient regardés comme un patrimoine, que l'avarice étendroit à sa fantaisie. On feroit tomber les fermes ; on réduiroit à rien les revenus publics. C'est par-là que quelques états, sans avoir reçu d'échec qu'on puisse remarquer, tombent dans une foiblesse dont les voisins sont surpris, & qui étonne les citoyens mêmes.

Il faut que les loix leur défendent aussi le commerce : des marchands si accrédités feroient toutes sortes de monopoles. Le commerce est la profession des gens égaux : &, parmi les états despotiques, les plus misérables sont ceux où le prince est marchand.

Les loix de Venise (*e*) défendent aux nobles le commerce, qui pourroit leur donner, même innocemment, des richesses exorbitantes.

---

(*e*) *Amelot de La Houssaye*, du gouvernement de Venise, partie III. La loi *Claudia* défendoit aux sénateurs d'avoir en mer aucun vaisseau qui tînt plus de quarante muids. *Tite Live*, *liv.* XXI.

il ne s'agissoit plus que de donner aux maris le droit de vie et de mort sur
leurs femmes - c'eut été sans doute un secret merveilleux pour s'assurer
de la vertu des femmes et pour avoir la paix dans le menage - cesar en
fait un sacrifice a la bonne déesse - il eut etranglé sa femme julie au
lieu de faire un divorce
on observe que l'accusation publique de l'adultere a rome etoit admirable pour maintenir la pureté des mœurs -
il est juste il est juste que tout ce que la loy punit soit jugé publiquement
par devant les juges de la loy - il ne doit point y avoir de jugement
d'un crime par un seul homme, ny par plusieurs dans les tenebres et le
secret - c'est l'action la plus penible d'un gouvernement que la punition
il a fallu que les hommes sentissent l'extreme interest de punir pour donner
ce droit sur eux memes - ce n'est donc qu'avec une peine
extreme, ce n'est qu'avec une entiere evidence que doit se prononcer
un jugement qui semble fondé sur l'oubly meme de l'humanité - il
faut que l'opinion publique avertisse, dirige, ou contienne des juges
chargés d'un pouvoir qui semblent passer les bornes des facultes naturelles - tout autre jugement peut s'executer par la volonté meme de
celuy qu'il condamne - un jugement capital ne peut s'executer que par la
force, c'est a dire qu'il faut oublier le principe de la justice et
des loix pour remplir les loix et pour rendre la justice -
quand il faut qu'un pere accuse son fils, qu'un mary accuse sa femme,
qu'un cytoyen accuse un cytoyen aux yeux du peuple.
il y a sans doute des vices a censurer, comme des crimes a punir - mais il
me semble qu'on etablit icy la censure avant d'etablir les loix, qu'on
corrige les mœurs avant d'inspirer des bonnes mœurs.
quelles sont les bonnes mœurs, et les bonnes loix dans une republique -
quelle est la republique sage et bien constituée - quels sont les
principes fondamentaux qui doivent etre etablis et maintenus
par les bons legislateurs - voila ce qu'il falloit dire - on observe une
loy isolée de rome, athene, ou lacedemone - c'etoient trois sortes de
republiques bien differentes - chacune avoit ses prejugés, ses intérêts
ses vices - sont ce leurs erreurs que vous voulez consacrer - ces
erreurs se contredisent - l'esprit de lacedemone etoit bien contraire
a celuy d'athenes - vous ne pouvez pas maintenir a la fois dans
votre opinion des choses qui se contredisent - quand platon voulut
donner un modele aux republiques, il fit la republique - cette eloquente
et non moins elegante dissertation de socrate sur la justice est le
veritable esprit des loix, telles que les avoit meditées un philosophe
cytoyen d'athene qui nous montre a la fois l'etendue de son esprit, et la
pureté de ses sentimens.

faut l'avouer. votre censure n'est pas celle de la raison qui prescrit tout ce qu
blesse les sentimens naturels. la censure n'a ce pouvoir que dans les etats
ont les sentimens naturels sont les loix. la censure pour vous n'est qu'un
moyen severe de garder les coutumes anciennes; peu importe quelles sont
s coutumes. ce n'est pas comme utiles, c'est comme anciennes qu'elles doivent
re conservées, et les innovations nécessaires eprouveront une autre
esistance que celle des viellards toujours attachés aux habitudes de
ur jeune age, a celles du moins auxquelles leur ~~jeune~~ génération n'a
oint dans leur jeune age apporté de changemens. la tyrannie tout
mettra a toutes les proscriptions de la censure, et les opinions naissantes se
ront flétries par l'authorité.
la censure chez les romains etoit un dictateur, chez qui elle appartenoit l'enquête
des mœurs; les romains ont vu les loix perir par la dictature, et n'ont pas sauvé
les mœurs par la censure.
il faut diriger les mœurs et les entretenir: on ne les corrige pas.
on ne propose rien ~~[illegible]~~ inspirer les mœurs. on ne parle que de loix
pour les reformer.
~~[illegible]~~ sont deja corrompues, quand les loix sont nécessaires, et les loix
ont inutiles quand les mœurs sont corrompues.
etablissez la liberté personnelle sur des fondemens inébranlables, de la personne
universelle, ~~[illegible]~~ rendez la propriété sainte et inviolable comme le culte des dieux,
faites maintenir dans toute son integrité le pouvoir de
chaque citoyen dans la republique; faites que les loix repriment tout
acte de violence qui veut offenser la liberté personnelle, la propriété des
biens et l'egalité des pouvoirs, et ne craignez point que l'inegalité
des fortunes qui entraine celle des depenses puisse troubler la paix des
familles, et corrompre les mœurs;
voila les principes de tout etat humain, la liberté, la propriété, la
puissance. ce sont là les droits imprescriptibles de tous les hommes
qui ne doivent jamais etre ceux d'un seul ~~homme ou d'un petit~~
nombre d'hommes. il est des republiques ~~[illegible]~~ qui ne veulent point se
avoir un esprit des loix, parce qu'elles renversent les principes de
toutes les loix, a moins qu'on ne veuille nous apprendre l'esprit
des préjugés, des vices, et des crimes;
tout ce qui corrompt les mœurs attente a l'un de ces trois principes. tout
attentat semblable est susceptible d'une accusation publique. toute
accusation publique est par elle meme une ~~grande~~ peine, et elle sera
rare partout ou les loix auront prevenu la violation de la liberté,
de la propriété, de la puissance politique du moindre des citoyens.

Les loix doivent employer les moyens les plus efficaces pour que les nobles rendent juſtice au peuple. Si elles n'ont point établi un tribun, il faut qu'elles ſoient un tribun elles-mêmes.

Toute ſorte d'aſyle contre l'exécution des loix perd l'ariſtocratie ; & la tyrannie en eſt tout près.

Elles doivent mortifier, dans tous les temps, l'orgueil de la domination. Il faut qu'il y ait, pour un temps ou pour toujours, un magiſtrat qui faſſe trembler les nobles ; comme les éphores à Lacédémone, & les inquiſiteurs d'état à Veniſe; magiſtratures qui ne ſont ſoumiſes à aucunes formalités. Ce gouvernement a beſoin de reſſorts bien violens. Une bouche de pierre (*f*) s'ouvre à tout délateur à Veniſe; vous diriez que c'eſt celle de la tyrannie.

Ces magiſtratures tyranniques, dans l'ariſtocratie, ont du rapport à la cenſure de la démocratie, qui, par ſa nature, n'eſt pas moins indépendante. En effet, les cenſeurs ne doivent point être recherchés ſur les choſes qu'ils ont faites pendant leur cenſure; il faut leur donner de la confiance, jamais du découragement. Les Romains étoient admirables; on pouvoit faire rendre à tous les magiſtrats (*g*) raiſon de leur conduite, excepté aux cenſeurs (*h*).

Deux choſes ſont pernicieuſes dans l'ariſtocratie ; la pauvreté extrême des nobles, & leurs richeſſes exorbitantes. Pour prévenir leur pauvreté, il faut ſur-tout les obliger de bonne heure à payer leurs dettes. Pour modérer leurs

(*f*) Les délateurs y jettent leurs billets.

(*g*) Voyez *Tite Live*, *liv.* XLIX. Un cenſeur ne pouvoit pas même être troublé par un cenſeur : chacun faiſoit ſa note, ſans prendre l'avis de ſon collègue ; &, quand on fit autrement, la cenſure fut, pour ainſi dire, renverſée.

(*h*) A Athènes, les *logiſtes*, qui faiſoient rendre compte à tous les magiſtrats, ne rendoient point compte eux-mêmes.

richesses, il faut des dispositions sages & insensibles; non pas des confiscations, des loix agraires, des abolitions de dettes, qui font des maux infinis.

Les loix doivent ôter le droit d'aînesse entre les nobles (*i*); afin que, par le partage continuel des successions, les fortunes se remettent toujours dans l'égalité.

Il ne faut point de substitutions, de retraits lignagers, de majorats, d'adoptions. Tous les moyens inventés pour perpétuer la grandeur des familles dans les états monarchiques, ne sçauroient être d'usage dans l'aristocratie (*k*).

Quand les loix ont égalisé les familles, il leur reste à maintenir l'union entre elles. Les différends des nobles doivent être promptement décidés; sans cela, les contestations entre les personnes deviennent des contestations entre les familles. Des arbitres peuvent terminer les procès, ou les empêcher de naître.

Enfin, il ne faut point que les loix favorisent les distinctions que la vanité met entre les familles, sous prétexte qu'elles sont plus nobles ou plus anciennes; cela doit être mis au rang des petitesses des particuliers.

On n'a qu'à jetter les yeux sur Lacédémone; on verra comment les éphores sçurent mortifier les foiblesses des rois, celles des grands, & celles du peuple.

(*i*) Cela est ainsi établi à Venise. *Amelot de la Houssaye*, p. 30 & 31.

(*k*) Il semble que l'objet de quelques aristocraties soit moins de maintenir l'état, que ce qu'elles appellent leur noblesse.

CHAPITRE

me demandera quels en sont les moyens — je le demande moy même a l'auteur de l'esprit des loix — c'etoit a l'esprit des loix d'enseigner les moyens conformes a leurs principes —

mais on a méconnu les principes, et l'on n'a pas cherché la maniere de mettre en action des principes ignorés —

je dis icy ~~ce que~~ manque a l'ouvrage son objet tout entier —

ch. 8 · comment les loix doivent se rapporter
au principe du gouvernement dans l'aristocratie

il faut scavoir d'abord en quoy consiste cette aristocratie dont vous parlez avant que de scavoir comment les loix doivent se rapporter a son principe ·

~~quel est~~ le privilege du petit nombre qui gouverne — est ce une infraction de la liberté des citoyens — est ce une ~~vi~~olation de leur proprieté — est ce une usurpation de la puissance — est ce un melange plus ou moins etendu de toutes les injures qu'on peut faire aux droits du grand nombre ·

si la constitution blesse la liberté des citoyens, il faut que l'aristocratie se soutienne comme la tyrannie, par des ~~[illegible]~~ loix arbitraires — car si elles ne sont pas arbitraires, elles maintiendront la liberté —

il faut ~~[illegible]~~ reconnoitre que les loix arbitraires qui sont des jugemens portés contre les loix naturelles, ~~comme~~ des arrests arbitraires sont des jugemens portés contre les loix etablies —

l'arbitraire ne doit pas etre davantage dans les loix que dans les jugemens ·

si la constitution blesse la proprieté du grand nombre il faut que l'aristocratie se soutienne, comme la superstition, par une erreur habituelle et qu'elle bannisse autant qu'il est en elle le progrès des connoissances qui remontent a l'origine des proprietés —

si l'aristocratie n'est qu'une usurpation de la puissance, elle peut se soutenir par la vertu — elle se substitue au peuple, elle peut faire pour luy ce qu'il feroit luy même · elle peut proteger la proprieté respecter la liberté — elle peut entretenir les moeurs domestiques, seuls veritables fondemens de la vertu politique parmy ceux qui gouvernent, ~~et~~ de l'obeissance habituelle et paisible parmy ceux qui sont gouvernés, et du bonheur general de tous les ordres de citoyens ·

il y a des aristocraties plus sages qui n'[illegible] [illegible] partie de la puissance publique, qui laissent subsister une grande partie de [illegible] du grand nombre qui rendent compte au peuple, [illegible] [illegible] blics pour executer les loix que pour les faire et dans ces constitutions [illegible] peuvent plus aisement conserver les vertus do[illegible] [illegible] toutes les familles, et les vertus politiques dans tous les ordres ·

faut le dire. si le genre humain se perfectionne, il doit a la longue bannir
les monarchies et les aristocraties — mais elles subsisteront en attendant,
et il est doux et consolant de penser que les humains peuvent jouir
du bonheur dans les etats meme qui ne sont pas absolument conformes
au vœu de la nature humaine parvenüe a la perfection.
on sent bien que dans l'esprit des loix on ne devoit parler que de la seule
espece d'aristocratie qui peut laisser subsister l'esprit des loix tendant
au bonheur des hommes —
ainsy dans cette aristocratie plus moderée, il est a desirer que les privileges
soient pour le senat, et non pour quelques senateurs. mais il ne faut pas
etablir des loix somptuaires, parceque elles sont contraires au commerce,
et a l'interest du grand nombre qui fait le commerce, et d'un plus
grand nombre qui vit de la depense des riches —
il ne faut pas interdire le commerce meme aux riches dont les facultés
peuvent l'etendre, et dont les entreprises nourrissent le peuple, et augmentent
la population.
il ne faut pas etablir la loy de l'orgueil qui ne permettoit pas a rome aux
patriciens de s'allier aux plebeyens.
je ne parle pas d'une difference privilegiée dans les contributions — car je
suppose que l'aristocratie respecte la propriete — il n'y a point de conseils
a donner, de loix a faire, pour soutenir des usurpations de propriete —
sans doute il ne faut pas confier a des familles, a des corps la levée des
tributs qui devient une source de profits — il ne faut pas que le tribut
[illegible] devienne le patrimoine des traitans — rome ne doit pas nous
servir d'exemple — l'administration des deniers publics fut vicieuse
chez les romains, parcequ'ils etoient les souverains de [illegible] le peuple
roy a montré les vices des rois;
on exige icy des loix atroces, des etablissemens iniques pour forcer les
nobles a rendre justice — on rappele les ephores, de lacedemone, les inquisiteurs de venise — il n'y a plus de loix quand les loix meme sont
des crimes [illegible] aristocratie subsiste quand elle ne peut
subsister [illegible] par de si grands maux.
[illegible] richesses exorbitantes des nobles, et on
on sent remedier [illegible] danger fait bien sentir l'inconvenient extreme [illegible] hereditaire — on craint egalement l'incon-
nient de [illegible]
qui l'e[illegible] qui l'abbat.

mais on ne pourra jamais trouver de bonnes loix qui combattent le cours naturel des choses. on a [illegible] en recours aux confiscations, aux loix agraires, aux abolitions de dettes. l'auteur condamne avec raison ces ressources [illegible] de l'injustice. mais il ne les condamne pas parce qu'elles sont injustes. il [illegible] luy a [illegible] qu'elles ont toujours été nuisibles; il les condamne et il se contredit car il est vray qu'elles sont la suite nécessaire du partage des terres, et qu'on ne peut pas autrement conserver cette egalité des biens qui doit être [illegible] le principe de la republique.

l'auteur exclud avec raison le droit d'ainesse, les substitutions, les retraits lignagers, les majorats, les adoptions. mais il les exclud comme contraires aux loix d'une certaine aristocratie, quand il pouvoit les exclure [illegible] des loix arbitraires et factices que la nature ne nous a point dictées.

enfin on dit vaguement qu'il faut decider avec promptitude les differendes nobles. qu'est ce qu'une decision plus ou moins [illegible] dans une certaine classe, s'il y a des loix, des juges, des formes et des peines légales. et s'il n'y a point de loix, [généraux] qu'est ce qu'on peut dire sur la constitution de la republique et sur l'esprit de ses loix.

ch. 9. comment les loix sont relatives a leur principe dans une monarchie.

si les loix doivent se rapporter dans une monarchie a je ne scais quel faux honneur qui n'est connu qu'en france, et qu'on regarde meme en france comme le sentiment de cette classe moins nombreuse qui forme la noblesse, il faut donc faire [exigées] dans une monarchie pour la noblesse et non pour le peuple. il ne faut point [illegible] chie. ah combien ces principes etoient loin de cette administration constamment suivie depuis st louis jusqu'a françois Ier qui tendante a reunir l'interest des rois et du peuple ont successivement [illegible] la puissance des grands vassaux, et dans les provinces regies par nos rois, la puissance de la noblesse; c'est pour abattre la noblesse qu'on etablit le ressort des jurisdictions, qu'on etablit les [illegible] dans les villes, les communautés dans les bourgs, qu'on multiplia la noblesse elle meme, qu'on [illegible] des [illegible] qu'on protegea les [illegible] [illegible], qu'on attribua le droit de battre monnoye a la couronne, qu'on eloigna les barons et les seigneurs des cours de magistrature, qu'on renvoya par devant ces sieges ordinaires des contestations de la noblesse et des communautés [illegible] portées par devant le conseil du roy, que le roi s'[illegible] luy meme des frequentes evocations, qu'on appela le tiers etat dans les etats generaux. l'administration a travaillé [illegible].

loix pendant une longue suite de règnes à l'abbaissement des
grands, à l'affranchissement du peuple, et le card. de richelieu
n'eut d'autre gloire que celle d'achever l'ouvrage de quatre
siècles - les ordonnances de nos rois nous rappellent sans cesse
les efforts du gouvernement contre la noblesse et pour le peuple.
depuis françois Ier l'horrible besoin d'argent introduisit
l'oppression fiscale, on ecrasa le peuple sans élever la noblesse,
elle s'en affranchit ~~tant qu'elle~~ conserva quelque reste de
puissance - mais ce n'est pas par les loix meme fiscales
qu'elle fut favorisée - elle n'eut d'autre faveur que celle
des exemptions - quand sa force fut detruite, elle eut à
abandonné le peuple les rigueurs de la fiscalité - ses privileges
depuis cent cinquante ans ont été sans cesse combattus tantôt
on les a detruits, tantôt on leur a donné des bornes - tantôt
en conservant les titres des privileges, on en a fait disparoitre
tous les effets -
ainsy l'on ne peut pas dire que les loix ont travaillé a
soutenir ~~cette~~ noblesse dont l'honneur est l'enfant et le pere -
la noblesse ne s'est formée en france ny par l'honneur ny par
les loix - il y a dans toutes les ~~nations~~ monarchies un ordre superieur
qu'on appele la noblesse, et cette noblesse est nécessairement
héréditaire ~~comme la monarchie meme~~ - elle est meme
héréditaire dans les monarchies électives ~~parce que ceux~~
qui donnent la couronne doivent dicter les loix ~~qui~~ perpétuent leurs avantages; la loy de l'hérédité ~~n'est~~ ne fut prononcée
que longtems après que l'hérédité meme est établie:
et cette loy est si peu faite pour former le lien du prince
et du peuple qu'elle s'introduisit dans le tems où la noblesse
etoit oppressive, et le peuple esclave: c'est le prince lui meme
qui devint dans la suite le médiateur nécessaire entre
la noblesse et le peuple -

## CHAPITRE IX.

### *Comment les loix sont relatives à leur principe, dans la monarchie.*

L'HONNEUR étant le principe de ce gouvernement, les loix doivent s'y rapporter.

Il faut qu'elles y travaillent à soutenir cette noblesse, dont l'honneur est, pour ainsi dire, l'enfant & le père.

Il faut qu'elles la rendent héréditaire; non pas pour être le terme entre le pouvoir du prince & la foiblesse du peuple, mais le lien de tous les deux.

Les substitutions, qui conservent les biens dans les familles, seront très-utiles dans ce gouvernement, quoiqu'elles ne conviennent pas dans les autres.

Le retrait lignager rendra aux familles nobles les terres que la prodigalité d'un parent aura aliénées.

Les terres nobles auront des privilèges, comme les personnes. On ne peut pas séparer la dignité du monarque de celle du royaume; on ne peut guère séparer non plus la dignité du noble de celle de son fief.

Toutes ces prérogatives seront particulières à la noblesse, & ne passeront point au peuple, si l'on ne veut choquer le principe du gouvernement, si l'on ne veut diminuer la force de la noblesse, & celle du peuple.

Les substitutions gênent le commerce; le retrait lignager fait une infinité de procès nécessaires; & tous les fonds du royaume vendus sont au moins, en quelque façon, sans maître pendant un an. Des prérogatives attachées à des fiefs donnent un pouvoir très à charge à ceux qui les souffrent. Ce font des inconvéniens particuliers de la nobleffe, qui difparoiffent devant l'utilité générale qu'elle procure. Mais, quand on les communique au peuple, on choque inutilement tous les principes.

On peût, dans les monarchies, permettre de laiffer la plus grande partie de fes biens à un feul de fes enfans: cette permiffion n'eft même bonne que là.

Il faut que les loix favorifent tout le commerce (a) que la conftitution de ce gouvernement peut donner; afin que les fujets puiffent, fans périr, fatisfaire aux befoins toujours renaiffans du prince & de fa cour.

Il faut qu'elles mettent un certain ordre dans la manière de lever les tributs, afin qu'elle ne foit pas plus pefante que les charges mêmes.

La pefanteur des charges produit d'abord le travail; le travail, l'accablement; l'accablement, l'efprit de pareffe.

(a) Elle ne le permet qu'au peuple. Voyez la loi troifième, au code *de comm. & mercatoribus*, qui eft pleine de bon fens.

## CHAPITRE X.

### *De la promptitude de l'exécution, dans la monarchie.*

Le gouvernement monarchique a un grand avantage fur le républicain: les affaires étant menées par un feul, il y a plus de promptitude dans l'exécution. Mais, comme cette promptitude pourroit dégénérer en rapidité, les loix y mettront une certaine lenteur. Elles ne doivent pas feulement favorifer la nature de chaque conftitution, mais encore remédier aux abus qui pourroient réfulter de cette même nature.

les substitutions ont été favorisées par les erreurs de la vanité que l'adm[illegible]
[illegible] tend sans cesse a détruire — les substitutions ont
perdu plus de maisons qu'elles n'en ont soutenu. les substitutions
tombent par degrés en france — elles ne sont plus perpetuelles — elles
s'arrêtent a la [illegible] generation — elles ne sont ~~pas connues~~ permises dans
quelques provinces — elles ne sont presque pas connues dans la
moitié du royaume — elles sont gênées même dans les coutumes qui les
authorisent — il ne s'agit plus que de l'interest d'un petit nombre
de maisons anciennes [illegible] et non de l'interest de la noblesse
enfin la loy qui conservant les substitutions a [illegible] de
de les vendre elle n'a trouvé en france aucune opposition —
le retrait lignager n'est qu'un ~~tort~~ fait ~~a la liberté de vendre~~ a la valeur des terres
et n'est qu'un foible avantage pour une famille, puisqu'il
faut qu'elle paye les biens dont elle use par le retraict.
les privileges des terres nobles sont anciens — ils ne tiennent
point a des loix favorables a la noblesse — ce sont des puissances
subalternes qui se sont etablies soit par elles memes quand
elles n'avoient point d'opposition a craindre, soit par la
concession des seigneurs superieurs — c'etoient des usurpations,
des exercices de tyrannie — c'etoient aussy des conditions
attachées a des donations — c'etoient des recompenses de
services rendus — ces privileges se sont formés par l'effet
de tous les traittés libres ou forcés que des hommes peuvent
faire entr'eux — ce n'est point le principe de la monarchie
c'etoit celuy de la feodalité qui multiplioit ces privileges,
et la féodalité sembloit tendre a détruire la monarchie.
les terres nobles etoient egalement privilégiées pour tous
ceux qui les possedoient. un bourgeois, un manant, un
villein enrichy, pour parler le langage d'un tems [d'ignorance inconsiderable] [de barbarie], devenoit
possesseur des biens nobles, et il en exerçoit tous les droits
sans contradiction — ce sont les rois qui ont mis un prix
a la liberté de les posseder, et qui ont etably le franc fief
sur les roturiers qui possedoient des terres nobles — ils ne
l'ont point etably pour en diminuer le nombre, ils avoient
meme un interest a le multiplier l'interest d'accroitre
le produit du franc fief.

dit que ces prérogatives ~~[illegible]~~ sont au commerce, qu'elles ocasionnent une infinité de procès, qu'elles sont plus à charge qu'avantageuses aux seigneurs de terres –

il s'ensuit qu'on peut les abolir meme dans une monarchie, meme pour l'interet de la noblesse.

on dit qu'on peut laisser du pere dans une monarchie nommer un seul de ses enfants pour son heritier – pourquoy laisser faire une injustice à laquelle le sort de la monarchie ne peut pas etre attaché.

on dit, on se permet de dire qu'il peut favoriser le commerce, celuy du peuple s'entend, afin que les sujets puissent sans peine satisfaire aux besoins toujours renaissans du prince et de la cour – celuy qui se permet cette phrase à la fois cruelle et servile a donc qu'à croire que le peuple etoit fait pour les rois et non les rois pour le peuple.

nous pensons que les besoins du roy doivent etre ceux de l'etat que sa dépense de représentation doit avoir des bornes fixées, que son luxe meme doit avoir son économie, et que le peuple ne doit payer que ce qui est absolument nécessaire pour des besoins connus et déterminés.

une assemblée nationale a consacré comme principes de la monarchie les devoirs des monarques, et l'on n'a pas cru qu'elle voulut renverser la monarchie.

il faut favoriser le commerce par une liberté sans bornes pour enrichir le peuple, et l'etat, et non pour satisfaire aux dissipations du prince.

avec quelles foibles expressions on nous apprend icy qu'il ne faut pas que la maniere de lever les tributs soit plus onéreuse que la charge meme – on n'en dit qu'un mot parce qu'on croit que c'est plus tost l'interet du peuple que du prince, et qu'on semble accoutumé à mepriser l'interet du peuple – sont à present trop bien connus mais les devoirs des rois [illegible] de leurs interets – il leur importe pour les [illegible] de reformer les vices d'une perception [illegible] infiniment [illegible] en [illegible] eux.

[illegible] à [illegible] que forme une classe de privilegiés [illegible] le bien du peuple et celuy du prince

Le cardinal de Richelieu (*a*) veut que l'on évite, dans les monarchies, les épines des compagnies, qui forment des difficultés fur tout. Quand cet homme n'auroit pas eu le defpotifme dans le cœur, il l'auroit eu dans la tête.

Les corps qui ont le dépôt des loix n'obéiffent jamais mieux que quand ils vont à pas tardifs, & qu'ils apportent, dans les affaires du prince, cette réflexion qu'on ne peut guère attendre du défaut de lumièresde la cour fur les loix de l'état, ni de la précipitation de fes conseils (*b*).

Que feroit devenue la plus belle monarchie du monde, fi les magiftrats, par leurs lenteurs, par leurs plaintes, par leurs prières, n'avoient arrêté le cours des vertus mêmes de fes rois, lorfque fes monarques, ne confultant que leur grande ame, auroient voulu récompenfer fans mefure des fervices rendus avec un courage & une fidélité auffi fans mefure?

(*a*) Teftament politique.

(*b*) *Barbaris cunctatio fervilis; ftatim exequi regium videtur.* Tacite, *annal.* liv. V.

## CHAPITRE XI.

### *De l'excellence du gouvernement monarchique.*

Le gouvernement monarchique a un grand avantage fur le defpotique. Comme il eft de fa nature qu'il y ait, fous le prince, plufieurs ordres qui tiennent à la conftitution, l'état eft plus fixe, la conftitution plus inébranlable, la perfonne de ceux qui gouvernent plus affurée.

*Cicéron* (*a*) croit que l'établiffement des tribuns de Rome fut le falut de la république. » En effet, *dit-il*, la force «

(*a*) Livre III des loix.

» du peuple qui n'a point de chef est plus terrible. Un chef » sent que l'affaire roule sur lui, il y pense : mais le peuple, » dans son impétuosité, ne connoît point le péril où il se » jette. « On peut appliquer cette réflexion à un état despotique, qui est un peuple sans tribuns ; & à une monarchie, où le peuple a, en quelque façon, des tribuns.

En effet, on voit par-tout que, dans les mouvemens du gouvernement despotique, le peuple, mené par lui-même, porte toujours les choses aussi loin qu'elles peuvent aller; tous les désordres qu'il commet sont extrêmes : au lieu que, dans les monarchies, les choses sont très-rarement portées à l'excès. Les chefs craignent pour eux-mêmes; ils ont peur d'être abandonnés ; les puissances intermédiaires dépendantes (*b*) ne veulent pas que le peuple prenne trop le dessus. Il est rare que les ordres de l'état soient entièrement corrompus. Le prince tient à ces ordres ; & les séditieux, qui n'ont ni la volonté ni l'espérance de renverser l'état, ne peuvent ni ne veulent renverser le prince.

Dans ces circonstances, les gens qui ont de la sagesse & de l'autorité s'entremettent ; on prend des tempéramens, on s'arrange, on se corrige, les loix reprennent leur vigueur, & se font écouter.

Aussi toutes nos histoires sont-elles pleines de guerres civiles sans révolutions; celles des états despotiques sont pleines de révolutions sans guerres civiles.

Ceux qui ont écrit l'histoire des guerres civiles de quelques états, ceux mêmes qui les ont fomentées, prouvent assez combien l'autorité que les princes laissent à de certains ordres pour leur service, leur doit être peu suspecte ; puisque, dans

(*b*) Voyez ci-dessus la première note du livre II, chapitre IV.

de la promptitude de l'execution
dans une monarchie.

on voit raisonner bien souvent quand on suit une des idées accessoires attachée a chaque mot - souvent le mot est resté et l'idée accessoire a disparu. il ne suffit pas d'entendre un mot selon une certaine acception qu'on luy donne - il faut sçavoir si cette acception n'est pas une erreur. il n'y a que l'h[istoire] qui puisse vous l'apprendre - il ne faut definir un mot qu'après avoir lu l'histoire -

on dit que la monarchie est le gouvernement d'un seul - il semble qu'un seul a une volonté, la prononce, et l'execute - ce n'est pas ainsy que vont les humains. la plus grande celerité dont nous ayons l'idée dans les expeditions militaires est celle des romains - l'activité de cesar est connue - cesar dictateur employoit cette meme discipline que ses armées avoient acquises depuis longtems, et dont s'etoit servy cesar citoyen; les affaires politiques semblent avoir eu chez les romains la meme exec[ution] ils etoient puissans au dehors - ils etoient toujours reunis contre le reste du genre humain - ils rendoient leur treve, et rien n'arretoit leur decision - les affaires civiles sont infiniment lentes en france, et les negligences des juges et la complication des loix et la multiplicité des formes prolongent les procès - le cours de la justice doit etre plus long et plus dispendieux dans une monarchie, parceque les loix sont contradictoires, parceque la jurisprudence devient par la necessité de les concilier et meme de les changer une interpretation arbitraire des loix, parceque une ancienne jurisprudence qui sert de loix a souvent eprouvé des variations, parceque les faveurs et les recommandations toujours puissantes dans une monarchie ne permettent pas que la balance de la justice reste dans la position que les loix luy donnent; on ne peut pas parler de la promptitude ou de la lenteur de l'administration en france - elle depend des ministres qui se succedent - et la plus part des ministres indifferens sur les affaires les laissent aller au courant ordinaire - il y a des affaires protegées qui vont plus viste - le reste va selon la commodité des subalternes chargés du travail - le plus souvent chaque difficulté les arrete et il y a toujours une grande partie des affaires qui ne finit point.

ce ne sont pas les loix seulement qui mettent de la lenteur dans les affaires ce sont les moeurs du monarque et du plus grand nombre des hommes en place - le monarque ne fait rien par luy meme, et ne veut pas toujours faire ce qu'on luy propose - il aime son authorité, parcequ'il ne connoit qu'elle on ne luy a point appris autre chose - mais il craint les hommes parcequ'il ne les connoit pas, parcequ'il ne vit point avec eux - [illegible] jamais ce qu'il pense, et on a raison - car il ne veut pas luy meme ce qu'on luy propose et le plus souvent on seroit perdu dans son esprit en luy disant les choses les plus simples et les plus raisonnables - il meprise [illegible] ce qu'on luy dit en [illegible]
[illegible]

ne l'instruit du tort qu'il peut avoir, quand il n'approuve pas — on ne luy
le qu'en discours, et en remontrances, ce qui ne fait que leur [illegible]
il luy sont dictées [illegible] rime les hommes en société — il les craint
corps — il faut tout faire sans luy, et il faut cependant se servir
luy pour tout ce qu'on fait — il [illegible] son ministre quand
affaires sont embarrassées — le ministre qui ne peut rien tenter qu'a
credit se deffie toujours de son credit — il tremble il [illegible] — il differe — il
[illegible] pas d'une volonté ferme ceux qui travaillent sous ses ordres — il
n'a pas luy meme d'idée fixe — et ceux-cy — de ceux qui remplissent
places plus ou moins secondaires n'ose pas entreprendre ce qui ne
sera pas soutenu — on cherche moins a decider les affaires qu'a se delivrer
de la necessité perilleuse d'une decision — on cherche la plus part du temps
dans une monarchie le moyen de manquer les affaires comme on cherche
[illegible] une republique le moyen de les finir — ainsy tout traine — tout
languit, et cette [illegible] dont on attachoit l'idée au nom de la
monarchie fait place aux incertitudes et aux delais [illegible] des
volontés foibles et changeantes du monarque, des ministres, et de
tous ceux qui remplissent les places —
on ne veut pas comprendre qu'il n'y a point d'activité, ny d'utilité
dans les grandes places sans vertus — je suis loin de croire comme mon
tesquieu qu'il ne puisse point exister de vertus dans une monarchie
mais je suis bien persuadé que tant qu'il n'y aura point de vertus
dans une monarchie, il n'y aura rien de ce qui peut faire prosperer
l'etat et soutenir la monarchie —
quand le card. de richelieu vouloit donner au gouvernement l'activité
de son caractere, il craignoit les [illegible] des compagnies — mais il les
craignoit egalement quand elles etoient utiles pour arrester le cours
de ses iniquités, et quand elles etoient nuisibles a l'accomplissement
des services les plus estimables —
ce n'est pas par l'opposition des corps que l'activité de la monarchie
est suspendue — c'est par ses propres vices — les corps l'avertissent
de la necessité de mettre beaucoup de reflexion dans les changemens
qu'elle medite — ses vices la laissent s'endormir [illegible]
[illegible] l'insouciance du bien public —
les corps ont trop rarement en france arresté la liberalité des souverains —
mais enfin l'embarras de multiplier les impots, et d'en solliciter
l'enregistrement est un heureux obstacle pour eux — on ne
doit pas dire qu'ils ont besoin d'un obstacle parce qu'on ne
[illegible] que leur grandeur ils voudroient [illegible] sans
[illegible] des services rendus avec un courage et une fidelité sans [illegible]
[illegible]

l'égarement même, ils ne soupiroient qu'après les loix & leur devoir, & retardoient la fougue & l'impétuosité des factieux plus qu'ils ne pouvoient la servir (*c*).

Le cardinal de Richelieu, pensant peut-être qu'il avoit trop avili les ordres de l'état, a recours, pour le soutenir, aux vertus du prince & de ses ministres (*d*); & il exige d'eux tant de choses, qu'en vérité il n'y a qu'un ange qui puisse avoir tant d'attention, tant de lumières, tant de fermeté, tant de connoissances; & on peut à peine se flatter que, d'ici à la dissolution des monarchies, il puisse y avoir un prince & des ministres pareils.

Comme les peuples qui vivent sous une bonne police sont plus heureux que ceux qui, sans règle & sans chefs, errent dans les forêts; aussi les monarques, qui vivent sous les loix fondamentales de leur état, sont-ils plus heureux que les princes despotiques, qui n'ont rien qui puisse règler le cœur de leurs peuples, ni le leur.

(*c*) Mémoires du cardinal de Retz, & autres histoires.
(*d*) Testament politique.

## CHAPITRE XII.

### *Continuation du même sujet.*

QU'ON n'aille point chercher de la magnanimité dans les états despotiques; le prince n'y donneroit point une grandeur qu'il n'a pas lui-même : chez lui, il n'y a pas de gloire.

C'est dans les monarchies que l'on verra autour du prince les sujets recevoir ses rayons; c'est là que chacun tenant, pour ainsi dire, un plus grand espace, peut exercer ces vertus qui donnent à l'ame, non pas de l'indépendance, mais de la grandeur.

## CHAPITRE XIII.

### *Idée du despotisme.*

QUAND les sauvages de la Louisiane veulent avoir du fruit, ils coupent l'arbre au pied, & cueillent le fruit (a). Voilà le gouvernement despotique.

(a) Lettres édifiantes, recueil II, page 315.

## CHAPITRE XIV.

### *Comment les loix sont relatives au principe du gouvernement despotique.*

LE gouvernement despotique a pour principe la crainte : mais, à des peuples timides, ignorans, abbattus, il ne faut pas beaucoup de loix.

Tout y doit rouler sur deux ou trois idées : il n'en faut donc pas de nouvelles. Quand vous instruisez une bête, vous vous donnez bien de garde de lui faire changer de maître, de leçons & d'allure ; vous frappez son cerveau par deux ou trois mouvemens, & pas davantage.

Lorsque le prince est enfermé, il ne peut sortir du séjour de la volupté, sans désoler tous ceux qui l'y retiennent. Ils ne peuvent souffrir que sa personne & son pouvoir passent en d'autres mains. Il fait donc rarement la guerre en personne, & il n'ose guère la faire par ses lieutenans.

Un prince pareil, accoutumé, dans son palais, à ne trouver aucune résistance, s'indigne de celle qu'on lui fait les armes à la main : il est donc ordinairement conduit par la

de l'excellence du gouvernement monarchique

cette excellence consiste a valoir mieux que le despotisme.
le despote, dit on, est renversé par la fougue d'un peuple qui a
pris le chef - les chefs du peuple dans une monarchie le dirigent
quand ils l'excitent, et ne le mènent jamais au renversement [illegible]
[illegible]
[illegible]
et de [illegible] Dois [illegible] La sureté
d'un monarque est dans les loix - le despote est sans autre appuy
que luy meme - rien ne le soutient quand on ne le craint plus.
je ne vois dans toutes ces reflexions qu'une triste comparaison de
la monarchie avec ce qu'il y a de plus avilissant pour l'espece
humaine, le despotisme, et je n'en concois point l'idée de l'excellence du gouvernement monarchique.

continuation de mon sujet

on presente les sujets recevant les rayons du prince
qu'ils environnent, image de la cour de louis 14 - il faut y ajouter
la devise nec pluribus impar - on pourroit faire une image
plus brillante, celle du siecle meme de louis 14 - c'est le monarque
prince eclairé des rayons de tous ces grands hommes auxquels
il doit cette gloire cet eclat d'esprit qui frappoit les
regards de ses sujets, et qui frappe encore les yeux de la posterité.
montesquieu ne se derobe a nulle des erreurs de la cour et du
monde - on dit que tout emprunte son eclat du prince, mais
sa gloire est celle de son peuple, tandis qu'il est conduit luy meme
et souvent malgré luy par l'opinion publique, et qu'il
n'y a de bien sous son regne que celuy qu'amene toujours
tôt ou tard la necessité generale.

idée du despotisme

cette image du despotisme est belle, quand les sauvages de la
louisianne veulent ceuillir du fruit, ils arrachent l'arbre,
par le pied - mais le despotisme ne subsisteroit pas, s'il arrachoit
tous les arbres dont il ceuille le fruit -
le despotisme du grand seigneur ne s'exerce ny sur la religion,
ny sur les loix de chaque peuple soumis a son empire, ny sur
les moeurs de toutes les rangs et de tous les ordres. le janissaire

sa paye, ses droits, ses devoirs, et ses coustumes qui ne changent point - le grec a son commerce, son repos, son culte sans trouble et sans inquietude. le despotisme ne s'exerce que dans l'ordre de l'administration, et ses rigueurs ne tombent que sur les grands puissans, et sur ceux qui les approchent.

comment les loix sont relatives au principe du gouvernement despotique -

il existe un veritable despotisme dont la nature soit ~~est~~ de n'avoir point de loix il est inutile de chercher les loix qui sont relatives a son principe. si son principe est la crainte, il ne doit pas admettre de loix qui semblent rassurer le peuple, et derober ~~[illegible]~~ a la crainte une partie de son empire -

on avoue qu'il ne faut pas beaucoup de loix. on croit bien plus craintif s'il n'y en avoit point du tout.

on regarde le peuple comme une beste qu'on veut ~~dompter~~ mener. on se garde bien de leur faire changer de maistre, de leçons, et d'allure -

il semble que le despote soit une intelligence superieure qui connoit les bornes de l'esprit ~~du peuple~~ des humains; elle a soin de frapper le cerveau de ces estres inferieurs par deux ou trois mouvemens et pas davantage -

on ne songe pas que le despote est plus beste que ses sujets parce qu'il n'a besoin de rien - il est sans besoins et sans idées - il trouve les loix faites - il ne les change pas. ces loix se sont faittes par des hommes qui n'[illegible]ment des despotes - ils avoient inspiré la confiance, l'amour, l'enthousiasme en exerçant l'authorité - et leurs loix etoient conformes bien plus aux moeurs et aux idées generales de leur tems qu'a leur propre volonté - ce ne sont pas les monarques, et les despotes qui font les loix ils adoptent celles qu'on leur propose, et la pluspart loix sont l'expression des [illegible], ou des prejugés du moment qui ont [illegible] que partout les peuples donnent [illegible] usages [illegible] les loix [illegible]

colère ou par la vengeance. D'ailleurs, il ne peut avoir d'idée de la vraie gloire. Les guerres doivent donc s'y faire dans toute leur fureur naturelle, & le droit des gens y avoir moins d'étendue qu'ailleurs.

Un tel prince a tant de défauts, qu'il faudroit craindre d'exposer au grand jour sa stupidité naturelle. Il est caché, & l'on ignore l'état où il se trouve. Par bonheur, les hommes sont tels dans ce pays, qu'ils n'ont besoin que d'un nom qui les gouverne.

*Charles XII étant à Bender*, trouvant quelque résistance dans le sénat de Suède, écrivit qu'il leur enverroit une de ses bottes pour commander. Cette botte auroit commandé comme un roi despotique.

Si le prince est prisonnier, il est censé être mort, & un autre monte sur le trône. Les traités que fait le prisonnier sont nuls; son successeur ne les ratifieroit pas. En effet, comme il est les loix, l'état & le prince; & que, si-tôt qu'il n'est plus le prince, il n'est rien; s'il n'étoit pas censé mort, l'état seroit détruit.

Une des choses qui détermina le plus les Turcs à faire leur paix séparée avec *Pierre I*, fut que les Moscovites dirent au vizir qu'en Suède on avoit mis un autre roi sur le trône (*a*).

La conservation de l'état n'est que la conservation du prince, ou plutôt du palais où il est enfermé. Tout ce qui ne menace pas directement ce palais ou la ville capitale, ne fait point d'impression sur des esprit ignorans, orgueilleux & prévenus : &, quant à l'enchaînement des événemens, ils ne peuvent le suivre, le prévoir, y penser même.

(*a*) Suite de *Pufendorff*, histoire universelle, au traité de la Suède, chap. x.

La politique, ses ressorts & ses loix, y doivent être très-bornés ; & le gouvernement politique y est aussi simple que le gouvernement civil (*b*).

Tout se réduit à concilier le gouvernement politique & civil avec le gouvernement domestique, les officiers de l'état avec ceux du serrail.

Un pareil état sera dans la meilleure situation, lorsqu'il pourra se regarder comme seul dans le monde ; qu'il sera environné de déserts, & séparé des peuples qu'il appellera barbares. Ne pouvant compter sur la milice, il sera bon qu'il détruise une partie de lui-même.

Comme le principe du gouvernement despotique est la crainte, le but en est la tranquillité : mais ce n'est point une paix, c'est le silence de ces villes que l'ennemi est prêt d'occuper.

La force n'étant pas dans l'état, mais dans l'armée qui l'a fondé ; il faudroit, pour défendre l'état, conserver cette armée : mais elle est formidable au prince. Comment donc concilier la sureté de l'état avec la sureté de la personne ?

Voyez, je vous prie, avec quelle industrie le gouvernement Moscovite cherche à sortir du despotisme, qui lui est plus pesant qu'aux peuples mêmes. On a cassé les grands corps de troupes, on a diminué les peines des crimes, on a établi des tribunaux, on a commencé à connoître les loix, on a instruit les peuples. Mais il y a des causes particulières, qui le ramèneront peut-être au malheur qu'il vouloit fuir.

Dans ces états, la religion a plus d'influence que dans aucun autre ; elle est une crainte ajoutée à la crainte. Dans les empires Mahométans, c'est de la religion que les peuples

(*b*) Selon M. *Chardin*, il n'y a point de conseil d'état en Perse.

tirent,

le despote enfermé dans son serrail semble maistre de tout et ne dispose de rien que de la place de son visir. le visir fait la guerre ou la paix et le despote ne peut que luy faire couper la teste [illegible] arrive par le caractere du despote, on ne peut pas dire qu'il rompt un traitté, qu'il declare la guerre avec colere, avec vengeance, que sa passion conduit la guerre, toute sa fureur naturelle et fait perdre une partie de [illegible] quand elle paroit [illegible] dans le combat, quand le janissaire dans l'attaque ou dans la fuite ne sçait pas seulement ce que pense le sultan dans son palais.

ce n'est pas parce qu'en tel autre estat [illegible] concentre en luy meme les loix et l'estat qu'il est [illegible] detroné [illegible] prisonnier. l'histoire nous apprend quel est le genie du sang des ottomans, et comment l'humiliation de Bajazet enfermé dans une cage ~~de fer~~ occasionna la loy qui ne reconnoist point un sultan dans les fers.

on ne conçoit pas comment on peut dire que la conservation du prince est celle de l'estat quand on voit tant de sultans detronés par ~~le peuple~~ meme, et l'estat conservé dans tout son despotisme. on change de prince, et non de gouvernement. un pareil gouvernement ne peut sans doute se defendre que par la force. il faut une armée toujours subsistante. cette armée est redoutable au prince et non à l'estat. le prince tombe et l'estat reste.

la religion est utile dans un estat despotique, non parce qu'elle ajoute une crainte à la crainte, mais parce qu'elle fait respecter, et meme aimer le meme pouvoir qu'on doit craindre.

la crainte meme de la religion est accompagnée d'une secrete confiance qui semble en rendre l'impression douce et satisfaisante.

la religion des mahometans est simple sans gesne, et sans austerités. elle consacre aux yeux des croyans les successeurs de mahomet. elle encourage la soumission. l'alcoran est le livre dont la morale est la plus conforme aux mœurs, aux gouts et aux coutumes de ces pays. nulle religion aussi n'a jamais eprouvé de changemens. elle dure sans alteration depuis douze cents ans.

en general on ne songe pas a quel point le despotisme est borné par
tout ou il semble etably - il ne peut s'etablir que parmy des hommes
d'une grande ignorance - et retenus par une sorte d'immobilité stupide
dans leurs gouts et dans leurs habitudes - cette immobilité forme un
centre devenu invincible - le despote n'y peut rien - il a luy meme
une stupidité semblable - quand il seroit d'un esprit plus elevé
d'une ame plus active, ce qui doit arriver rarement, il ne pourroit
pas changer le caractere et les mœurs de ceux sur lesquels, et pour lesquels il commande - il luy est permis d'oter la vie d'un homme, comme
d'otier un animal - il ne luy est pas plus possible de changer les mœurs
de sa nation que l'instinct des animaux - ainsy le pouvoir du
despote est aussy borné sur les choses qu'il semble etendu sur les personnes
chacun est esclave, et tous luy resistent et le dominent - il ne peut
mesurer sa puissance par le tres petit nombre de ceux qu'il
tue - il doit mesurer sa foiblesse par sa nation entiere a laquelle
il ne fait rien, et ne peut rien faire - voila pourquoy rien n'est
si durable qu'un empire despotique - il dure autant qu'une nation
qui ne change point -
on n'a point a craindre que dans une nation semblable un petit
nombre de loix egalement convenable aux mœurs des sujets
comme a la nature du gouvernement ne soit pas conforme a son
principe - le principe n'est [illegible] l'ignorance
du prince l'imprevoyance de l'avenir - l'immobilité ou
le presque et ce sont toutes les qualités dans le caractere, ou plustost
tous les defauts de qualités qui semblent faire sans cesse oublier
la crainte -
celuy qui craint a reflechy sur les evenemens - [illegible]
le malheur de son voisin, de son parent, de son superieur - il sent
la peine, l'embarras, le tourment que donne la crainte - il a besoin
d'en sortir - la crainte donne le desir et le desir donne les moyens
de se tirer d'un danger toujours present - la crainte et le besoin
sont les sources de l'industrie - qu'on considere un turc [illegible]
dans le moment de paix - le dernier des esclaves turcs se repose
et jouit de son repos; il suffit de le voir pour etre bien persuadé
que son repos est sans inquietude, que son repos est sans prevoyance
comme sans mouvement - un tel homme ne vit pas dans la
crainte - il n'en est pas capable, et les gouvernemens despotiques
ne se maintiennent si longtems, que parce qu'il n'est pas
dans le caractere des peuples asservis de reflechir de [illegible]
et de craindre.
Le despotisme est formé par les mœurs des peuples avant
d'etre etably par des loix, et il se soutient par les memes causes qui l'ont formé.

voila pourquoy le czar pierre en ~~[illegible]~~ une marine, en disciplinant une armée, en cassant les strelits instrumens du despotisme et tranquil- lités, etc. [illegible] reformant les loix, en instituant des academies, n'a jamais pu detruire ~~changer~~ la nature de son gouvernement - les arts n'avoient pénétré dans son ame barbare, et n'avoient pas pu ~~[illegible]~~ [illegible] comment auroit il pu donner des moeurs libres a ce peuple inert stupide, qui resiste comme un rocher eternel a toutes les revolutions qui changent la surface de la terre.

montesquieu rapporte quelques loix des etats despotiques qui derivent sans doute de la nature du gouvernement - il les raporte, il les confond, il ne les explique pas - c'est au principe du gouvernement, c'est a la crainte qu'il doit les rapporter.

tel est la loy qui fait le prince heritier de tous ses sujets. est il vray que cette loy soit etablie quelque part - ne seroit elle pas l'effet du droit de conqueste qui s'empare de la terre et qui la donne sous la loy du tribut - ne faut il pas distinguer les posses- sions soumises a la ~~[illegible]~~ reversion, et celles ~~[illegible]~~ dont l'heritage n'est soumis qu'a des droits - montesquieu n'a t il point confondu les propriétés du domaine ~~[illegible]~~ des sujets avec les proprie- tes patrimoniales des sujets, ou les principes du regime feodal repandu plus ou moins dans tous les etats de l'orient avec les principes du despotisme.

on a vu sous des empereurs qu'on a regardés comme des monstres d'illustres et malheureux citoyens leguer une partie de leurs biens au prince, pour assurer le reste a leur famille - ils mouroient souvent avant le terme de la nature parce qu'ils n'avoient pas seu flatter la tyrannie - l'amour de la famille plus puissant que l'amour de la vie arrachoit de leur bouche mourante ces eloges forcés qui deviennent dans la posterité la plus affreuse condamnation des tyrans -

tel est l'empire de la crainte qu'elle va toujours plus loin que les loix mêmes du despotisme - domitien avoit besoin d'une ~~[illegible]~~ de vengeance qui repoussat le sentiment de la honte pour accepter ces legs a vieillards auxquels il n'auroit pas osé pretendre - et peut etre il eprouva le regret de perdre le droit de confiscation par celuy d'une heredité partagée.

ces dons ne sont pas des loix - ces dons ne sont pas rares parmy les orientaux - on donne une partie de ses biens pour conserver l'autre sous des gouver- nemens avides - les gouverneurs de provinces, les [illegible] riches [illegible] se soutiennent par des presens - les presens sont en usage dans tout l'orient - ce ne sont pas des loix qui reglent les dons - il est dans la nature des gouvernemens de s'enrichir - on ne s'enrichit souvent que par des extorsions [illegible] [illegible] genre - les hommes puissans sans industrie s'enrichissent par la violence

présens sont conformes aux mœurs publiques - on en fait dans tous les etats - cet usage est d'une grande antiquité - nous lisons dans l'histoire sainte que les patriarches ne visitoient point, ou ne recevoient point de visite sans les présens d'usage l'hospitalité s'exerçoit avec une sorte de religion, et des présens accompagnoient toujours les soins de l'hospitalité - nous retrouvons les mêmes usages dans les poemes d'homere - nous retrouvons ces mêmes sentimens de bienfaisance et de charité dans les livres de morale et de religion des orientaux - il faut entrer dans ces considérations pour separer du moins dans les usages ou dans les loix ce qui appartient aux mœurs generales de ce qui provient de la crainte du gouvernement.

si le prince en turquie a donné des terres a sa milice ce ne sont pas toutes les terres - s'il les a données dans le tems de la conqueste, c'etoit une recompense du service de guerre - c'etoit un don du prince - ce n'etoit pas une loy faite exprès pour envahir les successions - s'il les a données a condition de les reprendre il a fait ce qu'avoient fait les chefs des francs au tems de leur conquestes dans les gaules, et les chefs des francs etoient loin d'être despotes ce n'est pas une loy du despotisme sur une nation - c'est la loy du chef d'une armée victorieuse qui veut entretenir son armée dans le pays conquis par le meme appas qui l'avoit attirée; enfin c'est la crainte de perdre son pouvoir sur sa milice - c'est la crainte du despote qui a dicté la loy -

montesquieu auroit peut être mieux etably le principe du gouvernement despotique sur la crainte du despote que sur celuy du peuple - en general le petit nombre de loix dans chaque nation qui ne sont pas nationales, le petit nombre de loixs vraiment faites par le prince, par ses ministres et non par l'opinion ont leur source dans les craintes du gouvernement qui s'arme de précautions pour se defendre et pour se maintenir, et cette crainte est plus ou moins le principe de tous les gouvernemens qui ne sont pas populaires et démocratiques; le peuple souffre dans les mauvais gouvernemens, et ce sont les puissans qui craignent -

on pourroit distinguer en france les loix faites par les vices du gouvernement, et celles qui furent faites successivement par l'opinion publique toujours puissante sur le gouvernement - c'est par cette distinction même qu'on pourroit mieux connoitre l'esprit des loix de france, et l'on par je ne sais quel rapport frivole et arbitraire avec tout ce qu'il y a de plus arbitraire et de plus frivole. l'honneur tel qu'il regne dans ce qu'on appelle le monde ou la cour.

montesquieu confond la réversion des terres données a la milice, la même

tirent, en partie, le respect étonnant qu'ils ont pour leur prince.

C'est la religion qui corrige un peu la constitution Turque. Les sujets, qui ne sont pas attachés à la gloire & à la grandeur de l'état par honneur, le sont par la force & par le principe de la religion.

De tous les gouvernemens despotiques, il n'y en a point qui s'accable plus lui-même, que celui où le prince se déclare propriétaire de tous les fonds de terre, & l'héritier de tous ses sujets : il en résulte toujours l'abandon de la culture des terres. Et, si d'ailleurs le prince est marchand, toute espèce d'industrie est ruinée.

Dans ces états, on ne répare, on n'améliore rien (*c*). On ne bâtit de maisons que pour la vie; on ne fait point de fossés, on ne plante point d'arbres; on tire tout de la terre, on ne lui rend rien; tout est en friche, tout est desert.

Pensez-vous que les loix qui ôtent la propriété des fonds de terre & la succession des biens, diminueront l'avarice & la cupidité des grands? Non : elles irriteront cette cupidité & cette avarice. On sera porté à faire mille vexations, parce qu'on ne croira avoir en propre que l'or ou l'argent que l'on pourra voler ou cacher.

Pour que tout ne soit pas perdu, il est bon que l'avidité du prince soit modérée par quelque coutume. Ainsi, en Turquie, le prince se contente ordinairement de prendre trois pour cent sur les successions (*d*) des gens du peuple. Mais, comme le grand-seigneur donne la plupart des terres à sa milice, & en dispose à sa fantaisie; comme il se saisit de toutes les successions,

(*c*) Voyez *Ricaut*, état de l'empire Ottoman, page 196.

(*d*) Voyez, sur les successions des Turcs, *Lacédémone ancienne & moderne*. Voyez aussi *Ricaut*, de l'empire Ottoman.

des officiers de l'empire; comme, lorſqu'un homme meurt ſans enfans mâles, le grand-ſeigneur a la propriété, & que les filles n'ont que l'uſufruit; il arrive que la plupart des biens de l'état ſont poſſédés d'une manière précaire.

Par la loi de *Bantam* (*e*), le roi prend la ſucceſſion, même la femme, les enfans & la maiſon. On eſt obligé, pour éluder la plus cruelle diſpoſition de cette loi, de marier les enfans à huit, neuf ou dix ans, & quelquefois plus jeunes, afin qu'ils ne ſe trouvent pas faire une malheureuſe partie de la ſucceſſion du père.

Dans les états où il n'y a point de loi fondamentale, la ſucceſſion à l'empire ne ſçauroit être fixe. La couronne y eſt élective par le prince, dans ſa famille, ou hors de ſa famille. En vain ſeroit-il établi que l'aîné ſuccéderoit; le prince en pourroit toujours choiſir un autre. Le ſucceſſeur eſt déclaré par le prince lui-même, ou par ſes miniſtres, ou par une guerre civile. Ainſi cet état a une raiſon de diſſolution de plus qu'une monarchie.

Chaque prince de la famille royale ayant une égale capacité pour être élu, il arrive que celui qui monte ſur le trône fait d'abord étrangler ſes frères, comme en Turquie; ou les fait aveugler, comme en Perſe; ou les rend fous, comme chez le Mogol: ou, ſi l'on ne prend point ces précautions, comme à Maroc, chaque vacance de trône eſt ſuivie d'une affreuſe guerre civile.

Par les conſtitutions de Moſcovie (*f*), le czar peut choiſir

---

(*e*) Recueil des voyages qui ont ſervi à l'établiſſement de la compagnie des Indes, tome premier. La loi de *Pégu* eſt moins cruelle; ſi l'on a des enfans, le roi ne ſuccède qu'aux deux tiers. *Ibid.*, *tome III*, *page* 1.

(*f*) Voyez les différentes conſtitutions, ſurtout celle de 1722.

des succesions des officiers de l'empire, et le droit de trois pour cent sur les succesions
des gens du peuple en turquie -
ces loix sont aussy differentes par leur principes que des loix qui n'avoient pas un
objet commun -
la reversion des terres données a la milice est la loy du don -
la saisie des succesions des officiers de l'empire est une reprise de ce que
les officiers volent sans cesse a l'empire - on les laisse prendre tout ce qu'ils
veulent - on leur fait rendre tout ce qu'ils ont pris - loin que ce soient la
des loix, il faut en conclurre qu'il n'y a point de loix -
le droit de trois pour cent sur les succesions du peuple a son origine dans
la conqueste de la nation qui gouverne et c'est un tribut des nations sousmises
a l'empire des turcs -
les turcs sans industrie n'ont point connu le regne regulier de la fiscalité
ils n'employent pas plus de ressources pour enrichir leur gouvernement
que pour s'enrichir eux mesmes. ils connoissent les confiscations, les
vexations, les presens - ils pillent - ils saisissent, ils reçoivent - mais leur
gouvernement mesme impose peu de tributs aux nations qu'il gouverne
ce droit de trois pour cent une fois estably reste tousjours le mesme, et chaque
visir qui, tout entier a s'enrichir par toutes les voyes particulieres, n'a jamais songé
qu'on pouvoit establir accroistre une imposition générale; il s'en faut
bien que ce droit qui n'augmente jamais ait rapport avec cet enva-
hissement des succesions qui supposeroit dans un gouvernement
immobile et sans progrés le dernier terme des progrés de l'avidité
fiscale;
quand on dit que le grand seigneur a la proprieté des succesions ouvertes sans
enfans masles, et que les filles n'ont que l'usufruict, cela ne concerne
sans doute que les familles des officiers de l'empire. -
j'ay peine a croire que la loy de bantam qui donne au roy, la femme, les enfans,
la maison de ceux qui meurent soit générale - il ne s'agit sans doute encore
que des puissans, et des officiers de l'empire -
c'est un [illegible] des voyageurs de prendre un fait pour un usage, un exemple pour
une loy - c'est un defaut des voyageurs d'estendre a toute une nation les usages ou
les loix d'une seule classe de la nation - c'est un défaut des voyageurs de lier
par des raisonnemens des choses qui n'ont aucun rapport entr'elles -
ainsy dans ces climats les filles sont nubiles a huit, neuf, ou dix ans
la mesme aussy la puberté du sexe masle est plus avancée. il y a quelques exemples
de mariages precoces - un voyageur en multiplie le nombre, et [illegible] joint
ces exemples qui n'ont rapport qu'au climat avec quelques autres exemples
occasionnés par la crainte de perdre l'heritage -
on pense que la succession a l'empire ne sçauroit estre fixe dans un estat despotique
parce qu'elle ne l'est point en turquie, en perse, dans l'indoustan, a maroc,
a petersbourg -
peut on trouver icy quelque analogie entre cette crainte du peuple qui
doit estre le principe des estats despotiques et le defaut de loy fixe [illegible]

pour regler la succession a l'empire-
chaque souverain en seroit il le maistre, et le peuple en
seroit il plus esclave quand l'ainé des enfans seroit l'unique
heritier de l'empire-
la famille des ottomans, celle des mogols est en droit de
regner. on auroit pu regler la succession dans chaque famille
sans qu'il y eut rien de changé dans le gouvernement-
Le premier ordinaire a nommé son successeur - les autres ont fait
de meme - on a continué de choisir, parce qu'on avoit choisy-
chaque souverain a l'avantage aussy de tenir ses enfans
ou ses neveux dans une plus grande dependance, quand il
peut nommer chacun d'eux pour son successeur-
les loix du gouvernement des ... conserve
je vois dans les usages ... l'impression de la crainte qu'il eprouve de la crainte
qu'il inspire, et c'est la crainte du despote que je serois
tenté de regarder comme le principe du gouvernement
despotique, si les moeurs orientales ne gouvernoient pas encore davantage
le despote et ses sujets-
ce sont les moeurs qui permettent la pluralité des femmes
pluralité des femmes est le luxe de la richesse dans l'asie
comme la depense d'une plus grande representation dans
les etats d'europe - les enfans se multiplient comme les femmes
les serails sont remplis par des esclaves qu'un epoux las
de ses plaisirs seul les ne peut pas aimer, et par des enfans
qu'un pere ne connoit pas - l'amour ne les a point fait naitre
l'amour ne preside pas plus a leur education qu'a leur naissance
les soins de leur enfance ignorée sont abandonnés aux mains
des eunuques et des esclaves - le despote dans son serail trop
nombreux doit encore moins ressentir les douceurs de l'amour
et de la paternite - il n'est point ému ... faut il donc
... sont indifferens - il ignore ...
... des ses enfans - il oublie son premier né -
ce sont ces moeurs qui sont cause qu'on n'a point fait de
loy - ce sont ces moeurs qui laissent les regards paternels
s'abbaisser au hazard sur celuy qu'on choisit, dans le
moment ou l'on se decide a faire un choix - cette ...
qui tient a l'habitude des sentimens des sultans d'asie est
bien plus vraisemblable qu'aucun raisonnement

qui il veut pour son successeur, soit dans sa famille, soit hors de sa famille. Un tel établissement de succession cause mille révolutions, & rend le trône ausi chancelant que la succession est arbitraire. L'ordre de succession étant une des choses qu'il importe le plus au peuple de sçavoir, le meilleur est celui qui frappe le plus les yeux, comme la naissance & un certain ordre de naissance. Une telle disposition arrête les brigues, étouffe l'ambition; on ne captive plus l'esprit d'un prince foible, & l'on ne fait point parler les mourans.

Lorsque la succession est établie par une loi fondamentale, un seul prince est le successeur, & ses frères n'ont aucun droit réel ou apparent de lui disputer la couronne. On ne peut présumer ni faire valoir une volonté particulière du père. Il n'est donc pas plus question d'arrêter ou de faire mourir le frère du roi, que quelque autre sujet que ce soit.

Mais, dans les états despotiques, où les frères du prince sont également ses esclaves & ses rivaux, la prudence veut que l'on s'assure de leurs personnes; sur-tout dans les pays Mahométans, où la religion regarde la victoire ou le succès comme un jugement de dieu; de sorte que personne n'y est souverain de droit, mais seulement de fait.

L'ambition est bien plus irritée dans des états où des princes du sang voient que, s'ils ne montent pas sur le trône, ils seront enfermés ou mis à mort, que parmi nous où les princes du sang jouissent d'une condition qui, si elle n'est pas si satisfaisante pour l'ambition, l'est peut-être plus pour les desirs modérés.

Les princes des états despotiques ont toujours abusé du mariage. Ils prennent ordinairement plusieurs femmes, sur-tout dans la partie du monde où le despotisme est, pour ainsi dire, naturalisé, qui est l'Asie. Ils en ont tant d'enfans, qu'ils ne peuvent guère avoir d'affection pour eux, ni ceux-ci pour leurs frères.

La famille règnante ressemble à l'état : elle est trop foible, & son chef est trop fort; elle paroît étendue, & elle se réduit à rien. *Artaxerxès* (g) fit mourir tous ses enfans, pour avoir conjuré contre lui. Il n'est pas vraisemblable que cinquante enfans conspirent contre leur père; & encore moins qu'ils conspirent, parce qu'il n'a pas voulu céder sa concubine à son fils aîné. Il est plus simple de croire qu'il y a là quelque intrigue de ces serrails d'orient; de ces lieux où l'artifice, la méchanceté, la ruse règnent dans le silence, & se couvrent d'une épaisse nuit; où un vieux prince, devenu tous les jours plus imbécille, est le premier prisonnier du palais.

Après tout ce que nous venons de dire, il sembleroit que la nature humaine se soulèveroit sans cesse contre le gouvernement despotique. Mais, malgré l'amour des hommes pour la liberté, malgré leur haine contre la violence, la plupart des peuples y sont soumis. Cela est aisé à comprendre. Pour former un gouvernement modéré, il faut combiner les puissances, les règler, les tempérer, les faire agir; donner, pour ainsi dire, un lest à l'une, pour la mettre en état de résister à une autre. C'est un chef-d'œuvre de législation, que le hasard fait rarement, & que rarement on laisse faire à la prudence. Un gouvernement despotique, au contraire, saute, pour ainsi dire, aux yeux; il est uniforme par-tout : comme il ne faut que des passions pour l'établir, tout le monde est bon pour cela.

(g) Voyez *Justin*.

montesquieu ~~termine ses raisonnemens~~ [finit] par une reflexion bien naturelle qui devoit luy donner des doutes, et qui semble [illegible] verifier ~~les~~ autres.

il semble dit il que la nature humaine devroit se soulever sans cesse contre le gouvernement despotique - mais malgré l'amour des hommes pour la liberté, malgré leur haine contre la violence, la plus part des peuples y sont soumis.

sans doute si le gouvernement despotique etoit l'ouvrage des passions d'un seul homme, comme il le suppose, il ne pouvoit pas subsister - les hommes repousseroient les passions d'un homme qui contrediroit toutes leurs passions -

mais le despotisme [resulte et] ~~est l'ouvrage de tous~~ [illegible] né des mœurs des orientaux, et ces mœurs sont celles aussi des despotes.

~~l'amour de~~ la liberté n'est pas la même chose chez tous les peuples - la liberté consiste dans le pouvoir de faire chaque jour ce qu'on est accoutumé a faire chaque jour - un peuple a toute la liberté dont il a besoin quand on ne trouble point cette accoutumance qui fait sa vie - cette accoutumance journaliere a des objets très bornés chez les orientaux. le despotisme n'y change rien - les grecs, les egyptiens, le peuple des indes, les persans, les chinois suivent sous l'empire de leurs ~~[illegible]~~ et janissaires, de leur mogol ~~ou~~ [et] nababs, de leurs beys, [ou] de ~~[illegible]~~ [et seigneurs] ~~[illegible]~~ ~~ordres~~ sans ~~faire~~ [aller a] la guerre, sans quitter leurs paisibles occupations, sans troubler leur commerce, ~~ils conservent~~ leurs habitudes, et ne s'apperçoivent [pas] ~~[illegible]~~ ~~que~~ des changemens dans le gouvernement ~~[illegible]~~ ne sont point des changemens pour eux - c'est dans ces mœurs toujours subsistantes qu'il faut rechercher les causes qui leurs ~~[illegible]~~ s'etablir ~~le~~ despotisme, et qui le laissent toujours subsister

au milieu des changemens qu'eprouve la succession des despotes -

[l'effet des passions n'a point ...] [illegible]

maxime generale ~~le despotisme [illegible]~~

~~[illegible]~~ n'en fait point -

le despotisme ne se maintient que dans les pays [illegible]

[illegible]

continuation du meme sujet

on parle de la loy qui fixe en turquie la majorite a quinze ans - on la rapporte au climat qui rend les mariages precoces. on oublie ce qu'on se propose, les loix qui se rapportent au principe du gouvernement-

~~la cession~~ des biens n'a point lieu dans des etats ou l'on craint de perdre ses biens.

voila ce qu'il est difficile de comprendre - en turquie et sous le despotisme les grandes richesses sont toujours en danger - elles excitent l'envie d'un pacha, d'un gouverneur, des officiers employes sous eux - et voila pourquoy le commerce ne s'etend pas - on reste dans la misere ou dans la mediocrite. cependant celuy qui preste n'en doit pas moins s'assurer tous les gages qui peuvent rendre sa creance plus solide - et il semble que l'hypotheque est un obstacle de plus qu'on peut opposer a ceux qui voudroient les envahir - enfin rien n'empesche les libres conditions d'un traitté volontaire - on ne risque rien que de perdre sa garantie, on la perd d'avance quand on ne la stipule pas -

est il bien vray que ce soit la crainte de se voir enlever ses biens par les plus puissans qui rendent a constantinople les emprunts plus rares, et les usures plus exhorbitantes - est il vray qu'on ne pratique pas dans un pays ou l'on fait le commerce toutes les formalites qui sont la sureté du commerce - les levantins trafiquent entr'eux et avec les nations etrangeres - ils ont nécessairement des dettes actives et passives, et il est bien mal aisé que le commerce ne leur ait pas appris a suivre les formes qu'il a vu établies en europe et en amérique

le peculat est vraiment le crime de tous ceux qui sont employés par un gouvernement despotique - chacun s'enrichit de tout ce qu'il peut prendre dans les emplois qu'on luy confie. c'est un crime si commun, si bien authorisé qu'il n'y a ny loix ny jugemens pour en dicter la punition - il n'y a de remede contre un peculat authorisé que la confiscation sans jugement et sans loix.

on croit pouvoir observer que le peculat est une preuve que la crainte n'arreste pas ceux que le gouvernement employe puisque le gouvernement luy meme ne semble estre qu'une succession non interrompue d'extorsions et de confiscations -

# CHAPITRE XV.

## *Continuation du même sujet.*

DANS les climats chauds, où règne ordinairement le despotisme, les passions se font plutôt sentir, & elles sont aussi plutôt amorties (*a*) ; l'esprit y est plus avancé ; les périls de la dissipation des biens y sont moins grands ; il y a moins de facilité de se distinguer, moins de commerce entre les jeunes gens renfermés dans la maison ; on s'y marie de meilleure heure. On y peut donc être majeur plutôt que dans nos climats d'Europe. En Turquie, la majorité commence à quinze ans (*b*).

La cession de biens n'y peut avoir lieu. Dans un gouvernement où personne n'a de fortune assurée, on prête plus à la personne qu'aux biens.

Elle entre naturellement dans les gouvernemens modérés (*c*), & sur-tout dans les républiques ; à cause de la plus grande confiance que l'on doit avoir dans la probité des citoyens, & de la douceur que doit inspirer une forme de gouvernement que chacun semble s'être donnée lui-même.

Si, dans la république Romaine, les législateurs avoient établi la cession de biens (*d*), on ne seroit pas tombé dans tant de séditions & de discordes civiles, & on n'auroit point essuyé les dangers des maux, ni les périls des remèdes.

La pauvreté & l'incertitude des fortunes, dans les états

(*a*) Voyez le livre des loix, dans le rapport avec la nature du climat.

(*b*) *La Guilletière*, Lacédémone ancienne & nouvelle, page 463.

(*c*) Il en est de même des atermoiemens dans les banqueroutes de bonne-foi.

(*d*) Elle ne fut établie que par la loi Julie, *de cessione bonorum*. On évitoit la prison, & la section ignominieuse des biens.

despotiques, y naturalisent l'usure; chacun augmentant le prix de son argent à proportion du péril qu'il y a à le prêter. La misère vient donc de toutes parts dans ces pays malheureux; tout y est ôté, jusqu'à la ressource des emprunts.

Il arrive de-là qu'un marchand n'y sçauroit faire un grand commerce; il vit au jour la journée : s'il se chargeoit de beaucoup de marchandises, il perdroit plus par les intérêts qu'il donneroit pour les payer, qu'il ne gagneroit sur les marchandises. Aussi les loix sur le commerce n'y ont-elles guère de lieu; elles se réduisent à la simple police.

Le gouvernement ne sçauroit être injuste, sans avoir des mains qui exercent ses injustices : or, il est impossible que ces mains ne s'emploient pour elles-mêmes. Le péculat est donc naturel dans les états despotiques.

Ce crime y étant le crime ordinaire, les confiscations y sont utiles. Par-là on console le peuple; l'argent qu'on en tire est un tribut considérable, que le prince leveroit difficilement sur des sujets abysmés : il n'y a même, dans ce pays, aucune famille qu'on veuille conserver.

Dans les états modérés, c'est tout autre chose. Les confiscations rendroient la propriété des biens incertaine; elles dépouilleroient des enfans innocens; elles détruiroient une famille, lorsqu'il ne s'agiroit que de punir un coupable. Dans les républiques, elles feroient le mal d'ôter l'égalité qui en fait l'ame, en privant un citoyen de son nécessaire physique (*e*).

Une loi Romaine veut (*f*) qu'on ne confisque que dans le cas du crime de lèse-majesté au premier chef. Il seroit

(*e*) Il me semble qu'on aimoit trop les confiscations dans la république d'Athènes.

(*f*) Authent. *Bona damnatorum*. Cod. de bon. proscript. seu damn.

# de la communication du pouvoir

dans le gouvernement despotique le pouvoir passe tout entier dans les mains de celuy a qui on le confie-

Le despote semble livrer son peuple et luy meme. le visir en fait autant chaque officier de l'empire se livre de meme dans sa partie a ceux qu'il employe, et le peuple s'abandonne [illegible] également a la stupidité [illegible] du gouvernement-

rien ne prouve mieux qu'[illegible] malgré la nature de ce gouvernement et malgré [illegible] ce n'est point la crainte qui le fait agir. la crainte n'est point dans le despote qui ne profite point de tant d'epreuves sans cesse renouvellées des abus d'un visir, et du danger qu'il court en cedant un pouvoir immense qu'on employe souvent contre luy meme- la crainte n'est point dans tous les officiers de l'empire si souvent de trahis, supplantés, et mis a mort par les intrigues de ceux qu'ils ont elevés- la crainte n'est point dans le peuple qui vit tranquille sous un ordre de choses qui semble menacer la fortune et la vie de tous les hommes-

L'habitude ancienne, les mœurs immobiles, une sorte de stupidité que favorise l'ignorance dans l'action comme dans le repos, cette espece d'accoutumance invetérée que je serois tenté d'appeler non le caractere mais l'instinct des orientaux, voila ce qui gouverne le despote, le visir, tous les officiers de l'empire et le peuple-

le despotisme ne se soutiendroit pas s'il n'etoit que l'action d'un seul homme- il se soutient parceque telle est l'unique idée que les orientaux ont du commandement, parcequ'ils ont un esprit naturellement reposé qui ne prevoit rien, et qui n'agit qu'au moment, parceque l'allure du gouvernement est celle de tous les particuliers dans leur famille, et dans leurs affaires- le despotisme se soutient par les mœurs generales, et non par la force ou par les loix.

ces mœurs meme mettent un frein au despotisme.

il a peu d'objets- le despote, a son tresor, et son serrail et decide de la guerre, et de la paix- ses affaires dans la paix sont des ceremonies, des nominations et destitutions des principales places, des ordres pour reduire, ou pour etrangler un pacha gouverneur de province, des intrigues d'officiers de tous les rangs, de femmes, d'eunuques et d'esclaves. il

a rien dans tout cela qui puisse interesser le peuple - on ne fait jamais
ne loy nouvelle et generale - on ne met pas un nouveau tribut - on
ine les choses comme elles sont
visir n'a que des affaires encore qui ne tombent pas sur le peuple -
l intrigue luy meme dans le serrail il change, il destitue sans ces
des officiers de l'empire - il entretient la correspondance a
pachas - ceux qui sont soumis envoye les presens au visir, le
tresor au grand seigneur - ceux qui sont mal intentionnes s'a
euvent, se justifient, se defendent - ceux qui sont rebelles rep
oussent les ordres du sultan, et guerroyent contre les pachas
voisins qu'on leur oppose - le peuple de constantinople ne
sait pas seulement ce qui se passe -
chaque pacha dans sa province prend, reçoit des presens des
plus riches, se forme un tresor, entretient son serrail, et
vit tranquille, quand il ne se revolte pas
les pachas rebelles ont leurs troupes qui ne sont jamais faites
parmy le peuple - ils depensent l'argent qu'ils prennent
ils le prennent sur les riches, et non sur le peuple - en general
ceux qui gouvernent et qui guerroyent forment d'un bout
de l'asie a l'autre une nation a part et le peuple n'a rien de commun
avec elle -
ainsy les vexations et les pillages n'ont pas l'etendue et les effets
que le pouvoir despotique - [illegible] que successivement [illegible]
tous ceux qui remplissent les places auroit en france, et en
europe -
le peuple est a l'abry sous un gouvernement qui semble se
piller luy meme - ce sont les vols de tous les officiers de l'empire
les uns sur les autres qui par la voye des depouilles et des confiscations circulent dans leur ordre depuis le despote jusqu'au
dernier officier, et le peuple n'est point troublé dans la mediocrité de son commerce et de sa fortune -
on sent bien qu'il faut que le peuple ne soit pas mecontent, parce que
le meme peuple irrité renverse sans crainte et sans respect
le despote luy meme, cette idole qu'il semble adorer.
il paroit que la crainte a bien plus eclairé les monarques de l'europe
que les despotes d'asie - le souverain se garde bien de commettre
tout son pouvoir a ceux qu'il employe - les gouverneurs de province
n'ont de commandement que par lettres expresses du prince -

souvent très-sage de suivre l'esprit de cette loi, & de borner les confiscations à de certains crimes. Dans les pays où une coutume locale a disposé des *propres*, Bodin (*g*) dit très-bien qu'il ne faudroit confisquer que les *acquêts*.

(*g*) Livre V, chapitre III.

## CHAPITRE XVI.

### *De la communication du pouvoir.*

DANS le gouvernement despotique, le *pouvoir* passe tout entier dans les mains de celui à qui on le confie. Le vizir est le despote lui-même; & chaque officier parti[illegible] le vizir. Dans le gouvernement monarchique, le [illegible]ue moins immédiatement; le monarque, en le donn[illegible]n-père (*a*). Il fait une telle distribution de son autorité, qu'il n'en donne jamais une partie, qu'il n'en retienne une plus grande.

Ainsi, dans les états monarchiques, les gouverneurs particuliers des villes ne relèvent pas tellement du gouverneur de la province, qu'ils ne relèvent du prince encore davantage; & les officiers particuliers des corps militaires ne dépendent pas tellement du général, qu'ils ne dépendent du prince encore plus.

Dans la plupart des états monarchiques, on a sagement établi que ceux qui ont un commandement un peu étendu ne soient attachés à aucun corps de milice; de sorte que

(*a*) Ut esse Phœbi dulcius lumen solet
Jamjàm cadentis........

n'ayant de commandement que par une volonté particulière du prince, pouvant être employés & ne l'être pas, ils sont, en quelque façon, dans le service, &, en quelque façon, dehors.

Ceci est incompatible avec le gouvernement despotique. Car, si ceux qui n'ont pas un emploi actuel avoient néanmoins des prérogatives & des titres, il y auroit dans l'état des hommes grands par eux-mêmes ; ce qui choqueroit la nature de ce gouvernement.

Que si le gouverneur d'une ville étoit indépendant du bacha, il faudroit tous les jours des tempéramens pour les accommoder ; chose absurde dans un gouvernement despotique. Et, de plus, le gouverneur particulier pouvant ne pas obéir, comment l'autre pourroit-il répondre de sa province sur sa [illegible]

[illegible]vernement, l'autorité ne peut être balancée : celle du moindre magistrat ne l'est pas plus que celle du despote. Dans les pays modérés, la loi est par-tout sage, elle est par-tout connue, & les plus petits magistrats peuvent la suivre. Mais, dans le despotisme, où la loi n'est que la volonté du prince, quand le prince seroit sage, comment un magistrat pourroit-il suivre une volonté qu'il ne connoît pas ? Il faut qu'il suive la sienne.

Il y a plus : c'est que la loi n'étant que ce que le prince veut, & le prince ne pouvant vouloir que ce qu'il connoît, il faut bien qu'il y ait une infinité de gens qui veuillent pour lui & comme lui.

Enfin, la loi étant la volonté momentanée du prince, il est nécessaire que ceux qui veulent pour lui veuillent subitement comme lui.

CHAPITRE

les commandans ne dépendent point des gouverneurs - les troupes qui sont sous leurs ordres ne restent pas toujours les mesmes, et changent a la volonté du ministre - les intendans dépendent du conseil - les plaintes contr'eux se portent aux ministres, au conseil, aux parlemens, ou aux cours des aides - les justices des seigneurs ressortissent aux justices royales - le pouvoir n'est tout entier dans aucune main - on craint ~~pour les peuples~~ les effets d'un pouvoir sans bornes;

faut il le dire - les rois en france ont l'ambition d'un pouvoir absolu - ils en sont jaloux - ils voudroient l'avoir, et ne sont pas tentés de le donner -

le peuple en france deteste le pouvoir absolu - il ne faut le luy montrer nulle part - c'est le cri de tous les ordres, de tous les corps en france que le pouvoir ne doit point etre arbitraire, et c'est cette ambition des princes, et cette resistance des peuples qui tient les monarchies dans un milieu dont on ne connoit pas l'etendue et les bornes entre le despotisme, et la republique -

en asie le peuple ne craint point le pouvoir absolu - il n'en imagine pas d'autre - le despote ne cherche point a l'etendre. il n'a pas l'idée des objets auxquels il pourroit l'etendre - il n'y a point de combat entre le peuple et le despote,

montesquieu dit que le despote ne peut connoitre et suivre que sa volonté propre parcequ'il n'y a point de loix, et qu'il faut bien que ceux qui agissent pour luy agissent comme luy par une volonté propre, parceque la volonté momentanée du prince qui est la seule loy ne peut pas leur etre connue

tous ces raisonnemens ne sont qu'une definition de mots - la volonté du prince et de tous ceux qu'il employe s'exerce dans les etats d'asie sur tres peu d'objets, qui n'ont point de rapport avec le peuple, qui n'exigent point des combinaisons reflechies, et qui la plus part du tems appartiennent a la guerre, et doivent se decider comme dans tous les pays du monde par une volonté prompte, et une authorité absolue. si le despotisme alloit plus loin, il eprouveroit a chaque pas la resistance inevitable, et insurmontable des mœurs publiques - il auroit besoin de faire des loix - il faudroit qu'il les fut soumis luy mesme - on ne peut pas donner des loix sans en avoir soy mesme - il ne seroit plus le despotisme. — le despotisme

[d]ans les pereurs est comme la foudre ~~[illegible]~~ qui gronde dans la region
superieure, dont le bruit retentit sur la terre sans l'ebranler, ~~semble ... la terre~~, et qui
tombe sur quelque grand arbre dont la cime ... semble
appeler le feu du ciel-

des presens

les presens sont des usages de la plus haute antiquité dans l'asie avant
qu'il y eut des etats, et des despotes, les familles des pasteurs errantes
et dispersées ne se rencontroient point ne se visitoient point sans
des presens- l'hospitalité, la charité fut dans tous les tems le senti
ment naturel des orientaux- et les hostes qu'on avoit recus
ne partoient point sans emporter des presens- cet usage pratiqué par les despotes ne fut point etably par eux- il est dans ces
moeurs generales auxquelles le despote est accoutumé comme
les peuples, et auxquels sa routine despotique n'a jamais rien
changé- la charité semble la morale, la religion, la legislation
des orientaux- leur morale prescrit ~~est toute~~ l'aumone, leur religion
~~donne~~ les pelerinages, et l'hospitalité, leur legislation exige des
presens.
ce n'est point la suite d'un gouvernement ou personne n'est sûr,
c'est parceque tout le monde est charitable-
ce n'est point parceque le superieur ne doit rien a son inferieur
c'est parceque tous les hommes se doivent des secours-
ce n'est point parceque les hommes ne se croyent liés que pa[r]
les chastimens- c'est parcequ'ils sont unis par les liens meme
de l'humanité-
cet usage se soutient envers les puissans, et le gouvernement
luy meme parceque dans un etat où il y a peu de loix, ou
l'on laisse le peuple vivre de ses coutumes journalieres sans les
troubler, ou par la meme il y a peu d'affaires on a besoin
rarement de faire des demandes ou de porter des plaintes
en general ces idées d'hospitalité, de charité, d'aumosne supposen[t]
qu'il n'y a point d'idées exactes de proprieté, qu'il n'y a point
de moyens etendus de se soutenir sans secours, que les richesses
ne sont pas uniformément repandües, que le commerce est
borné, que les communications ne sont pas ouvertes, que
les commodités des voyages sont ignorées, que les voyages sont
rares, et la ... commerce

## CHAPITRE XVII.

### *Des présens.*

C'EST un usage, dans les pays despotiques, que l'on n'aborde qui que ce soit au-dessus de soi, sans lui faire un présent, pas même les rois. L'empereur du Mogol (*a*) ne reçoit point les requêtes de ses sujets, qu'il n'en ait reçu quelque chose. Ces princes vont jusqu'à corrompre leurs propres graces.

Cela doit être ainsi dans un gouvernement où personne n'est citoyen; dans un gouvernement où l'on est plein de l'idée que le supérieur ne doit rien à l'inférieur; dans un gouvernement où les hommes ne se croient liés que par les châtimens que les uns exercent sur les autres; dans un gouvernement où il y a peu d'affaires, & où il est rare que l'on ait besoin de se présenter devant un grand, de lui faire des demandes, & encore moins des plaintes.

Dans une république, les présens sont une chose odieuse, parce que la vertu n'en a pas besoin. Dans une monarchie, l'honneur est un motif plus fort que les présens. Mais, dans l'état despotique, où il n'y a ni honneur ni vertu, on ne peut être déterminé à agir que par l'espérance des commodités de la vie.

C'est dans les idées de la république, que Platon (*b*) vouloit que ceux qui reçoivent des présens pour faire leur devoir, fussent punis de mort. *Il n'en faut prendre*, disoit-il, *ni pour les choses bonnes, ni pour les mauvaises.*

---

(*a*) Recueil des voyages qui ont servi à l'établissement de la compagnie des Indes, tome premier, page 80.

(*b*) Livre XII des loix.

C'étoit une mauvaise loi que cette loi Romaine (c) qui permettoit aux magistrats de prendre de petits présens (d), pourvu qu'ils ne passassent pas cent écus dans toute l'année. Ceux à qui on ne donne rien ne desirent rien ; ceux à qui on donne un peu desirent bientôt un peu plus, & ensuite beaucoup. D'ailleurs, il est plus aisé de convaincre celui qui, ne devant rien prendre, prend quelque chose, que celui qui prend plus, lorsqu'il devroit prendre moins ; & qui trouve toujours, pour cela, des prétextes, des excuses, des causes & des raisons plausibles.

(c) *Leg.* 6, §. 2, dig. *ad leg. Jul. repet.* (d) *Munuscula.*

## CHAPITRE XVIII.

### *Des récompenses que le souverain donne.*

DANS les gouvernemens despotiques, où, comme nous avons dit, on n'est déterminé à agir que par l'espérance des commodités de la vie, le prince qui récompense n'a que de l'argent à donner. Dans une monarchie, où l'honneur règne seul, le prince ne récompenseroit que par des distinctions, si les distinctions que l'honneur établit n'étoient jointes à un luxe qui donne nécessairement des besoins : le prince y récompense donc par des honneurs qui mènent à la fortune. Mais, dans une république, où la vertu règne, motif qui se suffit à lui-même, & qui exclut tous les autres, l'état ne récompense que par des témoignages de cette vertu.

C'est une règle générale, que les grandes récompenses, dans une monarchie & dans une république, sont un signe de leur décadence ; parce qu'elles prouvent que leurs principes

suppose qu'il n'y a pas beaucoup de loix a vider, et de jugemens a corrompre,
qu'il [illegible] a pas beaucoup d'occasions de faire des injustices, et de les faire -
authoriser-
il s'ensuit que l'usage des presens ne peut pas se soutenir dans tous les
etats reglés ou les proprietés sont bien distinguées, ou le commerce est
considerable, ou les loix sont ~~multipliées~~ etablies, ou tout se juge par
les loix, ou l'on connoist des juges chargés sous le gouvernement
de prononcer les jugemens de la loy; ~~ces~~ presens sont une aumone
et un honneur en asie- ils seroient un moyen de corruption dans les
republiques et dans les monarchies-
nous ~~ne~~ parlons que des presens qui se donnent aux juges- nous au
sans doute occasion de parler d'une autre sorte de presens avec lesq
on achepte les suffrages pour l'election des magistrats soit de
ceux qui doivent prononcer les jugemens, soit de ceux qui doiv
administrer les affaires publiques

des recompenses que le souverain donne

il n'est pas vray que dans les gouvernemens despotiques le prince qui
recompense n'ait que de l'argent a donner-
qu'est ce donc que la dignité des trois queues-
qu'est ce que le caftan
qu'est ce que le pouvoir attribué aux gouverneurs, a toutes
les grandes places de l'empire et du serrail
qu'est ce que les alliances honorables des visirs les plus favoriés avec le sang des othomans
qu'est ce enfin que le respect prodigieux que son [illegible] tran-
met tout a coup a tous ceux qu'il investit de son pouvoir-
il y a quelques familles anciennes et puissantes qui meme ont des
prerogatives d'eclat et de grandes distinctions
il est une famille a constantinople a laquelle seule appartient
le privilege de ne remplir aucune place de l'empire, et qui conn
comme une famille consacrée depuis un temps immemorial a
ses honneurs et ses biens
on scait quel est l'honneur et le pouvoir des nababs dans les indes,
des chefs et seigneurs dans la perse.-
on scait que le regime feodal est le gouvernement d'[illegible]
des etats de l'asie.- c'est une aristocratie qui s'accorde merveilleusem
avec le despotisme, parce que c'est l'aristocratie militaire.
voila ce que l'auteur de l'esprit des loix n'a point assez distingué:
les moeurs des conquerans, et celles des habitans des pays conquis.
les unes ont eté conservées comme les autres - le despotisme consiste
par rapport aux conquerans dans l'exercice absolu de l'authorité milita

consiste par rapport aux peuples conquis dans le tribut, dans les ceremonies
d'utile ou de nuisible
dans une insouciance habituelle qui ne fait rien ~~[illegible]~~, qui
[illegible]
pourtant ~~les~~ laisse en paix, et dans quelques vexations passageres qui
tombent sur les plus riches, et qui ne sont pas assez generales sur le
peuple pour le tirer de son repos.
on dit que le despote donne de l'argent, et ne donne point d'honneurs.
tout est honneur chez les turcs. chaque place a son rang, son honneur
marqué. le cheval du janissaire est un honneur. le turban du turc
est un honneur. c'est un crime envers l'empire de porter le turban quand
on n'est pas turc.
il est vray que dans tous les etats, dans les republiques, et dans les monarchies comme dans les etats despotiques le gouvernement s'affoiblit
a mesure qu'il a besoin de donner plus d'argent. ce n'est pas seulement
l'honneur qui tombe dans une monarchie. c'est la vertu. on a moins
de vertus quand on a besoin pour remplir les places d'un autre avantage
etoient reduits
que celuy de bien faire. les tyrans de l'empire romain ~~[illegible]~~
a donner des presents
parceque ceux qui flétrissent leurs propres dons ne peuvent plus
donner que de l'argent. les bons princes peuvent etre economes,
parceque leur suffrage est un honneur et peut etre regardé comme
une recompense.

nouvelles consequences des principes des trois gouvernemens

nous n'avons pas reconnu ces principes. nous pourrions en negliger
les consequences.
1re question. les loix doivent elles forcer un cytoyen a accepter les
emplois publics.
qui
les loix doivent maintenir la liberté ne doivent forcer personne.
il n'y a qu'un seul cas ou les cytoyens sont forcés d'agir, celuy de
la défense nécessaire. quand les gaulois vinrent assieger rome, il
n'y avoit qu'un traitre a la patrie qui peut refuser de combattre
pour elle. la guerre en general peut etre regardée comme une
libres
loy de necessité. dans les republiques les plus libres, chaque homme
doit etre soldat. dans les grands etats, il peut lui ôter une liberté
qu'on n'a pas besoin d'enfreindre. le grand nombre laisse le choix
a faire. et laisse aussy le repos libre. mais le cas de necessité n'existe
pour
point les magistratures. supposez qu'il soit mort celuy qu'on
desire d'employer. il y aura toujours des magistrats. il faut
laisser les hommes libres quand on peut se passer d'eux.
les magistratures devroient etre des temoignages de vertus
dans les monarchies comme dans les republiques, et les magistrat

ſont corrompus ; que, d'un côté, l'idée de l'honneur n'y a plus tant de force ; que, de l'autre, la qualité de citoyen s'eſt affoiblie.

Les plus mauvais empereurs Romains ont été ceux qui ont le plus donné; par exemple, *Caligula*, *Claude*, *Néron*, *Othon*, *Vitellius*, *Commode*, *Héliogabale*, & *Caracalla*. Les meilleurs, comme *Auguſte*, *Veſpaſien*, *Antonin Pie*, *Marc Aurèle*, & *Pertinax*, ont été économes. Sous les bons empereurs, l'état reprenoit ſes principes : le tréſor de l'honneur ſuppléoit aux autres tréſors.

## CHAPITRE XIX.

*Nouvelles conſéquences des principes des trois gouvernemens.*

JE ne puis me réſoudre à finir ce livre, ſans faire encore quelques applications de mes trois principes.

PREMIERE QUESTION. Les loix doivent-elles forcer un citoyen à accepter les emplois publics ? Je dis qu'elles le doivent dans le gouvernement républicain, & non pas dans le monarchique. Dans le premier, les magiſtratures ſont des témoignages de vertu, des dépôts que la patrie confie à un citoyen, qui ne doit vivre, agir & penſer que pour elle : il ne peut donc pas les refuſer (*a*). Dans le ſecond, les magiſtratures ſont des témoignages d'honneur : or, telle eſt la

(*a*) *Platon*, dans ſa république, liv. VIII, met ces refus au nombre des marques de la corruption de la république. Dans ſes loix, liv. VI, il veut qu'on les puniſſe par une amende. A *Veniſe*, on les punit par l'exil.

bizarrerie de l'honneur, qu'il se plaît à n'en accepter aucun que quand il veut, & de la manière qu'il veut.

Le feu roi de Sardaigne (*b*) punissoit ceux qui refusoient les dignités & les emplois de son état. Il suivoit, sans le sçavoir, des idées républicaines. Sa manière de gouverner d'ailleurs prouve assez que ce n'étoit pas là son intention.

SECONDE QUESTION. Est-ce une bonne maxime, qu'un citoyen puisse être obligé d'accepter, dans l'armée, une place inférieure à celle qu'il a occupée ? On voyoit souvent, chez les Romains, le capitaine servir, l'année d'après, sous son lieutenant (*c*). C'est que, dans les républiques, la vertu demande qu'on fasse à l'état un sacrifice continuel de soi-même & de ses répugnances. Mais, dans les monarchies, l'honneur, vrai ou faux, ne peut souffrir ce qu'il appelle se dégrader.

Dans les gouvernemens despotiques, où l'on abuse également de l'honneur, des postes & des rangs, on fait indifféremment d'un prince un goujat, & d'un goujat un prince.

TROISIÉME QUESTION. Mettra-t-on sur une même tête les emplois civils & militaires ? Il faut les unir dans la république, & les séparer dans la monarchie. Dans les républiques, il seroit bien dangereux de faire, de la profession des armes, un état particulier, distingué de celui qui a les fonctions civiles; &, dans les monarchies, il n'y auroit pas moins de péril à donner les deux fonctions à la même personne.

On ne prend les armes, dans la république, qu'en qualité

---

(*b*) Victor-Amédée.

(*c*) Quelques centurions ayant appellé au peuple, pour demander l'emploi qu'ils avoient eu : *Il est juste, mes compagnons*, dit un centurion, *que vous regardiez comme honorables tous les postes où vous défendrez la république.* Tite Live, liv. XLII.

deviendroient plus honorables dans une monarchie, quand elles ne seroient pas de vains titres d'honneurs attribués a ceux qui ne peuvent pas les remplir. les monarchies qui sont gouvernées choisiront des hommes plus capables, et l'on ne pourroit pas dire qu'elles s'ecarteroient de leur principe, a mesure qu'elles seroient mieux gouvernées;

on confond icy les moeurs avec les loix. il est a desirer que la vertu regne dans tous les etats. la vertu est le desir d'etre utile a ses concytoyens. ce desir doit animer les cytoyens a se rendre capables de bien remplir les emplois auxquels ils peuvent etre destinés, et quand ils en ont acquis les connoissances, ils sont disposés par la meme a les accepter. il ne faut pas que les loix ordonnent l'acceptation. il faut que les moeurs proscrivent le refus;

2e question etre une bonne maxime qu'un cytoyen puisse etre obligé d'accepter dans l'armée une place inferieure a celle qu'il avoit occupée. il est a desirer egalement que dans tous les etats on estime a l'égal pour les services a rendre a sa patrie qu'on soit dedommagé de la perte du rang, du pouvoir, et des honneurs par l'avantage de la servir encore. c'est une vertu singuliere quand elle n'est pas dans les moeurs generales. le mal de boufflers se fit honneur en servant sous le mal. de villars. c'est une vertu publique quand l'usage en est frequent comme chez les romains.

on ne peut pas faire de semblable question dans les etats despotiques, et dans l'ordre, ou le despotisme s'exerce. il n'y a dans cet ordre ny rangs, ny droits, ny vertus, parce qu'il n'y a point de loix, et que les habitudes de la terreur que fait la guerre ne sont point les moeurs publiques;

3eme question. mettra t'on sur une meme tete les emplois civils et militaires.

il faut rechercher ce qui est dans la nature. les memes hommes ont le double interest d'etre gouvernés, et d'etre defendus. on ne voit pas pourquoy les memes hommes n'auroient pas tour a tour leur employ de veiller a la defense, et au gouvernement ce ne sont pas les cytoyens qui se rendent etrangers d'eux memes a une partie de leurs interests. en france pendant longtemps avant la creation des parlemens sedentaires les memes hommes administroient dans les conseils, jugeoient dans les etats ou parlemens et faisoient le service de guerre.

nt la crainte dans l'ame des souverains qui leur inspira le dessein
e soudoyer une armée, de la rendre etrangere a tous les emplois
civils, et de s'en servir au besoin contre les corps occuppés de
leurs propres pretentions, ou meme contre les peuples excités
par quelque vexation du gouvernement - la noblesse adopta
le prejugé de l'honneur, et servant d'instrument sans le
scavoir a la deffense personnelle du monarque, et aux progrès
d'une puissance arbitraire, elle se regardoit avec orgueil
comme le cortege du souverain, et comme son armée toujours prete a marcher a leurs ordres; ainsy se forma la separation des emplois civils et militaires, et l'authorité monarchique au lieu de s'appuyer sur une constitution reguliere
s'exerça l'empire de la force [illegible] ainsy les empereurs romains
ont regné par leur armée sur la republique reduite a ses
imposantes magistratures [illegible]
des [illegible] dans le sein d'une armée [illegible]
les memes hommes qui servent dans les armées, et qui
peuvent etre admis dans les emplois civils et dans
les conseils - il seroit donc a desirer que dans une monarchie on confondit les emplois de tous les genres, parce qu'il
est a desirer de donner une constitution a la monarchie,
un autre appuy que celuy de la force.

4eme question convient il que les charges soient venales
elles le sont dans les etats despotiques ou l'on n'occuppe des
places qu'en les achetant par des presens excessifs - cet
exces de venalité ne peut se reparer que par les abus
qu'on fait de ces emplois qui coutent si cher - il est etonnant
qu'on exclue icy la venalité des etats despotiques quand on
scait ce qu'il en coute en presens pour obtenir des emplois
dans tous les etats d'asie.

on dit que cette venalité est bonne dans les etats monarchiques.
on dit qu'elle est bonne par les memes raisons qui doivent en
faire sentir tous les inconveniens - on pretend qu'il faut
faire comme un metier de famille ce qu'on ne feroit pas
par vertu - on ne songe pas qu'on ne fait [illegible]
ce qui devient une charge hereditaire, un patrimoine
un metier de famille

de défenseur des loix & de la patrie; c'est parce que l'on est citoyen, qu'on se fait, pour un temps, soldat. S'il y avoit deux états distingués, on feroit sentir à celui qui, sous les armes, se croit citoyen, qu'il n'est que soldat.

Dans les monarchies, les gens de guerre n'ont pour objet que la gloire, ou du moins l'honneur, ou la fortune. On doit bien se garder de donner les emplois civils à des hommes pareils : il faut, au contraire, qu'ils soient contenus par les magistrats civils; & que les mêmes gens n'aient pas, en même temps, la confiance du peuple, & la force pour en abuser (*d*).

Voyez, dans une nation où la république se cache sous la forme de la monarchie, combien l'on craint un état particulier de gens de guerre; & comment le guerrier reste toujours citoyen, ou même magistrat; afin que ces qualités soient un gage pour la patrie, & qu'on ne l'oublie jamais.

Cette division de magistratures en civiles & militaires, faite par les Romains après la perte de la république, ne fut pas une chose arbitraire. Elle fut une suite du changement de la constitution de Rome : elle étoit de la nature du gouvernement monarchique. Et ce qui ne fut que commencé sous *Auguste* (*e*), les empereurs suivans (*f*) furent obligés de l'achever, pour tempérer le gouvernement militaire.

Ainsi *Procope*, concurrent de *Valens* à l'empire, n'y entendoit rien, lorsque, donnant à Hormisdas, prince du sang royal de Perse, la dignité de proconsul (*g*), il rendit à cette

(*d*) *Ne imperium ad optimos nobilium transferretur, senatum militiâ vetuit Gallienus; etiam adire exercitum.* Aurelius Victor, *de viris illustribus*.

(*e*) Auguste ôta aux sénateurs, proconsuls & gouverneurs, le droit de porter les armes. *Dion*, *liv.* XXXIII.

(*f*) Constantin. Voy. *Zozime*, liv. II.

(*g*) Ammian Marcellin, liv. XXVI. *More veterum & bella recturo.*

magistrature le commandement des armées qu'elle avoit autrefois ; à moins qu'il n'eût des raisons particulières. Un homme qui aspire à la souveraineté cherche moins ce qui est utile à l'état, que ce qui l'est à sa cause.

QUATRIÉME QUESTION. Convient-il que les charges soient vénales ? Elles ne doivent pas l'être dans les états despotiques, où il faut que les sujets soient placés ou déplacés dans un instant par le prince.

Cette vénalité est bonne dans les états monarchiques ; parce qu'elle fait faire, comme un métier de famille, ce qu'on ne voudroit pas entreprendre pour la vertu ; qu'elle destine chacun à son devoir, & rend les ordres de l'état plus permanens. *Suidas* (*h*) dit très-bien qu'Anastase avoit fait de l'empire une espèce d'aristocratie, en vendant toutes les magistratures.

*Platon* (*i*) ne peut souffrir cette vénalité. » C'est, *dit-il*, » comme si, dans un navire, on faisoit quelqu'un pilote ou » matelot pour son argent. Seroit-il possible que la règle fût » mauvaise dans quelque autre emploi que ce fût de la vie, » & bonne seulement pour conduire une république ? « Mais Platon parle d'une république fondée sur la vertu, & nous parlons d'une monarchie. Or, dans une monarchie, où, quand les charges ne se vendroient pas par un règlement public, l'indigence & l'avidité des courtisans les vendroient tout de même, le hasard donnera de meilleurs sujets que le choix du prince. Enfin, la manière de s'avancer par les richesses inspire & entretient l'industrie (*k*) ; chose dont cette espèce de gouvernement a grand besoin.

(*h*) Fragmens tirés des ambassades de Constantin Porphyrogénète.

(*i*) Republ. liv. VIII.

(*k*) Paresse de l'Espagne ; on y donne tous les emplois.

charges n'etoient point venales autrefois en france, et les parlemens n'etoient pas moins eclairés sur leurs devoirs — qui peut croire que les compagnies ne seroient pas mieux composées quand elles presenteroient au souverain trois sujets pour en nommer un, ou quand elles nommeroient leurs membres par une libre election et par la voye du scrutin. pourquoy ne pourroit on pas introduire une forme severe pour les elections qui les mit a l'abry des intrigues des courtisans — ~~il seroit du moins a souhaiter~~ elles ne seroient pas sans le[s] ... q[ue] la faveur de la cour ne pourroit pas en disposer: ~~de façon en sorte qu'elles ne fussent pas payée si chere~~

on suppose que dans une monarchie toutes les places doivent se donner par le choix arbitraire du prince — la monarchie en seroit plus forte et plus soutenue quand les magistratures ~~excepté~~ celles qui sont admises dans le conseil du prince, et qui dirigent ~~toutes~~ les autres seroient nommées a la pluralité des voix.

il faut que l'auteur de l'esprit des loix ait bien connu les vices de son tems, et les ait trouvés irremediables puisqu'il les regarde comme des parties essentielles du gouvernement c'est toujours aux choses telles qu'elles sont que son regard s'arrete — il les croit etablies de toute eternité — il les regarde comme immuables — il pense qu'il ne reste a faire que de les definir, et de les expliquer sans y rien changer —

3eme question. dans quel gouvernement faut il des censeurs —

on dit qu'il en faut dans une republique ou le principe du gouvernement est la vertu.

si le principe du gouvernement est la vertu, il ne faut point de censeur.

la vertu publique est la censure toujours subsistante qui presse du poids censurant celuy qui n'a point de vertu —

si la vertu publique n'existe pas, le gouvernement est comme tous les gouvernemens auxquels la vertu manque ce n'est point la censure qui peut suppleer aux moeurs —

on ne peut punir les crimes il faut prevenir les vices -
la censure est injuste quand elle est aussy severe que la loy -
elle est sans pouvoir quand elle est sans severité -
on n'etablit des censeurs, et ils ne sont en activité que
dans les meme tems ou il y a plus de vertus, dans les mêmes
tems ou l'on en a moins de besoin -
la censure devient inutile quand elle devient necessaire,
parce qu'alors la corruption est formée, et que la
corruption ne se corrige pas par un simple censure.
on connoit les censeurs a rome quand rome avoit moins
moins de richesse, de puissance, et de vice -
on n'entend point parler des censeurs quand clodius et
catilina seduisoient le peuple, quand ciceron etoit en exil,
quand cesar etoit annoncé de loin a la republique
dans la corruption -
veut'on etablir des censeurs pour mettre a mort un enfant
qui tue une oiseau - quoy c'est montesquieu qui peut
approuver une condannation a mort qui n'est pas pour
un crime, qui peut regarder l'action la plus atroce
pour le plus frivole objet comme un jugement de mœurs
dans une republique fondée sur les mœurs.
on ne veut point de censeurs dans une monarchie parce
qu'elle est fondée sur l'honneur, et que l'honneur a pour
censeur tout l'univers - cet univers est renfermé dans le
monde de paris ou dans la cour de versailles - cet univers,
temoin et censeur n'est point sans doute distingué de
l'opinion publique, et dans quels lieux l'opinion
publique est elle d'une censure plus respectable que
dans les lieux meme ou l'etat entier est fondé sur la
vertu.
on avoue que dans une monarchie la corruption seroit
plus forte sans des censeurs que les censeurs contre la corruption
il en est ainsy de tout etat monarchique ou republicain
quand la corruption est formée, et quand la corruption

Cinquiéme question. Dans quel gouvernement faut-il des censeurs? Il en faut dans une république, où le principe du gouvernement est la vertu. Ce ne sont pas seulement les crimes qui détruisent la vertu; mais encore les négligences, les fautes, une certaine tiédeur dans l'amour de la patrie, des exemples dangereux, des semences de corruption; ce qui ne choque point les loix, mais les élude; ce qui ne les détruit pas, mais les affoiblit: tout cela doit être corrigé par les censeurs.

On est étonné de la punition de cet aréopagite qui avoit tué un moineau qui, poursuivi par un épervier, s'étoit réfugié dans son sein. On est surpris que l'aréopage ait fait mourir un enfant qui avoit crevé les yeux à son oiseau. Qu'on fasse attention qu'il ne s'agit point là d'une condamnation pour crime, mais d'un jugement de mœurs dans une république fondée sur les mœurs.

Dans les monarchies, il ne faut point de censeurs: elles sont fondées sur l'honneur; & la nature de l'honneur est d'avoir pour censeur tout l'univers. Tout homme qui y manque est soumis aux reproches de ceux mêmes qui n'en ont point.

Là, les censeurs seroient gâtés par ceux-mêmes qu'ils devroient corriger. Ils ne seroient pas bons contre la corruption d'une monarchie; mais la corruption d'une monarchie seroit trop forte contre eux.

On sent bien qu'il ne faut point de censeurs dans les gouvernemens despotiques. L'exemple de la Chine semble déroger à cette règle: mais nous verrons, dans la suite de cet ouvrage, les raisons singulières de cet établissement.

# LIVRE VI.

*Conſéquences des principes des divers gouvernemens, par rapport à la ſimplicité des loix civiles & criminelles, la forme des jugemens, & l'établiſſement des peines.*

## CHAPITRE PREMIER.

*De la ſimplicité des loix civiles, dans les divers gouvernemens.*

LE gouvernement monarchique ne comporte pas des loix auſſi ſimples que le deſpotique. Il y faut des tribunaux. Ces tribunaux donnent des déciſions. Elles doivent être conſervées; elles doivent être appriſes, pour que l'on y juge aujourd'hui comme l'on y jugea hier, & que la propriété & la vie des citoyens y ſoient aſſurées & fixes comme la conſtitution même de l'état.

Dans une monarchie, l'adminiſtration d'une juſtice qui ne décide pas ſeulement de la vie & des biens, mais auſſi de l'honneur, demande des recherches ſcrupuleuſes. La délicateſſe du juge augmente, à meſure qu'il a un plus grand dépôt, & qu'il prononce ſur de plus grands intérêts.

Il ne faut donc pas être étonné de trouver, dans les loix de ces états, tant de règles, de reſtrictions, d'extenſions, qui multiplient les cas particuliers, & ſemblent faire un art de la raiſon même.

La

commence a s'introduire, elle decoule de tant de causes differen[tes]
elle s'insinue par tant de voyes toujours ouvertes qu'il n'y
a pas de censure qui puisse en arreter le progres, et en
tarir la source.

mr de montesquieu donne trop de force a chaque institution particuliere, et n'en donne pas assez a l'influence de toutes les institutions, les circonstances et les passions réunies

on ne peut pas sans doute admettre de censeurs dans un etat despotique sur les ecrits meme et les actions qui dependent du despotisme — mais encore une fois le despotisme ne s'etend pas sur tous les objets, et l'on peut comme a la chine etablir une censure pour les actions qui n'ont rapport qu'a des mœurs publiques auxquelles le despote luy meme est soumis et qu'il n'a ny la volonté ny la force de detruire.

livre [illegible]

consequences des principes des divers gouvernemens par rapport a la simplicité des loix civiles et criminelles, la forme des jugemens et l'etablissement des peines

ch. I

de la simplicité des loix civiles dans les divers gouvernemens

on pense que le gouvernement monarchique ne comporte pas des loix aussy simples que le despotique — c'est encore une consequen[ce] litterale d'une definition de mots —

on pense que les hommes peuvent s'accorder a souffrir un gouvernement qui dispose arbitrairement et sans loix de leurs fortune, de leurs maux et de leur vie. on dit qu'un seul homme conduit par sa volonté seule — il n'y a pas sans doute de loix compliquées ou il n'y a point de loix — mais le despotisme entendu [illegible] [illegible] et ne peut exister nulle part —

le despotisme a peu de loix en asie, et ces loix sont tres simples, parce qu'il s'etend sur tres peu d'objets, et parce qu'il y a des mœurs simples qui ne changent point — un souverain a besoin de peu de loix quand il se mesle de peu de choses. un peuple a besoin de peu de loix quand il garde toujours les memes habitudes

[illegible] une nation active et changeante

etendez le despotisme sur autant d'objets que l'administration [illegible] n france — les loix seront necessaires par le caractere de la nation, elles seront infinies, compliquées, et contradictoires par le caractere du despote, et les loix contradictoires subsisteront ensemble par ce que la contradiction [illegible] dans les principes mais [illegible] gouvernement [illegible] volontés changeantes de ceux qui gouvernent —

si les loix sont compliquées en france c'est l'effet du mélange du despotisme amené dans la monarchie.

il existe en france un despotisme d'administration dont les ministres ont [illegible] et [illegible]

n'est ce point l'effet du despotisme d'administration que toutes ces vexations fiscales infiniment multipliées que des arrêts du conseil, et des baux des fermes enregistrés érigent en loix. 1ere source de la complication des loix

n'est ce point un effet du despotisme de gêner par des reglemens et des prohibitions le commerce en grand et en detail, de donner des privileges exclusifs, d'etablir des compagnies, de determiner le nombre, la qualité, le travail, et le poids des ouvrages de chaque genre, de deffendre l'importation et l'exportation des marchandises, d'assujettir nos colonies entieres aux vexations authorisées de quelques maisons de negocians, 2de source de la complication des loix

n'est ce point un effet du despotisme que l'etablissement du regime feodal qui fondé sur les usurpations et le despotisme de chaque seigneur a transmis tous ses droits a la couronne et est devenu pendant si longtems le principe du gouvernement en france — de la tous les droits vexatoires du domaine des rois, toutes les pretentions arbitraires de leur suzeraineté generale, tous les reglemens pour les justices des seigneurs, pour les droits de terre, toutes les impositions devenues generales sous le pretexte des suites et des dependances des grands fiefs reunis a la couronne 3eme source de la complication des loix

n'est ce point un effet du despotisme soit dans les rois de france, soit dans les grands vassaux et les petits tyrans de chaque province, de chaque ville, et de chaque canton que cette différence de la plus part des coutumes, et le détail de chaque coutume, et l'incertitude qui en résulte sur les principes la nature, et les effets de la propriété, n'est une source de la complication des loix.

n'est-ce point un effet du despotisme ~~qui se mêlent dans l'administration même de la justice~~ que la cruauté de nos loix qui semblent plustost faites pour ~~la~~ vengeance que pour la deffense, pour punir le coupable que pour prevenir le crime, qui semblent dictées par la rage la plus effrenée et qui sont executées par la recherche la plus reflechie de tous les tourments que peut ~~beaucoup faire~~ souffrir l'humanité, qui meme sont accompagnées de formes plus redoutables a l'innocence qu'au crime, de formes faites pour trouver un coupable, de formes telles qu'auroit pu les etablir un despote habile et mechant qui se complairoit a repandre le sang des hommes. seconde source de la complication des loix.

n'est-ce point un effet du despotisme que ~~les pouvoirs plus ou moins despotiques de l'administration~~ de la justice que ce pouvoir que s'arrogent sur la nation entiere des juges nommés par le souverain d'expliquer, d'interpreter, de changer les loix, que cette jurisprudence plus ou moins arbitraire qui trahit son despotisme par la contradiction meme de ces arrests, que cette conformité meme d'arrets qui ne sont authorisés par aucune loy expresse, et qui deviennent loix en y suppleant quand la necessité meme d'y suppléer prouve qu'il n'y avoit point de loix. 6eme source de la complication des loix.

n'est-ce point enfin un effet du despotisme que la decision absolue du conseil et le plus souvent d'un seul ministre dans son département sur tous les interests des communautés, sur leurs depenses communes, sur la repartition des impots, sur l'accroissement ~~ignorés~~ de la taille dont l'accessoire authorisé par de simples arrests du conseil excedoit le principal, sur les plaintes des familles, sur celles des gens en place, et celles meme des particuliers de toute classe, surtout quand les decisions d'un ministre sont executées par l'emprisonnement

d'autres voyes de forces 7eme source de la complication des
loix, de les loix du moins secondaires qui frênent l'adminis
tration en france. —
8e [illegible] des declarations de guerre, et des traittes
de paix, objets les plus importans de l'interest national
qui sont livrés dans presque tous les etats de l'europe a l'arbitre
des [illegible] souverains — 9eme source de la complication des loix.
ce n'est point parceque la justice decide de l'honneur en france
que les loix sont compliquées — [illegible] la justice decide de l'honneur
chez toutes les nations, et il est un honneur chez toutes les nations
qui se perd par tout ce qu'on appelle crime. — et si l'on ne veut
parler que des decisions qui regardent seulement l'honneur
et qui ne concernent ny les fortunes ny la vie, on sait bien
que ce genre de causes se portent rarement dans nos tribunaux.
nous avons en france un foible tribunal composé de ceux
qui possedent la plus grande dignité parmi nous, etablis
tout exprès pour les causes qui concernent l'honneur — nous
pouvons dire en general qu'il n'y a que des gens deshonorés
qui sentent le besoin d'y defendre leur honneur, et les arrests
du tribunal sont ignorés comme ceux qui en sont l'objet.
remontez a l'origine des loix de chaque genre — et suivez leur
succession qui les multiplie — vous en verrez la source dans l'influence des puissans, dans les [illegible] juges de chaque siecle, ou dans
la reclamation de la raison publique contre des injustices etablies,
ou dans des lumieres nouvelles, ou dans des interests particuliers
du moment ou les arrests furent donnés, ou des loix furent
etablies, et souvent dans la fixation des usages enfin prononcée
par les loix — ces causes infinies s'etendent bien au de là du cercle etroit
des objets sur lesquels s'exerce l'honneur en france — et cette idée
de l'honneur toujours presente a l'auteur de l'ecrit dont
est peut etre l'idée la plus foible et la plus bornée qui puisse
circonscrire l'application de nos connoissances dans l'ordre
de la legislation —

La différence de rang, d'origine, de condition, qui est établie dans le gouvernement monarchique, entraîne souvent des distinctions dans la nature des biens; & des loix, relatives à la constitution de cet état, peuvent augmenter le nombre de ces distinctions. Ainsi, parmi nous, les biens sont propres, acquêts, ou conquêts; dotaux, paraphernaux; paternels, & maternels; meubles de plusieurs espèces; libres, substitués; du lignage, ou non; nobles, en franc-alleu, ou roturiers; rentes foncières, ou constituées à prix d'argent. Chaque sorte de biens est soumise à des règles particulières; il faut les suivre, pour en disposer: ce qui ôte encore de la simplicité.

Dans nos gouvernemens, les fiefs sont devenus héréditaires. Il a fallu que la noblesse eût une certaine consistance, afin que le propriétaire du fief fût en état de servir le prince. Cela a dû produire bien des variétés: par exemple, il y a des pays où l'on n'a pu partager les fiefs entre les frères; dans d'autres, les cadets ont pu avoir leur subsistance avec plus d'étendue.

Le monarque, qui connoît chacune de ses provinces, peut établir diverses loix, ou souffrir différentes coutumes. Mais le despote ne connoît rien, & ne peut avoir d'attention sur rien; il lui faut une allure générale; il gouverne par une volonté rigide, qui est par-tout la même; tout s'applanit sous ses pieds.

A mesure que les jugemens des tribunaux se multiplient dans les monarchies, la jurisprudence se charge de décisions, qui quelquefois se contredisent; ou parce que les juges, qui se succèdent, pensent différemment; ou parce que les affaires sont tantôt bien, tantôt mal défendues; ou enfin par une infinité d'abus qui se glissent dans tout ce qui passe par la main des hommes. C'eſt un mal néceſſaire, que le légiſlateur corrige de temps en temps, comme contraire même à l'eſprit des gouvernemens modérés. Car, quand on eſt obligé de recourir aux tribunaux, il faut que cela vienne de la nature de la conſtitution, & non pas des contradictions & de l'incertitude des loix.

Dans les gouvernemens où il y a néceſſairement des diſtinctions dans les perſonnes, il faut qu'il y ait des privilèges. Cela diminue encore la ſimplicité, & fait mille exceptions.

Un des privilèges le moins à charge à la ſociété, & ſur-tout à celui qui le donne, c'eſt de plaider devant un tribunal, plutôt que devant un autre. Voilà de nouvelles affaires; c'eſt-à-dire, celles où il s'agit de ſçavoir devant quel tribunal il faut plaider.

Les peuples des états deſpotiques ſont dans un cas bien différent. Je ne ſçais ſur quoi, dans ces pays, le légiſlateur pourroit ſtatuer, ou le magiſtrat juger. Il ſuit, de ce que les terres appartiennent au prince, qu'il n'y a preſque point de loix civiles ſur la propriété des terres. Il ſuit, du droit que le ſouverain a de ſuccéder, qu'il n'y en a pas non plus ſur les ſucceſſions. Le négoce excluſif qu'il fait, dans quelques pays, rend inutiles toutes ſortes de loix ſur le commerce. Les mariages que l'on y contracte avec des filles eſclaves, font qu'il n'y a guère de loix civiles ſur les dots & ſur les avantages des femmes. Il réſulte encore, de cette prodigieuſe multitude d'eſclaves, qu'il n'y a preſque point de gens qui aient une volonté propre, & qui, par conſéquent, doivent répondre de leur conduite devant un juge. La plupart des actions morales, qui ne ſont que les volontés du père, du mari, du maître, ſe règlent par eux, & non par les magiſtrats.

quand l'auteur de l'esprit des loix parle de la noblesse, il semble q[ue] tout ait été fait en france par un soin tendre, et une attention a[ssidue] du gouvernement pour elle — les choses se sont compliquées parmi nous s'en tant de soins et de peine — chacun n'a eu d'objet que l[uy] meme — les rois ont travaillé pour eux — chaque seigneur pour l'[...] l'independance et le despotisme des grands vassaux n'a pu s'é[tablir] soutenir qu'en favorisant l'independance et le despotisme des barons qui complaisoient de meme aux vexations de ceux qui s'attachoient a leur service — le peuple etoit toujours la vi[ctime] de cette conjuration d'interets personnels — le gouvernement qui n'avoit pu rien empescher s'est formé luy meme de tout ce qui s'etoit fait sans luy, et le regime feodal, resultat de toutes les usurpations faites au hazard dans tous les reg[nes] est devenu le gouvernement en france — c'est en le reformant dans la suite, en abbaissant la noblesse, en affranchissant le peuple que les rois ont successivement augmenté leurs prop[res] droits et qu'ils sont parvenus a ce degré de puissance qui domine egalement sur la noblesse et sur le peuple.

on en vient enfin par une suite d'un faible et d'un principe a contredire ~~tout~~ le que [ce que nous enseigne] l'histoire de tous les tems, et l'état actuel des choses dans notre siecle meme et chez toutes les nations [illegible] rendit. le monarque qui connoit chacune des provinces peu[t] etablir diverses loix, ou souffrir diverses coutumes. mais le despote ne connoit ~~rien~~ ne peut avoir d'attention sur rien — il luy f[aut] une allure generale. il gouverne par une volonté rigide qui est partout la meme. tout s'applanit sous ses pieds —

c'est parceque le monarque connoit [ou ses ministres] les provinces, que ~~le~~ gouvernement tend sans cesse a rendre les loix uniformes, a [illegible] les coustumes — l'esprit d'une monarchie tend en general a l'uniformité, parcequ'il est plus facile alors de gouverner, et que la nation unie par une grande communication de commerce, d'interets, et de connoissances prend des [illegible] plus semblables, et sent l'embarras d'estre regie par des loix contraires comme le gouvernement sent celuy d'[illegible] l'administration; les loix et les coustumes ne conservent leurs

-fferentes que par l'extreme difficulté de les faire disparoitre - chaque -que, chaque siecle produit quelque rapprochement - les ordonnances d'orléans, de blois, de 1667, de 1693, de 1737 sont communes a toutes les provinces. telle est dans notre monarchie le voeu de l'uniformité qu'on donne des ordonnances communes, et qu'on n'etablit jamais des loix differentes - quand m. de montesquieu le dit, il ne songe pas que les loix nouvelles ne sont differentes que par une suite indispensable de la difference des loix anciennes qu'on ne detruit pas - ce seroit une ridicule extravagance d'etablir des loix nouvelles qu'on croit bonnes et d'en etablir en meme tems de contraires sans necessité -

c'est sous le despotisme que des loix nouvelles ~~peuvent~~ pourroient etre differentes parce qu'elles seroient l'expression d'une volonté variable, si l'immobile despotisme pouvoit faire souvent des loix nouvelles -

c'est sous le despotisme sans lumieres, sans besoins, et sans desirs que les differences des moeurs et des coutumes ~~des differens peuples~~ sont invariables - il les ignore, les oublie, et les protege - il ne subsiste luy-meme que parcequ'il les laisse telles qu'elles sont - qu'on aille en turquie, qu'on voye tous ces peuples differens dans leurs habillemens leurs loix, leur culte, et leurs moeurs - l'empire turc est le protecteur indifferent de tout ce qu'il enferme dans ses limites - qu'on parcoure les indes - les peuples y jouissent de leur paisible industrie, les bramins de leurs anciens livres qu'ils n'entendent pas, chaque caste de ~~leur~~ son elevation ou de ~~leur~~ son abbaissement heréditaire sans communication avec une autre caste, et le mogol et les nababs despotes toujours armés toujours en guerre les uns avec les autres, ne songent pas qu'on puisse apporter un changement aux habitudes de tous les ordres - il en est de meme du gouvernement feodal en egypte, et en perse - le commandement est toujours flottant - le peuple est toujours tranquille - il en est de meme a la chine ou 3 mil conquerants etrangers ont etably sans peine leur domination qui consiste a proteger, eclairer, et maintenir les moeurs publiques sans les changer, et qui ~~[illegible]~~ n'est pas moins assujettie que la nation entiere a ces anciennes connoissances des chinois qui semblent n'avoir point eu d'origine, et qui ne font point de progrès.

J'oubliois de dire que ce que nous appellons l'honneur étant à peine connu dans ces états, toutes les affaires qui regardent cet honneur, qui est un si grand chapitre parmi nous, n'y ont point de lieu. Le despotisme se suffit à lui-même; tout est vuide autour de lui. Aussi, lorsque les voyageurs nous décrivent les pays où il règne, rarement nous parlent-ils de loix civiles (*a*).

Toutes les occasions de dispute & de procès y sont donc ôtées. C'est ce qui fait, en partie, qu'on y maltraite si fort les plaideurs : l'injustice de leur demande paroît à découvert, n'étant pas cachée, palliée, ou protégée par une infinité de loix.

(*a*) Au *Mazulipatan*, on n'a pu découvrir qu'il y eût de loi écrite. Voyez le *recueil des voyages qui ont servi à l'établissement de la compagnie des Indes*, *tome IV*, *partie première*, *page* 391. Les Indiens ne se règlent, dans les jugemens, que sur de certaines coutumes. Le *Védan*, & autres livres pareils, ne contiennent point de loix civiles, mais des préceptes religieux. Voyez *lettres édifiantes*, quatorzième recueil.

## CHAPITRE II.

### *De la simplicité des loix criminelles, dans les divers gouvernemens.*

On entend dire sans cesse qu'il faudroit que la justice fût rendue par-tout comme en Turquie. Il n'y aura donc que les plus ignorans de tous les peuples qui auront vu clair dans la chose du monde qu'il importe le plus aux hommes de sçavoir?

Si vous examinez les formalités de la justice, par rapport à la peine qu'a un citoyen de se faire rendre son bien, ou à obtenir satisfaction de quelque outrage, vous en trouverez ſans doute trop : Si vous les regardez dans le rapport qu'elles ont avec la liberté & la ſureté des citoyens, vous en trouverez ſouvent trop peu ; & vous verrez que les peines, les dépenſes, les longueurs, les dangers mêmes de la juſtice, ſont le prix que chaque citoyen donne pour ſa liberté.

En *Turquie*, où l'on fait très-peu d'attention à la fortune, à la vie, à l'honneur des ſujets, on termine promptement, d'une façon ou d'une autre, toutes les diſputes. La manière de les finir eſt indifférente, pourvu qu'on finiſſe. Le bacha, d'abord éclairci, fait diſtribuer, à ſa fantaiſie, des coups de bâton ſur la plante des pieds des plaideurs, & les renvoie chez eux.

Et il ſeroit bien dangereux que l'on y eût les paſſions des plaideurs : elles ſuppoſent un deſir ardent de ſe faire rendre juſtice, une haine, une action dans l'eſprit, une conſtance à pourſuivre. Tout cela doit être évité dans un gouvernement où il ne faut avoir d'autre ſentiment que la crainte, & où tout mène tout à coup, & ſans qu'on le puiſſe prévoir, à des révolutions. Chacun doit connoître qu'il ne faut point que le magiſtrat entende parler de lui, & qu'il ne tient ſa ſureté que de ſon anéantiſſement.

Mais, dans les états modérés, ou la tête du moindre citoyen eſt conſidérable, on ne lui ôte ſon honneur & ſes biens qu'après un long examen : on ne le prive de la vie que lorſque la patrie elle-même l'attaque ; & elle ne l'attaque qu'en lui laiſſant tous les moyens poſſibles de la défendre.

Auſſi, lorſqu'un homme ſe rend plus abſolu (*a*), ſonge-t-il d'abord à ſimplifier les loix. On commence, dans cet état, à être plus frappé des inconvéniens particuliers que de la liberté des ſujets, dont on ne ſe ſoucie point du tout.

(*a*) Céſar, Cromwel, & tant d'autres.

voila les erreurs auxquelles on est réduit, quand on adopte [illegible] ou trois principes bornés parmi tant de causes qui doivent exercer leur influence sur le gouvernement des nations - on regarde un sisteme comme une preuve d'un genie elevé, quand il en marque les bornes. on est réduit a diminuer des faits qu'on n'explique pas et qu'on ne peut pas nier - on croit les dérober a l'attention des lecteurs en les passant sous silence - il suffit d'un seul lecteur plus attentif pour détromper le public, et pour mettre un terme a la séduction.

mr de montesquieu pretend qu'il faut des privileges en france, parce qu'il y a necessairement des distinctions dans les monarchies -

il est impossible sans doute qu'il y ait des monarchies et des aristocraties sans distinction dans les personnes et dans les familles -

mais cette distinction peut se [illegible] a celle de la naissance qui est dans l'opinion, a celle de la richesse dont l'inegalité est inevitable dans tous les etats, a celle de la puissance politique, et peut subsister sans aucun privilege soit par rapport a la propriété des biens, soit par rapport a la liberté personnelle -

en general tel est le raisonnement sans cesse renouvellé de l'auteur de l'esprit des lois - il y a des privileges dans une monarchie la monarchie dont on parle est presque toujours celle de france - donc il faut qu'il y ait des privileges dans une monarchie.

quoy la monarchie ne subsistoit point sous charlemagne quand presque tous les privileges qui sont encore attachés a la noblesse ou a la possession seigneuriale [illegible] connus - on peut en dire autant sous chaque regne par rapport aux privileges qui se sont etablis sous les regnes suivans - il faut bien se garder de croire que toutes les loix injustes et exclusives que la force a tournées en usage en france et les prejugés ont successivement introduites dans la monarchie soient de l'essence de la monarchie.

l'esprit national qui chaque jour marche a plus grands pas doit ecraser chaque jour quelques uns des privileges qui nuisent a la liberté a la propriété - et la monarchie en sera plus reguliere et plus durable quand elle aura moins a combattre contre l'esprit national [illegible] des privileges qui le plus souvent nuisent au souverain comme au peuple -

ainsy le principe de la monarchie n'est point la cause de cette complication de loix, quand meme on regarderoit l'honneur comme son principe puisqu'elle peut subsister sans les privileges [illegible] [illegible] sont la suite -

reconnoit icy ce que nous n'avons cessé de redire, que dans les états despotiques, le législateur n'a presque rien a statuer, le magistrat n'a presque rien a juger. chaque père, chaque mary, chaque maître règle tout par luy même dans sa famille, et dans sa maison, parce qu'il n'y trouve que des femmes et des esclaves — personne autour de luy n'a sa volonté propre, et sa volonté fait la loy.

le despote ne fait point de loix sur les terres quand elles sont a luy, sur les successions quand il en hérite luy même, sur le commerce, quand il le fait avec son exclusive et suprême authorité.

il falloit ajouster qu'il ne fait point de loix sur le commerce, quand il ne le fait pas luy même, et sur les terres et les successions des peuples soumis sur lesquels il lève le tribut accoustumé.

## De la simplicité des loix criminelles dans les divers gouvernemens

mr de montesquieu écrit qu'on entend dire sans cesse qu'il faudroit rendre la justice partout comme en turquie. il paroit que ses sociétés étoient celle des gens de la cour. les hommes instruits de son tems étoient loin de le penser. les philosophes de son tems ne l'ont pas plus dit que les jurisconsultes; on dit que les jugemens devroient être plus prompts, que les loix devroient être moins compliquées, et moins multipliées, que la jurisprudence devroit être moins incertaine et moins contradictoire que les formes devroient être moins longues et moins dispendieuses en france — et quand on parle de la justice des turcs, on se sert d'une sorte d'expression populaire pour faire sentir les vices de notre législation et de notre jurisprudence.

mr de montesquieu semble condamné par une sorte de penchant irresistible a louer tout ce qui subsiste — il aime les mauvaises loix par le plaisir de les expliquer — il regarde les dangers même de la justice comme le prix que chaque citoyen doit payer pour sa liberté — l'homme privé de sa liberté par sa propre nature — il ne doit point la racheter. il doit racheter, ou proscrire les loix qui la blessent. il ne faut pas croire que les peines, les dépenses, les longueurs de la justice

On voit que, dans les républiques, il faut pour le moins autant de formalités que dans les monarchies. Dans l'un & dans l'autre gouvernement, elles augmentent en raison du cas que l'on y fait de l'honneur, de la fortune, de la vie, de la liberté des citoyens.

Les hommes sont tous égaux dans le gouvernement républicain; ils sont égaux dans le gouvernement despotique: dans le premier, c'est parce qu'ils sont tout; dans le second, c'est parce qu'ils ne sont rien.

## CHAPITRE III.

### *Dans quels gouvernemens, & dans quels cas on doit juger selon un texte précis de la loi.*

PLUS le gouvernement approche de la république, plus la manière de juger devient fixe; & c'étoit un vice de la république de *Lacédémone*, que les *éphores* jugeassent arbitrairement, sans qu'il y eût des loix pour les diriger. A Rome, les premiers consuls jugèrent comme les éphores: on en sentit les inconvéniens, & l'on fit des loix précises.

Dans les états despotiques, il n'y a point de loix : le juge est lui-même sa règle. Dans les états monarchiques, il y a une loi; &, là où elle est précise, le juge la suit; là où elle ne l'est pas, il en cherche l'esprit. Dans le gouvernement républicain, il est de la nature de la constitution, que les juges suivent la lettre de la loi. Il n'y a point de citoyen contre qui on puisse interpréter une loi, quand il s'agit de ses biens, de son honneur, ou de sa vie.

A Rome, les juges prononçoient seulement que l'accusé étoit coupable d'un certain crime; & la peine se trouvoit dans la loi, comme on le voit dans diverses loix qui furent faites. De même, en Angleterre, les jurés décident si l'accusé est coupable ou non du fait qui a été porté devant eux; &, s'il est déclaré coupable, le juge prononce la peine que la loi inflige pour ce fait : &, pour cela, il ne lui faut que des yeux.

## CHAPITRE IV.

### *De la manière de former les jugemens.*

De-là, suivent les différentes manières de former les jugemens. Dans les monarchies, les juges prennent la manière des arbitres; ils délibèrent ensemble, ils se communiquent leurs pensées, ils se concilient; on modifie son avis, pour le rendre conforme à celui d'un autre; les avis les moins nombreux sont rappellés aux deux plus grands. Cela n'est point de la nature de la république. A Rome, & dans les villes Grecques, les juges ne se communiquoient point : chacun donnoit son avis d'une de ces trois manières; *J'absous; je condamne; il ne me paroît pas* (a) : c'est que le peuple jugeoit, ou étoit censé juger. Mais le peuple n'est pas jurisconsulte; toutes ces modifications & tempéramens des arbitres ne sont pas pour lui; il faut lui présenter un seul objet, un fait, & un seul fait; & qu'il n'ait qu'à voir s'il doit condamner, absoudre, ou remettre le jugement.

Les Romains, à l'exemple des Grecs, introduisirent des formules d'actions (b), & établirent la nécessité de diriger chaque affaire par l'action qui lui étoit propre. Cela étoit nécessaire dans leur manière de juger : il falloit fixer l'état de

(a) *Non liquet.*

(b) *Quas actiones ne populus, prout vellet, institueret, certas solemnesque esse voluerunt.* Leg. 2, §. 6, dig. de orig. jur.

[redacted] absolu, son premier soin est de simplifier les loix

il y a deux manieres de simplifier les loix, l'une de les écrire celles peut estre qui devroient suppléer a toutes les autres, l'autre de ne conserver que celles qui font la sureté des citoyens en retranchant celles qui ne produisent que des genes, et qui forment la servitude.

nous ne voulons pas qu'on detruise les loix pour etablir les volontes arbitraires — nous voulons que les volontes arbitraires ne soient pas favorisees par la complication meme, et la contrariete des loix.

on ne doit pas citer l'exemple des republiques dans lesquelles on retrouve autant de formalités que dans les monarchies. car si ces formalités sont inutiles il ne faut pas plus les conserver dans un gouvernement que dans un autre.

dans quel gouvernement et dans quels cas on doit juger selon le texte précis de la loy

quelle question que celle qui suppose qu'on pourroit juger dans certains cas et dans quelques gouvernemens contre le texte précis de la loy — on n'entend pas pourquoy les loix ne doivent pas estre précises dans une monarchie comme dans une republique — ce n'est pas le souverain qui doit dicter, et qui dicte les jugemens — il est presque toujours sans interest dans les proces particuliers.

pourquoy [illegible] loix [illegible]
pouvoit les violer [illegible] sur ce qu'elles [illegible]-
dans tous les gouvernemens anciens et [illegible]
tres mal [illegible]
[illegible]
anarchie [illegible]
les jugemens - c'est dans [illegible] qui ne [illegible]
etre prévues que des [illegible] purement [illegible] des causes particulieres, lorsqu'ils commettent l'autorité par des evocations. mais
[illegible] par la perspective lointaine de ces [illegible] non prevus qui
[illegible] influer sur la direction générale des loix. et quand les loix
seront simples et precises, il est plus malaisé de les enfreindre par
l'effet de la puissance [illegible] une loy claire domine les opinions
et les opinions fixées dominent les gouvernemens.

de la maniere de former les jugemens.

on prend toujours les vices pour les principes et les abus pour les regles-
il ne faut pas croire que l'action simple et reduite au point le plus juste
ait eté la premiere formule des romains - dans tous les gouvernemens
naissans on commence par agir sans regle, et par juger sans loix - on
ne fait des loix et des regles qu'au moment du besoin - on s'instruit
par les inconveniens - les circonstances donnent les connoissances utiles
les etats acquierent leur experience comme les hommes dans leur maturité. il s'eleve des hommes plus instruits qui font des observations
sur le passé, et qui veulent faire des etablissemens pour l'avenir-
les romains ont eu pendant longtems de grands jurisconsultes-
ils avoient formé le projet de faire un code des loix - ils consulterent
les republiques grecques [illegible] nommerent les decemvirs pour dresser
les douze tables - ils firent des loix plus claires quand ils sentirent tous
les inconveniens des loix de moment qui souvent se contredisent,
et [illegible] toujours de grandes obscurités. - les juges en france ont
eté les rois, les seigneurs, les eveques, les grands vassaux, ensuite des
clercs sans titre et sans authorité - ces clercs sont devenus les juges.
longtems encore ils ont jugé sur des circonstances nouvelles que les
loix n'avoient point prevues - cependant on avoit formé des recueils
et capitulaires - on avoit rassemblé les etablissemens de St louis.

la question, pour que le peuple l'eût toujours devant les yeux. Autrement, dans le cours d'une grande affaire, cet état de la question changeroit continuellement, & on ne le reconnoîtroit plus.

De-là, il suivoit que les juges, chez les Romains, n'accordoient que la demande précise, sans rien augmenter, diminuer, ni modifier. Mais les *préteurs* imaginèrent d'autres formules d'actions, qu'on appella *de bonne foi* (c), où la manière de prononcer étoit plus dans la disposition du juge. Ceci étoit plus conforme à l'esprit de la monarchie. Aussi les jurisconsultes François disent-ils : *En France* (d) *toutes les actions sont de bonne foi.*

(c) Dans lesquelles on mettoit ces mots. *Ex bonâ fide.*

(d) On y condamne aux dépens celui-là même à qui on demande plus qu'il ne doit, s'il n'a offert & consigné ce qu'il doit.

## CHAPITRE V.

### *Dans quels gouvernemens le souverain peut être juge.*

Machiavel (a) attribue la perte de la liberté de Florence à ce que le peuple ne jugeoit pas en corps, comme à Rome, des crimes de lèse-majesté commis contre lui. Il y avoit, pour cela, huit juges établis : *Mais*, dit Machiavel, *peu sont corrompus par peu.* J'adopterois bien la maxime de ce grand homme : mais, comme dans ces cas, l'intérêt politique force, pour ainsi dire, l'intérêt civil (car c'est toujours un inconvénient, que le peuple juge lui-même ses offenses) ; il faut, pour y remédier, que les loix pourvoient, autant qu'il est en elles, à la sureté des particuliers.

(a) Discours sur la première décade de Tite Live, liv. I, ch. VII.

Dans cette idée, les législateurs de Rome firent deux choses : ils permirent aux accusés de s'exiler (*b*) avant le jugement (*c*) ; & ils voulurent que les biens des condamnés fussent consacrés, pour que le peuple n'en eût pas la confiscation. On verra, dans le livre XI, les autres limitations que l'on mit à la puissance que le peuple avoit de juger.

*Solon* sçut bien prévenir l'abus que le peuple pourroit faire de sa puissance dans le jugement des crimes : il voulut que l'aréopage revît l'affaire : que, s'il croyoit l'accusé injustement absous (*d*), il l'accusât de nouveau devant le peuple ; que, s'il le croyoit injustement condamné (*e*), il arrêtât l'exécution, & lui fît rejuger l'affaire : Loi admirable, qui soumettoit le peuple à la censure de la magistrature qu'il respectoit le plus, & à la sienne même !

Il sera bon de mettre quelque lenteur dans des affaires pareilles, sur-tout du moment que l'accusé sera prisonnier ; afin que le peuple puisse se calmer, & juger de sang froid.

Dans les états despotiques, le prince peut juger lui-même. Il ne le peut dans les monarchies ; la constitution seroit détruite : les pouvoirs intermédiaires dépendans, anéantis, on verroit cesser toutes les formalités des jugemens ; la crainte s'empareroit de tous les esprits ; on verroit la pâleur sur tous les visages ; plus de confiance, plus d'honneur, plus d'amour, plus de sûreté, plus de monarchie.

Voici d'autres réflexions. Dans les états monarchiques, le prince est la partie qui poursuit les accusés, & les fait

(*b*) Cela est bien expliqué dans l'oraison de Cicéron *pro Cæcinnâ*, à la fin.

(*c*) C'étoit une loi d'Athènes, comme il paroît par *Démosthène*. *Socrate* refusa de s'en servir.

(*d*) Démosthène, sur la couronne, page 494, édition de Francfort, de l'an 1604.

(*e*) Voy. *Philostrate*, vie des sophistes, liv. I, vie d'Æschines.

punir

on conservoit le depost des chartres qui faisoient regle — on donnoit des formes de publicité aux arrets et aux jugemens — on a fait ensuite des ordonnances dans les etats generaux qui etoient un resultat des loix etablies et rappellées on a redigé les coutumes — et ces loix sont plus ou moins [illegible] selon les principes de la monarchie mais selon les connoissances plus ou moins etendües des redacteurs — les principes de la monarchie ont sans doute influé sur la nature des loix sur leurs objets, sur les moyens d'execution, sur les formes a suivre soit dans les actions, soit dans les jugemens — mais les principes de la monarchie n'exigent pas qu'on exprime avec obscurité la loy qu'on [illegible], ou qu'on etablit — la precision est le langage de toutes loix — la precision manque quand on n'a pas saisi le rapport des loix entr'elles, et ce rapport est plus difficile a saisir a mesure qu'il y a plus de loix — les loix sont multipliées quand un grand etat est composé de plusieurs nations differentes dont les loix etoient faites avant leur réunion — mr de montes quieu semble oublier tous les faits historiques pour suivre en aveugle les consequences d'un principe qu'il etablit et d'une definition qu'il a donnée — il raisonne sur les mots, et non pas sur les choses qui dependent toujours des hommes

dans quels gouvernemens le souverain peut etre juge

qu'est ce que le souverain — ce n'est pas un seul homme — ce sont tous ceux qui exercent le pouvoir souverain — on appele les parlemens des cours souveraines, parcequ'ils jugent souverainement et sans appel; il faut plusieurs avis pour assurer l'equité des jugemens — un seul homme ne peut avoir autant de lumieres que plusieurs hommes, et il faudroit qu'il fut doué de toutes les vertus pour diriger ses lumieres, et pour les rendre utiles — ce n'est pas parcequ'un homme est souverain qu'il ne doit pas juger, c'est parcequ'il n'est qu'un seul homme — si dans quelques republiques on a pris des precautions contre le jugement du peuple, ce n'est pas parcequ'il etoit souverain — c'est que le peuple meme tout entier peut se tromper, et qu'il est toujours utile de luy preparer les moyens de retracter son erreur.

il est des affaires que le prince evoque dans son conseil, et qu'il
il y a des affaires jugées par le conseil qu'on se reserve encore a
decision. on n'a pas pensé sans doute que le souverain ne pouvoit
pas deffaire ce qu'il avoit fait - et porter un autre jugement
je scais bien qu'il est a desirer qu'on abolisse les evocations, et
que le souverain moins instruit en france que les juges qu'il
etablit ne veuille jamais juger par luy meme - mais il est vray
l'usage qui deffend au souverain de juger et
que ~~[illegible]~~ qu'on doit aujourd'huy regarder comme la loy
n'est point l'effet des principes de la monarchie, et que les rois
etoient anciennement legislateurs et juges par eux memes.
on se rappele l'arbre de vincennes a l'ombre duquel st louis rendoit
la justice - ce n'est point la constitution ny la loy qui reprime les jugemens du souverain - c'est la raison - c'est la reclamation constante de
l'interest general contre l'interest ou les passions d'un seul - en
general un juge qui ne prend l'avis de personne ou qui peut juger
contre l'avis des autres etablit le despotisme dans les derniers retranchemens
que la raison sembloit reserver a la liberté publique, dans le fort
de la justice. nul souverain, nul homme ne peut juger seul - appius
fut investi de ce pouvoir non moins absurde que funeste, et la
republique fut detruite - elle fut detruite par des jugemens, comme
elle auroit pu l'estre par des batailles, et la liberté reparut quand
appius fut chassé de son tribunal - il seroit utile, il seroit necessaire
de porter cette loy qui n'est point encore connue - le roy ne peut
point juger - le roy juge encore des contestations qui sont rel-
mises au fond - nulle cause ne devroit etre evoquée - le
conseil du roy ne doit juger que pour veiller au maintien des
formes sans lesquelles les jugemens de plusieurs seroient arbitraires comme ceux d'un seul - le conseil du roy ne doit prononcer
que des arrets de cassation - il est donc vray qu'il manque
encore en france ~~[illegible]~~ partie de constitution, cette loy qui
devroit interdire au souverain de juger - on ne peut rien
ajouter aux raisons que donne l'auteur de l'esprit
des loix pour deffendre au souverain de faire la fonction
des tribunaux - mais il ne devoit pas dire
ce qui n'est pas vray que cette deffense etoit portée par la constitution

## que dans la monarchie, les ministres ne doivent pas juger

raisons viennent en foule, dit m. de montesquieu - mais parmi tant de raisons il n'en dit qu'une, et celle-là peut-etre est la plus foible de toutes - les ministres dit-il doivent prendre les affaires et les suivre avec une certaine passion - il faut des tribunaux de sang froid a qui les affaires soient pour ainsy dire indifferentes -

quelle est cette certaine passion des ministres pour les affaires - est-ce celle d'etre utile - elle devroit etre la passion de tous les etats, et elle ne doit pas etre plus etrangere aux tribunaux qu'aux ministres - est-ce la passion de proteger, de nuire, ou la passion vraiment ministerielle d'envisager chaque affaire sous un certain rapport avec ses interets personnelles - il ne faut pas dire alors qu'elle doit etre la passion des ministres plus que des tribunaux -

L'auteur de l'esprit des loix prend les faits pour des loix, et les vices de chaque etat comme les principes - il n'y a plus rien a dire sur la legislation, si ces principes deviennent ceux des gouvernemens;

les ministres ne doivent point juger parcequ'ils sont choisis par le souverain, parcequ'ils n'aiment et ne connoissent que l'exercice arbitraire de son authorité, parcequ'ils ne peuvent que pour luy, et qu'il ne pense que par eux, parceque son authorité qu'ils veulent toujours etendre n'est qu'une arme dont ils se servent pour faire tout ce qu'ils veulent, parcequ'ils peuvent proscrire une loy qu'ils n'auroient pas revoquer par un jugement qui devient un exemple, parcequ'ils defendent un mauvais jugement par le suffrage du prince, parcequ'ils peuvent dire que le roy veut quand il juge, comme si le droit de juger n'etoit pas fondé sur l'abdication de la puissance, et sur l'asservissement a la loy, et les ministres enfin ne peuvent pas juger parceque les nombreuses occupations qui leur attirent la faveur ne leur laissent pas de tems pour etudier les loix, parcequ'ils n'ont pas apporté dans le conseil des connoissances suffisantes et parce qu'ils ne peuvent plus les acquerir -

si quelque ministre s'eleve de tems en tems au dessus de la condition commune de tous les ministres qui sont choisis par les rois et non par les nations, les reflexions dont nul homme en france ne peut méconnoitre la verité sont un hommage de plus a ses vertus, et a ses talens - mais il n'en est pas moins vray qu'il ne doit pas juger vec une authorité que son influence sur le souverain ne permettroit pas distinguer de l'authorité souveraine.

## du magistrat unique.

L'auteur de l'esprit des loix est bien forcé de reconnoitre que la 1re raison qui doit interdire le droit de juger au souverain c'est qu'il est seul, et qu'un homme seul est susceptible de toutes les erreurs que donnent l'ignorance, la passion, et le préjugé. aristide n'etoit qu'un magistrat il ne réunissoit pas comme un dictateur tous les autres pouvoirs dans sa personne - il n'etoit qu'un juge unique et l'on sait a quel point il a porté la tyrannie des jugemens.

## des accusations dans les divers gouvernemens

il est permis en france comme a rome d'accuser un citoyen - mais il y a des peines en france pour l'accusateur injuste et ces peines s'étendent même a l'accusateur de bonne foi qui ne prouve pas son accusation -

a rome l'accusation toujours encouragée n'avoit d'autre effet que le jugement qui justifie ou condamne l'accusé - point d'amende et dommage, point de peine d'emprisonnement, ou de mort -

en france il semble que le gouvernement veuille etouffer toutes les actions des citoyens. un homme est coupable - vingt temoins le scavent - ils peuvent etre temoins forcés - on les appele - ils disent ce qu'ils croyent - ils n'ont pas besoin de donner des preuves d'eux ces memes temoins forment par leur assertion la preuve du crime - ces memes hommes qu'on en croit sur leur parole, et qui n'ont rien a craindre quand ils se trompent, ou quand ils trompent sont mis a mort quand ils sont temoins volontaires, quand ils sont accusateurs, quand ils rendent compte d'un crime qu'ils ont vu de leurs propres yeux s'ils n'en donnent pas la plus rigoureuse démonstration - on diroit que les juges veulent se réserver le droit arbitraire d'oublier quelques crimes, et quand ils ne les oublient pas, de les favoriser ou de les punir - ils ne veulent de temoins que ceux qu'ils choisissent, et il faut qu'un homme attaqué luy meme, assassiné par des voleurs prenne bien garde quand il se plaint, a la forme qu'il doit y prendre pour établir la plainte - la seule qualité de dénonciateur le rendroit suspect et luy donneroit a craindre la voye toujours redoutable de la récrimination - il seroit puni de mort après avoir été assassiné - la loi qui tue celuy

punir ou abſoudre : s'il jugeoit lui-même, il feroit le juge & la partie.

Dans ces mêmes états, le prince a ſouvent les confiſcations : s'il jugeoit les crimes, il feroit encore le juge & la partie.

De plus : il perdroit le plus bel attribut de ſa ſouveraineté, qui eſt celui de faire grace (*f*). Il feroit inſenſé qu'il fît & défît ſes jugemens : il ne voudroit pas être en contradiction avec lui-même.

Outre que cela confondroit toutes les idées, on ne ſçauroit ſi un homme feroit abſous, ou s'il recevroit ſa grace.

Lorſque *Louis XIII* voulut être juge dans le procès du duc de *la Valette* (*g*), & qu'il appella, pour cela, dans ſon cabinet quelques officiers du parlement & quelques conſeillers d'état; le roi les ayant forcés d'opiner ſur le décret de priſe de corps, le préſident de *Bélièvre* dit : » Qu'il voyoit, « dans cette affaire, une choſe étrange ; un prince opiner au « procès d'un de ſes ſujets : Que les rois ne s'étoient reſervé « que les graces, & qu'ils renvoyoient les condamnations vers « leurs officiers. Et votre majeſté voudroit bien voir ſur la « ſellete un homme devant elle, qui, par ſon jugement, iroit « dans une heure à la mort ! Que la face du prince, qui porte « les graces, ne peut ſoutenir cela ; que ſa vue ſeule levoit les « interdits des égliſes ; qu'on ne devoit ſortir que content de « devant le prince «. Lorſqu'on jugea le fonds, le même pré- « ſident dit, dans ſon avis : » Cela eſt un jugement ſans exem- « ple, voire contre tous les exemples du paſſé juſqu'à huy, «

(*f*) *Platon* ne penſe pas que les rois, qui ſont, *dit-il*, prêtres, puiſſent aſſiſter au jugement où l'on condamne à la mort, à l'exil, à la priſon.

(*g*) Voyez la relation du procès fait à M. le duc de *la Valette*. Elle eſt imprimée dans les mémoires de *Montreſor*, tome II, page 62.

» qu'un roi de France ait condamné en qualité de juge, par » son avis, un gentilhomme à mort (*h*) «.

Les jugemens rendus par le prince seroient une source intarissable d'injustices & d'abus ; les courtisans extorqueroient, par leur importunité, ses jugemens. Quelques empereurs Romains eurent la fureur de juger ; nuls règnes n'étonnèrent plus l'univers par leurs injustices.

» *Claude*, dit *Tacite* (*i*), ayant attiré à lui le jugement » des affaires & les fonctions des magistrats, donna occasion à » toutes sortes de rapines «. Aussi *Néron* parvenant à l'empire après *Claude*, voulant se concilier les esprits, déclara-t-il : » Qu'il se garderoit bien d'être le juge de toutes les affaires ; » pour que les accusateurs & les accusés, dans les murs d'un » palais, ne fussent pas exposés à l'inique pouvoir de quelques » affranchis (*k*) «.

Sous le règne d'Arcadius, dit *Zozime* (*l*), » la nation » des calomniateurs se répandit, entoura la cour, & l'infecta. » Lorsqu'un homme étoit mort, on supposoit qu'il n'avoit » point laissé d'enfans (*m*) ; on donnoit ses biens par un res- » cript. Car, comme le prince étoit étrangement stupide, & » l'impératrice entreprenante à l'excès, elle servoit l'insatiable » avarice de ses domestiques & de ses confidentes ; de sorte » que, pour les gens modérés, il n'y avoit rien de plus desi- » rable que la mort «.

» Il y avoit autrefois, dit *Procope* (*n*), fort peu de gens » à la cour : mais, sous *Justinien*, comme les juges n'avoient » plus la liberté de rendre justice, leurs tribunaux étoient

(*h*) Cela fut changé dans la suite. Voyez la même relation.

(*i*) Annal. livre XI.

(*k*) *Ibid.* livre XIII.

(*l*) Hist. livre V.

(*m*) Même désordre sous *Théodose le jeune*.

(*n*) Histoire secrette.

que les voleurs n'ont pas pu tuer - elle est bien plus habile a assassiner
que ces miserables assassins qui plongent leur corps - mr d[illegible] y
a voulu nous prouver qu'il ne falloit pas recevoir la denonciation
des parties plaignantes, et la loi nous apprend que l'accusation
publique doit etre punie des [illegible] nes les plus graves quand elle n'est
pas justifiée par toutes les preuves legales.

ainsy la loi ne defend pas en france au citoyen d'etre accusateur - mais
elle a tellement environné celuy qui veut l'etre que personne n'a
eu le courage -

il etoit bien aisé de comprendre l'absolue necessité de constituer un
accusateur public, quand on avoit si bien ecarté toutes les accusations
particulieres -

il n'est point comme le dit l'editeur de montesquieu par une loi admirable
qu'on a preposé dans chaque tribunal un officier public chargé de poursuivre en son nom tous les crimes -

cette institution se retrouve dans le droit romain - elle emane en
france des tribunaux ecclesiastiques - elle eut d'abord pour objet principal l'exercice des actions du prince dans les causes de son domaine ou
de sa couronne; les crimes n'ont eté vraiment poursuivis en france à
la partie publique que depuis deux cent ans - c'etoit autrefois la
clameur publique qui les denonçoit - c'etoit la force et la puissance
qui les vendoit impunis - et souvent ils n'etoient punis sans forme
de justice que par la puissance et la force - quand le legislateur
et les juges ont acquis plus de connoissance et de vigilance, il a [illegible]
que l'acteur ou procurateur du prince dans les tribunaux etoit
plus propre qu'aucun autre a denoncer le crime et a provoquer
sa punition, et l'on voit encore mieux a quel point la constitution
en france n'a rien reglé sur les bornes de la juridiction du souverain
c'est en son nom qu'on accuse - c'est en son nom qu'on ordonne les
jugements c'est en son nom qu'on juge - par quel lien [illegible]
le prince est censé tout faire en france, et la constitution n'a
rien prevu -

en general il n'est pas conforme a la monarchie d'authoriser les
accusations des citoyens, ~~françoise~~ quand la monarchie sans regles
certaines, et sans constitution fixe - est gouvernée par des
hommes dont l'interest constant est de n'etre pas eux
eux memes [illegible] accusations - mais ce sont les vices d'une

monarchie mal constituée qu'on erige en principes. l'exemple de l'angleterre nous apprend qu'on peut corriger ces vices, et conserver la monarchie.

mr de montesquieu nous assure la partie publique veille pour les citoyens. elle agit, et ils sont tranquilles.

la tranquillité des citoyens ne prouve point leur confiance. il faut bien qu'ils soient tranquilles quand ils ne peuvent pas agir. on ne leur laisse rien a faire, et on les punit quand ils veulent faire. ils vivent dans une habitude de loisir et d'inaction dont ils ne sont pas tentés de sortir.

les hommes vivroient tranquilles dans les etats despotiques. le gouvernement agit si bien pour eux qu'il les voit vivre ou mourir sans qu'ils en sachent la raison. rien ne seroit si commode. on n'auroit besoin de s'inquieter de rien, et les hommes vivroient parfaitement tranquilles, ils seroient bien plus qu'au moindre mouvement ils seroient morts;

c'est cette heureuse tranquillité que vantent ceux qui disent qu'il ne faut pas que le peuple soit trop a son aise. l'aisance lui donne des sentimens plus elevés qui multiplient ses desirs. il est bien plus tranquille quand il est dans la misere.

les accusations devroient etre libres et publiques partout ou il y a des hommes qui sont offensés par ceux des hommes qui sont indignés d'un crime. leurs vengeurs vengeroient la patrie, ou leurs concitoyens et les autres exerceroient par une acusation legale le droit qu'ils ont de poursuivre leur propre vengeance, et les crimes seroient plus rares et moins impunis quand ce ne seroit pas un crime de les denoncer et d'en provoquer la punition.

## de la severité des peines dans les divers gouvernemens

on diroit que l'auteur a brulé tous les livres d'histoire pour reverer a son aise un certain esprit des loix que dementent sans cesse les faits historiques.

La severité des peines convient mieux, dit il au gouvernement despotique dont le principe est la terreur. pourquoy donc les peines sont elles plus douces en turquie qu'en france. on ne connoit point en turquie ces recherches d'une justice atroce qui fait eprouver a ses victimes des tourmens bien plus affreux que la mort, des tourmens qu'un homme souffre, et auxquels un homme ne peut pas penser sans fremir.

déserts, tandis que le palais du prince retentissoit des clameurs « des parties qui y sollicitoient leurs affaires «. Tout le monde sçait comment on y vendoit les jugemens, & même les loix.

Les loix sont les yeux du prince; il voit par elles ce qu'il ne pourroit pas voir sans elles. Veut- il faire la fonction des tribunaux ? il travaille non pas pour lui, mais pour ses séducteurs contre lui.

## CHAPITRE VI.

*Que, dans la monarchie, les ministres ne doivent pas juger.*

C'EST encore un grand inconvénient, dans la monarchie, que les ministres du prince jugent eux-memes les affaires contentieuses. Nous voyons encore aujourd'hui des états où il y a des juges sans nombre, pour décider les affaires fiscales ; & où les ministres, qui le croiroit ! veulent encore les juger. Les réflexions viennent en foule: je ne ferai que celle-ci.

Il y a, par la nature des choses, une espèce de contradiction entre le conseil du monarque & ses tribunaux. Le conseil des rois doit être composé de peu de personnes ; & les tribunaux de judicature en demandent beaucoup. La raison en est que, dans le premier, on doit prendre les affaires avec une certaine passion, & les suivre de même ; ce qu'on ne peut guère espérer que de quatre ou cinq hommes qui en font leur affaire. Il faut, au contraire, des tribunaux de judicature de sang-froid, & à qui toutes les affaires soient, en quelque façon, indifférentes.

## CHAPITRE VII.

### *Du magiſtrat unique.*

UN tel magiſtrat ne peut avoir lieu que dans le gouvernement deſpotique. On voit, dans l'hiſtoire Romaine, à quel point un juge unique peut abuſer de ſon pouvoir. Comment *Appius*, ſur ſon tribunal, n'auroit-il pas mépriſé les loix, puiſqu'il viola même celle qu'il avoit faite (*a*)? *Tite Live* nous apprend l'inique diſtinction du décemvir. Il avoit apoſté un homme qui réclamoit, devant lui, *Virginie* comme ſon eſclave; les parens de Virginie lui demandèrent, qu'en vertu de ſa loi, on la leur remît juſqu'au jugement définitif. Il déclara que ſa loi n'avoit été faite qu'en faveur du père; & que, Virginius étant abſent, elle ne pouvoit avoir d'application (*b*).

(*a*) Voy. la loi II, §. 24, ff. *de orig. jur.*

(*b*) *Quòd pater puellæ abeſſet, locum injuriæ eſſe ratus.* Tite Live, *décade première*, livre III.

## CHAPITRE VIII.

### *Des accuſations, dans les divers gouvernemens.*

A ROME (*a*), il étoit permis à un citoyen d'en accuſer un autre. Cela étoit établi ſelon l'eſprit de la république, où chaque citoyen doit avoir, pour le bien public, un zèle ſans bornes; où chaque citoyen eſt cenſé tenir tous les droits de la patrie dans ſes mains. On ſuivit, ſous les empereurs, les maximes de la république; & d'abord on vit paroître un

(*a*) Et dans bien d'autres cités.

le supplice de la roue, l'écartelement à quatre chevaux, le feu, la question au coin, au feu, et à l'eau sont des inventions de la barbare industrie des peuples policés, et sont inconnues aux peuples que nous appelons barbares. les peines sont plus cruelles en france, et il y a plus de crimes punis de mort, et la loy tue plus d'hommes encore en france que les actes arbitraires du despotisme en turquie.

sans doute on pourroit plus souvent parmy nous opposer au crime le blasme et la honte. on pourroit imprimer dans tous les esprits une crainte salutaire qui previendroit les crimes. un bon legislateur sçauroit rendre les opinions utiles. mais on ne songe pas que nos loix n'ont pas été faites par un legislateur ny par une suite de legislateurs. chaque loy est l'ouvrage isolé d'un seul moment, ou d'un seul regne.

nos loix meme, comme toutes nos loix penales sont tellement multipliées qu'elles semblent devoir et vouloir suppléer a tous les sentimens. notre atroce legislation n'a pas cru sans doute pouvoir se reposer sur l'impression de l'honneur et sur la crainte de la honte, et les loix ont même encore créé parmy nous des crimes pour les punir. elles defendent ce que la nature permet, et ce que la raison ne condamne pas.

on ne peut pas dire que la severité des peines soit en france le signe et l'effet de la corruption. les peines subsistent par une antique accoutumance qu'on ne reforme point. on n'a pas besoin de les augmenter, puisque leur severité depuis longtems est sans mesure; on ne songe point a les diminuer par l'effet d'un prejugé barbare, et d'une negligence habituelle.

il faut avouer que les peines sont plus fortes dans une monarchie que dans une republique, parce qu'on juge avec plus de rigueur quand on exerce une plus grande authorité. mais la faveur et les recommandations qui sont sans force dans une republique semblent contrebalancer les rigueurs de la monarchie. il y a moins de punitions [illegible] crimes, et les [illegible] quinanbes, et celles meme qui ont un etat ~~élevé~~ au dessus du peuple obtiennent le plus souvent la grace des coupables qui leur appartiennent.

les balances ~~et le petit nombre ingenieux~~ et ne sont pour le petit nombre favorisé - mais elle n'existe pas pour le peuple - et nous ne concevons pas que le peuple soit tellement ingénié qu'on le mette a mort sans pitié [illegible] qu'une mauvaise education n'a point mis a l'abry du crime quand on fait grace a l'homme plus coupable qui resiste aux principes qu'il a recus; il faudroit sentir que les peines sont trop fortes, et quand on preserve les hommes dont la vie n'est pas comptée pour rien, ~~et que~~ cette indulgence devenue nécessaire [illegible] la nécessité d'en moderer l'excès;

un empire despotique nous a donné l'exemple de l'humanité qui doit dicter les loix; l'imperatrice elizabeth a defendu par une loy solemnelle qu'aucun de ses sujets fut mis a mort sous son regne - on n'a pas observé que les crimes fussent plus multipliés, et son exemple devoit [illegible] loy, puis qu'on n'a [illegible] d'objet en mettant les criminels a mort que de prevenir les crimes

quand nous pensons qu'il faut addoucir les peines, nous ne croyons pas qu'on doive etablir des loix qui supposent une grande corruption des mœurs, ou qui la favorise pour suppléer a la rigueur des jugemens - si sparte honoroit le libertinage et l'adultère, si l'on privoit le coupable de l'avantage de prêter sa femme a un autre, s'il ne pouvoit plus habiter sa maison qu'avec des injures, il faut regarder sparte comme l'ecole des vices, et il ne faut pas donner des exemples d'emulateurs pour prouver des verités utiles.

des anciennes loix françoises.

sans doute on retrouve dans les anciennes loix françoises l'esprit de la monarchie - mais ce n'est point d'honneur - c'est la naissance qui distingue le noble et le villain - l'honneur meme n'étoit qu'un office, une dignité, un pouvoir et non un sentiment - le sentiment des puissances etoit celuy

genre d'hommes funestes, une troupe de délateurs. Quiconque avoit bien des vices & bien des talens, une ame bien basse & un esprit ambitieux, cherchoit un criminel, dont la condamnation pût plaire au prince : c'étoit la voie pour aller aux honneurs & à la fortune (*b*), chose que nous ne voyons point parmi nous.

Nous avons aujourd'hui une loi admirable ; c'est celle qui veut que le prince, établi pour faire exécuter les loix, prépose un officier, dans chaque tribunal, pour poursuivre en son nom tous les crimes : de sorte que la fonction des délateurs est inconnue parmi nous. Et, si ce vengeur public étoit soupçonné d'abuser de son ministère, on l'obligeroit de nommer son dénonciateur.

Dans les loix de Platon (*c*), ceux qui négligent d'avertir les magistrats, ou de leur donner du secours, doivent être punis. Cela ne conviendroit point aujourd'hui. La partie publique veille pour les citoyens ; elle agit, & ils sont tranquilles.

(*b*) Voyez, dans *Tacite*, les récompenses accordées à ces délateurs.
(*c*) Livre IX.

## CHAPITRE IX.

### *De la sévérité des peines, dans les divers gouvernemens.*

LA sévérité des peines convient mieux au gouvernement despotique, dont le principe est la terreur, qu'à la monarchie & à la république, qui ont pour ressort l'honneur & la vertu.

Dans les états modérés, l'amour de la patrie, la honte & la crainte du blâme, sont des motifs réprimans, qui peuvent arrêter bien des crimes. La plus grande peine d'une mauvaiſe action ſera d'en être convaincu. Les loix civiles y corrigeront donc plus aiſément, & n'auront pas beſoin de tant de force.

Dans ces états, un bon légiſlateur s'attachera moins à punir les crimes, qu'à les prévenir ; il s'appliquera plus à donner des mœurs, qu'à infliger des ſupplices.

C'eſt une remarque perpétuelle des auteurs Chinois (*a*), que plus, dans leur empire, on voyoit augmenter les ſupplices, plus la révolution étoit prochaine. C'eſt qu'on augmentoit les ſupplices, à meſure qu'on manquoit de mœurs.

Il ſeroit aiſé de prouver que, dans tous ou preſque tous les états d'Europe, les peines ont diminué ou augmenté, à meſure qu'on s'eſt plus approché ou plus éloigné de la liberté.

Dans les pays deſpotiques, on eſt ſi malheureux, que l'on y craint plus la mort, qu'on ne regrette la vie ; les ſupplices y doivent donc être plus rigoureux. Dans les états modérés, on craint plus de perdre la vie, qu'on ne redoute la mort en elle-même ; les ſupplices qui ôtent ſimplement la vie y ſont donc ſuffiſans.

Les hommes extrêmement heureux, & les hommes extrêmement malheureux, ſont également portés à la dureté ; témoins les moines & les conquérans. Il n'y a que la médiocrité & le mêlange de la bonne & de la mauvaiſe fortune, qui donnent de la douceur & de la pitié.

Ce que l'on voit dans les hommes en particulier, ſe trouve dans les diverſes nations. Chez les peuples ſauvages, qui mènent une vie très-dure, & chez les peuples des gouvernemens deſpotiques, où il n'y a qu'un homme exorbi-

(*a*) Je ferai voir, dans la ſuite, que la Chine, à cet égard, eſt dans le cas d'une république, ou d'une monarchie.

leur puissance meme - on n'a connu que par degrés en france l'idée d'une noblesse de sang separée des possessions, et ce n'est qu'a la longue que des nobles sans autre possession que celle du cheval de bataille et des armes ont acquis des sentimens semblables a ceux des puissans [illegible] ils etoient apparentés - l'honneur de la noblesse [sans puissance] est le resultat des sentimens que la puissance donne - ce [illegible] qui semble naturelle aux enfans des grandes maisons [illegible] ensemble par un pere commun et separés par des substitutions d'un ainé qui recueille l'heritage paternel [illegible] par l'imitation [illegible] des familles moins considerables, ceux de toutes les familles nobles, ceux enfin des annoblis, et telle est la veritable source du sentiment de l'honneur qui semble l'esprit de la noblesse -

~~a mesure que nous remontons dans notre histoire, nous voyons~~ que la noblesse etoit reelle dans les premiers tems de la monarchie elle etoit attachée aux possessions, aux dignités, aux pouvoirs elle n'etoit point separée de la puissance - l'etablissement des fiefs divisa cette puissance a l'infini - chacun peut obtenir un fief - chacun peut en donner un, la noblesse la plus foible exerca cependant des droits sur quelques terres, sur quelques vassaux - elle fut associée a la puissance - elle en prit l'orgueil - les enfans des moindres familles nobles sucerent avec le lait l'orgueil de leurs parens - cet orgueil fit l'honneur -

nos anciennes loix francoises nous rappelent les degrés de la puissance dont elles etoient l'expression - elles ne nous rappelent pas des sentimens d'honneur sans puissance qu'elles ont fait naitre dans la suite, et qui n'existoient pas encore -

si l'on trouve une difference dans les amendes pecuniaires, [illegible] elle est

~~[illegible]~~

l'on retrouve dans ces temps une classe de nobles qui ou suivoit [illegible]
la nation de notre temps, elle etoit formée de tous ces hommes [illegible]
domestiques des grands et des seigneurs - les seigneurs suivant dans [illegible]
tout [illegible] d'heureuses habitudes devenues legales communiquoient
une partie de leur puissance a tout ce qui les environnoit, et chaque
commensal [illegible] d'exercer dans sa partie les droits de son
seigneur - ils [illegible] par là meme distingués du peuple qu'ils opprimoient, ils avoient des privileges - ils obtinrent des fiefs - ils furent
protegés et soutenus - [illegible] etoient enfans des seigneurs - d'autres
en descendoient - d'autres etoient sortis de la classe du peuple - on
ne recherchoit point les origines - on ne conservoit point d'archives -
on ne savoit ni les ecrire, ni les lire - tous vivoient dans la meme
maison, de la meme table, exerçoient les memes occupations,
+ faisoient le meme service - les uns plus distingués heritoient
des possessions de leurs peres et devenoient puissans - les autres
s'avançoient par leurs talens, par la faveur de leurs seigneurs,
devenoient chevaliers, obtenoient des places, faisoient des
mariages utiles, et acqueroient des possessions - les autres
vivoient et mouroient dans leur commensalité - ceux là
tous ceux qui formoient la maison des seigneurs n'avoient
point de biens propres - ils n'etoient accusés condamnés que par devant
la cour de leurs seigneurs - les jugemens etoient arbitraires - ils
ne pouvoient payer que sur leurs gages, et ces gages n'etoient
rien - tous les services se vendoient, et se payoient en nature -
ils servoient de leurs personnes - on leur donnoit l'habitation,
les habits, les chevaux, les armures et la table - le respect
pour ceux là qui pouvoient payer une amende de [illegible] pour
[illegible] - la loi ne distingue que les noble[s]
[illegible] ou villains qui
[illegible] les habitans des campagnes
[illegible]
sujets des seigneurs dans [illegible]
[illegible] monarchiques
[illegible] proportionné au
[illegible]
[illegible]
[illegible]

tamment favorisé de la fortune, tandis que tout le reste en est outragé, on est également cruel. La douceur règne dans les gouvernemens modérés.

Lorsque nous lisons, dans les histoires, les exemples de la justice atroce des sultans, nous sentons, avec une espèce de douleur, les maux de la nature humaine.

Dans les gouvernemens modérés, tout, pour un bon législateur, peut servir à former des peines. N'est-il pas bien extraordinaire qu'à *Sparte*, une des principales fût de ne pouvoir prêter sa femme à un autre, ni recevoir celle d'un autre; de n'être jamais dans sa maison qu'avec des vierges? En un mot, tout ce que la loi appelle une peine est effectivement une peine.

## CHAPITRE X.

### *Des anciennes loix Françoises.*

C'EST bien dans les anciennes loix Françoises que l'on trouve l'esprit de la monarchie. Dans les cas où il s'agit de peines pécuniaires, les non-nobles sont moins punis que les nobles (*a*). C'est tout le contraire dans les crimes (*b*): le noble perd l'honneur & réponse en cour; pendant que le vilain, qui n'a point d'honneur, est puni en son corps.

(*a*) *Si comme pour briser un arrêt, les non-nobles doivent une amende de quarante sous, & les nobles de soixante livres.* Somme rurale, liv. II, page 198, édit. goth. de l'an 1512; & *Beaumanoir*, ch. 61, pag. 309.

(*b*) Voyez le conseil de *Pierre Desfontaines*, ch. XIII, sur-tout l'article 22.

## CHAPITRE XI.

### *Que, lorsqu'un peuple est vertueux, il faut peu de peines.*

LE peuple Romain avoit de la probité. Cette probité eut tant de force, que souvent le législateur n'eut besoin que de lui montrer le bien, pour le lui faire suivre. Il sembloit, qu'au lieu d'ordonnances, il suffisoit de lui donner des conseils.

Les peines des loix royales, & celles des loix des douze-tables, furent presque toutes ôtées dans la république, soit par une suite de la loi *Valérienne* (a), soit par une conséquence de la loi *Porcie* (b). On ne remarqua pas que la république en fût plus mal règlée, & il n'en résulta aucune lésion de police.

Cette loi Valérienne, qui défendoit aux magistrats toute voie de fait contre un citoyen qui avoit appellé au peuple, n'infligeoit à celui qui y contreviendroit que la peine d'être réputé méchant (c).

(a) Elle fut faite par *Valerius Publicola*, bientôt après l'expulsion des rois: elle fut renouvellée deux fois, toujours par des magistrats de la même famille, comme le dit *Tite Live*, liv. X. Il n'étoit pas question de lui donner plus de force, mais d'en perfectionner les dispositions. *Diligentiùs sanctum*, dit Tite Live, *ibid.*

(b) *Lex Porcia prò tergo civium lata.* Elle fut faite en 454 de la fondation de Rome.

(c) *Nihil ultrà quàm improbè factum adjecit.* Tite Live.

CHAPITRE

proportionné aux degrés de la puissance, et la plus haute composition est un grand honneur reservé aux deux classes du clergé et des seigneurs, parce qu'elle etoit le signe de la plus grande puissance

que lors qu'un peuple est vertueux
il faut peu de peines

on n'a pas besoin de reduire en maxime une aussy simple verité - peu de peines contiennent un peuple qui n'est point disposé a faire des crimes. ses fautes ne sont pas des crimes, et ne meritent pas des peines graves; on n'a pas examiné la grande question - il faut demander d'abord s'il ne faut pas contenir tous les peuples dans un gouvernement raisonnable au moins de peines possibles, et si l'on ne doit pas essayer d'abord quel est le moindre degré de peines avec lequel les peuples peuvent etre gouvernés -
on attribue a la probité des romains les heureux effets d'une legislation moins severe - nous sommes persuadés que dans tou[tes] les nations les mœurs generales sont des habitudes constantes auxq[uelles] un petit nombre, un tres petit nombre se derobe par des a[ctes] d'une vertu distinguée, ou par des crimes. il est dans la nature des hommes de vivre ~~selon leurs~~ consider habitudes communes; les peines, quelles qu'elles soient, avertissent ceux qui s'en ecartent des risques qu'ils ont a craindre - une peine plus modérée y paroit extreme quand elle est la plus grande peine ~~que la loy~~ renonce; il est des peines qui ne consistent ny dans la perte de la liberté, ny dans celle de la vie, et dont les effets sont terribles - cette loy valerienne dont on vante la douceur parce qu'elle ne prononçoit d'autre peine que celle d'etre reputé méchant etoit tres severe par ses effets - un magistrat reputé mechant ne pouvoit pas encore de rentrer dans la magistrature par la voix du peuple - il perdoit sa consideration, son existence, et l'espoir de parvenir aux dignités - il vivoit errant ~~[illegible]~~ au sein meme de sa patrie. nous pensons que dans une monarchie comme dans une republique un arrest qui declareroit un citoyen inhabile a posseder aucune place seroit une peine d'une grande severité.

de la puissance des peines.

ainsy dans son langage toujours ~~éloquent~~ energique ce profond
ami de montesquieu rend hommage aux verités qu'il sembloit
contredire - il avoit ~~pour~~ devoir attribuer aux vertus des romains
les utiles effets d'~~e leur~~ douce legislation. il consacre a present
cette douce legislation par ses propres effets - ~~quand~~ dans les pays où les peines sont
moderées, l'esprit du citoyen en est frappé comme il l'est ailleurs
par les grandes peines - il ne faut point mener les hommes par les voyes
extremes. on doit etre ménager des moyens que la nature nous
donne pour les gouverner. la corruption vient de l'impunité
des crimes, et non de la modération des peines.
il nous paroit qu'on pourroit seulement ajouter ~~quel~~ quelques raisons
decisives a la decision la plus importante que puissent prononcer des humains;
la mort d'un homme est un crime - nul n'a le droit de le
commettre - ce qu'un seul, ~~ce~~ que chacun ne peut pas faire,
tous ensemble ne le peuvent pas - la société toute entiere
ne peut pas faire un crime -
chaque homme ne peut admettre d'exception a la loy generale
de l'humanité que dans le cas, dans le seul cas d'une defense
nécessaire - la vengeance ne suffit pas - la vengeance est un
vice, et le vice n'a point de droits. la société toute entiere ne
doit pas plus exercer la vengeance que tous ceux qui la
composent. la société toute entiere ne peut tuer un homme
que dans le cas, dans le seul cas d'une defense legitime -
il faut que la société toute entiere soit en danger pour justifier
la mort d'un citoyen -
brutus qui veut vendre a sa patrie la liberté, brutus l'atro-
brutus qui veut rendre a sa patrie la liberté, brutus l'atro-
un chef de la servitude - et ne la venge pas - il ne punit pas
cesar - il detruit la tyrannie -
la guerre est un etat de defense reciproque - la guerre peut
peut admettre l'horrible nécessité de donner la mort -
la mort d'un homme peut devenir nécessaire pour la defense
legitime - elle ne peut jamais l'etre pour la reparation des
dommages - la mort seule et par elle meme ne peut rien
reparer - on peut prendre les biens pour compenser les pertes

# CHAPITRE XII.

## *De la puissance des peines.*

L'EXPÉRIENCE a fait remarquer que, dans les pays où les peines sont douces, l'esprit du citoyen en est frappé, comme il l'est ailleurs par les grandes.

Quelque inconvénient se fait-il sentir dans un état? un gouvernement violent veut soudain le corriger; &, au lieu de songer à faire exécuter les anciennes loix, on établit une peine cruelle qui arrête le mal sur le champ. Mais on use le ressort du gouvernement; l'imagination se fait à cette grande peine, comme elle s'étoit faite à la moindre; &, comme on diminue la crainte pour celle-ci, l'on est bientôt forcé d'établir l'autre dans tous les cas. Les vols sur les grands chemins étoient communs dans quelques états; on voulut les arrêter: on inventa le supplice de la roue, qui les suspendit pendant quelque temps. Depuis ce temps, on a volé, comme auparavant, sur les grands chemins.

De nos jours, la désertion fut très-fréquente; on établit la peine de mort contre les déserteurs, & la désertion n'est pas diminuée. La raison en est bien naturelle: un soldat, accoutumé tous les jours à exposer sa vie, en méprise, ou se flatte d'en mépriser le danger. Il est tous les jours accoutumé à craindre la honte: il falloit donc laisser une peine (a) qui faisoit porter une flétrissure pendant la vie. On a prétendu augmenter la peine, & on l'a réellement diminuée.

Il ne faut point mener les hommes par les voies extrêmes; on doit être ménager des moyens que la nature nous donne

(a) On fendoit le nez, on coupoit les oreilles.

pour les conduire. Qu'on examine la cause de tous les relâchemens ; on verra qu'elle vient de l'impunité des crimes, & non pas de la modération des peines.

Suivons la nature, qui a donné aux hommes la honte comme leur fléau ; & que la plus grande partie de la peine soit l'infamie de la souffrir.

Que s'il se trouve des pays où la honte ne soit pas une suite du supplice, cela vient de la tyrannie, qui a infligé les mêmes peines aux scélérats & aux gens de biens.

Et si vous en voyez d'autres où les hommes ne sont retenus que par des supplices cruels, comptez encore que cela vient, en grande partie, de la violence du gouvernement, qui a employé ces supplices pour des fautes légères.

Souvent un législateur, qui veut corriger un mal, ne songe qu'à cette correction ; ses yeux sont ouverts sur cet objet, & fermés sur les inconvéniens. Lorsque le mal est une fois corrigé, on ne voit plus que la dureté du législateur : mais il reste un vice dans l'état, que cette dureté a produit ; les esprits sont corrompus, ils se sont accoutumés au despotisme.

*Lysandre* (b) ayant remporté la victoire sur les Athéniens, on jugea les prisonniers ; on accusa les Athéniens d'avoir précipité tous les captifs de deux galères, & résolu en pleine assemblée de couper le poing aux prisonniers qu'ils feroient. Ils furent tous égorgés, excepté *Adymante*, qui s'étoit opposé à ce décret. *Lysandre* reprocha à *Philoclès*, avant de le faire mourir, qu'il avoit dépravé les esprits, & fait des leçons de cruauté à toute la Grèce.

» Les Argiens, dit *Plutarque* (c), ayant fait mourir quinze

---

(b) *Xénophon*, hist. liv. II.

(c) Œuvres morales, *de ceux qui manient les affaires d'état*.

des biens – on peut commander l'aveu de la verité pour retracter le men
songe – on peut indemniser par jugement des tasches, des travaux uti
on ne peut pas rendre la vie à ceux qui l'ont perdue, quand on l'a
à ceux que la leur ont fait perdre. la mort d'un homme n'est bonne
à rien quand elle n'est pas un moyen nécessaire, indispensable
d'une légitime défense.
peut on dire que la société toute entiere soit dans la nécessité de se
defendre contre un malheureux qui a fait un crime –
il faut d'abord excepter tous les crimes qui prennent leur source dans
une passion et qui n'ont eu qu'un seul objet – il faut excepter tous
ceux que produit une circonstance particuliere – il faut excepter
tous les crimes qui ne peuvent pas avoir de suite, parceque la societé
n'est point en danger, quand elle n'a plus rien a craindre.
restent ces hommes vils et atroces qui se sont fait un metier du vol et
de l'assassinat –
quoy ce peu d'hommes sans patrie, sans soutien dont les ennemis que la
nation entiere doit redouter, et il faut leur oter la vie comme dans
le cas d'une guerre legitime et d'une défense nécessaire –
quoy ces hommes ne peuvent pas etre employés sans danger a des
travaux publics;
on dit que des exemples sont utiles – un homme qu'on tue donne un
spectacle d'un moment, un homme condamné au travail et a la
honte donne le spectacle de sa vie entiere a ceux qui seroient
tentés d'imiter son crime;
il faut toujours en revenir au principe – on ne doit donner l'exemple
affreux de la mort d'un homme que lorsqu'il est nécessaire pour
la défense de la societé, quel est l'homme dont la mort importe
tellement a sa nation qu'elle soit en danger aussy longtems qu'il
ne perd pas la vie.
il faudroit etre instruit par une longue et sure epreuve de la necessité
de la peine de mort pour la rendre [illegible] on ne peut l'eprouver
que par la suspension meme de la peine de mort, et si les crimes
ne se multiplient pas, on sent [illegible] que les loix cruelles ne
sont pas nécessaires et doivent etre abolies.
on n'a pas fait cette epreuve; on n'a pas le droit d'infliger des
peines atroces dont on n'a pas fait voir la nécessité.

~~[illegible]~~ la corruption des m-
-œurs cette sorte de corruption qui produit les crimes - il est des vi-
-ces aimables et doux qui ne supposent point, et qui ne donnent point de
sentimens atroces; c'est à quelques hommes vils, abandonnés, réduits à
l'extrême misère que les crimes de profession peuvent appartenir - les
v-ices du luxe et du libertinage peuvent produire un crime - et ne s-
-ont pas un métier - le gouvernement multiplie cette classe abo-
-minable par toutes les causes qui réduisent les hommes à l'indigence
et ne la diminue pas par l'atrocité des peines - ~~[illegible]~~ la nation
n'a pas besoin de moyens violens pour préserver ~~[illegible]~~
~~[illegible]~~ d'un genre affreux de corruption qui n'est point dans la
nature, et qui ne peut jamais former les mœurs de la nation.
nous ne pouvons pas enfin nous dissimuler que nos loix pénales
établies dans des tems d'ignorance et de barbarie ne conviennent pas
à nos mœurs, et sont en contradiction avec la douceur de notre gouver-
-nement - nous n'inventerions pas aujourd'huy ces mêmes supplices
qui se perpétuent sans qu'on y songe par le simple effet de l'usage
il faut que notre législation suive ainsy que l'administration générale
le progrès de nos lumières - nous devons abolir des loix qui nous sont
étrangères - elles pourroient être celles d'un autre peuple dont nous
descendons par le sang, et auquel nous ne ressemblons pas - il ne faut
pas suivre les loix d'un peuple dont nous n'avons plus les mœurs.

impuissance des loix japponnoises

les loix japponnoises sont impuissantes pour changer le
caractère d'une nation féroce, parce qu'elles ne sont pas faites
pour adoucir les mœurs; ce sont ces mœurs féroces qui
produisent ces loix cruelles - elles en sont l'effet - elles ne
peuvent pas détruire leur propre cause -
si les loix des japponnois sont atroces, c'est que ce sont
les atroces japponnois qui les ont faites - l'empereur
règne sur la nation avec les sentimens que luy donne
la nation entière, et qu'il partage avec elle - c'est
ainsy qu'un visir est honoré par les turcs quand il
fait bien couper les têtes - il leur semble qu'il fait
un acte d'homme - un grand visir doux et humain
comme nos ministres d'europe seroit regardé comme
un homme foible à qui le courage manque -

cent de leurs citoyens, les Athéniens firent apporter les sacrifices d'expiation, afin qu'il plût aux dieux de détourner, du cœur des Athéniens, une si cruelle pensée «.

Il y a deux genres de corruption : l'un, lorsque le peuple n'observe point les loix ; l'autre, lorsqu'il est corrompu par les loix : mal incurable, parce qu'il est dans le remède même.

## CHAPITRE XIII.

### *Impuissance des loix Japonoises.*

LES peines outrées peuvent corrompre le despotisme même. Jettons les yeux sur le Japon.

On y punit de mort presque tous les crimes (*a*), parce que la désobéissance à un si grand empereur que celui du Japon, est un crime énorme. Il n'est pas question de corriger le coupable, mais de venger le prince. Ces idées sont tirées de la servitude ; & viennent sur-tout de ce que l'empereur, étant propriétaire de tous les biens, presque tous les crimes se font directement contre ses intérêts.

On punit de mort les mensonges qui se font devant les magistrats (*b*) ; chose contraire à la défense naturelle.

Ce qui n'a point l'apparence d'un crime, est là sévèrement puni : par exemple, un homme qui hazarde de l'argent au jeu est puni de mort.

Il est vrai que le caractère étonnant de ce peuple opiniâtre, capricieux, déterminé, bizarre, & qui brave tous les périls &

(*a*) Voyez *Kempfer*.

(*b*) Recueil des voyages qui ont servi à l'établissement de la compagnie des Indes, tom. III, part. 2, pag. 428.

tous les malheurs, femble, à la première vue, abfoudre fes légiflateurs de l'atrocité de leurs loix. Mais, des gens qui naturellement méprifent la mort, & qui s'ouvrent le ventre pour la moindre fantaifie, font-ils corrigés ou arrêtés par la vue continuelle des fupplices? & ne s'y familiarifent-ils pas?

Les relations nous difent, au fujet de l'éducation des Japonois, qu'il faut traiter les enfans avec douceur, parce qu'ils s'obftinent contre les peines; que les efclaves ne doivent point être trop rudement traités, parce qu'ils fe mettent d'abord en défenfe. Par l'efprit qui doit règner dans le gouvernement domeftique, n'auroit-on pas pu juger de celui qu'on devoit porter dans le gouvernement politique & civil?

Un légiflateur fage auroit cherché à ramener les efprits par un jufte tempérammment des peines & des récompenfes; par des maximes de philofophie, de morale & de religion, afforties à ces caractères; par la jufte application des règles de l'honneur; par le fupplice de la honte; par la jouiffance d'un bonheur conftant, & d'une douce tranquillité. Et, s'il avoit craint que les efprits, accoutumés à n'être arrêtés que par une peine cruelle, ne puffent plus l'être par une plus douce, il auroit agi (c) d'une manière fourde & infenfible; il auroit, dans les cas particuliers les plus graciables, modéré la peine du crime, jufqu'à ce qu'il eût pu parvenir à la modifier dans tous les cas.

Mais le defpotifme ne connoît point ces refforts; il ne mène pas par ces voies. Il peut abufer de lui; mais c'eft tout ce qu'il peut faire. Au Japon, il a fait un effort; il eft devenu plus cruel que lui-même.

(c) Remarquez bien ceci, comme une maxime de pratique, dans les cas où les efprits ont été gâtés par des peines trop rigoureufes.

s premieres places [illegible] ces peuples [illegible] l'exercice de
la raison, mais de la force –
la loy tue chez les jappponnois par l'effet du meme sentiment
avec lequel les jappponois s'ouvrent le ventre –
les jappponois se familiariserent avec la loy qui tue parce quils
se familiariserent avec la mort qu'ils se donnent pour la
plus legere offense –
il ne faut pas demander ce qu'[illegible] auroit fait un sage legis
lateur parmy des peuples qui ne semblent pas susceptibles
d'une bonne legislation –
les loix sont sans effet parce qu'elles sont cruelles comme les
hommes qu'elles gouvernent –
les loix seroient sans effet lorsqu'elles seroient douces, et
que les hommes seroient toujours cruels –
il faut que de longs siecles d'innovations [illegible], successives
preparent par degrés les hommes barbares a l'humanité –
il n'y a que le commerce des nations policées qui puisse
etendre les connoissances avec les interests, dissiper les
prejugés par le spectacle de leurs usages et de leurs moeurs,
et la reforme ne peut pas sortir du sein meme d'une
nation qui semble immuable dans sa ferocité.
le despotisme ne fait point de changemens, parce qu'il
ne fait point d'efforts – il est doux ou cruel selon les
moeurs de la nation qui l'etablit et le soutient. ses cruautés
[illegible] (habituelles) ses habitudes – ses caprices [illegible] l'opinion
que chacun a de sa puissance, et pourrait on dire des
caprices que chacun de ses esclaves et de ses sujets
exerceroit a sa place – Il n'est ny plus doux ny plus
severe que le peuple qu'il commande –
cette barbarie des loix au jappon n'est pas peut estre

aussy raisonnée qu'on le suppose — est il bien vray que la desobeissance au commandement de l'empereur soit la veritable cause de la peine de mort attachée a tous les crimes ; est il bien vray qu'on n'ait point mis de borne a la peine parce qu'on ne peut pas mettre de borne a la vengeance du souverain offensé par la violation des loix, quand on punit de mort un homme qui risque son argent au jeu et quand le peuple entier n'imagine pas d'autre peine que celle de mort pour les fautes legeres — le despote n'imagine pas mieux que son peuple — il punit, il fait punir a mort, parce qu'il ne scait pas qu'on pourroit etablir des peines aussy legeres que les fautes —

les loix sont tellement du caractere general que l'avidité de tuer semble saisir toutes les occasions de se satisfaire — une grande solennité devient un grand massacre — une feste est celebrée par des assassinats

aussi les loix des japponnois ne sont point relatives aux principes du gouvernement — il n'y a point de principes qui les dictent — elles emanent sans examen et sans raisonnement des moeurs generales

il semble que les moeurs ont bien plus d'influence dans tous les etats sur le gouvernement que ces principes arbitraires etablis par l'auteur de l'esprit des loix

si la crainte etoit le principe du gouvernement au jappon, les japponois n'auroient pas besoin de loix aussy cruelles pour les gouverner — ils seroient contenus par la crainte — le sentiment est tellement etranger a leur coeur que les peines les plus cruelles ne peuvent ny les effrayer ny les contenir —

Des ames par-tout effarouchées & rendues plus atroces, n'ont pu être conduites que par une atrocité plus grande.

Voilà l'origine, voilà l'esprit des loix du Japon. Mais elles ont eu plus de fureur que de force. Elles ont réussi à détruire le christianisme : mais des efforts si inouis sont une preuve de leur impuissance. Elles ont voulu établir une bonne police, & leur foiblesse a paru encore mieux.

Il faut lire la relation de l'entrevue de l'empereur & du deyro à *Meaco* (*d*). Le nombre de ceux qui y furent étouffés, ou tués par des garnemens, fut incroyable : on enleva les jeunes filles & les garçons; on les retrouvoit tous les jours exposés dans des lieux publics, à des heures indues, tout nuds, cousus dans des sacs de toile, afin qu'ils ne connussent pas les lieux par où ils avoient passé; on vola tout ce qu'on voulut; on fendit le ventre à des chevaux, pour faire tomber ceux qui les montoient; on renversa des voitures, pour dépouiller les dames. Les Hollandois, à qui l'on dit qu'ils ne pouvoient passer la nuit sur des échafauds, sans être assassinés, en descendirent, &c.

Je passerai vîte sur un autre trait. L'empereur, adonné à des plaisirs infâmes, ne se marioit point : il couroit risque de mourir sans successeur. Le deyro lui envoya deux filles très-belles : il en épousa une par respect, mais il n'eut aucun commerce avec elle. Sa nourrice fit chercher les plus belles femmes de l'empire. Tout étoit inutile. La fille d'un armurier étonna son goût (*e*); il se détermina, il en eut un fils. Les dames de la cour, indignées de ce qu'il leur avoit préféré une personne d'une si basse naissance, étouffèrent l'enfant. Ce crime fut caché à l'em-

(*d*) Recueil des voyages qui ont servi à l'établissement de la compagnie des Indes, tome V, page 2.

(*e*) *Ibid.*

pereur; il auroit versé un torrent de sang. L'atrocité des loix en empêche donc l'exécution. Lorsque la peine est sans mesure, on est souvent obligé de lui préférer l'impunité.

## CHAPITRE XIV.

### *De l'esprit du sénat de Rome.*

SOUS le consulat d'Acilius Glabrio & de Pison, on fit la loi *Acilia* (*a*) pour arrêter les brigues. Dion (*b*) dit que le sénat engagea les consuls à la proposer, parce que le tribun C. Cornélius avoit résolu de faire établir des peines terribles contre ce crime, à quoi le peuple étoit fort porté. Le sénat pensoit que des peines immodérées jetteroient bien la terreur dans les esprits; mais qu'elles auroient cet effet, qu'on ne trouveroit plus personne pour accuser, ni pour condamner: au lieu qu'en proposant des peines modiques, on auroit des juges & des accusateurs.

(*a*) Les coupables étoient condamnés à une amende; ils ne pouvoient plus être admis dans l'ordre des sénateurs, & nommés à aucune magistrature. *Dion*, liv. XXXVI.

(*b*) *Ibid.*

## CHAPITRE XV.

### *Des loix des Romains, à l'égard des peines.*

JE me trouve fort dans mes maximes, lorsque j'ai pour moi les Romains; & je crois que les peines tiennent à la nature du gouvernement, lorsque je vois ce grand peuple changer, à cet égard, de loix civiles, à mesure qu'il changeoit de loix politiques.

[...]tte maxime fondamentale que la crainte est le principe des [...]
[...]s potiques [illegible] semble a tout moment démentie dans son application
et l'exemple des japonois semble encore plus la contredire
quand on demontre l'impuissance de leurs loix, et leur
epouvantable severité. on a vainement essayé de transmettre la
crainte a des [illegible] opiniatres, bizarres et courageux qui
[illegible] scait [illegible] pour se venger [illegible]

De l'esprit du senat de Rome.

il est aisé de prester au legislateur les raisons qu'on peut donner aux loix.
mais souvent les loix ont eté dictées par un interest present qui passe,
et les loix restent. on peut les expliquer alors par l'utilité qui [illegible] de
leur execution; on se trompe pas. une loy qui peut d'ebre [illegible] par des interests
qui passent peut avoir une utilité durable: mais quand on veut savoir
l'esprit du legislateur luy meme. il ne suffit pas toujours de savoir l'esprit
de la loy. son interest souvent [illegible] c'est ce motif qu'il faut rappeler ma[...]
pour le connaitre. un tribun veut etablir a rome des peines terribles
contre les brigues. les brigues etoient le crime des plus puissans. les brigues
favorisoient la puissance du senat. le senat ne voulut pas perdre une
partie de ses moyens. le peuple auroit prononcé les peines terribles si seu[le-]
ment le tribun les avoit proposées. le senat prevint la proposition
en ordonnant une amende. cette peine plus moderée etoit aussy plus
juste, parceque les brigues sont les avances autorisées et souvent inseparables d'une election libre
et populaire, et que cette ambition active, seduisante, et suppliante qui
rend hommage a la puissance du peuple ne peut pas etre punie comme
une revolte contre les loix, et comme un attentat a la constitution. il
ne paroit pas qu'a rome un delit capital ait manqué d'accusateurs [...]
[illegible] l'exil pour un citoyen romain [illegible] la mort meme [...]
l'on scait a quel point se sont multipliées les accusations dont l'exil
etoit la suite. ce n'est donc pas par la crainte de manquer d'accusateurs que
le senat crut devoir decerner une simple amende pour punir les brigues
[illegible]
[illegible]
mais le senat etablit une loy plus douce par son propre interest.
et la loy plus douce etoit plus juste par la nature meme de son objet

des loix des romains a l'egard des peines

fut defendu de mettre a mort un citoyen romain –
voila l'exemple de tous les ages, et la loy de tous les empires –
il ne faut pas distinguer les monarchies des republiques par
rapport a la sevre loy de l'humanité –
les romains etoient plus durs et plus feroces qu'aucune
nation de l'europe dans le 18eme siecle
pourquoy les crimes seroient ils plus communs dans la
france policée par le progrès de tous les arts et de
toutes les connoissances que dans l'ancienne rome
ignorante et guerriere –
on ne doit pas punir plus severement dans une monar
chie que dans une republique tous les crimes particuliers
qui ne tendent point a renverser la monarchie.
cette suite de peines toujours plus severes sous les rois
et sous les decemvirs, et toujours moderée dans les tems
paisibles de la liberté prouve bien l'inique influence
des prejugés tyranniques sur des chefs ambitieux. mais
il ne s'ensuit pas qu'ils ne puissent pas commander sans
appliquer les peines capitales aux delits qui ne leur
nuisent pas, et si leur interet n'exige point des
peines dures et cruelles, il est possible qu'ils consoivent
le projet de les addoucir comme dans une republique –
m. de montesquieu remarque luy meme que les loix
royales a rome ou les premieres loix des romains furent
faites pour un peuple composé de fugitifs, d'esclaves, et
de brigands – les loix des decemvirs, celles de sylla, celle
de cesar engendrées dans une revolution etoient faites
pour soutenir la tyrannie. ce n'est pas par les interets
d'un moment que on peut juger des interets durables
de chaque gouvernement – la monarchie paisible

Les loix *royales*, faites pour un peuple composé de fugitifs, d'esclaves & de brigands, furent très-sévères. L'esprit de la république auroit demandé que les décemvirs n'eussent pas mis ces loix dans leurs douze-tables : mais des gens qui aspiroient à la tyrannie n'avoient garde de suivre l'esprit de la république.

*Tite Live* (*a*) dit, sur le supplice de Métius Suffétius, dictateur d'Albe, qui fut condamné par Tullus Hostilius à être tiré par deux chariots, que ce fut le premier & le dernier supplice où l'on témoigna avoir perdu la mémoire de l'humanité. Il se trompe : la loi des douze-tables est pleine de dispositions très-cruelles (*b*).

Celles qui découvrent le mieux le dessein des décemvirs est la peine capitale prononcée contre les auteurs des libèles & les poëtes. Cela n'est guère du génie de la république, où le peuple aime à voir les grands humiliés. Mais des gens qui vouloient renverser la liberté craignoient des écrits qui pouvoient rappeller l'esprit de la liberté (*c*).

Après l'expulsion des décemvirs, presque toutes les loix qui avoient fixé les peines furent ôtées. On ne les abrogea pas expressément : mais la loi *Porcia* ayant défendu de mettre à mort un citoyen Romain, elles n'eurent plus d'application.

Voilà le temps auquel on peut rappeller ce que *Tite Live* (*d*) dit des Romains, que jamais peuple n'a plus aimé la modération des peines.

Que si l'on ajoute à la douceur des peines le droit qu'a-

(*a*) Liv. I.

(*b*) On y trouve le supplice du feu, des peines presque toujours capitales, le vol puni de mort, &c.

(*c*) *Sylla*, animé du même esprit que les décemvirs, augmenta, comme eux, les peines contre les écrivains satyriques.

(*d*) Liv. I.

voit un accusé de se retirer avant le jugement, on verra bien que les Romains avoient suivi cet esprit que j'ai dit être naturel à la république.

*Sylla*, qui confondit la tyrannie, l'anarchie & la liberté, fit les loix *Cornéliennes*. Il sembla ne faire des réglemens que pour établir des crimes. Ainsi, qualifiant une infinité d'actions du nom de meurtre, il trouva par-tout des meurtriers; &, par une pratique qui ne fut que trop suivie, il tendit des piéges, sema des épines, ouvrit des abysmes sur le chemin de tous les citoyens.

Presque toutes les loix de Sylla ne portoient que l'interdiction de l'eau & du feu. César y ajouta la confiscation des biens (*e*); parce que les riches gardant dans l'exil leur patrimoine, ils étoient plus hardis à commettre des crimes.

Les empereurs ayant établi un gouvernement militaire, ils sentirent bientôt qu'il n'étoit pas moins terrible contre eux que contre les sujets; ils cherchèrent à le tempérer: ils crurent avoir besoin des dignités, & du respect qu'on avoit pour elles.

On s'approcha un peu de la monarchie, & l'on divisa les peines en trois classes (*f*): celles qui regardoient les premieres personnes de l'état (*g*), & qui étoient assez douces; celles qu'on infligeoit aux personnes d'un rang (*h*) inférieur, & qui étoient plus sévères; enfin, celles qui ne concernoient que les conditions basses (*i*), & qui furent les plus rigoureuses.

---

(*e*) *Pœnas facinorum auxit, cùm locupletes eò faciliùs scelere se obligarent, quòd integris patrimoniis exularent.* Suétone, *in Julio Cæsare.*

(*f*) Voyez la loi 3, §. *Legis, ad leg. Cornell. de sicariis*; & un très-grand nombre d'autres, au digeste & au code.

(*g*) *Sublimiores.*

(*h*) *Medios.*

(*i*) *Infimos.* Leg. 3, §. *Legis, ad leg. Cornell. de sicariis.*

Le

presque dirigée par l'esprit dur et violent qui présida à son premier
établissement — elle fut fondée par des chefs ambitieux qui craignaient
tout avaient besoin de se faire craindre — elle est gouvernée par des
rois héréditaires qui jouissent de leur rang sans rivalité. ces
rois peuvent d'apaiser une sévérité dont ils n'ont plus besoin —
ainsi quand constantin tempera le ~~gouvernement~~ despotisme militaire
de son empire, par un mélange de gouvernement civil, il donna
~~[illegible] à ses successeurs de s'endormir sur le trône~~
ses successeurs
ils peuvent en être [illegible] à leur indolence — l'indolence des
souverains favorisa ~~non la liberté civile mais~~ est l'impunité
on sent bien que des souverains plus éclairés pourvient rétablir des peines plus
que n'est que la liberté du crime; les douces loix des francs
plus sans [illegible] crimes impunis
les compositions furent [illegible] établies contre toutes
~~loix~~ rois — les peines peuvent donc être modérées dans une
monarchie comme dans une république, et doivent le devenir
avec le tems, puisque le tems en donnant plus de force et de
consistance à la monarchie ne laisse plus subsister l'intérêt
de la soutenir et de la défendre par la sévérité des peines.
le ~~gouvernement~~ met
Le malheur est que dans une monarchie ~~[illegible]~~
un intervalle immense entre les [illegible] des différens ordres
~~[illegible] les grands et [illegible] le peuple~~ c'est une différence
également injuste en soi même, et odieuse aux yeux du
peuple — un homme d'un rang inférieur diffère des
hommes les plus puissans par le pouvoir, par la
richesse, et par les lumières — il n'en diffère point par
une chose aussi commune à tous les hommes, que le
besoin ~~et l'amour~~ de la vie; il n'est pas juste de le punir
plus que les puissans dans le rapport sous lequel il leur
ressemble — les amendes doivent être plus fortes
pour les plus riches — on peut établir des formules
dans les peines non capitales
plus douces pour la classe la plus élevée dans laquelle
la honte et l'infamie entraîne la perte de l'honneur
et des honneurs; on ne peut mettre de distinction
dans les peines de mort, puisque la mort est des rigueurs
égales pour toutes les conditions. elle enlève aux humains
la vue du soleil, les jouissances de la nature, l'abondance
de la vie, trésors des dieux plus riches que les trésors les amas
de l'or et de l'argent

la proportion des peines avec le rang des citoyens doit etre tellement
mesurée que l'effet en soit au moins a peu près le meme dans les
differens ordres - un homme plus elevé subit une peine bien plus
forte par la diffamation, et la perte de son etat que le simple citoyen
~~mais le simple citoyen ne meurt qu~~ on peut proportionner plus
fortement et accompagner de peines plus graves la punition
d'un criminel sans etat qu'on ne punit pas de mort - mais la peine
de mort n'est pas susceptible de plus ou de moins - c'est la seule peine
qui ne puisse pas se proportionner a l'etat des personnes, et a
la qualité et au degré des crimes, tant il est vray que la nature
semble nous avertir par les bornes meme qu'elle met a
notre pouvoir qu'elle ne nous a pas donné celuy de punir les
crimes par la mort - toute autre peine peut se proportionner
au delit - celle la seule se refuse, comme un acte qui nous est
interdit, a toutes les variations et les combinaisons qui peuvent
differencier toutes les actions humaines

j'entens une voix qui s'eleve, est-ce la voix des juges, ou celle des
bourreaux; elle propose des tourmens, des tortures, tous les supplices
qui peuvent rendre la peine de mort plus douloureuse, et
la mort plus atroce - ce pouvoir affreux des bourreaux a ses bornes
encore dans la nature - elle succombe a la souffrance et echappe
a la fureur - La vie s'exhale, et il ne reste qu'une matiere
insensible a laquelle toute la rage des loix ne peut rendre
le sentiment et la douleur -

quand il peut offenser a ce point tous les sentimens de l'humanité,
quand il peut pour executer des loix que l'homme oubliant
sa nature devienne semblable aux lyons furieux, aux tigres
devorans, il peut reconnoistre que ces epouvantables
~~loix ne sont pas faites pour des hommes - elles ne sont [illegible]~~
~~[illegible] des hommes quand il n'y a que des [illegible] qui peuvent~~
~~[illegible] - cette proportion est [illegible]~~
~~les executer~~ il peut reconnoitre que cette proportion est impossible
~~[illegible]~~
et c'est [illegible] le soulevement de toutes nos
[illegible] qu'en nous meme la nature
[illegible] nous apprend qu'il ne peut pas etablir un
ordre de peines qui ne peut pas avoir de proportion
avec les delits

## de la juste proportion des peines avec le crime.

si le crime d'un citoyen ne devoit point avoir d'imitateurs, si l'impunité ne faisoit point de coupables, si l'exemple de la punition n'etoit pas nécessaire pour faire executer les loix, devroit on punir le crime, non.

qu'est ce donc que la juste proportion des peines avec le crime, c'est le degré de peine qu'on juge nécessaire pour que le crime ne se renouvelle pas.

un legislateur qui peut etendre les peines au dela de la nécessité est un barbare qui se couvre de tout le sang que la loy fait ~~[illegible]~~ verser, et qu'elle peut épargner.

ainsy les peines en general devroient s'adoucir a mesure que les nations sont plus policées, et l'on doit s'etonner de voir des nations policées conserver des loix dures et sanguinaires qui ne furent pas connues des peuples les plus grossiers et les plus ignorans.

Le féroce & insensé *Maximin* irrita, pour ainsi dire, le gouvernement militaire, qu'il auroit fallu adoucir. Le sénat apprenoit, dit *Capitolin* (*k*), que les uns avoient été mis en croix, les autres exposés aux bêtes, ou enfermés dans des peaux de bêtes récemment tuées, sans aucun égard pour les dignités. Il sembloit vouloir exercer la discipline militaire, sur le modèle de laquelle il prétendoit régler les affaires civiles.

On trouvera, dans les *considérations sur la grandeur des Romains & leur décadence*, comment Constantin changea le despotisme militaire en un despotisme militaire & civil, & s'approcha de la monarchie. On y peut suivre les diverses révolutions de cet état; & voir comment on y passa de la rigueur à l'indolence, & de l'indolence à l'impunité.

(*k*) Jul. Cap. *Maximini duo.*

## CHAPITRE XVI.

### *De la juste proportion des peines avec le crime.*

IL est essentiel que les peines aient de l'harmonie entre elles; parce qu'il est essentiel que l'on évite plutôt un grand crime qu'un moindre; ce qui attaque plus la société, que ce qui la choque moins.

» Un imposteur (*a*), qui se disoit *Constantin Ducas*, suscita un grand soulèvement à Constantinople. Il fut pris, & condamné au fouet : mais, ayant accusé des personnes considérables, il fut condamné, comme calomniateur, à être brûlé «. Il est singulier qu'on eût ainsi proportionné les peines entre le crime de lèse-majesté & celui de calomnie.

(*a*) Hist. de Nicéphore, patriarche de Constantinople.

Cela fait fouvenir d'un mot de *Charles II*, roi d'Angleterre. Il vit, en paffant, un homme au pilori. Il demanda pourquoi il étoit là. *Sire*, lui dit-on, *c'eft parce qu'il a fait des libèles contre vos miniftres. Le grand fot!* dit le roi, *que ne les écrivoit-il contre moi? on ne lui auroit rien fait.*

» Soixante-dix perfonnes confpirèrent contre l'empereur » Bafile (*b*) : il les fit fuftiger; on leur brûla les cheveux & » le poil. Un cerf l'ayant pris avec fon bois par la ceinture, » quelqu'un de fa fuite tira fon épée, coupa fa ceinture, & » le délivra : il lui fit trancher la tête ; parce qu'il avoit, » difoit-il, tiré l'épée contre lui «. Qui pourroit penfer que, fous le même prince, on eût rendu ces deux jugemens?

C'eft un grand mal, parmi nous, de faire fubir la même peine à celui qui vole fur un grand chemin, & à celui qui vole & affaffine. Il eft vifible que, pour la fureté publique, il faudroit mettre quelque différence dans la peine.

A la *Chine*, les voleurs cruels font coupés en morceaux (*c*), les autres non : cette différence fait que l'on y vole, mais que l'on n'y affaffine pas.

En *Mofcovie*, où la peine des voleurs & celle des affaffins font les mêmes, on affaffine (*d*) toujours. Les morts, y dit-on, ne racontent rien.

Quand il n'y a point de différence dans la peine, il faut en mettre dans l'efpérance de la grace. En Angleterre, on n'affaffine point; parce que les voleurs peuvent efpérer d'être tranfportés dans les colonies; non pas les affaffins.

C'eft un grand reffort des gouvernemens modérés, que les lettres de grace. Ce pouvoir que le prince a de pardonner,

---

(*b*) Hift. de Nicéphore.

(*c*) Père du Halde, tom. I, p. 6.

(*d*) Etat préfent de la grande Ruffie, par *Perry*.

on se plaint de la corruption des mœurs – les mœurs d'une nation sont plus douces a mesure qu'elle est plus eclairée – les crimes sont plus rares que dans les tems de barbarie, et nous devons reconnoitre que les crimes sont relegués dans la classe la moins susceptible d'education et de progres – s'il se rencontre quelques grands criminels dans une classe superieure, on observe qu'ils la plus part sont privés des connoissances qui tendent a polir les mœurs – quand les loix ont moins de crimes a punir, il en reste moins a craindre, et les peines doivent etre moins severes quand il y a moins de danger pour la sureté des cytoyens.

j'aurois la seule raison par laquelle on pourroit justifier la plus grande severité des peines imposées pour les crimes de peuple; mais la difference d'un homme et d'un homme devroit disparoitre aux yeux de la justice et l'on n'auroit pas besoin d'etablir cette difference si les peines en general etoient plus moderées.

mr de montesquieu rapporte des jugemens qui semblent le delire le plus atroce de l'esprit humain denaturé par le despotisme – mais on ne sait pas ce qu'il approuve ou ce qu'il condamne.

on condamne au fouet un seditieux, on condamne a la meme peine soixante et dix conspirateurs contre un souverain – il n'y a point la de disproportion entre le delit et la punition – si cette punition etoit suffisante, si l'avilissement des coupables etoit plus utile que leur supplice, si leur entreprise perdoit par la meme tout son empire sur l'imagination des hommes, et s'ils perdoient aux memes l'interet qui les avoit soutenus on a rempli le veritable objet pour lequel il falloit les punir.

on condamne un seditieux devenu calomniateur au feu – la peine est disproportionnée – mais on ne doit pas imposer indifferemment une peine legere pour une calomnie grave – le souverain punit le crime de leze majesté de la maniere qui luy semble la plus utile – c'est la politique qui juge – mais il doit ~~la~~ une reparation suffisante au cytoyen calomnié – c'est sa justice qu'il doit consulter.

je ne dis rien de l'homme atroce et ridicule qui fit couper la tete a celui qui luy sauva la vie [illegible] l'esprit des loix, et [illegible] animal et [illegible] l'esprit d'aucune loi [illegible] les bons mots de charles [illegible] d'angleterre [illegible] sur l'esprit des loix.

si simple et si commun
n'y a rien d'utile dans ce chapitre que cette seule reflexion qu'on
[illegible] faire
ne devroit [illegible] [illegible] celuy qui [illegible] et [illegible]
[illegible] ceux qui [illegible]
l'objet de ce chapitre [illegible]
[illegible]
une seule reflexion
commune et deux ou trois [illegible] et [illegible] en
a [illegible] forme [illegible]
on ajoute une derniere reflexion sur le despotisme bien [illegible]
conforme à la nature d'un gouvernement qui semble devoir [illegible]
on voit que les gouvernemens despotiques sont [illegible] ne pas [illegible]
varier au gré de ses caprices [illegible] n'a pas le
droit de pardonner, comme celuy [illegible] et qui peut dire nul on
ne pardonne jamais au despotisme, quand on pense que les etats
despotiques sont les plus anciens et les plus durables, et quand
on voit tant de despotes inhumains vegeter et mourir dans
leur place.
on seroit tenté de demander pourquoi les lettres de grace [illegible]
un si grand ressort dans les gouvernemens moderes et cruels, [illegible]
les effets admirables de ce pouvoir de pardonner executé avec
sagesse —
est ce pour l'interest de la nation qu'on parle, ou pour celuy
du souverain —
l'interest de la nation est d'avoir des loix justes et de les
executer sans faveur et sans [illegible] —
s'il ne s'agit que de l'interest du souverain contre celuy de la
nation, le grand ressort n'est qu'un moyen de tenir la nation
asservie par l'esperance ou par la crainte au lieu de la gouverner
par la raison et pour son veritable bien, et ses effets peuvent
en estre agreables au prince sans estre admirables aux yeux
de la nation —
le pouvoir de pardonner n'est bon et utile que lorsque les loix
sont dures et excessives — le souverain en corrige l'atrocité, et il
fait sentir par le besoin qu'il a de faire grace — mais ce pouvoir
meme exercé par la faveur le plus sage, [illegible] une injustice pour le peuple:
on ne croit pas qu'on ait voulu corriger la loy; on croit qu'on
a voulu l'enfreindre [illegible] la necessité d'une reforme dans la
ainsy l'on [illegible] point
legislation et il ne reste qu'un privilege du souverain,
une faveur pour quelques coupables sans aucun avantage
pour l'etat.

exécuté avec ſageſſe, peut avoir d'admirables effets. Le principe du gouvernement deſpotique, qui ne pardonne pas, & à qui on ne pardonne jamais, le prive de ces avantages.

## CHAPITRE XVII.

### *De la torture ou queſtion contre les criminels.*

PARCE QUE les hommes ſont méchans, la loi eſt obligée de les ſuppoſer meilleurs qu'ils ne ſont. Ainſi la dépoſition de deux témoins ſuffit dans la punition de tous les crimes. La loi les croit, comme s'ils parloient par la bouche de la vérité. L'on juge auſſi que tout enfant conçu pendant le mariage eſt légitime : la loi a confiance en la mère, comme ſi elle étoit la pudicité même. Mais la *queſtion* contre les criminels n'eſt pas dans un cas forcé comme ceux-ci. Nous voyons aujourd'hui une nation (*a*) très-bien policée la rejetter ſans inconvénient. Elle n'eſt donc pas néceſſaire par ſa nature (*b*).

Tant d'habiles gens & tant de beaux génies ont écrit contre cette pratique, que je n'oſe parler après eux. J'allois dire qu'elle pourroit convenir dans les gouvernemens deſpotiques, où tout ce qui inſpire la crainte entre plus dans les reſſorts du gouvernement : j'allois dire que les eſclaves, chez

(*a*) La nation Angloiſe.

(*b*) Les citoyens d'Athènes ne pouvoient être mis à la queſtion. (*Lyſias, orat. in Argorat.*), excepté dans le crime de lèſe-majeſté. On donnoit la queſtion trente jours après la condamnation. (*Curius Fortunatus, rethor. ſchol. liv. II.*) Il n'y avoit pas de queſtion préparatoire. Quant aux Romains, la loi 3 & 4 *ad leg. Juliam majeſt.* fait voir que la naiſſance, la dignité, la profeſſion de la milice, garantiſſoient de la queſtion, ſi ce n'eſt dans le cas de crime de lèſe-majeſté. Voyez les ſages reſtrictions que les loix des Wiſigoths mettoient à cette pratique.

les Grecs & chez les Romains..... Mais j'entends la voix de la nature qui crie contre moi.

## CHAPITRE XVIII.

### *Des peines pécuniaires, & des peines corporelles.*

Nos pères les Germains n'admettoient guère que des peines pécuniaires. Ces hommes guerriers & libres estimoient que leur sang ne devoit être versé que les armes à la main. Les Japonois (*a*), au contraire, rejettent ces sortes de peines, sous prétexte que les gens riches éluderoient la punition. Mais les gens riches ne craignent-ils pas de perdre leurs biens? Les peines pécuniaires ne peuvent-elles pas se proportionner aux fortunes? Et enfin, ne peut-on pas joindre l'infamie à ces peines?

Un bon législateur prend un juste milieu : il n'ordonne pas toujours des peines pécuniaires; il n'inflige pas toujours des peines corporelles.

(*a*) Voyez *Kempfer.*

## CHAPITRE XIX.

### *De la loi du talion.*

Les états despotiques, qui aiment les loix simples, usent beaucoup de la *loi du talion* (*a*) : les états modérés la reçoivent quelquefois. Mais il y a cette différence, que les premiers la font exercer rigoureusement, & que les autres lui donnent presque toujours des tempéramens.

(*a*) Elle est établie dans l'Alcoran, Voyez le chapitre *de la vache.*

de la torture. ou question contre les criminels.

est parceque les hommes sont méchans que la loy est obligée de les supposer
meilleurs qu'ils ne sont — elle s'en rapporte a la déposition de deux témoins pour
faire au crime, pour le punir, et pour donner la mort.
quelle atroce méchanceté que celle de [illegible] qui le premier rendit un si
et cruel
barbare hommage a la bonté des humains.
il suffit qu'
on veut avoir un homme a mettre a mort, puisque l'accusation de deux témoins
suffit pour prouver le
~~[illegible]~~ du crime ;
si l'on avoit supposé les hommes méchants, on auroit multiplié les preuves et les
témoins nécessaires — on auroit craint la fraude interessée, la vengeance implacable, la foiblesse aveugle, et la loy fondée sur la méfiance seroit [illegible]
~~[illegible]~~ bonne et humaine
[illegible] raisonnement [illegible] qu'on semble faire entendre —
comment peut on croire que les loix ayent eté plus severes en supposant que
les hommes sont bons, et qu'elles fussent plus douces en supposant que les
hommes sont méchans :
les loix se sont formées par les exemples — on a commencé par mettre a mort
des coupables avant que d'eriger en loy la peine de mort — ceux ensuite
qui ont redigé les loix ont pensé qu'elles etoient etablies parcequ'elles etoient
executées — ils n'ont pas cru faire des loix [illegible] — ils [illegible] . preuve qu'ils
prenoient des usages pour des titres, des jugemens pour des loix — nos plus
anciennes loix ne sont que des ~~[illegible]~~ [illegible] d'usages — nos recueils plus recens
[illegible] des citations d'anciennes redactions et des arrests conformes — et les
faisoient
dernieres ordonnances criminelles ~~[illegible]~~ elles mesmes que les loix suivies,
ou les arrests convertis en loix —
on ne peut pas prester un [illegible] simple et clair au legislateur, quand
il n'y a jamais eu de legislateur — lisez les loix saliques, ripuaires,
capitulaires, etablissemens de st louis, anciennes ordonnances,
ouvrages de jurisconsultes — vous ~~[illegible]~~ trouverez partout la tradition
des loix — vous ne retrouverez nulle part leur origine.
il faudroit sçavoir dans quel tems a commencé l'usage — de condamner
sur la déposition de deux temoins et dans quel tems cet usage est
devenu loy pour connoitre les motifs de l'usage et de la loy.
n'emane pas
il en est de meme de la loy qui declare legitime tout enfant conçu dans
le mariage — c'est la corruption de la capitale qui fait croire si favorable
aux enfans de l'adultere — en general les moeurs conjugales sont respectées
et la loy ne doit pas varier parceque la classe la plus elevée et la moins
nombreuse est corrompue — l'etat d'un enfant né dans le mariage est
celuy de la legitimité — il faut donner les preuves les plus certaines, pour
luy faire perdre son etat —

ces deux questions etoient sans doute etrangeres a la torture ou question des criminels, et c'est par le rapport le plus foible qu'on les a rapprochées.
on n'en dit presque rien. on ne distingue point la question preparatoire de celle qui suit la condamnation.
on a retranché la 1ere parceque c'est la plus atroce iniquité que les loix aient pu jamais exercer envers les hommes –
on devroit retrancher la 2de parcequ'elle est egalement atroce, et qu'elle devient injuste par son inutilité –
il faudroit que les juges et jurisconsultes pussent rendre compte du foible avantage qu'on a retiré de ces supplices ajoutés au supplice ordonné par la loi.
on dit seulement que la question est plus propre au despotisme, et que les romains la donnoient a discretion a leurs esclaves –
affreux gouvernement qui n'a point de loix – il n'en falloit pas parler en recherchant l'esprit des loix –
mais on n'a pas pensé que le despotisme n'a besoin de la question que pour les crimes qui se commettent contre lui meme –
qu'importe au despote qu'on donne la question au voleur de grand chemin – on pourroit detruire la question dans les jugem[ens] particuliers sans compromettre les interests, et sans alterer le principe du gouvernement despotique –

des peines pécuniaires et des peines corporelles

il n'y avoit que des peines pécuniaires chez les germains – ce n'est point parceque ces hommes guerriers et libres ne devoient verser leur sang que les armes a la main. La raison en est connue.
il n'y avoit point de loix pour punir le meurtre d'un cytoyen – la loy ne s'etoit point encore chargée de venger l'offense, de punir le coupable – chaque cytoyen veilloit a sa defense, et a sa vengeance – chaque cytoyen avoit aussy le droit d'attaquer un autre cytoyen et de le combattre – ce droit est la source lointaine de la fureur des duels en france. c'etoit a la famille de celuy qui avoit eté tué a poursuivre son assassin – nulle puissance n'arretoit ses poursuites – des amis, des voisins, les plus puissans, le chef ou roy etoient souvent sollicités par celuy qui avoit commis le meurtre, ou par sa famille – ils devenoient les arbitres, et les mediateurs – ils

La loi des douze-tables en admettoit deux : elle ne condamnoit au talion que lorsqu'on n'avoit pu appaiser celui qui se plaignoit (*b*). On pouvoit, après la condamnation, payer les dommages & intérêts (*c*), & la peine corporelle se convertissoit en peine pécuniaire (*d*).

(*b*) *Si membrum rupit, ni cùm eo pacit, talio esto.* Aulugelle, livre XX, ch. 1.

(*c*) Ibid.

(*d*) Voyez aussi la loi des Wisigoths, liv. VI, tit. 4, §. 3 & 5.

## CHAPITRE XX.

### *De la punition des pères pour leurs enfans.*

ON punit à la Chine les pères pour les fautes de leurs enfans. C'étoit l'usage du Pérou (*a*). Ceci est encore tiré des idées despotiques.

On a beau dire qu'on punit à la Chine les pères, pour n'avoir pas fait usage de ce pouvoir paternel que la nature a établi, & que les loix mêmes y ont augmenté ; cela suppose toujours qu'il n'y a point d'honneur chez les Chinois. Parmi nous, les pères dont les enfans sont condamnés au supplice, & les enfans (*b*) dont les pères ont subi le même sort, sont aussi punis par la honte, qu'ils le seroient à la Chine par la perte de la vie.

(*a*) Voyez *Garcilasso*, histoire des guerres civiles des Espagnols.

(*b*) *Au lieu de les punir*, disoit Platon, *il faut les louer de ne pas ressembler à leur père*, Liv. IX. *des loix*.

## CHAPITRE XXI.

### *De la clémence du prince.*

LA *clémence* est la qualité distinctive des monarques. Dans la république, où l'on a pour principe la vertu, elle est moins nécessaire. Dans l'état despotique, où règne la crainte, elle est moins en usage ; parce qu'il faut contenir les grands de l'état par des exemples de sévérité. Dans les monarchies, où l'on est gouverné par l'honneur, qui souvent exige ce que la loi défend, elle est plus nécessaire. La disgrace y est un équivalent à la peine : les formalités mêmes des jugemens y sont des punitions. C'est là que la honte vient de tous côtés, pour former des genres particuliers de peines.

Les grands y sont si fort punis par la disgrace, par la perte souvent imaginaire de leur fortune, de leur crédit, de leurs habitudes, de leurs plaisirs, que la rigueur, à leur égard, est inutile : elle ne peut servir qu'à ôter aux sujets l'amour qu'ils ont pour la personne du prince, & le respect qu'ils doivent avoir pour les places.

Comme l'instabilité des grands est de la nature du gouvernement despotique, leur sureté entre dans la nature de la monarchie.

Les monarques ont tant à gagner par la clémence, elle est suivie de tant d'amour, ils en tirent tant de gloire, que c'est presque toujours un bonheur pour eux d'avoir l'occasion de l'exercer ; & on le peut presque toujours dans nos contrées.

On leur disputera peut-être quelque branche de l'autorité, presque jamais l'autorité entière ; &, si quelquefois ils combattent pour la couronne, ils ne combattent point pour la vie.

[il ex]igeoit une satisfaction - on la regloit - la composition dans un cas devenoit
[ex]emple - et la mesure de la composition dans un cas semblable - les amendes
[de]voient plus fortes quand le crime etoit commis envers une personne plus
[co]nsiderable - il survint des exemples multipliés de paix achetée, et de la
[comp]osition payée dans toutes les classes - on trouva la difference des sommes
[a] payer etablie et determinée quand on en fit une loy.
[C]ombien ce simple recit de l'etablissement des peines pécuniaires est lo[in]
de l'explication qu'on a voulu leur donner - on n'a pas le droit de raison[ner]
pour les autres - il faut rapporter leurs idées - il ne faut pas leur prester
les siennes [illegible]
on ne [illegible] qu'il seroit penible de faire encor
ce qu'on [illegible] jadis [illegible] toujours plus barbares que nous [illegible]
[illegible] que les peines [illegible]
rares parmi nous. et nous punirons [illegible] actions bien moins criminelles
telles que celle du simple vol par la peine de mort.
mr de montesquieu propose ce qu'il appele un juste milieu - il voudroi[t]
un doux melange des peines corporelles par lesquelles il entend les peines
de mort avec les peines pecuniaires - il auroit du ceder a la douce invi-
tation de l'exemple de nos peres auxquels ces peines pecuniaires
avoient suffy. ils ne donnerent point a leurs loix la durété de
leurs mœurs - et nous donnons a nos loix une durété qui semble
contrarier tous les sentimens qui rendent nos mœurs douces
et polies.

de la loy du talion

La loy du talion a sa source dans la vengeance - un homme
tue. il faut qu'il soit tué - il creve un œil. il faut qu'il ait
l'œil crevé - il semble que la loy soit revestue de tous les vices
qu'elle defend et qu'elle ne soit que le triste privilege de
commettre impunément tous les crimes qu'elle punit -
il seroit bien doux pour un homme né avec [un cœur] humain, [pour]
un monstre avide de sang d'etre jugé dans un pays ou la loy
du talion seroit etablie - il n'y auroit pas un crime de tel qui ne
luy valut un crime a faire.
si la loy du talion a sa source dans la vengeance, il faut donc
se demander d'abord si les loix doivent exercer la vengeance ou
la justice - comment peut on parler de la loy du talion si
l'on ne parle pas du principe qui doit la justifier ou la condamn[er]

la loy des douze tables n'admet la loy du talion que lorsqu'on ne peut appaiser la partie plaignante. c'est donc la vengeance de la partie plaignante qu'on exerce par la loy. la loy revient a la vengeance apres l'avoir prevenue si la partie consent a recevoir des dommages et interests et la peine corporelle se convertit en peine pecuniaire

on dit icy simplement que la loy du talion est plus suivie dans les etats despotiques qui la peuvent exercer rigoureusement, et que les autres etats qui la recoivent lui donnent presque toujours des temperamens —

on n'a pas observé que le principe de la loy du talion n'est plus le meme dans les etats despotiques. nul n'a droit de se venger. la loy, s'il est vray qu'elle ne soit que la volonté du despote, n'agit point pour les particuliers offensés et ne se charge point de leur vengeance. mais un despote ignorant, quand il n'y a point de loix ecrites, ~~inflige~~ par une sorte de justice grossiere et apparente la meme peine qu'on a fait subir a celuy qu'on offense. il n'est pas dans le pouvoir d'un imbecille despote de deviner quels sont les principes qui doivent regler la proportion des délits et des peines.

de la punition des peres pour les enfans

je ne serois point étonné qu'on se proposa de rechercher l'esprit des loix de la chine. mais a quoy sert de rechercher l'esprit d'une seule loy que la justice rejette et qui ne peut etre justifiée dans aucune nation.

il a esté possible que la punition des peres pour les enfans ait eté d'abord la loy d'un conquerant qui rendit les peres responsables des revoltes de leurs enfans. il est possible aussi que le legislateur en donnant une grande extension au pouvoir paternel dans un pays où l'on veille a la morale domestique dans le sein des familles comme on veille en france a la police des grandes villes ait ~~voulu~~ punir les peres de n'avoir pas donné a leurs enfans une education vertueuse

mais certes il n'est pas juste d'en conclure que le sentiment de l'honneur et de la honte est ignoré des chinois. il

Mais, dira-t-on, quand faut-il punir ? quand faut-il pardonner ? C'eſt une choſe qui ſe fait mieux ſentir, qu'elle ne peut ſe preſcrire. Quand la clémence a des dangers, ces dangers ſont très-viſibles. On la diſtingue aiſément de cette foibleſſe qui mène le prince au mépris, & à l'impuiſſance même de punir.

L'empereur *Maurice* (*a*) prit la réſolution de ne verſer jamais le ſang de ſes ſujets. *Anaſtaſe* (*b*) ne puniſſoit point les crimes. *Iſaac l'Ange* jura que, de ſon règne, il ne feroit mourir perſonne. Les empereurs Grecs avoient oublié que ce n'étoit pas en vain qu'ils portoient l'épée

(*a*) *Evagre*, hiſt.

(*b*) Fragm. de *Suidas*, dans *Conſtant. Porphyrog.*

# LIVRE VII.

*Conséquences des différens principes des trois gouvernemens, par rapport aux loix somptuaires, au luxe, & à la condition des femmes.*

## CHAPITRE PREMIER.

*Du luxe.*

Le *luxe* est toujours en proportion avec l'inégalité des fortunes. Si, dans un état, les richesses sont également partagées, il n'y aura point de luxe ; car il n'est fondé que sur les commodités qu'on se donne par le travail des autres.

Pour que les richesses restent également partagées, il faut que la loi ne donne à chacun que le nécessaire physique. Si l'on a au-delà, les uns dépenseront, les autres acquerront, & l'inégalité s'établira.

Supposant le nécessaire physique égal à une somme donnée, le luxe de ceux qui n'auront que le nécessaire sera égal à *zéro ;* celui qui aura le double aura un luxe égal à un ; celui qui aura le double du bien de ce dernier aura un luxe égal à trois ; quand on aura encore le double, on aura un luxe égal à sept : de sorte que le bien du particulier qui suit, étant toujours supposé double de celui du précédent, le luxe croîtra du double plus une unité, dans cette progression 0, 1, 3, 7, 15, 31, 63, 127.

Dans la république de *Platon* (a), le luxe auroit pu se calculer

(a) Le premier cens étoit le sort héréditaire en terre ; & *Platon* ne vouloit

n'y a point de peuple qui temoigne plus dans les plus legers details de la societé combien il est sensible à l'honneur et a la honte.

la honte en france est trop repandue sur tout ce qui appartient aux criminels suplicies. c'est un des motifs les plus puissans pour obtenir la grace des coupables. on craint de punir par l'infamie toute une famille innocente. telle est la force du prejugé qu'il faut que les innocens soient punis d'un crime qu'ils n'ont pas pu prevenir, ou que les coupables restent dans l'impunité.

de la clemence du prince.

on appelle la clemence la qualité distinctive des monarques

quelle est donc l'idée qu'on se fait d'un monarque

est ce qu'on croit que la vie de ses sujets depend de luy.

est ce qu'on ignore qu'il n'a le droit de condamner personne a mort.

la vie d'un citoyen ne devroit peut estre concernée que par la nature et jamais par la loy. ce n'est du moins que la loy qui peut la luy faire perdre. il ne doit etre condamné ny par le prince, ny par des commissions momentanées, mais par les juges ordinaires de la nation selon les loix.

la clemence du prince ne peut donc s'exercer que sur des criminels condamnés par la loy.

la clemence en ce sens est une suspension des loix. on ne peut pas dire que dans une monarchie gouvernée par les loix, la qualité distinctive du monarque soit de les suspendre.

un despote sans doute peut avoir de la clemence. il peut tuer. il ne tue pas. voila de la clemence.

il est bien vrai que cette clemence peut moins s'exercer dans une democratie, non parce qu'elle est fondée sur la vertu, mais parce que le peuple qui prononce la condamnation ne peut point [se reunir] pour retracter son arrest. on sent bien qu'il ne peut pas en meme tems faire justice et faire grace.

qu'entend on par cette clemence qui doit toujours s'exercer envers les grands. on abandonne le peuple a la rigueur de la justice.

regarde les grands comme assez punis par la disgrace -
quel interest peut on prendre a des hommes vains et frivoles qui
n'ont point de ressources en eux mesmes, et dont les jouissances
toujours precaires ont dependu des regards d'un souverain - quoy
ces ames foibles et insatiables auront acquis le droit d'[illegible]
parcequ'elles manquent de raison, de noblesse, et de courage,
parceque la servile accoutumance de la cour leur fait sentir
la disgrace, comme un supplice.
quoy c'est la sureté des grands, et non pas celle du peuple qui
entre dans la nature de la monarchie -
qu'est ce que les grands dont le sort depend de la clemence
du prince - le prince peut leur oster des charges et des places
il peut les exiler de sa cour - il ne devroit ny les exiler
autrement, ny les emprisonner - il ne peut pas du moins
leur oster l'honneur et la vie, et dans ce sens les grands
n'ont pas besoin de sa clemence.
veut on parler des tems de revolte et de sedition - on sait
bien qu'alors la force doit decider, et que la politique
en est la mesure - il n'y a point de regle a donner a la
clemence des princes, lorsqu'ils exercent selon leur caractere
et leurs interests leur clemence ou leur vengeance, ou
leur justice.
on dit que les princes ont tant a gagner par la clemence,
qu'elle est suivie de tant d'amour, qu'ils en tirent
tant de gloire -
nous ne connoissons plus ce langage dans un siecle -
paisible mais eclairé, quand la raison publique juge
la conduite des souverains, et quand nous avons besoin
d'apprecier leurs intentions et d'estimer leur gouvernement
pour les aimer.
il n'est point dans nos moeurs d'agiter les questions

qui sont interessantes pour des esclaves.
quand le maistre doit il punir - quand le maistre doit il pardonner -

s'il s'agit d'une simple disgrace, d'une perte de place, ou d'emploi le souverain est libre, et ~~doit estre~~ tant bien il peut estre [illegible] blamé dans ses choix, et dans ses renvois - il est a desirer qu'il puisse connoitre et suivre l'opinion publique.

s'il s'agit d'un exil, ou d'un emprisonnement, sans forme de justice, nous n'avons point de regle a donner a la puissance arbitraire - un petit nombre de ministres doivent en user si rarement qu'on puisse croire a la necessité qui n'a point de regles.

s'il s'agit d'une peine capitale, le souverain n'a pas le droit de la prononcer en france. il faut qu'il livre le coupable a la justice ordinaire - jamais il ne doit l'enfreindre jamais il ne doit y suppleer. ce n'est pas sous ce rapport qu'il peut montrer de la foiblesse par un exces de clemence, parceque ce n'est pas sous le rapport qu'il peut exercer sa force.

pourquoy regarde t on comme un exces de foiblesse ce beau serment de mauric, et d'isaac l'ange qui ne permirent pas qu'on mit personne a mort sous leur regne - on n'a pas dit que leur regne eut été marqué par plus de crimes que ceux de leurs predecesseurs, et ceux de leurs successeurs - il faut conserver les loix de l'humanité partout ou la plus indispensable necessité ne les pervertit pas pour la sureté même des citoyens.

livre 7

consequences des differens principes des trois gouvernemens par rapport aux loix somptuaires, au luxe et a la condition des femmes

chap. 1er

du luxe

on parle du luxe sans le definir - on repete un mot equivoque auquel chaque homme, chaque nation semble attacher une idée differente. sans expliquer ce qu'on entend soy meme.

il semble qu'on entend par le luxe toute dépense portée au delà du nécessaire physique

il semble qu'on entend par le luxe les commodités qu'on se donne par le travail des autres.

il semble qu'on entend par le luxe l'envie de se signaler par de petites choses, l'envie de se distinguer, en prenant les marques de la condition qui precede la sienne.

ces trois definitions sont fondées sur des idées bien differentes, et la 3eme est dans un ordre moral qui n'a point de rapport avec les deux premieres

les deux 1eres sont fausses, et la 3eme est insuffisante. elle ne rappelle que le rapport le plus foible et le plus frivole sous lequel on puisse envisager le luxe.

outre que le nécessaire physique peut bien suivre l'instinct de la vie humaine ou des idées et des sentimens plus ou moins etendus ne tiennent point partie des besoins de l'humanité

~~le besoin de rire ou de pleurer dans les enfans devance de l'idée qui leur donne le sentiment de la joie ou du chagrin telle est l'organisation humaine que le corps n'eprouve point un derangement sans douleur qu'il n'a des affections des sens qui donnent des plaisirs et qu'il n'y a point de sentiment sans idée-~~

le nécessaire physique se compose des premiers besoins de l'ame comme de ceux du corps puisque les uns sont inseparables des autres-

le nécessaire physique ne peut pas etre plus distingué dans chaque nation des besoins communs que donnent les moeurs nationales qu'il ne l'est pour chaque homme de ses premiers besoins

on parle icy du luxe des differens gouvernemens - on regarde les sociétés et les nations comme privées - on sent a quel point le nécessaire physique et les besoins moraux qui en font partie doivent s'étendre dans les divers gouvernemens.

est ce ce nécessaire physique toujours variable comme le luxe luy meme qui peut marquer le terme où le luxe commence ~~de 1, 3, 5, 7, par laquelle on avoit donner a sentir la [illegible]~~

culer au juste. Il y avoit quatre sortes de cens établis. Le premier étoit précisément le terme où finissoit la pauvreté, le second étoit double, le troisième triple, le quatrième quadruple du premier. Dans le premier cens, le luxe étoit égal à *zéro*; il étoit égal à un dans le second, à deux dans le troisième, à trois dans le quatrième; & il suivoit ainsi la proportion arithmétique.

En considérant le luxe des divers peuples, les uns à l'égard des autres, il est, dans chaque état, en raison composée de l'inégalité des fortunes qui est entre les citoyens, & de l'inégalité des richesses des divers états. En Pologne, par exemple, les fortunes sont d'une inégalité extrême; mais la pauvreté du total empêche qu'il n'y ait autant de luxe, que dans un état plus riche.

Le luxe est encore en proportion avec la grandeur des villes, & sur-tout de la capitale; en sorte qu'il est en raison composée des richesses de l'état, de l'inégalité des fortunes des particuliers, & du nombre d'hommes qu'on assemble dans de certains lieux.

Plus il y a d'hommes ensemble, plus ils sont vains, & sentent naître en eux l'envie de se signaler par de petites choses (*b*). S'ils sont en si grand nombre, que la plupart soient inconnus les uns aux autres, l'envie de se distinguer redouble, parce qu'il y a plus d'espérance de réussir. Le luxe donne cette espérance; chacun prend les marques de la condition qui précède la sienne. Mais, à force de vouloir se distinguer,

pas qu'on pût avoir, en autres effets, plus du triple du sort héréditaire. Voyez *ses loix*, liv. IV.

(*b*) Dans une grande ville, dit l'auteur de la *fable des abeilles*, tom. I, p. 133, on s'habille au-dessus de sa qualité, pour être estimé plus qu'on n'est par la multitude. C'est un plaisir pour un esprit foible, presque aussi grand que celui de l'accomplissement de ses desirs.

tout devient égal, & on ne se distingue plus : comme tout le monde veut se faire regarder, on ne remarque personne.

Il résulte de tout cela une incommodité générale. Ceux qui excellent dans une profession mettent à leur art le prix qu'ils veulent ; les plus petits talens suivent cet exemple ; il n'y a plus d'harmonie entre les besoins & les moyens. Lorsque je suis forcé de plaider, il est nécessaire que je puisse payer un avocat ; lorsque je suis malade, il faut que je puisse avoir un médecin.

Quelques gens ont pensé qu'en assemblant tant de peuple dans une capitale, on diminuoit le commerce ; parce que les hommes ne sont plus à une certaine distance les uns des autres. Je ne le crois pas ; on a plus de desirs, plus de besoins, plus de fantaisies, quand on est ensemble.

## CHAPITRE II.

### *Des loix somptuaires, dans la démocratie.*

JE viens de dire que, dans les républiques, où les richesses sont également partagées, il ne peut point y avoir de luxe : &, comme on a vu au livre cinquième (*a*) que cette égalité de distribution faisoit l'excellence d'une république, il suit que, moins il y a de luxe dans une république, plus elle est parfaite. Il n'y en avoit point chez les premiers Romains ; il n'y en avoit point chez les Lacédémoniens ; &, dans les républiques où l'égalité n'est pas tout-à-fait perdue, l'esprit de commerce, de travail & de vertu, fait que chacun y peut & que chacun y veut vivre de son propre bien, & que, par conséquent, il y a peu de luxe.

Les loix du nouveau partage des champs, demandées

(*a*) Chapitres III & IV.

que veut dire cette proportion; j'estime le nécessaire physique zéro; si l'on a le double, le luxe est comme un. si l'on a moitié plus encore, le luxe est comme trois — on pouvoit dire egalement, le nécessaire zero - le double un, le triple du nécessaire deux, le quadruple du nécessaire trois - il en auroit resulté cette autre proportion aussi belle que la 1ere, 1, 2, 3, 4, &c. c'est la proportion de platon -

ce langage arithmetique ne prouve rien - cela veut dire que comme vous multipliez un nombre donné comme un, comme trois, comme cinq, il en resulte cette proportion. 1, 3, 5; et voilà ce qu'on appele penser avec profondeur, et s'exprimer avec énergie

tout ce chapitre est écrit dans ce langage de geometrie qui n'ajoute pas de preuve a des idées legeres, obscures, et incertaines;

on dit que le luxe est en raison composée de l'inégalité des fortunes [illegible] et de l'inégalité des richesses de divers etats

le luxe est encore en raison composée des richesses de l'etat, de l'inégalité de fortunes des citoyens, et du nombre d'hommes rassemblés dans les mêmes lieux

il falloit diviser les rapports qui n'ont rien de commun ensemble au lieu de les réunir pour former une raison composée.

il seroit possible qu'un etat fut plus riche qu'un autre, et qu'il y eut moins de luxe dans l'etat le plus riche

ce n'est pas toujours le plus grand nombre d'hommes dans une ville qui marque le luxe - mais c'est le plus grand nombre attiré par les [illegible] même qui peuvent caracteriser le luxe - les cours des capitales sont le siege du luxe - les villes de commerce peuvent être très peuplées sans que les moeurs publiques soient corrompues par le luxe, et il en resulte des differences locales dans la comparaison des progrés du luxe, et des degrés de la population.

qu'est ce que cette definition du luxe fondé sur les commodités qu'on se donne par le travail des autres

on dit qu'il n'y aura point de luxe si dans un etat les richesses sont également partagées - on n'a [illegible] point dans cet etat les commodités qu'on se donne par le travail des autres - est ce que chaque homme, ou chaque famille pratiquent [illegible] les arts necessaires pour sa subsistance - il n'y a point d'etat dans les services reciproques que reçoivent [illegible] les differentes classes des citoyens. l'échange des commodités dans tous les etats est le premier besoin de la societe, soit que les richesses soient partagées dans une proportion ou dans une autre. le luxe multiplie les echanges, [illegible] ne peut [illegible] aller jusqu'a les defendre.

le luxe, il faut le dire, n'est point ce qu'on ajoute au necessaire physique,
il ne consiste point aussy dans l'echange des commodités – il consiste dans
la nature et l'objet des dépenses superflues – on ne les appele superflues
que parcequ'elles sont vitieuses, parceque des moeurs vertueuses n'en
ont pas besoin – les besoins des vertus cessent au meme point ou
commencent les besoins du vice –
ce sont les besoins des vices qui forment le luxe. –
les depenses des celibataires qui les eloignent de l'etat auquel la
nature les avoit destinés sont un luxe –
les constitutions a rente viagere qui multiplient les jouissances
des peres en ravissant leurs biens a leurs enfans sont un luxe.
les prodigalités que le libertinage arrache a des maris, a des
peres de famille, qui deviennent avares pour leurs femmes
et pour leurs enfans sont un luxe –
les dettes du libertinage et du jeu sont un luxe –
un affreux luxe encore est celuy de l'avarice amassant
un or toujours superflu qu'elle enleve a des parens, a des
concytoyens, et dont elle ne fait point usage.
les dépenses d'une sorte de magnificence sans mesure qui n'est
point convenable aux places, et qui souvent ruinent des
familles, et qui ne sont que des sacrifices aux foibles sentimens de l'orgueil
et de la vanité sont un luxe –
le luxe en général n'est point la dépense plus ou moins
etendue, c'est la dépense des vices – c'est celle dont les principes
et les effets sont nuisibles a la societé.
on peut faire avec des vertus toutes les depenses des vices – le
commerce absorbe [illegible] richesses, et les rapporte pour les
reprendre encore – [illegible] quelque vitieux qu'il
[illegible] augmente – les effets
physiques de la depense de luxe sont les memes que ceux des
depenses les plus estimables – celuy qui batit un palais pour
ses plaisirs employe et nourrit la meme quantité d'ouvriers
que celuy qui [illegible] eleveroit a ses frais un batiment
pour une bibliotheque publique, pour une ecole,
ou pour un hopital –

avec tant d'instance dans quelques républiques, étoient salutaires par leur nature. Elles ne sont dangereuses que comme action subite. En ôtant tout-à-coup les richesses aux uns, & augmentant de même celles des autres, elles font dans chaque famille une révolution, & en doivent produire une générale dans l'état.

A mesure que le luxe s'établit dans une république, l'esprit se tourne vers l'intérêt particulier. A des gens à qui il ne faut rien que le nécessaire, il ne reste à desirer que la gloire de la patrie & la sienne propre. Mais une ame corrompue par le luxe a bien d'autres desirs : bientôt elle devient ennemie des loix qui la gênent. Le luxe que la garnison de *Rhège* commença à connoître, fit qu'elle en égorgea les habitans.

Sitôt que les Romains furent corrompus, leurs desirs devinrent immenses. On en peut juger par le prix qu'ils mirent aux choses. Une cruche de vin de Falerne (*b*) se vendoit cent deniers Romains ; un barril de chair salée du Pont en coûtoit quatre cent ; un bon cuisinier, quatre talens ; les jeunes garçons n'avoient point de prix. Quand, par une impétuosité (*c*) générale, tout le monde se portoit à la volupté, que devenoit la vertu ?

(*b*) Fragment du livre 365 de Diodore, rapporté par Const. Porphyrog. *extrait des vertus & des vices.*

(*c*) *Cùm maximus omnium impetus ad luxuriam esset*, ibid.

## CHAPITRE III.

### *Des loix somptuaires dans l'aristocratie.*

L'ARISTOCRATIE mal constituée a ce malheur, que les nobles y ont les richesses, & que cependant ils ne doivent pas dépenser ; le luxe, contraire à l'esprit de modération, en doit être banni. Il n'y a donc que des gens très-pauvres qui ne peuvent pas recevoir, & des gens très-riches qui ne peuvent pas dépenser.

A *Venise*, les loix forcent les nobles à la modestie. Ils se sont tellement accoutumés à l'épargne, qu'il n'y a que les courtisanes qui puissent leur faire donner de l'argent. On se sert de cette voie pour entretenir l'industrie : les femmes les plus méprisables y dépensent sans danger, pendant que leurs tributaires y mènent la vie du monde la plus obscure.

Les bonnes républiques Grecques avoient, à cet égard, des institutions admirables. Les riches employoient leur argent en fêtes, en chœurs de musique, en chariots, en chevaux pour la course, en magistrature onéreuse. Les richesses y étoient aussi à charge que la pauvreté.

## CHAPITRE IV.

### *Des loix somptuaires, dans les monarchies.*

» LES *Suions*, nation Germanique, rendent honneur aux » richesses, dit *Tacite* (*a*); ce qui fait qu'ils vivent sous le » gouvernement d'un seul «. Cela signifie bien que le luxe est singulièrement propre aux monarchies, & qu'il n'y faut point de loix somptuaires.

Comme, par la constitution des monarchies, les richesses y sont inégalement partagées, il faut bien qu'il y ait du luxe. Si les riches n'y dépensent pas beaucoup, les pauvres mourront de faim. Il faut même que les riches y dépensent à proportion de l'inégalité des fortunes ; & que, comme nous

(*a*) *De morib. German.*

ent dans leurs principes et ses effets moraux, tout comme [illegible]
que le luxe suppose, et qu'il augmente, qu'on doit considérer ses dangers
le luxe peut dissoudre tous les liens de la famille, sans lesquels il n'y a
[de] vertus; il multiplie les dettes jusqu'au point qu'il [illegible]
peut subsister: il détruit tous les sentimens honnêtes [illegible]
il [illegible] nobles [illegible]
pour [illegible] au [illegible], à la
vertu [illegible] aux crimes même, et le luxe peut [illegible] forcés
des dettes un vol public. le luxe en général [illegible]
passés [illegible] semblaient une proye [illegible]
qu'en [illegible] le luxe est ennemy [illegible]
des vertus - il tient à des idées [illegible]
connoissances plus étendues - [illegible] de
la cour et du monde, parce qu'il y a plus d'hommes qui ont
les moyens de jouir, et moins d'hommes éclairés qui [illegible]
[illegible] des objets utiles à leurs jouissances. le luxe des cours
[illegible] poison qui fermente dans tous les états et qui peut corrompre
une nation entière - le luxe est l'ennemy, le destructeur [illegible]
des rangs auxquels il s'attache - [illegible] en sont les premières
victimes - tous les embarras du gouvernement proviennent de
cette [illegible] d'aliment [illegible] toujours insatiable
des cours, et c'est par l'effet [illegible] que les monarchies
s'affoiblissent et disparoissent [illegible] plus hautes maisons
vont se plonger par [illegible] qui les [illegible] -
elles ont moins d'enfans - [illegible] elles [illegible] leurs
[illegible] - elles [illegible] pour s'éteindre - [illegible] noblesse [illegible]
les mêmes désirs sans mesure, et les mêmes inconvéniens -
[illegible] absorbent [illegible] par leur dépense [illegible]
qui [illegible] le commerce [illegible] par leur dépense
[illegible] plus [illegible], et qu'il ne leur [illegible]
[illegible] qu'il leur coute - [illegible] en
effet [illegible]
Huiles Vitriol [illegible]
de ressources - [illegible]
les classes, et [illegible] dont ils sont
la source - [illegible] les âmes qui
forme le véritable [illegible] toujours [illegible]
les commodités de la vie -

[illegible] par le vice et tant de maux, l'auteur de l'esprit des lois a
marqué que l'envie de se signaler par de petites choses, l'envie
[illegible] en prenant les marques de la condition qui
[illegible] — on ne peut pas circonscrire des idées d'une
grande [illegible] dans des termes plus resserrés — l'auteur
[illegible] qu'il [illegible] de la cour [illegible]
il a [illegible] un quelconque gouvernement [illegible]
[illegible] par des raisonnemens et [illegible] l'idée qui
[illegible] il n'auroit pas à ce point [illegible]
[illegible] idées [illegible] il n'auroit
pas choisi [illegible] le plus frivole, s'il en avoit [illegible]
[illegible] dans la démocratie

on suppose une republique dans laquelle les richesses sont
egalement partagées — [illegible] doivent
nous pensons que le 1er principe des gouvernemens est le
[illegible] et inviolable de la propriété — c'est pour la [illegible]
et non pour la détruire que les gouvernemens doivent [illegible]
établis — on ne peut pas maintenir la propriété en [illegible]
le partage égal des richesses — cette égalité [illegible]
par le cours des événemens et par l'exercice libre [illegible]
de la propriété ne [illegible] rétablie que par des actes
[illegible] subversifs [illegible] il faut donc que le gouvernement
[illegible] égalité des richesses soit maintenue
[illegible] l'inégalité des richesses produit le luxe, il n'y a
[illegible] moyen juste pour [illegible] le luxe
[illegible] reconnoitre encore que le luxe [illegible]
vices qu'il [illegible] mais par les moeurs
[illegible] corrige [illegible] qui [illegible]
et que les [illegible] moyens de [illegible] ressources
[illegible] si les richesses [illegible] sont
si [illegible] des vices qui [illegible] le luxe
que [illegible] règne de la vertu soit
il n'est pas [illegible]
les seuls [illegible] l'emploi des richesses
on confond sans [illegible]

avons dit, le luxe y augmente dans cette proportion. Les richesses particulières n'ont augmenté que parce qu'elles ont ôté à une partie des citoyens le nécessaire physique : il faut donc qu'il leur soit rendu.

Ainsi, pour que l'état monarchique se soutienne, le luxe doit aller en croissant, du laboureur à l'artisan, au négociant, aux nobles, aux magistrats, aux grands seigneurs, aux traitans principaux, aux princes ; sans quoi, tout seroit perdu.

Dans le sénat de Rome, composé de graves magistrats, de jurisconsultes, & d'hommes pleins de l'idée des premiers temps, on proposa, sous Auguste, la correction des mœurs & du luxe des femmes. Il est curieux de voir, dans *Dion* (*b*), avec quel art il éluda les demandes importunes de ces sénateurs. C'est qu'il fondoit une monarchie, & dissolvoit une république.

Sous Tibère, les édiles proposèrent, dans le sénat, le rétablissement des anciennes loix somptuaires (*c*). Ce prince, qui avoit des lumières, s'y opposa. » L'état ne pourroit subsister, disoit-il, dans la situation où sont les choses. Comment Rome pourroit-elle vivre ? comment pourroient vivre les provinces ? Nous avions de la frugalité, lorsque nous étions citoyens d'une seule ville : aujourd'hui, nous consommons les richesses de tout l'univers ; on fait travailler pour nous les maîtres & les esclaves. « Il voyoit bien qu'il ne falloit plus de loix somptuaires.

Lorsque, sous le même empereur, on proposa au sénat de défendre aux gouverneurs de mener leurs femmes dans les provinces, à cause des dérèglemens qu'elles y apportoient, cela fut rejetté. On dit *que les exemples de la dureté des anciens avoient été changés en une façon de vivre*

(*b*) Dion Cassius, lib. LIV.

(*c*) Tacite, ann. liv. III.

*plus agréable* (*d*). On ſentit qu'il falloit d'autres mœurs.

Le luxe eſt donc néceſſaire dans les états monarchiques : il l'eſt encore dans les états deſpotiques. Dans les premiers, c'eſt un uſage que l'on fait de ce qu'on poſsède de liberté : dans les autres, c'eſt un abus qu'on fait des avantages de ſa ſervitude ; lorſque un eſclave, choiſi par ſon maître pour tyranniſer ſes autres eſclaves, incertain pour le lendemain de la fortune de chaque jour, n'a d'autre félicité que celle d'aſſouvir l'orgueil, les deſirs & les voluptés de chaque jour.

Tout ceci mène à une réflexion : Les républiques finiſſent par le luxe, les monarchies par la pauvreté (*e*).

(*d*) *Multa duritiei veterum meliùs & lætiùs mutata.* Tacit. ann. liv. III.

(*e*) *Opulentia paritura mox egeſtatem.* Florus, liv. III.

## CHAPITRE V.

### *Dans quels cas les loix ſomptuaires ſont utiles dans une monarchie.*

CE fut dans l'eſprit de la république, ou dans quelques cas particuliers, qu'au milieu du treizième ſiècle on fit en Arragon des loix ſomptuaires. *Jacques I* ordonna que le roi, ni aucun de ſes ſujets, ne pourroient manger plus de deux ſortes de viandes à chaque repas, & que chacune ne ſeroit préparée que d'une ſeule manière ; à moins que ce ne fût du gibier qu'on eût tué ſoi-même (*a*).

On a fait auſſi, de nos jours, en Suède, des loix ſomptuaires ; mais elles ont un objet différent de celles d'Arragon.

Un état peut faire des loix ſomptuaires dans l'objet d'une frugalité abſolue : c'eſt l'eſprit des loix ſomptuaires des répu-

(*a*) Conſtitution de *Jacques I*, de l'an 1234, art. 6, dans *Marca Hiſp.* p. 1429.

les dépenses de commodités, - ce sont les jouissances de la corrup
tion ont des superfluités nuisibles - mais toutes les jouissances sont
utiles quand ce ne sont pas les vices qui les donnent, parceque la
vre utilité consiste a rendre les hommes heureux. quelles sont
les jouissances qui peuvent s'accorder avec la vertu, ce sont tou
celles qui ne font tort a votre femme, a vos enfans,
a vos concitoyens, a vous meme. il ne faut pas reduire
pour cela meme les hommes au simple necessaire - ils ont
des desirs et des plaisirs naturels et legitimes dont il est
injuste de les priver - l'industrie humaine a pour objet
le profit, la richesse, les jouissances et le repos. il ne faut
pas ravir a l'industrie humaine ses motifs et ses moyens. les sciences
ont leur luxe estimable comme elles, et ce luxe utile
entretient la circulation des richesses qui coule
dans les canaux d'un empire comme le sang
dans les veines du corps humain.
quand les romains furent corrompus, leurs desirs devinre
immenses - ils n'eurent plus des desirs immenses sans cor
ruption - mais les principes et les objets en auroient
eté bien differens - ils auroient pu mettre un prix
aux spectacles, aux arts, aux sciences, aux commodi
de la vie - ils n'auroient pas donné un prix aux plus
honteuses voluptés par lesquelles le premier besoin
du coeur humain puisse etre dénaturé.
la difficulté consiste a scavoir comment on peut empeche
que les richesses, et l'inégalité des richesses rene
les vices et la corruption - je pense qu'il n'y a d'autre
moyens que ceux par lesquels on peut entretenir
les citoyens dans l'amour de leur famille, ou s'il ne
faut leur donner d'autres loix somptuaires que celles
du sentiment pur et vertueux qui ses
jouissances dans une suite de dépenses toujours
utiles.

## des loix somptuaires dans l'aristocratie

il est plus aisé d'etablir des principes generaux sur la democratie et sur le despotisme dont la definition est ~~semblent~~ ~~plus~~ simple ~~et plus~~ claire que sur l'aristocratie et la monarchie dont la definition semble devoir varier a l'infiny-

la democratie est le gouvernement du peuple-

le despotisme est celuy d'un seul-

mais l'aristocratie peut ravir tous les pouvoirs au peuple, ou peut n'en ravir qu'une partie, et cette partie de la puissance usurpée par les aristocrates peut s'etendre ou se limiter a tous les degrés, et ce sont des gouvernemens bien differens les uns des autres qui peuvent s'appeler egalement des aristocraties-

il en est de meme des monarchies- il y a bien loin de la monarchie angloise ~~a celle de france~~, et l'on pourroit dans l'intervalle qui les separe placer sous le nom de monarchie des gouvernemens ~~infinité de monarchie et qui n'auroient point~~ qui n'auroient aucune ressemblance avec celuy de france ou d'angleterre-

il y a des aristocraties qui n'exercent que la simple puissance executrice- il y en a qui concentrent tous ~~les pouvoirs~~, et auxquelles tous les pouvoirs reunis peuvent aussy transmettre toutes les richesses-

les premieres peuvent conserver des moeurs dans un degré de puissance qui prend sa source dans celle du peuple, et dont le peuple peut reprimer les abus par l'exercice de sa puissance legislative-

il est bien mal aisé de conserver la simplicité des moeurs dans celles ou la reunion des pouvoirs et des richesses donnent sans cesse les desirs sans bornes et les moyens sans obstacles-

bliques ; & la nature de la chofe fait voir que ce fut l'objet de celles d'Arragon.

Les loix fomptuaires peuvent avoir auffi pour objet une frugalité relative; lorfque un état, fentant que des marchandifes étrangères d'un trop haut prix demanderoient une telle exportation des fiennes, qu'il fe priveroit plus de fes befoins par celles-ci, qu'il n'en fatisferoit par celles-là, en défend abfolument l'entrée: & c'eft l'efprit des loix que l'on a faites de nos jours en Suède (*b*). Ce font les feules loix fomptuaires qui conviennent aux monarchies.

En général, plus un état eft pauvre, plus il eft ruiné par fon luxe relatif; & plus, par conféquent, il lui faut de loix fomptuaires relatives. Plus un état eft riche, plus fon luxe relatif l'enrichit; & il faut bien fe garder d'y faire des loix fomptuaires relatives. Nous expliquerons mieux ceci dans le livre fur le commerce (*c*). Il n'eft ici queftion que du luxe abfolu.

(*b*) On y a défendu les vins exquis, & autres marchandifes précieufes.

(*c*) Voyez tom. II, liv. XX, chapitre XX.

## CHAPITRE VI.

### *Du luxe à la Chine.*

DES raifons particulières demandent des loix fomptuaires dans quelques états. Le peuple, par la force du climat, peut devenir fi nombreux, & d'un autre côté les moyens de le faire fubfifter peuvent être fi incertains, qu'il eft bon de l'appliquer tout entier à la culture des terres. Dans ces états, le luxe eft dangereux, & les loix fomptuaires y doivent être rigoureufes. Ainfi, pour fçavoir s'il faut encourager le luxe ou le profcrire, on doit d'abord jetter les yeux fur le rapport qu'il y a entre le nombre du peuple, & la facilité de le faire vivre. En Angleterre, le fol produit beaucoup plus de grains qu'il ne faut pour nourrir ceux qui cultivent les terres, & ceux qui procurent les vêtemens: il peut donc y avoir des arts frivoles, & par conféquent du luxe. En France, il croît affez de bled pour la nourriture des laboureurs, & de ceux qui font employés aux manufactures : de plus, le commerce avec les étrangers peut rendre, pour des chofes frivoles, tant de chofes néceffaires, qu'on n'y doit guère craindre le luxe.

A la Chine, au contraire, les femmes font fi fécondes, & l'efpèce humaine s'y multiplie à un tel point, que les terres, quelque cultivées qu'elles foient, fuffifent à peine pour la nourriture des habitans. Le luxe y eft donc pernicieux, & l'efprit de travail & d'économie y eft auffi requis que dans quelques républiques que ce foit (*a*). Il faut qu'on s'attache aux arts néceffaires, & qu'on fuie ceux de la volupté.

Voilà l'efprit des belles ordonnances des empereurs Chinois. » Nos anciens, *dit un empereur de la famille des* » *Tang* (*b*), tenoient pour maxime que, s'il y avoit un homme » qui ne labourât point, une femme qui ne s'occupât point à » filer, quelqu'un fouffroit le froid ou la faim dans l'empire «.... Et, fur ce principe, il fit détruire une infinité de monaftères de bonzes.

Le troifième empereur de la vingt-unième dynaftie (*c*), à qui on apporta des pierres précieufes trouvées dans une mine, la fit fermer; ne voulant pas fatiguer fon peuple à

(*a*) Le luxe y a toujours été arrêté.

(*b*) Dans une ordonnance rapportée par le P. du Halde, tom. II, p. 497.

(*c*) Hift. de la Chine, vingt-unième dynaftie, dans l'ouvrage du P. du Halde, tom. I.

travailler

est là qu'il faudroit recourir à toute la severité, c'est à dire, comme à venise, à toute l'iniquité des loix;

venise même a l'avantage d'être bien plus enrichie par le commerce qu'elle n'est riche par les propriétés foncieres - le commerce a l'avantage de renouveller toujours sa richesse et de la faire circuler dans les classes inferieures - il repare à tout moment l'inegalité des richesses par des richesses nouvelles. les nobles auroient pu concentrer dans leur classe la propriété de tous les fonds - ils ne peuvent pas usurper des propriétés variables ~~et d'une nature et de s'accroitre, et de se renouveler~~ ~~que l'accroissement~~, des profits qui n'existent pas encore, des fonds mobiles qui ne peuvent affluer que par le travail, l'industrie, et l'accroissement des capitaux de toutes les classes;

la jalousie des loix somptuaires est favorisée dans des aristocraties commerçantes par l'influence même du commerce, et cependant on voit à quel point il a fallu que les loix fussent dures, injustes, et tyranniques à venise pour étouffer le luxe des nobles - on ne leur permet qu'un seul luxe, celuy qui ne leur attache point le peuple, qui ne l'employe point, qui ne luy fait point partager les biens des riches, le plus corrupteur de tous les luxes, celuy des courtisannes -

c'est aux courtisannes qu'on abandonne sans rien craindre le droit d'entretenir l'industrie populaire par leurs profusions - on ne craint pas qu'elle fasse une revolution dans l'etat par une depense et une representation qui donneroit aux nobles des moyens de se faire respecter du peuple et de le séduire - les courtisannes ~~ne~~ sont que les canaux par lesquelles les richesses des nobles peuvent circuler sans danger - on craindroit la magnificence des nobles - on ne craint pas leurs débauches sans frein, et leurs obscures dissipations - on leur permet les vices du luxe - on n'en retranche que les effets utiles.

quand un gouvernement ne peut se soutenir que par la tyrannie, par luy meme, c'est le gouvernement meme qu'il
faudroit detruire — les hommes ne doivent pas se donner par
des combinaisons singulieres le besoin d'etre à la fois tous
tyrans et victimes —

on voit dans les republiques grecques combien les moeurs tout
ou donnoit des loix non pour bannir le luxe qui consiste dans
la depense de ses richesses, mais pour bannir celuy qui consiste
dans la jouissance de ses vices — les loix ne defendoient pas
d'user mal de ses biens — mais les moeurs donnoient le droit
et montroient le moyen d'en priver un noble, et abolir ce
usage — sur de montesquieu qui rappele l'exemple de ces
republiques grecques oublient que ces republiques etoient
des democraties, — et que celles dont le gouvernement etoit
plus aristocratique avoient laissé pourtant la legislation
au peuple, et n'en avoient pas envahy tous les pouvoirs »

des loix somptuaires dans les monarchies »

sans doute il ne faut pas de loix somptuaires dans une monarchie puisqu'il n'en faut pas dans une republique —
mais il ne s'ensuit pas parce qu'il existe une grande inegalité
de richesses dans une monarchie qu'on doive desespérer des
vertus des cytoyens —

on peut donner a la monarchie une constitution reguliere —
une constitution reguliere employe les hommes, et ne
remet pas au prince tous les droits naturels des cytoyens
et a la loy le pouvoir de faire pour eux tout ce qu'ils
doivent faire par eux memes —

les hommes employés d'abord dans leurs propres affaires
qui ne sont plus genées par une suite de loix prohibitives,
ensuite dans les affaires publiques qui ne sont plus
exclusivement et arbitrairement dirigées par les ordres
de cinq ou six ministres qui forment le gouvernement
ont des depenses a faire qui sont convenables a leurs
emplois et a des gouts plus honorables par lesquels ils

travailler pour une chose qui ne pouvoit ni le nourrir ni le vêtir.

» Notre luxe est si grand, dit *Kiayventi* (*d*), que le peu- « ple orne de broderies les souliers des jeunes garçons & des « filles, qu'il est obligé de vendre «. Tant d'hommes étant occupés à faire des habits pour un seul, le moyen qu'il n'y ait bien des gens qui manquent d'habits ? Il y a dix hommes qui mangent le revenu des terres, contre un laboureur : le moyen qu'il n'y ait pas bien des gens qui manquent d'alimens ?

(*d*) Dans un discours rapporté par le P. du Halde, tome II, page 418.

## CHAPITRE VII.

### *Fatale conséquence du luxe à la Chine.*

On voit, dans l'histoire de la Chine, qu'elle a eu vingt-deux dynasties qui se sont succédées; c'est-à-dire, qu'elle a éprouvé vingt-deux révolutions générales, sans compter une infinité de particulières. Les trois premières dynasties durèrent assez longtemps, parce qu'elles furent sagement gouvernées, & que l'empire étoit moins étendu qu'il ne le fut depuis. Mais on peut dire, en général, que toutes ces dynasties commencèrent assez bien. La vertu, l'attention, la vigilance sont nécessaires à la Chine : elles y étoient dans le commencement des dynasties, & elles manquoient à la fin. En effet, il étoit naturel que des empereurs nourris dans les fatigues de la guerre, qui parvenoient à faire descendre du trône une famille noyée dans les délices, conservassent la vertu qu'ils avoient éprouvée si utile, & craignissent les voluptés qu'ils avoient vues si funestes. Mais, après ces trois ou quatre premiers princes, la corruption, le luxe, l'oisiveté, les délices, s'emparent des successeurs ; ils s'enferment dans le palais ; leur esprit s'affoiblit, leur vie s'accourcit, la famille décline ; les grands s'élèvent, les eunuques s'accréditent ; on ne met sur le trône que des enfans ; le palais devient ennemi de l'empire ; un peuple oisif, qui l'habite, ruine celui qui travaille ; l'empereur est tué ou détruit par un usurpateur, qui fonde une famille, dont le troisième ou quatrième successeur va, dans le même palais, se renfermer encore.

## CHAPITRE VIII.

### *De la continence publique.*

Il y a tant d'imperfections attachées à la perte de la vertu dans les femmes, toute leur ame en est si fort dégradée, ce point principal ôté en fait tomber tant d'autres, que l'on peut regarder, dans un état populaire, l'incontinence publique comme le dernier des malheurs, & la certitude d'un changement dans la constitution.

Aussi les bons législateurs y ont-ils exigé des femmes une certaine gravité de mœurs. Ils ont proscrit de leurs républiques non-seulement le vice, mais l'apparence même du vice. Ils ont banni jusqu'à ce commerce de galanterie qui produit l'oisiveté, qui fait que les femmes corrompent avant même d'être corrompues, qui donne un prix à tous les riens, & rabaisse ce qui est important, & qui fait que l'on ne se conduit plus que sur les maximes du ridicule que les femmes entendent si bien à établir.

ils recherchent l'estime de leurs concitoyens. ~~[illegible]~~ besoin de leur estime quand on a besoin de leur suffrage —

les hommes dependans par la meme de l'opinion publique emploient leurs richesses a l'exercice meme de leurs vertus, et les bonnes moeurs sont celles qui donnent un interet aux vertus.

une administration arbitraire et toute puissante dans une monarchie est la veritable source du luxe nuisible dans tous les rangs ~~et~~ dans toutes les classes —

si les ministres exercent une puissance absolue les hommes de toutes les classes se rassemblent autour d'eux, autour de leurs commis, de tout ce qui leur appartient pour obtenir les graces et ~~les~~ emplois de tout genre — les cours se grossissent de tous les gens avides qui cherchent la fortune — les capitales abondent des miseres et des vices de toutes les provinces — les protegés de versailles et de paris deviennent les protecteurs de ceux qui restent encore dans leur eloignement — c'est par une correspondance infiniment multipliée de bassesses, d'intrigues, et de depenses vicieuses qu'on peut participer a la faveur et qu'on obtient les recompenses — la vertu n'est plus rien le vice regne, et le luxe ~~[illegible]~~ que la depense du vice ou de la vertu —

ainsi toute reforme dans la puissance arbitraire du gouvernement est une veritable loy somptuaire, parce qu'elle diminue les veritables sources des vices, et du luxe des vices,

il ne faut donc pas dire en general que le luxe qu'on blame est de l'essence des monarchies puisqu'il s'accroit a mesure qu'elles sont plus mal constituées, et qu'il doit diminuer par l'effet inseparable d'une constitution plus sage et plus reguliere —

il seroit bien aisé de gouverner les hommes dans la meme

corruption que les gouvernemens sont plus corrompus, s'il
falloit regarder leurs vices comme leurs principes, et s'il ne
s'agissoit que d'entretenir les vices qui decoulent de la nature
meme d'un mauvais gouvernement —
le senat avoit tort sous auguste et sous tibere de vouloir
renouveller les loix somptuaires - auguste et tibere avoient
tort de vouloir entretenir la corruption —
je ne diray rien du luxe dans les etats despotiques —
le despotisme ne peut s'etablir que parmy des peuples ignorans
sans arts et sans commerce — il faut bien que le luxe y soit
la depense personnelle et demesurée des richesses que
la plus arbitraire et la plus puissante avidité peut derober
aux peuples sans aucun melange d'utilité publique — le luxe
ne peut pas etre sans vices dans un gouvernement fondé sur
le plus monstrueux de tous les vices, sur l'oubly meme de
l'humanité.
on dit que les republiques finissent par le luxe, et les monarchies
par la pauvreté —
on n'en dit pas la raison — la raison en est la meme pour les
monarchies et pour les republiques —
on ne doit entendre par le luxe quand on
le condamne, que la depense des vices, et la misere dans
une monarchie ne provient que de l'excés de ce luxe
vicieux et des vices qui l'engendrent —
on dit donc sans le sçavoir une grande verité — c'est que
les monarchies comme les republiques doivent egalement
s'affoiblir et perir par les vices —
mais cette verité est bien contraire au grand principe
que l'auteur de l'esprit des loix etablit comme l'idée
fondamentale de son ouvrage — c'est que la vertu est
reservée aux republiques, et que l'honneur qui n'est
pas la vertu, [illegible] suppose les vices, et qu'il n'y a
que les satisfaits sont le principe et l'esprit [illegible]
des monarchies —

## CHAPITRE IX.

*De la condition des femmes, dans les divers gouvernemens.*

LES femmes ont peu de retenue dans les monarchies; parce que la distinction des rangs les appellant à la cour, elles y vont prendre cet esprit de liberté, qui est, à peu près, le seul qu'on y tolère. Chacun se sert de leurs agrémens & de leurs passions, pour avancer sa fortune; &, comme leur foiblesse ne leur permet pas l'orgueil, mais la vanité, le luxe y règne toujours avec elles.

Dans les états despotiques, les femmes n'introduisent point le luxe; mais elles sont elles-mêmes un objet du luxe. Elles doivent être extrèmement esclaves. Chacun suit l'esprit du gouvernement, & porte chez soi ce qu'il voit établi ailleurs. Comme les loix y sont sévères & exécutées sur le champ, on a peur que la liberté des femmes n'y fasse des affaires. Leurs brouilleries, leurs indiscrétions, leurs répugnances, leurs penchans, leurs jalousies, leurs piques, cet art qu'ont les petites ames d'intéresser les grandes, n'y sçauroient être sans conséquence.

De plus: comme, dans ces états, les princes se jouent de la nature humaine, ils ont plusieurs femmes; & mille considérations les obligent de les renfermer.

Dans les républiques, les femmes sont libres par les loix, & captivées par les mœurs; le luxe en est banni, &, avec lui, la corruption & les vices.

Dans les villes Grecques, où l'on ne vivoit pas sous cette religion qui établit que, chez les hommes mêmes, la pureté des mœurs est une partie de la vertu; dans les villes Grecques, où un vice aveugle règnoit d'une manière effrénée; où l'amour n'avoit qu'une forme que l'on n'ose dire, tandis que la seule amitié s'étoit retirée dans les mariages (*a*); la vertu, la simplicité, la chasteté des femmes y étoient telles, qu'on n'a guère jamais vu de peuple qui ait eu, à cet égard, une meilleure police (*b*).

(*a*) *Quant au vrai amour*, dit Plutarque, *les femmes n'y ont aucune part.* Œuvres morales, *traité de l'amour*, pag. 600. Il parloit comme son siècle. Voyez Xénophon, au dialogue intitulé, *Hieron.*

(*b*) A Athènes, il y avoit un magistrat particulier, qui veilloit sur la conduite des femmes.

## CHAPITRE X.

### *Du tribunal domestique, chez les Romains.*

LES Romains n'avoient pas, comme les Grecs, des magistrats particuliers qui eussent inspection sur la conduite des femmes. Les censeurs n'avoient l'œil sur elles que comme sur le reste de la république. L'institution du tribunal domestique (*a*) suppléa à la magistrature établie chez les Grecs (*b*).

Le mari assembloit les parens de la femme, & la jugeoit devant eux (*c*). Ce tribunal maintenoit les mœurs dans la république. Mais ces mêmes mœurs maintenoient ce tribunal.

(*a*) Romulus institua ce tribunal, comme il paroît par *Denys d'Halicarnasse*, liv. II, p. 96.

(*b*) Voyez, dans *Tite Live*, liv. XXXIX, l'usage que l'on fit de ce tribunal, lors de la conjuration des bacchanales: on appella conjuration contre la république, des assemblées où l'on corrompoit les mœurs des femmes & des jeunes gens.

(*c*) Il paroît, par *Denys d'Halicarnasse*, liv. II, que, par l'institution de Romulus, le mari, dans les cas ordinaires, jugeoit seul devant les parens de la femme; & que, dans les grands crimes, il la jugeoit avec cinq d'entre eux. Aussi *Ulpien*, au titre 6, §. 9, 12 & 13, distingue-t-il, dans les jugemens des mœurs, celles qu'il appelle graves, d'avec celles qui l'étoient moins; *Mores graviores, mores leviores.*

dira t'on qu'on reconnoit ~~le meme [illegible] dans la monarchie~~ quand on veut la reformer — non — la monarchie [illegible] reformer sans se detruire — la monarchie n'est [illegible] de vices que dans la meme proportion qu'elle se rapproche du despotisme — elle tend a sa destruction par l'exces meme de son autorité — la monarchie est établie dans les nations dont l'opinion publique bannit le despotisme — la monarchie en general s'affoiblit et se dissoud par les vices, [illegible] pas dire que l'on [illegible] dans ce qui doit l'affoiblir et la dissoudre — une monarchie reguliere peut avoir des loix qui sont executées, et des moeurs pour suppleer aux loix, et l'on ne peut pas dire qu'une monarchie reguliere cesse d'etre une monarchie.

dans quel cas les loix somptuaires sont utiles
dans une monarchie

jacques [illegible] roy d'arragon fit des loix somptuaires pour ordonner la plus grande frugalité dans les repas — c'est le genre de loix somptuaires le plus absurde parce qu'il ne convient [illegible] aux republiques qu'aux monarchies, et que des loix semblables [illegible] etre executées que par la dictée des objets [illegible], ou par des moeurs et des habitudes qui rendent [illegible] des loixes — et c'est a un acte d'[illegible] de [illegible] d'un caractere [illegible] d'un esprit borné — voila des questions qu'on peine [illegible] et ces questions purement personnelles sont etrangeres a la nature et au principe de tous les gouvernemens —

on a fait des loix somptuaires en suede — mais ce n'est pas pour donner des moeurs plus sobres et plus frugales aux citoyens — c'est pour leur interdire des marchandises etrangeres — ces loix sont plustost des prohibitions d'un commerce qu'on croit nuisible que de veritables loix somptuaires — c'est en parlant du commerce qu'on doit traiter de cette sorte de prohibition qui n'a point de rapport avec le [illegible] du [illegible] des loix somptuaires a la chine—

on proscrit le luxe a la chine parceque il faut entretenir une culture immense pour entretenir une immense population—
s'il existe un besoin imperieux de cultiver les terres, c'est sans doute le besoin de nourrir un peuple toujours plus nombreux—
le peuple luy meme ne se laisse pas mourir de faim—il tente tous les moyens de vivre, et si les arts et les manufactures ne luy donnoient pas des ressources suffisantes, si les alimens manquent sans lesquels nul homme ne peut ny rester en repos ny se mettre en mouvement, il faut bien qu'il ait recours a l'art qui reproduit ses richesses, et qui luy donne sa nourriture
c'est a mesure qu'une nation est plus nombreuse qu'il y a moins a craindre qu'aucune occupation soit negligée—c'est a mesure que la terre est plus peuplée qu'on la cultive davantage
les hommes n'ont pas besoin d'etre avertis par les loix de l'indispensable necessité de se procurer les moyens de vivre—aussy longtems que le climat brulant de la chine multipliera les hommes, il ne manquera point des cultivateurs a la terre
la fecondité qui reproduit les hommes est inseparable de celle qui reproduit les moissons—la nature a formé le pacte eternel, l'alliance indissoluble de l'homme [illegible] elle attend tout [illegible] il attend tout [illegible]
deffendre, permettre le luxe—le besoin est le meme—on ne se nourrit que des productions de la terre—il faut qu'elles circulent sans cesse, et nul homme ne peut pratiquer les arts, et multiplier ses jouissances sans une abondance toujours renaissante des productions de la terre—le luxe semble au contraire plus convenable dans les memes lieux ou la population est immense—c'est là que la terre toujours sollicitée epuise tous ses dons. c'est là que la richesse s'augmente sans cesse par un commerce plus industrieux et plus etendu—c'est là que [illegible] necessaires tous les emplois que les citoyens peuvent faire de leurs richesses. c'est là que les citoyens [illegible] des hommes de tous les goûts, et que [illegible] les manufactures [illegible]

Il devoit juger, non-seulement de la violation des loix; mais aussi de la violation des mœurs. Or, pour juger de la violation des mœurs, il faut en avoir.

Les peines de ce tribunal devoient être arbitraires, & l'étoient en effet : car tout ce qui regarde les mœurs, tout ce qui regarde les règles de la modestie, ne peut guère être compris sous un code de loix. Il est aisé de règler, par des loix, ce qu'on doit aux autres; il est difficile d'y comprendre tout ce qu'on se doit à soi-même.

Le tribunal domestique regardoit la conduite générale des femmes. Mais il y avoit un crime qui, outre l'animadversion de ce tribunal, étoit encore soumis à une accusation publique : c'étoit l'adultère; soit que, dans une république, une si grande violation de mœurs intéressât le gouvernement; soit que le dérèglement de la femme pût faire soupçonner celui du mari; soit enfin que l'on craignît que les honnêtes gens mêmes n'aimassent mieux cacher ce crime que le punir, l'ignorer que le venger.

## CHAPITRE XI.

### *Comment les institutions changèrent à Rome avec le gouvernement.*

COMME le tribunal domestique supposoit des mœurs, l'accusation publique en supposoit aussi; & cela fit que ces deux choses tombèrent avec les mœurs, & finirent avec la république (*a*).

L'établissement des questions perpétuelles, c'est-à-dire du

(*a*) *Judicio de moribus* (*quod antea quidem in antiquis legibus positum erat, non autem frequentabatur*) *penitus abolito*. Leg. XI, §. 2, cod. *de repub.*

partage de la jurisdiction entre les préteurs, & la coutume qui s'introduisit de plus en plus que ces préteurs jugeassent eux-mêmes (*b*) toutes les affaires, affoiblirent l'usage du tribunal domestique: ce qui paroît par la surprise des historiens, qui regardent comme des faits singuliers & comme un renouvellement de la pratique ancienne, les jugemens que Tibère fit rendre par ce tribunal.

L'établissement de la monarchie & le changement des mœurs firent encore cesser l'accusation publique. On pouvoit craindre qu'un malhonnête homme, piqué des mépris d'une femme, indigné de ses refus, outré de sa vertu même, ne formât le dessein de la perdre. La loi *Julie* ordonna qu'on ne pourroit accuser une femme d'adultère, qu'après avoir accusé son mari de favoriser ses déréglemens; ce qui restreignit beaucoup cette accusation, & l'anéantit, pour ainsi dire (*c*).

*Sixte V* sembla vouloir renouveller l'accusation publique (*d*). Mais il ne faut qu'un peu de réflexion pour voir que cette loi, dans une monarchie telle que la sienne, étoit encore plus déplacée que dans toute autre.

(*b*) *Judicia extraordinaria.*

(*c*) Constantin l'ôta entièrement. *C'est une chose indigne*, disoit-il, *que des mariages tranquilles soient troublés par l'audace des étrangers.*

(*d*) Sixte V ordonna qu'un mari qui n'iroit point se plaindre à lui des débauches de sa femme, seroit puni de mort. Voyez *Leti*.

## CHAPITRE XII.

### *De la tutelle des femmes, chez les Romains.*

Les institutions des Romains mettoient les femmes dans une perpétuelle tutelle, à moins qu'elles ne fussent sous l'au-

lui meme enfin que le luxe supplée a ce que les arts utiles ne pas faire, et qu'il offre des ouvrages proportionnés a ces désirs

il est inutile de dire que nous entendons par le luxe la multiplicité des dépenses ou des jouissances que le commerce offre aux hommes dans un état et peuplé, et non la corruption qui tourne tous les besoins en vices, et qui semble ne pouvoir d'autres jouissances que des abus nuisibles au bonheur du plus grand nombre -

fatale conséquence du luxe a la chine

le luxe des empereurs de la chine a perdu successivement plusieurs maisons regnantes.

les differentes maisons ou dinasties n'ont peri que par l'effet de leurs vices - des souverains amollis se sont ensevelis dans leurs delices. ils ont ignoré leurs affaires, ils ont negligé leurs devoirs - ils ont contracté dans la langueur de leurs molles voluptés la foiblesse, et la lascheté qui les a fait degenerer du rang d'hommes, des ennemis guerriers, instruits, et courageux n'ont pas eu de peine a les vaincre, et les vainqueurs ont regné jusqu'a ce qu'ils soient devenus eux memes la proye de ses vices funestes qui doivent perdre tous les empires -

le veritable luxe, celuy qui devore la substance de tout ce qu'il semble embellir de ses ornemens n'est pas, je ne puis assez le redire, c'est la dépense de la corruption un luxe amene l'autre ; mais il on peut dire sans doute faut d'autres causes dans le gouvernement pour rendre le luxe corrupteur - et ce sont les causes que l'auteur de l'esprit des loix ne rassemble jamais. le luxe de la dépense peut se diriger par des vertus quand les hommes sont employés a la chose publique comme il devient l'instrument des vices parmy des hommes oisifs et inutiles il semble qu'en état qui laisse les citoyens étrangers aux intérêts publics ne leur laisse rien a faire que de se chercher, de se plaire de passer leur tems dans la recherche de tous les moyens d'amuser et de varier leurs plaisirs.

a représenté les médecins un bâton à la main frappant en aveugle tantôt sur le malade et tantôt sur la maladie — les médecins aveugles qui frappent sur le malade sont les mauvais législateurs dont la grossière ignorance attaque brutalement un abus sans en connoître les causes, et qui tient presque à toutes les causes, et l'on ne peut guère s'empêcher de dire que les réflexions toujours isolées de l'auteur de l'esprit des loix ne nous présentent souvent que l'image de cette mauvaise législation —

il en est du luxe comme de l'usure — il peut faire baisser l'intérêt de l'argent par les heureux effets de l'ordre des finances, et du crédit d'un gouvernement qui ne plie pas sous le poids de ses engagemens — il ne faut pas punir l'usure par la loy — l'usure n'en est pas moins un grand vice qu'il doit être prévenu plutôt que puny par la loy.

de la continence publique

c'est bien mal connoître l'objet des loix et les limites de leur empire que de vouloir leur soumettre tout ce qui forme le luxe et ... la vie habituelle ..., et les mœurs des nations.

on voudroit tout faire à coups de loix. il semble que les hommes bien gouvernés deviennent des machines que fait mouvoir ensemble un ressort toujours le même qui n'a pas besoin d'être remonté par eux — c'est le rêve de ceux qui cherchent le mouvement perpétuel pour mettre en activité toutes les manufactures, et pour les porter à ce terme invariable de perfection auquel ne peut jamais parvenir l'industrie nécessairement variable des hommes.

ce n'est point encore une fois avec des loix qu'on établit des mœurs. les mœurs ne se fabriquent pas — l'incontinence des femmes est leur luxe et leur usure — les bons législateurs qui voudroient la proscrire étoient de mauvais philosophes — il faut prévenir le vice et non le punir. le vice est dominant quand les loix le proscrivent — et sa domination établie a sa source dans des causes souvent lointaines, ou dans des causes multipliées qu'il n'appartient qu'à la plus fine observation de connoître, et qu'il est d'une grande sagesse et d'une grande habileté de faire disparoître — on ne rappellera pas les loix de celuy qui les auroit connues et dissipées — on s'arrêteroit avec étonnement sur un peuple dont les vices se seroient changés en vertus — le grand effort d'une raison souveraine ... des opinions et d'introduire des usages qui changent les habitudes des hommes.

torité d'un mari (*a*). Cette tutelle étoit donnée au plus proche des parens, par mâles ; & il paroît, par une expression vulgaire (*b*), qu'elles étoient très-gênées. Cela étoit bon pour la république, & n'étoit point nécessaire dans la monarchie (*c*).

Il paroît, par les divers codes des loix des barbares, que les femmes, chez les premiers Germains, étoient aussi dans une perpétuelle tutelle (*d*). Cet usage passa dans les monarchies qu'ils fondèrent; mais il ne subsista pas.

(*a*) *Nisi convenissent in manum viri.*

(*b*) *Ne sis mihi patruus oro.*

(*c*) La loi Papienne ordonna, sous Auguste, que les femmes qui auroient eu trois enfans seroient hors de cette tutelle.

(*d*) Cette tutelle s'appelloit, chez les Germains, *mundeburdium.*

## CHAPITRE XIII.

### *Des peines établies par les empereurs contre les débauches des femmes.*

La loi *Julie* établit une peine contre l'adultère. Mais, bien loin que cette loi, & celles que l'on fit depuis là-dessus, fussent une marque de la bonté des mœurs, elles furent, au contraire, une marque de leur dépravation.

Tout le systême politique, à l'égard des femmes, changea dans la monarchie. Il ne fut plus question d'établir chez elles la pureté des mœurs, mais de punir leurs crimes. On ne faisoit de nouvelles loix, pour punir ces crimes, que parce qu'on ne punissoit plus les violations, qui n'étoient point ces crimes.

L'affreux débordement des mœurs obligeoit bien les empereurs de faire des loix, pour arrêter, à un certain point, l'impudicité : mais leur intention ne fut pas de corriger les mœurs en général. Des faits positifs, rapportés par les historiens, prouvent plus cela que toutes ces loix ne sçauroient prouver le contraire. On peut voir, dans *Dion*, la conduite d'Auguste à cet égard ; & comment il éluda, & dans sa préture & dans sa censure, les demandes qui lui furent faites (*a*).

On trouve bien, dans les historiens, des jugemens rigides rendus, sous Auguste & sous Tibère, contre l'impudicité de quelques dames Romaines : mais, en nous faisant connoître l'esprit de ces règnes, ils nous font connoître l'esprit de ces jugemens.

Auguste & Tibère songèrent principalement à punir les débauches de leurs parentes. Ils ne punissoient point le déréglement des mœurs, mais un certain crime d'impiété ou de lèse-majesté (*b*) qu'ils avoient inventé, utile pour le respect, utile pour leur vengeance. De-là vient que les auteurs Romains s'élèvent si fort contre cette tyrannie.

La peine de la loi *Julie* étoit légère (*c*). Les empereurs voulurent que, dans les jugemens, on augmentât la peine de la loi qu'ils avoient faite. Cela fut le sujet des invectives des historiens.

(*a*) Comme on lui eut amené un jeune homme qui avoit épousé une femme avec laquelle il avoit eu auparavant un mauvais commerce, il hésita longtemps ; n'osant ni approuver, ni punir ces choses. Enfin, reprenant ses esprits, *Les séditions ont été cause de grands maux*, dit-il ; *oublions-les. Dion*, liv. LIV. Les sénateurs lui ayant demandé des réglemens sur les mœurs des femmes, il éluda cette demande, en leur disant, *qu'ils corrigeassent leurs femmes, comme il corrigeoit la sienne.* Sur quoi ils le prièrent de leur dire comment il en usoit avec sa femme : question, ce me semble, fort indiscrette.

(*b*) *Culpam inter viros & feminas vulgatam gravi nomine læsarum religionum appellando, clementiam majorum suasque ipse leges egrediebatur.* Tacite, annal. liv. III.

(*c*) Cette loi est rapportée au digeste ; mais on n'y a pas mis la peine. On juge qu'elle n'étoit que de la relégation, puisque celle de l'inceste n'étoit que de la déportation. Leg. *si quis viduam*, ff. *de quest.*

un seul homme dans une nation est illustre et puissant - il exerce tous les pouvoirs
distribue tous les honneurs, il donne toutes les richesses - il devient le centre de
tous les interests - un amas d'hommes plus puissans forme sa cour - chacun
d'eux a plus ou moins de credit - il se forme autour de chacun d'eux un autre
amas d'hommes qui poursuivent leurs subalternes interests - on accourt
de toute part comme la foule du peuple dans une feste publique - [illegible]
[illegible] d'elle une capitale - la population des campagnes
est en proportion du travail, de la culture, et des mœurs publique - la
population d'une capitale est en proportion de l'oisiveté, de l'abandon
des arts utiles, et de la corruption generale ; celuy qui regne n'est inquieté
par aucune inquietude, ny crainte - il [illegible] avec les
hommes - il n'en voit point qui ne soient au dessous de luy - il ne les
connoit pas - il nomme des ministres sans lumieres et sans vertus, qui
n'employent à leur tour que des hommes mediocres qui les flattent - on
n'obtient des graces ny par les connoissances utiles, ny par des services
rendus a la nation - il faut qu'elles soient poursuivies par des intrigues
par des liaisons de societés, par des soins assidus - les hommes de tous les
rangs sans connoissances et sans vertus employent le secours des
femmes pour parvenir - il faut vivre avec elles et pour elles, il faut
seduire, estre seduit, aimer, plaire, tromper, jouir de tous les
charmes du vice, et s'egarer au milieu des illusions de la vie
quand il semble que l'interest meme de chacun est d'en abandonner
les jouissances reelles, et c'est dans cette cour, dans cette capitale,
dans ce monde errant où les plaisirs les plus frivoles deviennent
necessaires, où les plaisirs les plus coupables deviennent communs
et journaliers, où les vices ne sont plus distinguez des vertus,
où les talens mediocres sont exaltez et les talens superieurs ne sont
pas soupçonnez, où le succez est la recompense de l'intrigue,
de la seduction, et de la mediocrité, c'est au milieu d'un gouvernement
qui semble transmettre sa puissance toute entiere a l'influence
des femmes, qu'on veut faire des loix sur la continence publique -
je parle des republiques, direz vous, mais vous parlez des loix - il y a
des causes moins sensibles de l'incontinence des femmes dans la plus
part des republiques - mais les loix y seront impuissantes comme
dans une monarchie, quand on laisse subsister les causes - et il
[illegible]
dans une monarchie - en un mot pour proscrire
l'incontinence, il faut des mœurs, et non des loix.

de la condition des femmes dans les divers gouvernemens

il n'y a point de principe plus vicieux que celuy qui regarde les vices comme inseparables de la nature des gouvernemens - il semble que dans une monarchie il n'y ait rien a reformer - un desordre habituel et necessaire emane de sa nature ; ~~mais~~

les femmes ont peu de retenue dans les monarchies, ~~parce qu'elles~~ vont a la cour, parcequ'elles y prennent un esprit de liberte, parce qu'on s'y sert de leurs agrémens et de leurs passions, parceque leur faiblesse qui ne leur permet pas l'orgueil leur donne la vanité qui fait ~~[illegible]~~ —

La monarchie françoise subsiste depuis douze cent ans ; anne de bretagne fut la pre qui forma les cercles de dames a la cour catherine de medicis etablit la corruption par ses intrigues encore plus que par son exemple - elle voulut se servir des dames pour gouverner les hommes puissans a la cour et dans l'etat ;

il y a donc une epoque, ~~une cause particuliere~~, pour la corruption on retrouve son origine - on observe ses progrès - on peut considerer toutes les circonstances qui peuvent l'accroitre et la perpetuer - il n'est pas impossible qu'il survienne ~~un monarque~~, un roi, qui s'eleve au dessus des prejugés de l'habitude, qui voyage dans son royaume, qui veuille voir les choses par luy meme, qui n'ait pour ainsy dire une cour nulle part, et qui la forme partout de tous ceux qui doivent l'approcher, et qu'il doit entendre, qui ~~fasse~~ creuser des canaux dans l'interieur de la france pour en bannir la misere, qui multiplie de toute part les centres de la circulation, qui favorise la population dans les campagnes, et l'accroissement graduel ~~[illegible]~~ et correspondant des villages, des bourgs, et des villes de chaque province, qui diminue cette ridicule extension du ressort d'une seule cour souveraine etablie dans la capitale, qui denature les fermes, les perceptions des droits de toute sorte, qui dispense sagement les recettes dans leur rapport avec les objets de leur employ, qui dégage tous les corps de finance qui ne servent qu'a faire couler dans la capitale tout l'argent du royaume, qui sache employer tous les citoyens et les rendre utiles dans les administrations des provinces, et des municipalités

historiens. Ils n'examinoient pas si les femmes méritoient d'être punies, mais si l'on avoit violé la loi pour les punir.

Une des principales tyrannies de Tibère (*d*) fut l'abus qu'il fit des anciennes loix. Quand il voulut punir quelque dame Romaine, au-delà de la peine portée par la loi *Julie*, il rétablit contre elle le tribunal domestique (*e*).

Ces dispositions à l'égard des femmes ne regardoient que les familles des sénateurs, & non pas celles du peuple. On vouloit des prétextes aux accusations contre les grands, & les déportemens des femmes en pouvoient fournir sans nombre.

Enfin ce que j'ai dit, que la bonté des mœurs n'est pas le principe du gouvernement d'un seul, ne se vérifia jamais mieux que sous ces premiers empereurs ; &, si l'on en doutoit, on n'auroit qu'à lire *Tacite*, *Suétone*, *Juvenal*, & *Martial*.

(*d*) *Proprium id Tiberio fuit, scelera nuper reperta priscis verbis obtegere.* Tacite.

(*e*) *Adulterii graviorem pœnam deprecatus, ut, exemplo majorum, propinquis suis ultrà ducentesimum lapidem removeretur, suasit. Adultero Manlio Italiâ atque Africâ interdictum est.* Tacite, annal. liv. II.

## CHAPITRE XIV.

### *Loix somptuaires chez les Romains.*

NOUS avons parlé de l'incontinence publique ; parce qu'elle est jointe avec le luxe, qu'elle en est toujours suivie, & qu'elle le suit toujours. Si vous laissez en liberté les mouvemens du cœur, comment pourrez-vous gêner les foiblesses de l'esprit ?

A Rome, outre les institutions générales, les censeurs firent faire, par les magistrats, plusieurs loix particulières, pour maintenir les femmes dans la frugalité. Les loix *Fannienne*, *Lycinienne* & *Oppienne* eurent cet objet. Il faut voir, dans *Tite Live* (a), comment le sénat fut agité, lorsqu'elles demandèrent la révocation de la loi *Oppienne*. *Valère Maxime* met l'époque du luxe, chez les Romains, à l'abrogation de cette loi.

(a) Décade IV, liv. IV.

## CHAPITRE XV.

*Des dots & des avantages nuptiaux, dans les diverses constitutions.*

Les *dots* doivent être considérables dans les monarchies, afin que les maris puissent soutenir leur rang & le luxe établi. Elles doivent être médiocres dans les républiques, où le luxe ne doit pas règner (a). Elles doivent être à peu près nulles dans les états despotiques, où les femmes sont, en quelque façon, esclaves.

La communauté des biens introduite par les loix Françoises entre le mari & la femme, est très-convenable dans le gouvernement monarchique; parce qu'elle intéresse les femmes aux affaires domestiques, & les rappelle, comme malgré elles, au soin de leur maison. Elle l'est moins dans la république, où les femmes ont plus de vertu. Elle seroit absurde dans les états despotiques, où presque toujours les femmes sont elles-mêmes une partie de la propriété du maître.

Comme les femmes, par leur état, sont assez portées au mariage, les gains que la loi leur donne sur les biens de leur mari sont inutiles. Mais ils seroient très-pernicieux

(a) Marseille fut la plus sage des républiques de son temps : les dots ne pouvoient passer cent écus en argent, & cinq en habits, dit *Strabon*, liv. IV.

un roy plus puissant rendra sa monarchie respectable aux étrangers
et chère a sa nation
cependant la cour sera moins nombreuse et moins puissante
la capitale ne sera plus enrichie et peuplée aux dépends du reste
du royaume
les familles mieux distribuées sur la surface de la france seront
gouvernées par des interests domestiques et [illegible]
des soins [illegible]
les femmes n'exerceront plus le même empire sur des hommes
qui ne languiront plus dans la même oisiveté
les fortunes ne seront plus les tristes recompenses d'une frivole
renommée sortie de la main des femmes;
les talens seront exercés et seront [illegible]
les vertus seront utiles et seront estimées
les femmes plus renfermées dans leur famille, moins poursuivies
par de vaines recherches, sans credit, et sans domination, feront
le charme doux de leur societé, et sans doute en [illegible]
a des passions que la nature leur donne, et qu'elle inspire pour
[illegible] ne seront plus entrainées par des illusions [illegible]
vaines et fugitives, et toujours renaissantes - elles sçauront
dissimuler leurs erreurs - elles laisseront retomber sur leurs
fautes devenues plus rares le voile de discretion qui ressemble
a la pudeur - elles seront plus heureuses dans leurs [illegible]
et dans leurs vertus;
ainsy la continence peut se retablir jusqu'a un certain point dans
une monarchie, comme dans une republique, et peut être il
n'est pas a desirer qu'on en exige davantage d'un sexe aimable
et foible qui n'a point changé l'homme auquel il est [illegible]
les loix, et que la nature a doué de cette organisation
sensible et foible qui [illegible] un besoin [illegible]
d'aimer une fois dans sa vie:
si vous voulez aller plus loin [illegible] une republique [illegible]
craignez d'avoir des loix [illegible]
quand vous voulez les corriger [illegible] des loix [illegible]

[illegible] le monstrueux effet de la severité des loix ou si l'on veut
[illegible] des mœurs des athéniennes - non, je ne pense [illegible]
[illegible] que [illegible] a voulu profaner le nom du veritable
amour pour l'appliquer aux plus affreux excès d'une volupté dénaturée
le veritable amour dont il parle, l'amour auquel les femmes n'ont point
de part est celuy qui [illegible] leçons utiles, qui forme la raison,
le courage, et les mœurs, qui donne des citoyens a la republique,
des defenseurs a la patrie, qui peut donner un grand homme de plus
au monde - c'est l'amour du [illegible] sage des humains [illegible]
pour [illegible] et [illegible] que les femmes ne doivent entrer pour
rien, parceque celles dont les talens sont les plus [illegible]
[illegible] que des idées bornées, parceque leurs sentimens sont foibles
et tendres, parceque leur courage meme est un effort, parcequ'elles
n'ont jamais cette force et cette vigueur que donne l'habitude
de la raison, et l'etendue des connoissances, et parcequ'enfin
elles [illegible] faites pour [illegible] de ces grandes actions qu'il
faut rendre naturelles au petit nombre d'hommes qui sont
nés pour servir leurs semblables. c'est [illegible] des [illegible]
[illegible] que donne le veritable amour auquel les
femmes n'ont point de part, et ce crime des mœurs des athéniens,
cette offense a la nature, ce mepris qu'un homme fait de luy meme,
[illegible] qu'a prouver a quel excès les hommes peuvent [illegible] de
leurs propres sentimens quand on leur ravit [illegible] qui
doivent leur en faire gouter les douceurs - il ne faut pas que les
mœurs meme aient une telle severité que toutes les liaisons
[illegible] en soient [illegible] les femmes ne sont emprisonnées
que dans les etats ou l'esprit general des hommes [illegible]
du commandement despotique - ils enferment les femmes par
[illegible] ne peuvent avoir que des esclaves, parceque les
hommes precoces et habiles a l'avantage de la raison [illegible]
dans l'[illegible] de leur esprit, et dans la maturité de leurs organes
[illegible] que les hommes usurpent sur elles, parceque
dans tous les [illegible] la chaleur du climat rend leurs passions plus
ardentes [illegible] gouvernement [illegible]
[illegible] sans defense [illegible] que leurs charmes
[illegible] mais ainsy l'habitude des mœurs
[illegible] libre, et [illegible] et
[illegible] dans des [illegible] ces memes regions ou

dans une république, parce que leurs richesses particulières produisent le luxe. Dans les états despotiques, les gains de nôces doivent être leur subsistance, & rien de plus.

## CHAPITRE XVI.

### *Belle coutume des Samnites.*

LES *Samnites* avoient une coutume qui, dans une petite république, & sur-tout dans la situation où étoit la leur, devoit produire d'admirables effets. On assembloit tous les jeunes gens, & on les jugeoit. Celui qui étoit déclaré le meilleur de tous prenoit, pour sa femme, la fille qu'il vouloit : celui qui avoit les suffrages après lui choisissoit encore ; & ainsi de suite (*a*). Il étoit admirable de ne regarder entre les biens des garçons que les belles qualités, & les services rendus à la patrie. Celui qui étoit le plus riche de ces sortes de biens choisissoit une fille dans toute la nation. L'amour, la beauté, la chasteté, la vertu, la naissance, les richesses mêmes, tout cela étoit, pour ainsi dire, la dot de la vertu. Il seroit difficile d'imaginer une récompense plus noble, plus grande, moins à charge à un petit état, plus capable d'agir sur l'un & l'autre sexe.

Les Samnites descendoient des Lacédémoniens ; & Platon, dont les institutions ne sont que la perfection des loix de Lycurgue, donna à peu près une pareille loi (*b*).

(*a*) Fragm. de *Nicolas de Damas*, tiré de *Stobée*, dans le recueil de Const. Porphyr.

(*b*) Il leur permet même de se voir plus fréquemment.

## CHAPITRE XVII.

### *De l'administration des femmes.*

IL eſt contre la raiſon & contre la nature, que les femmes ſoient maîtreſſes dans la maiſon, comme cela étoit établi chez les Egyptiens : mais il ne l'eſt pas qu'elles gouvernent un empire. Dans le premier cas, l'état de foibleſſe où elles ſont ne leur permet pas la prééminence : dans le ſecond, leur foibleſſe même leur donne plus de douceur & de modération ; ce qui peut faire un bon gouvernement, plutôt que les vertus dures & féroces.

Dans les Indes, on ſe trouve très-bien du gouvernement des femmes ; & il eſt établi que, ſi les mâles ne viennent pas d'une mère du même ſang, les filles qui ont une mère du ſang royal ſuccèdent (*a*). On leur donne un certain nombre de perſonnes, pour les aider à porter le poids du gouvernement. Selon M. *Smith* (*b*), on ſe trouve auſſi très-bien du gouvernement des femmes en Afrique. Si l'on ajoute à cela l'exemple de la Moſcovie & de l'Angleterre, on verra qu'elles réuſſiſſent également, & dans le gouvernement modéré, & dans le gouvernement deſpotique.

(*a*) Lettres édifiantes, recueil XIV.

(*b*) Voyage de Guinée, ſeconde partie, page 165 de la traduction, ſur le royaume d'*Angona*, ſur la Côte-d'or.

femmes sont ... les loix ... n'ont rien a faire de
ont etouffées par l'exces de la severité comme par l'indulgence de la
corruption   du tribunal domestique chez les romains

le tribunal domestique qui jugeoit les femmes a rome etoit etabli par les mem[es]
principes qui donnoient aux peres le droit de vie et de mort sur leurs
enfans.

ce sont de mauvaises loix et des usages pernicieux qui livrent les hommes
au jugement de ceux avec lesquels ils ont des rapports, des devoirs,
des interets communs, et dont ils peuvent soulever les passions, et
redoubler les vices.

s'il y a quelque chose d'utile, et d'admirable dans l'institution de la
societe, c'est d'avoir soustrait le citoyen a toute autre puissance
que celle des loix, et d'avoir pris soin de luy donner des juges qu'aucune
passion, aucun interest ne peut rendre ses ennemis.
c'est du moins la que doivent tendre les institutions humaines.

si dans quelque circonstance plus rare les juges sont encore susceptibles de passions, c'est a les suspecter, a les connoitre, a les
[illegible] que les bonnes loix s'appliquent afin qu'il ne reste plus
d'autre interest que celuy de rendre justice.

comment peut on supposer qu'un tribunal domestique soit sans
haine, ou sans amitié, sans interest, et sans passion. c'est une
femme, une niece, une soeur, une belle soeur qu'on aime, et qu'on
deteste, et dont on peut perdre, ou sauver l'honneur et la vie

on dit que ce tribunal maintenoit les moeurs — on dit aussy qu'il
etoit maintenu par les moeurs. [illegible] ce cercle vicieux qu'a la
longue ce tribunal mutuel doit disparoitre. si les moeurs sont
bonnes, le tribunal est sans exercice — si les moeurs sont corrompues
le tribunal est sans utilite

les peines de ce tribunal devoient etre arbitraires, et l'etoient
en effet — est il dans aucun tems, dans aucun gouvernement une
raison pour laisser prononcer des peines arbitraires, et peut on confier
un droit si arbitraire a ceux qui par leurs passions et leurs interests
sont presque surs d'en abuser

raisonnera [illegible] tout ce qui regarde les moeurs ne peut
on a bien [illegible] des loix [illegible] des peines
quand on ne peut point avoir ces loix

[illegible] ~~[illegible] beaucoup plus [illegible]~~
~~[illegible] jusqu'à [illegible]~~
le tribunal domestique sembloit insuffisant pour les plus grands des crimes
dans [illegible] pour l'adultère, l'adultère etoit l'objet d'une
accusation publique -

l'accusation publique est nécessaire, quand elle est intentée par
celuy [illegible] l'adult[illegible] offense - on ne peut pas luy refuser des juges
et il ne peut pas qu'il [illegible] de luy meme comme dans un tribunal
domestique, au jugement de son accusation. L'accusation publique
est nécessaire pour faire tomber le tribunal domestique et pour y
suppléer - mais elle ne doit etre établie que par les parties
interessées - c'est un mary qui demande le divorce, [illegible]
c'est un parent qui prouve dans quelques gouvernemens l'ille-
gitimité d'un ~~enfant~~ pour luy disputer une succession - une
accusation sans interest n'est qu'une loy prohibitive dans
l'ordre des mœurs - elle revele le scandale - elle afflige la pudeur
publique - elle abuse de la loy sans pouvoir la rendre utile -
il peut y avoir des mœurs dans une nation chaste qui cache
l'adultère etonné, ce qui l'ensevelit dans le silence - il n'y a
plus de mœurs, quand on ne craint point de les offenser par
l'accusation publique d'un adultère;
souvent une loy ~~[illegible] par ce sentiment [illegible] et ne peut s'énerver~~
que par l'oubly du sentiment qui l'établit -
les mœurs ne sont pas encore perdues, quand on autorise
l'accusation publique contre l'adultère - elles sont perdues
quand on intente ~~l'accusation~~ et quand on la poursuit sans
interest - c'est ~~la haine~~ qui manifeste le crime - c'est la haine
qui ne craint point de faire rougir la pudeur sur le
front des meres, des epouses, et des filles.

comment les institutions changerent a rome
avec le gouvernement

on voit a quel point les institutions qui maintiennent les
mœurs sont inutiles - on retrouve a peine un exemple de
l'accusation d'adultère avant la décadence des mœurs chez
les romains - ~~on ne retrouve plus [illegible]~~ et quand
~~[illegible]~~ la corruption
~~[illegible] que ce soit le vice meme qui~~
~~soit etablie, on [illegible]~~ ~~serve de ses [illegible] que devoient etre~~

# LIVRE VIII.

*De la corruption des principes des trois gouvernemens.*

## CHAPITRE PREMIER.

*Idée générale de ce livre.*

La corruption de chaque gouvernement commence presque toujours par celle des principes.

## CHAPITRE II.

*De la corruption du principe de la démocratie.*

Le principe de la démocratie se corrompt, non-seulement lorsqu'on perd l'esprit d'égalité, mais encore quand on prend l'esprit d'égalité extrême, & que chacun veut être égal à ceux qu'il choisit pour lui commander. Pour lors, le peuple, ne pouvant souffrir le pouvoir même qu'il confie, veut tout faire par lui-même, délibérer pour le sénat, exécuter pour les magistrats, & dépouiller tous les juges.

Il ne peut plus y avoir de vertu dans la république. Le peuple veut faire les fonctions des magistrats : on ne les respecte donc plus. Les délibérations du sénat n'ont plus de poids : on n'a donc plus d'égard pour les sénateurs, & par conséquent pour les vieillards. Que si l'on n'a pas du respect pour les vieillards, on n'en aura pas non plus pour les pères : les maris ne méritent pas plus de déférence, ni les maîtres plus de soumission. Tout le monde parviendra à aimer ce libertinage : la gêne du commandement fatiguera, comme celle de l'obéissance. Les femmes, les enfans, les esclaves n'auront de soumission pour personne. Il n'y aura plus de mœurs, plus d'amour de l'ordre, enfin plus de vertu.

On voit, dans le *banquet de Xénophon*, une peinture bien naïve d'une république où le peuple a abusé de l'égalité. Chaque convive donne, à son tour, la raison pourquoi il est content de lui. » Je suis content de moi, dit *Chamides*,
» à cause de ma pauvreté. Quand j'étois riche, j'étois obligé
» de faire ma cour aux calomniateurs, sçachant bien que j'étois
» plus en état de recevoir du mal d'eux que de leur en faire :
» la république me demandoit toujours quelque nouvelle
» somme : je ne pouvois m'absenter. Depuis que je suis pau-
» vre, j'ai acquis de l'autorité : personne ne me menace, je
» menace les autres : je puis m'en aller, ou rester. Déjà les
» riches se lèvent de leurs places, & me cèdent le pas. Je suis
» un roi, j'étois esclave : je payois un tribut à la république,
» aujourd'hui elle me nourrit : je ne crains plus de perdre,
» j'espère d'acquérir «.

Le peuple tombe dans ce malheur, lorsque ceux à qui il se confie, voulant cacher leur propre corruption, cherchent à le corrompre. Pour qu'il ne voie pas leur ambition, ils ne lui parlent que de sa grandeur ; pour qu'il n'apperçoive pas leur avarice, ils flattent sans cesse la sienne.

La corruption augmentera parmi les corrupteurs, & elle augmentera parmi ceux qui sont déjà corrompus. Le peuple se distribuera tous les deniers publics ; &, comme il aura joint à sa paresse la gestion des affaires, il voudra joindre à sa pauvreté les amusemens du luxe. Mais, avec sa paresse & son luxe, il n'y aura que le trésor public qui puisse être un objet pour lui.

bouclier des vertus — on craint que la haine, la jalousie, la vengeance
d'un amant offensé par un refus ne provoque la calomnie authorisée
par la loy — on defend d'accuser les dereglemens d'une femme sans
accuser les desordres du mary qui peuvent les favoriser — on veut
[illegible] quand on exige une double accusation —
il en est de même du tribunal domestique — il ne s'agissoit de voir
les mœurs puisqu'il s'agissoit avec elles et quand la justice
capricieuse de tibere voulut resusciter la voye des jugemens
domestiques, on se souvint avec etonnement des anciennes
loix qui les avoient authorisés —

## de la tutelle des femmes chez les romains —

les femmes sont toujours en tutelle dans tous les gouvernemens. la
tutelle est etablie par leur volonté propre quand elle ne l'est pas par
la loy — les femmes en france ne peuvent point ester en justice — elles
ne doivent point leurs affaires droits quand elles sont sous la puissance
d'un mary = ce sont les hommes qui font toutes leurs affaires —
leurs biens sont administrés, leurs procès poursuivis, leurs
causes jugées par des hommes — la nature les a mises sous la
tutelle des hommes plus encore que les loix

## des peines etablies par les empereurs contre les debauches des femmes

on rapporte la loy julie, et les peines legeres contre l'adultere.
on rappele l'indulgence d'auguste — on explique quelques jugemens
rendus sous auguste et tibere. ces jugemens dictés par des interests
personnels, ces jugemens fondés sur une loy d'une invention
nouvelle, sur le pretexte de la religion violée proviennent
bien plus des caprices de la tyrannie que de l'amour des bonnes
mœurs
mais ce n'est pas par l'entrée de ces tyrans de l'empire
romain qu'il faut prouver que la bonté des mœurs n'est pas
le principe du gouvernement d'un seul — on y voit les hommes
s'elever sur la teste des hommes, et remplir la terre de leurs
ravages. le gouvernement d'un seul peut subsister avec des
loix douces, et des mœurs moins corrompues, si seulement une
constitution reguliere [illegible] l'opinion publique
rend aux citoyens leur [illegible]
leur activité sans gesne, et leur liberté sans aucun melange
de servitude

## loix somptuaires chez les romains

ces loix subirent leur veritable destinée - elles furent suivies quand la mediocrité des fortunes ne donnoit pas l'envie de les enfreindre - elles furent authentiquement revoquées, quand la richesse et l'abondance refluant dans rome des extremités de la terre, sembloit transporter dans une seule ville les besoins du monde entier avec les moyens de les remplir. valere maxime met l'epoque du luxe a l'abrogation des loix cette abrogation fut l'effet necessaire du luxe, et n'en fut pas la cause

## des dots et des avantages nuptiaux dans les diverses constitutions

si les dots doivent etre considerables dans les monarchies, pourquoy les femmes se marient elles sans dot et sans patrimoine en allemagne. si elles doivent etre mediocres dans une republique, pourquoi dans plusieurs republiques ont elles droit comme leurs freres au partage des successions de leurs parens -

la communauté des biens en france entre le mary et la femme [illegible] point d'effet par elle même, puisque une femme en puissance de mary ne peut pas jouir de son propre bien - elle est en tutelle comme elle etoit par les loix romaines - cette tutelle sembleroit devoir proscrire le luxe des femmes, si les hommes n'avoient pas eux memes l'habitude du luxe, et ne la communiquoient pas a tout ce qui les environne -

## belle coutume des samnites

on diroit qu'un etat est un college ou l'on donne des prix et des couronnes - quel prix, si les dieux donnoient l'amour nuptial en recompense de la vertu - mais les [illegible] livroient la beauté [illegible] qu'il [illegible] pouvoit elle epouser un choix qu'elle n'avoit point dicté - pourquoy falloit il luy ravir la liberté naturelle - pourquoy ne laissoit on pas agir la simple impression des vertus traitoit on comme des esclaves les filles les plus belles doivent etre le [illegible] de choisir parce qu'un jeune homme [illegible] citoyen - cette belle couronne [illegible] de tous les droits de la nature

Il ne faudra pas s'étonner, si l'on voit les suffrages se donner pour de l'argent. On ne peut donner beaucoup au peuple, sans retirer encore plus de lui : mais, pour retirer de lui, il faut renverser l'état. Plus il paroîtra tirer d'avantage de sa liberté, plus il s'approchera du moment où il doit la perdre. Il se forme de petits tyrans, qui ont tous les vices d'un seul. Bientôt ce qui reste de liberté devient insupportable. Un seul tyran s'élève ; & le peuple perd tout, jusqu'aux avantages de sa corruption.

La démocratie a donc deux excès à éviter : l'esprit d'inégalité, qui la mène à l'aristocratie, ou au gouvernement d'un seul ; & l'esprit d'égalité extrême, qui la conduit au despotisme d'un seul, comme le despotisme d'un seul finit par la conquête.

Il est vrai que ceux qui corrompirent les républiques Grecques ne devinrent pas toujours tyrans. C'est qu'ils s'étoient plus attachés à l'éloquence qu'à l'art militaire : outre qu'il y avoit, dans le cœur de tous les Grecs, une haine implacable contre ceux qui renversoient le gouvernement républicain ; ce qui fit que l'anarchie dégénéra en anéantissement, au lieu de se changer en tyrannie.

Mais *Syracuse*, qui se trouva placée au milieu d'un grand nombre de petites oligarchies changées en tyrannies (*a*) ; Syracuse, qui avoit un sénat (*b*) dont il n'est presque jamais fait mention dans l'histoire, essuya des malheurs que la corruption ordinaire ne donne pas. Cette ville, toujours dans la licence (*c*) ou dans l'oppression ; également travaillée par

(*a*) Voyez *Plutarque*, dans les vies de *Timoléon* & de *Dion*.

(*b*) C'est celui des six cent, dont parle *Diodore*.

(*c*) Ayant chassé les tyrans, ils firent citoyens des étrangers & des soldats mercénaires ; ce qui causa des guerres civiles : *Aristote*, polit. liv. V, chap. III.

ſa liberté & par ſa ſervitude ; recevant toujours l'une & l'autre comme une tempête ; &, malgré ſa puiſſance au dehors, toujours déterminée à une révolution par la plus petite force étrangère ; avoit, dans ſon ſein, un peuple immenſe, qui n'eut jamais que cette cruelle alternative, de ſe donner un tyran, ou de l'être lui-même.

---

Le peuple ayant été cauſe de la victoire ſur les Athéniens, la république fut changée : *ibid.* chap. IV. La paſſion de deux jeunes magiſtrats, dont l'un enleva à l'autre un jeune garçon, & celui-ci lui débaucha ſa femme, fit changer la forme de cette république : *ibid.* liv. VII, chap. IV.

## CHAPITRE III.

### *De l'eſprit d'égalité extrême.*

AUTANT que le ciel eſt éloigné de la terre, autant le véritable eſprit d'égalité l'eſt-il de l'eſprit d'égalité extrême. Le premier ne conſiſte point à faire en ſorte que tout le monde commande, ou que perſonne ne ſoit commandé ; mais à obéir & à commander à ſes égaux. Il ne cherche pas à n'avoir point de maîtres, mais à n'avoir que ſes égaux pour maîtres.

Dans l'état de nature, les hommes naiſſent bien dans l'égalité : mais ils n'y ſçauroient reſter. La ſociété la leur fait perdre, & ils ne redeviennent égaux que par les loix.

Telle eſt la différence entre la démocratie règlée & celle qui ne l'eſt pas ; que, dans la première, on n'eſt égal que comme citoyen ; & que, dans l'autre, on eſt encore égal comme magiſtrat, comme ſénateur, comme juge, comme père, comme mari, comme maître.

La place naturelle de la vertu eſt auprès de la liberté ; mais

dit.

## de l'administration des femmes

il est contre la raison et contre la nature que les femmes soient maitresses dans la maison - il ne l'est pas qu'elles gouvernent un empire ~~[illegible]~~ quoy l'on pense qu'un empire est plus facile a gouverner qu'un menage

mais il est vray que les femmes ne regnent pas - ce sont des hommes qui les servent, les instruisent, et les menent -

il est encore vray que tous les empires sont mal, abusivement et mediocrement gouvernés - les femmes peuvent faire des choses nuisibles qu'elles ignorent, et peuvent en faire d'autres qui sont utiles, et qui ne passent pas les limites de leur ~~[illegible]~~ intelligence -

elizabeth en angleterre a montré de la sagacité, de la finesse, et de la suite - mais elle n'a laissé ny dans l'administration ny dans la legislation aucun monument qui puisse marquer l'elevation de ses sentimens, et l'étendue de ses idées

la czarine aujourd'huy tente de grandes entreprises, et peut avoir de grands succès; ses succès seront ceux de ses armées qu'elle ne connoist point, et ceux de son ministere dont elle ne regle pas les volontés, et dont elle adopte toutes les vues -

on se trouve très bien du gouvernement des femmes en afrique parce qu'elles ont des qualités plus douces, et que leur regne est l'intervalle de la respiration pour des peuples esclaves ~~[illegible]~~ que leurs gouverneurs souverains [illegible] semblables [illegible] ~~[illegible]~~ maux [illegible] foibles [illegible] de la corruption des principes

[illegible] livre — des trois gouvernemens — ont écarté des milices d'[illegible]

## idée generale de ce livre

la corruption du gouvernement commence toujours par celle de ses principes -

il ne faut donc pas reconnoistre des principes corrompus ~~[illegible]~~ d'autre [illegible] l'alteration ~~[illegible]~~ [illegible] du gouvernement -

De la corruption du principe dans la démocratie

il faut rapporter les propres paroles du législateur philosophe qui
du sein des monarchies avoit pouvoir établir les sentinelles qui doivent
veiller au maintien des démocraties –

le principe de la démocratie se corrompt quand le peuple ne pouvant
souffrir le pouvoir même qu'il confie veut tout faire par lui même
délibérer pour le sénat, exécuter pour les magistrats, et dépouiller
tous les juges –

[illegible] la démocratie se corrompt dans son principe, quand elle tend
à détruire les aristocraties qui se forment dans son sein, et quand
l'action directe du peuple, la délibération du peuple, l'exécution
des jugemens par le peuple fait revivre dans toute sa force une
véritable démocratie...

il falloit demander si cette pleine et entière démocratie pouvoit se
maintenir – il ne falloit pas dire qu'elle étoit la corruption de la
démocratie –

les regards de l'auteur de l'esprit des loix sont fixés sur les romains
et il se place toujours dans le sénat, et jamais dans les tribuns. c'est
un noble patricien, c'est un consul issu du sang des cornéliens – et
non un tribun du peuple, un descendant des gracques, un plébéien –

on pense donc qu'un sénat permanent est dans la constitution d'une
démocratie, que les jugemens doivent être des magistrats, et non
du peuple, et que la vertu dans les démocraties consiste, non
à respecter le peuple, mais les sénateurs, non à respecter les jugemens
[illegible] magistrats –

voyez [illegible] tribuns – rappelez vous tous les jugemens
prononcés par les tribuns – souvenez vous des ruses et
des artifices du sénat pour retenir les jugemens, pour les
transmettre aux curies, [illegible] dans lesquelles les
voix des sénateurs avoient plus d'influence, et vous jugerez
que l'ambition du sénat, et non l'impuissance du peuple étoit
l'unique raison qui diminua le nombre des causes soumises
à la décision du peuple –

autre que le peuple ; dans une démocratie - c'est la république entière - les
mais, les magistrats sont partie du peuple, et ne doivent point en être
séparés - c'est la formation des corps séparés du peuple qu'on doit regarder
comme la première et la plus dangereuse corruption du principe de
la démocratie -

il ne faut pas dire que le peuple prend l'esprit d'égalité extrême : car
rien n'est au dessus de luy, le peuple est le souverain -

ce n'est pas le peuple qu'on doit accuser de vouloir être égal à ceux
qu'il choisit pour luy commander - il a le droit de les choisir et de les destituer -
il ne veut point être leur égal - il est leur supérieur -

ce sont les magistrats, et les corps qui s'élèvent, ce sont tous les
ambitieux qu'il faut accuser de vouloir être égaux ou supérieurs
au peuple dont ils tiennent tous leurs pouvoirs -

il n'y a plus de vertu quand il n'y a plus de respect pour le peuple -
on apprend à mépriser ses citoyens - on s'enorgueillit de sa richesse -
on satisfait ses passions, on poursuit ses animosités - on abuse
des jugements - on élude les loix - on se rend indépendant de la seule
puissance souveraine qui doit toujours commander, à laquelle
on doit toujours obéir - il n'y a plus de mœurs dans la classe
privilégiée - plus de liberté dans les autres classes qu'elle opprime,
plus d'amour de l'ordre dans tous les états, enfin plus de
vertu -

ce que Xenophon rapporte dans le banquet de Charmides devenu
plus pauvre et plus puissant qui ne craint plus les calomnies et
dont les riches craignent les accusations prouve bien plus les torts
des riches abusant des deniers publics que les torts du peuple
abusant de l'extrême égalité -

les riches combattoient contre cette liberté démocratique qui les gênoit
dans leurs concussions, ils cherchoient à flatter le peuple parce qu'ils
ne pouvoient pas encore l'asservir - le peuple n'a haï ses propres
tyrans qu'en ne leur ôtant pas également le pouvoir de l'asservir
et de le flatter - son erreur fut de leur laisser les pouvoirs qu'il
leur avoit donnés, et non de les reprendre.

[illegible] qui sembloit accuser le peuple reconnoit luy même qu'il se
laissa corrompre par ceux dont l'interest est de luy cacher leur propre
corruption -

c'est toujours l'ambition et l'avidité des magistrats et des corps établis qui corrompt les principes de la démocratie, et c'est parce que le peuple ne reprend pas les pouvoirs qu'il a confiés qu'il est entraîné loin de ses propres loix, et qu'il [illegible] l'esprit et les principes de la démocratie.

on achepte son suffrage pour perpetuer son pouvoir - on s'attache des particuliers dont on employe les services ~~contre eux mêmes~~. on les employe contre la liberté publique [illegible] la suite provenoit de ceux qui n'ont rien - on forme des partis - il s'élève un chef plus heureux

le peuple perd tout jusqu'aux avantages de la corruption -

~~quel moyen~~ restoit-il au peuple, celuy de détruire des corps qui deviennent puissans, de destituer des magistrats qu'il commence à craindre, de prononcer luy même les jugemens, ou de les confier à des juges moins riches, et moins redoutables qui n'en sont pas moins éclairés en ne leur donnant pas le tems de s'enrichir et de se corrompre - il luy restoit de commander, et non d'obéir - c'est alors que chacun ne peut plus aspirer à l'égalité extrême, quand tous sentent le pouvoir public [illegible], et quand les plus riches [illegible] ne peuvent plus aspirer à cette extrême inégalité que les loix doivent proscrire, et que les richesses ne suffisent pas à donner -

ainsy la démocratie doit éviter l'esprit de l'extrême inégalité de pouvoir dans les corps, et l'esprit de l'extrême égalité de pouvoir dans les particuliers; mais il est absurde de dire que la démocratie doive prévenir l'extrême pouvoir dans le peuple, puisque le peuple est souverain dans la démocratie.

l'exemple de Syracuse le prouve [illegible] - de prouve le désordre introduit par tous les partis qui divisoient le peuple - il prouve que l'action du gouvernement [illegible] étoit tantôt celle d'un party, tantôt celle d'un autre et que le peuple [illegible] s'assembla jamais avec assez de force pour [illegible] tous les chefs dont l'ambition pouvoit entraîner [illegible] si souvent la ruine de la démocratie -

mais elle ne se trouve pas plus auprès de la liberté extrême, qu'auprès de la servitude.

## CHAPITRE IV.

### *Cause particulière de la corruption du peuple.*

Les grands succès, sur-tout ceux ausquels le peuple contribue beaucoup, lui donnent un tel orgueil, qu'il n'est plus possible de le conduire. Jaloux des magistrats, il le devient de la magistrature : ennemi de ceux qui gouvernent, il l'est bientôt de la constitution. C'est ainsi que la victoire de Salamine, sur les Perses, corrompit la république d'Athènes (*a*) : c'est ainsi que la défaite des Athéniens perdit la république de Syracuse (*b*).

Celle de Marseille n'éprouva jamais ces grands passages de l'abbaissement à la grandeur : aussi se gouverna-t-elle toujours avec sagesse ; aussi conserva-t-elle ses principes.

(*a*) Arist. polit. liv. V, ch. IV. (*b*) Ibid.

## CHAPITRE V.

### *De la corruption du principe de l'aristocratie.*

L'ARISTOCRATIE se corrompt, lorsque le pouvoir des nobles devient arbitraire : il ne peut plus y avoir de vertu dans ceux qui gouvernent, ni dans ceux qui sont gouvernés.

Quand les familles règnantes observent les loix, c'est une monarchie qui a plusieurs monarques, & qui est très-bonne par sa nature ; presque tous ces monarques sont liés par les loix. Mais, quand elles ne les observent pas, c'est un état despotique qui a plusieurs despotes.

Dans ce cas, la république ne subsiste qu'à l'égard des nobles, & entre eux seulement. Elle est dans le corps qui gouverne, & l'état despotique est dans le corps qui est gouverné ; ce qui fait les deux corps du monde les plus désunis.

L'extrême corruption est lorsque les nobles deviennent héréditaires (*a*) : ils ne peuvent plus guère avoir de modération. S'ils sont en petit nombre, leur pouvoir est plus grand ; mais leur sureté diminue : s'ils sont en plus grand nombre, leur pouvoir est moindre, & leur sureté plus grande : en sorte que le pouvoir va croissant, & la sureté diminuant, jusqu'au despote, sur la tête duquel est l'excès du pouvoir & du danger.

Le grand nombre des nobles, dans l'aristocratie héréditaire, rendra donc le gouvernement moins violent : mais, comme il y aura peu de vertu, on tombera dans un esprit de nonchalance, de paresse, d'abandon, qui fera que l'état n'aura plus de force ni de ressort (*b*).

Une aristocratie peut maintenir la force de son principe ; si les loix sont telles qu'elles fassent plus sentir aux nobles les périls & les fatigues du commandement que ses délices ; & si l'état est dans une telle situation, qu'il ait quelque chose à redouter ; & que la sureté vienne du dedans, & l'incertitude du dehors.

Comme une certaine confiance fait la gloire & la sureté d'une monarchie, il faut, au contraire, qu'une république redoute quelque chose (*c*). La crainte des Perses maintint

(*a*) L'aristocratie se change en oligarchie.

(*b*) *Venise* est une des républiques qui a le mieux corrigé, par ses loix, les inconvéniens de l'aristocratie héréditaire.

(*c*) *Justin* attribue à la mort d'Epaminondas l'extinction de la vertu à Athènes. N'ayant plus d'émulation, ils déde l'esprit d'egalité ~~à rome~~

quiconque lira ce chapitre semble devoir se dire a luy meme

je tiens en main la balance de la raison qui sçait donner une mesure a la libe[rté]
meme -

si cette ~~mesure~~ est celle de la liberté de chaque citoyen, je rends hommag[e]
a la raison qui la regle -

mais il faut que cette mesure soit la meme pour les magistrats, ~~les~~
senateurs, et les juges, et surtout les juges permanens -

il faut qu'ils apprennent que le peuple est au dessus d'eux, qu'ils doivent
luy obeir, que leur authorité meme n'est que la sienne, et qu'ils doivent
reconnoitre et maintenir l'egalité de ceux dont les suffrages réunis
leur donnent le pouvoir de commander -

sans doute chaque citoyen doit les respecter; mais tous les citoyens
doivent etre respectés par eux, et ce n'est pas le peuple qui doit [avoir]
ses egaux pour maitres - c'est le peuple qui n'a point d'egaux, et qui
ne doit point avoir de maitres -

le malheur ~~est~~ dans une democratie lorsque le pouvoir est divisé com[me]
a rome entre le senat et le peuple, lorsque le senat semble former un[e]
puissance a part, et lorsque le peuple semble n'etre plus qu'un corps
puissant dans la republique, lorsque ces deux pouvoirs divisés par
l'ambition d'un coté, par le sentiment des droits communs et
naturels de l'autre, sont sans cesse en opposition, et lorsqu'il ne
reste plus a la liberté d'autre rempart que cette opposition meme
jusqu'a ce qu'un chef plus puissant se serve du peuple et du senat
pour faire cesser a la fois l'opposition, et la liberté -

le senat alors prend le meme langage que montesquieu prete a
la ~~[illegible]~~ loix: il ne faut pas que le peuple aspire a l'extreme
egalité - il faut que le peuple respecte les magistrats, les senat[eurs]
et les juges - la vertu ne se retrouve pas plus dans l'extreme
liberté que dans la servitude - et ces maximes que tous les tems
des particuliers ~~deviennent~~ devinrent l'instrument de l'ambition
et la partie de la republique qui cherchera les imposer
au souverain qu'elles ~~[illegible]~~ faire respecter ~~[illegible]~~
et quand l'insolence des corps s'en servira pour abaisser devant
leurs licteurs et leurs faisceaux la majesté du peuple romain.

cause particulière de la corruption du peuple

on accuse le peuple de s'enorgueillir de ses succès - on voudroit le
tenir dans l'humiliation et sur le gouverner. on se plaint qu'un
peuple victorieux [illegible] ces deux magistrats et de la magistrature
on appelle le peuple ennemy de sa propre constitution
comment le peuple peut il prendre en haine la constitution
dans une vraye democratie où le peuple commande -
comment le peuple en corps peut il estre jaloux des magistrats
qu'il nomme et qu'il peut changer -
sont ce les citoyens en particulier qui conçoivent le premier
orgueil de leurs triomphes - il faut que les magistrats se
plaignent au peuple luy mesme - il faut que le peuple
ignore sa propre puissance qui forme la constitution de
son gouvernement

les vices des citoyens n'ont d'action et d'effet que lorsque les
magistrats [illegible] les flattent comme à athenes, et
[illegible] ne les denoncent point au
jugement du peuple assemblé -

ce n'est pas a salamine que les atheniens ont semé le germe
[illegible] les orateurs qui [illegible]
[illegible] conserver leur credit [illegible] qu'il faut
[illegible] de toutes les erreurs du
accuser [illegible]
peuple [illegible] la democratie se detruit quand le peuple
[illegible] laisse de grands pouvoirs à ses magistrats
et non quand il est jaloux de leurs pouvoirs

de la corruption du principe de l'aristocratie

[illegible] que l'aristocratie se corrompt par des [illegible]
arbitraire [illegible] qu'il est dans la nature de l'aristocratie de
tendre à l'establissement de [illegible] arbitraire - il faut
regarder [illegible] elle mesme [illegible] l'aristocratie comme la corruption de la democratie -
[illegible] qui [illegible] en est la plus
grande accusation - on appelle la [illegible] la [illegible]

[illegible] se corrompt quand
c'est la corruption meme de la democratie, et quand cette corruption tend a faire sans cesse des progres.
le principe se perfectionne quand on dit qu'il se corrompt —
~~cependant cette [illegible] devenir la constitution de chaque gouvernement~~
~~[illegible]~~
~~[illegible] des citoyens [illegible] plus heureuses, soit par les moeurs nationales,~~
~~[illegible]~~
soit par l'effet des connoissances generales dont l'influence toujours
progressive n'a point de bornes fixes que le peuple sans pouvoir
jouir de ses possessions et de la liberte —
cet etat suppose des vertus dans ceux qui gouvernent et dans
ceux qui sont gouvernes, et il n'est pas impossible qu'une sage
legislation inspire et entretienne dans les monarchies et
dans les aristocraties les principes vertueux qui font respecter
la liberte personnelle, et la propriete des citoyens —
ces vertus ne sont point precisement propres a l'aristocratie,
a la monarchie, mais elles peuvent s'y retrouver et ces
gouvernemens peuvent se soutenir par elles, et doivent a
la longue deperir sans elles —
en general les vertus qui consistent a maintenir les droits des
hommes, et a les servir peuvent appartenir a toutes les differentes
constitutions, quelque nom qu'on leur donne, et sont necessaires
dans tous les gouvernemens —
voila ce que l'auteur de l'esprit des loix a voulu meconnoitre —
il a voulu attacher a chaque forme, et pour ainsy dire a chaque
denomination de gouvernement un principe, un esprit
different, meme vitieux au lieu de reconnoitre que
dans tous les lieux et dans tous les tems les sentimens humains
qui sont les vrayes vertus doivent presider a la conduite
des empires comme a celle des citoyens —
de la corruption du principe de la monarchie
de la monarchie, le maintien de[illegible]
on ne concoit pas que l'esprit des loix puisse considerer dans ces
prerogatives des corps et ces privileges des villes quelque chose toujours
conforme au veritable esprit des loix — car enfin les loix sont faites
doivent etre faites pour les hommes, pour le plus grand nombre
des hommes, pour le peuple — si les loix doivent etre faites pour
le peuple, les prerogatives qui ne s'etablissent jamais qu'a des
[illegible], ces privileges qui sont des faveurs, des exemptions aux regles communes
doivent contredire les loix — et si

[illegible] monarchie que [illegible]
l'hydre a plusieurs testes
cependant on dit que cette monarchie a plusieurs monarques et
tres bonne par sa nature.
on peut faire dans une democratie par des magistrats, et des corps
qui changent [illegible] ce qu'on fait dans une aristocratie par des
corps permanens, et l'on n'a pas a craindre que des corps s'élevent
au dessus du peuple, fassent des loix arbitraires dont le peuple est
toujours la victime.
[illegible] corruption devient extreme quand les nobles sont hereditaires
les aristocraties sont donc le dernier degré de la corruption, puisqu'il
semble que la democratie [illegible] dans tous ses [illegible], et peut
reprendre sa force quand les nobles et les [illegible] ne sont point
hereditaires-
une aristocratie peut maintenir la force de [illegible] pouvoir, si les l[illegible]
font plus sentir les [illegible] que les douceurs du commandement- ma[illegible]
elles ne peuvent pas en faire sentir les peines quand l'aristocratie
est hereditaire, parceque d'un coté le peuple ne decide point
de ses affaires, et de l'autre il ne choisit point ses magistrats
les affaires ne luy sont point connues, et il n'a point de compte
demander a ses administrateurs - les aristocrates n'ont rien a [illegible]
des abus quand le peuple ne juge ny des personnes ny des choses-
les aristocrates peuvent se craindre et se contraindre eux me[illegible]
on sent la difficulté d'entretenir cette crainte et cette contr[illegible]
dans une classe moins nombreuse qui prend les vices que luy [illegible]
sa puissance, et qui peut s'affranchir par un commun a[illegible]
de la garde de ses loix-
on a dit que le principe de l'aristocratie etoit la moderation
c'est une sure vertu de son etablissement- l'aristocratie so[illegible]
foible encore timide et retirée du sein de la democratie
elle se detache par degrés, elle se separe doucement du co[illegible]
dont elle fut d'abord une branche plus elevée - c'est la vert[illegible]
d'une necessité politique qui doit disparoitre quand [illegible]
tocratie a pris toute sa consistance- le principe veritable
de l'aristocratie est l'ambition des nobles [illegible]

les loix chez les Grecs. Carthage & Rome s'intimidèrent l'une l'autre, & s'affermirent. Chose singulière! plus ces états ont de sureté, plus, comme des eaux trop tranquilles, ils sont sujets à se corrompre.

pensèrent leurs revenus en fêtes : *Frequentiùs cœnam quàm castra visentes.* Pour lors, les Macédoniens sortirent de l'obscurité : liv. VI.

## CHAPITRE VI.

### *De la corruption du principe de la monarchie.*

COMME les démocraties se perdent, lorsque le peuple dépouille le sénat, les magistrats & les juges, de leurs fonctions ; les monarchies se corrompent, lorsqu'on ôte peu à peu les prérogatives des corps, ou les privilèges des villes. Dans le premier cas, on va au despotisme de tous; dans l'autre, au despotisme d'un seul.

» Ce qui perdit les dynasties de Tsin & de Soüi, *dit un* « *auteur Chinois*, c'est qu'au lieu de se borner, comme les an- « ciens, à une inspection générale, seule digne du souverain, « les princes voulurent gouverner tout immédiatement par « eux-mêmes (*a*) «. L'auteur Chinois nous donne ici la cause de la corruption de presque toutes les monarchies.

La monarchie se perd, lorsqu'un prince croit qu'il montre plus sa puissance en changeant l'ordre des choses, qu'en le suivant; lorsqu'il ôte les fonctions naturelles des uns, pour les donner arbitrairement à d'autres; & lorsqu'il est plus amoureux de ses fantaisies que de ses volontés.

(*a*) Compilation d'ouvrages faits sous les *Ming*, rapportés par le père du Halde.

La monarchie se perd, lorsque le prince, rapportant tout uniquement à lui, appelle l'état à sa capitale, la capitale à sa cour, & la cour à sa seule personne.

Enfin elle se perd, lorsqu'un prince méconnoît son autorité, sa situation, l'amour de ses peuples; & lorsqu'il ne sent pas bien qu'un monarque doit se juger en sureté, comme un despote doit se croire en péril.

## CHAPITRE VII.

### *Continuation du même sujet.*

Le principe de la monarchie se corrompt, lorsque les premières dignités sont les marques de la première servitude; lorsqu'on ôte aux grands le respect des peuples, & qu'on les rend de vils instrumens du pouvoir arbitraire.

Il se corrompt encore plus, lorsque l'honneur a été mis en contradiction avec les honneurs, & que l'on peut être à la fois couvert d'infamie (*a*) & de dignités.

Il se corrompt, lorsque le prince change sa justice en sévérité; lorsqu'il met, comme les empereurs Romains, une tête de Meduse sur sa poitrine (*b*); lorsqu'il prend cet air

(*a*) Sous le règne de *Tibère*, on éleva des statues, & l'on donna les ornemens triomphaux aux délateurs; ce qui avilit tellement ces honneurs, que ceux qui les avoient mérités, les dédaignèrent. Fragm. de *Dion*, liv. LVIII, tiré de l'*extrait des vertus & des vices* de Const. Porphyrog. Voyez, dans Tacite, comment *Néron*, sur la découverte & la punition d'une prétendue conjuration, donna à Petronius Turpilianus, à Nerva, à Tigellinus, les ornemens triomphaux. *Annal.* liv. XIV. Voyez aussi comment les généraux dédaignèrent de faire la guerre, parce qu'ils en méprisoient les honneurs, *pervulgatis triumphi insignibus.* Tacite, annal. liv. XIII.

(*b*) Dans cet état, le prince sçavoit bien quel étoit le principe de son gouvernement.

menaçant & terrible que Commode faisoit donner à ses statues (*c*).

Le principe de la monarchie se corrompt, lorsque des ames singulièrement lâches tirent vanité de la grandeur que pourroit avoir leur servitude ; & qu'elles croient que ce qui fait que l'on doit tout au prince, fait que l'on ne doit rien à sa patrie.

Mais, s'il est vrai (ce que l'on a vu dans tous les temps), qu'à mesure que le pouvoir du monarque devient immense, sa sureté diminue ; corrompre ce pouvoir, jusqu'à le faire changer de nature, n'est-ce pas un crime de lèse-majesté contre lui ?

(*c*) Hérodien.

## CHAPITRE VIII.

*Danger de la corruption du principe du gouvernement monarchique.*

L'INCONVÉNIENT n'est pas lorsque l'état passe d'un gouvernement modéré à un gouvernement modéré ; comme de la république à la monarchie, ou de la monarchie à la république : mais quand il tombe & se précipite, du gouvernement modéré, au despotisme.

La plupart des peuples d'Europe sont encore gouvernés par les mœurs. Mais, si, par un long abus du pouvoir ; si, par une grande conquête, le despotisme s'établissoit à un certain point, il n'y auroit pas de mœurs ni de climat qui tinssent ; &, dans cette belle partie du monde, la nature humaine souffriroit, au moins pour un temps, les insultes qu'on lui fait dans les trois autres.

## CHAPITRE IX.

### *Combien la nobleſſe eſt portée à défendre le trône.*

LA nobleſſe Angloiſe s'enſevelit, avec *Charles I*, ſous les débris du trône ; & avant cela, lorſque *Philippe II* fit entendre aux oreilles des François le mot de liberté, la couronne fut toujours ſoutenue par cette nobleſſe qui tient à honneur d'obéir à un roi, mais qui regarde comme la ſouveraine infamie de partager la puiſſance avec le peuple.

On a vu la maiſon d'Autriche travailler, ſans relâche, à opprimer la nobleſſe Hongroiſe. Elle ignoroit de quel prix elle lui ſeroit quelque jour. Elle cherchoit, chez ces peuples, de l'argent qui n'y étoit pas : elle ne voyoit pas des hommes qui y étoient. Lorſque tant de princes partageoient entre eux ſes états, toutes les pièces de ſa monarchie, immobiles & ſans action, tomboient, pour ainſi dire, les unes ſur les autres : il n'y avoit de vie que dans cette nobleſſe qui s'indigna, oublia tout pour combattre, & crut qu'il étoit de ſa gloire de périr & de pardonner.

## CHAPITRE X.

### *De la corruption du principe du gouvernement deſpotique.*

LE principe du gouvernement deſpotique ſe corrompt ſans ceſſe, parce qu'il eſt corrompu par ſa nature. Les autres gouvernemens périſſent, parce que des accidens particuliers en violent le principe : celui-ci périt par ſon vice intérieur, lorſque quelques cauſes accidentelles n'empêchent point ſon principe de ſe corrompre. Il ne ſe maintient donc que quand

monarchie [illegible] populaire, comme elle [illegible], devroit ce qu'on entend [illegible] les loix [illegible], les loix favorables au peuple, pourroit-on dire que la monarchie est par là même corrompue dans son principe —
il faut savoir ce qu'on entend par les corps, ce qu'on entend par les privi-léges des corps, ce qu'on entend par les priviléges des villes —
il faut parler de la france. on ne la nomme pas - mais il est aisé de comprendre qu'on ne parle que d'elle.
les corps en france sont ~~les cours de justice~~, le clergé, la noblesse et les cours de justice —
le clergé se présente sous trois rapports differens — celuy de la religion, celuy d'un ordre du royaume, celuy d'une classe privilégiée —
La religion ne luy donne droit que ~~celuy de~~ l'enseignement et de la persuasion —
ce n'est point une prérogative — et l'enseignement et la persuasion n'entraisne par la nature de la chose aucune violence ny contrainte —
Les droits du 1er ordre du royaume ne doivent estre que ceux des représentans de la nation, et depuis que les etats généraux ne s'assemblent plus, le clergé n'a [illegible] d'autre représentation que celle du clergé même — il n'y a point là de prérogative qui ne soit celle de toute classe de repré-sentans - on pourroit exiger sans doute que cette représen-tation dans les etats généraux fut établie volontairement par ceux qui doivent estre représentés - mais c'est la nation qui doit l'exiger pour son propre interest, et si le gouvernement qui doit veiller aux interests de la nation l'exigeoit pour elle, on ne pourroit pas dire que c'est la corruption de la monarchie que [illegible] les prérogatives du clergé.
les priviléges du clergé par rapport aux personnes ne sont que ceux de la noblesse
par rapport aux biens le clergé jouit comme la noblesse de l'exemption de [illegible] aux impositions publiques —
[illegible] l'exemption de la noblesse [illegible] dire que la monarchie [illegible]

... ar rapport aux contributions qu'il paye, le clergé jouit [illegible]
d'offrir un don gratuit – ce droit est celuy des etats generaux dont
il forme le 1er ordre – c'est celuy des pays d'etats; ce droit etoit
~~[illegible]~~ celuy de la nation representée par les etats generaux;
ce n'est pas une prerogative – c'est une partie du droit
commun conservé dans le clergé –
la nation loin de le combattre ~~[illegible]~~ ne doit former d'autre voeu
que de le maintenir et de le partager.
La question interessante pour la nation n'est que celle de
la proportion des contributions du clergé avec celle de la
noblesse et du peuple –
Ce ~~[illegible]~~ prerogative d'un corps que la monarchie
entretient quand elle ~~[illegible]~~ ne proscrit pas les dons
gratuits du clergé – c'est un reste du droit commun qu'elle
ne détruit pas –
les prerogatives de la noblesse sont de ne point payer
la taille, et beaucoup d'impositions pour des objets non
moins utiles qu'au peuple – l'abolition
on ne ~~pourroit~~ [illegible] pas dire que ~~la revocation~~ de ces prerogatives ne fut pas utile au peuple – on ne peut pas dire
que la monarchie se corrompe en faisant des choses utiles
au peuple ~~[illegible]~~
mais il est d'une sage politique, il est meme de la justice
de rechercher, de connoistre les motifs des exemptions, d'en
considerer les effets après un long laps de tems, et de
recourir aux moyens convenables qui font disparoitre
par degrés des faveurs nuisibles en repandant les connoissances qui font sentir a ceux memes qui en profitent
le profit plus noble et non moins réel de les abandonner –
les prerogatives des cours souveraines sont d'avoir au
ressort immense qui semble devenir leur empire,
[illegible] une jurisprudence qui supplie au roy [illegible] administration
de decider [illegible]
[illegible]

des circonstances tirées du climat, de la religion, de la situation, ou du génie du peuple, le forcent à suivre quelque ordre, & à souffrir quelque règle. Ces choses forcent sa nature, sans la changer : sa férocité reste ; elle est, pour quelque temps, apprivoisée.

## CHAPITRE XI.

### *Effets naturels de la bonté & de la corruption des principes.*

LORSQUE les principes du gouvernement sont une fois corrompus, les meilleures loix deviennent mauvaises, & se tournent contre l'état : lorsque les principes en sont sains, les mauvaises ont l'effet des bonnes ; la force du principe entraîne tout.

Les *Crétois*, pour tenir les premiers magistrats dans la dépendance des loix, employoient un moyen bien singulier : c'étoit celui de l'*insurrection*. Une partie des citoyens se soulevoit (*a*), mettoit en fuite les magistrats, & les obligeoit de rentrer dans la condition privée. Cela étoit censé fait en conséquence de la loi. Une institution pareille, qui établissoit la sédition pour empêcher l'abus du pouvoir, sembloit devoir renverser quelque république que ce fût. Elle ne détruisit pas celle de Crète : voici pourquoi (*b*).

Lorsque les anciens vouloient parler d'un peuple qui avoit le plus grand amour pour la patrie, ils citoient les Crétois : *La patrie*, disoit Platon (*c*), *nom si tendre aux Crétois*. Ils l'appelloient d'un nom qui exprime l'amour d'une mère pour

(*a*) *Aristote*, polit. liv. II, chap. x.

(*b*) On se réunissoit toujours d'abord contre les ennemis du dehors, ce qui s'appelloit *syncrétisme*. Plutarque, *Moral*. p. 88.

(*c*) Républ. liv. IX.

ses enfans (*d*). Or, l'amour de la patrie corrige tout.

Les loix de Pologne ont aussi leur *insurrection*. Mais les inconvéniens qui en résultent font bien voir que le seul peuple de Crète étoit en état d'employer, avec succès, un pareil remède.

Les exercices de la gymnastique, établis chez les Grecs, ne dépendirent pas moins de la bonté du principe du gouvernement. » Ce furent les Lacédémoniens & les Crétois, » dit *Platon* (*e*), qui ouvrirent ces académies fameuses qui » leur firent tenir dans le monde un rang si distingué. La pu» deur s'allarma d'abord : mais elle céda à l'utilité publique «. Du temps de Platon, ces institutions étoient admirables (*f*); elles se rapportoient à un grand objet, qui étoit l'art militaire. Mais, lorsque les Grecs n'eurent plus de vertu, elles détruisirent l'art militaire même : on ne descendit plus sur l'arène pour se former, mais pour se corrompre (*g*).

Plutarque nous dit (*h*) que, de son temps, les Romains pensoient que ces jeux avoient été la principale cause de la servitude où étoient tombés les Grecs. C'étoit, au contraire, la servitude des Grecs qui avoit corrompu ces exercices. Du temps de Plutarque (*i*), les parcs où l'on combat-

(*d*) Plutarque, *Morales*, au traité, *si l'homme d'âge doit se mêler des affaires publiques*.

(*e*) Républ. liv. V.

(*f*) La gymnastique se divisoit en deux parties; la danse & la lutte. On voyoit, en Crète, les danses armées des Curettes; à Lacédémone, celles de Castor & de Pollux; à Athènes, les danses armées de Pallas, très-propres pour ceux qui ne sont pas encore en âge d'aller à la guerre. *La lutte est l'image de la guerre*, dit Platon, *des loix*, liv. VII. Il loue l'antiquité, de n'avoir établi que deux danses, la pacifique & la pyrrhique. Voyez comment cette dernière danse s'appliquoit à l'art militaire. Platon, *ibid*.

(*g*) . . . . . . . . *Aut libidinosæ*
*Ledæas Lacedæmonis palæstras.*
Martial, lib. IV, epig. 55.

(*h*) *Œuvres morales*, au traité *des demandes des choses Romaines*.

(*i*) Plutarque, *ibid*.

toit

ne seroit uniquement par une commission de la monarchie [illegible]
donner aux citoyens de chaque province des juges [illegible]
des tiers [illegible] citoyens [illegible] de juger par les loix
et [illegible] rendre assez claires pour qu'on puisse conformer
jugemens sans les interpreter par des jugemens qui prenn[illegible]
la place des loix ; ce ne seroit point [illegible] une concession
[illegible] la monarchie de rendre a la nation le droit d'accep[illegible]
ou de rejetter les impositions [illegible] l'administra
tion devenue nationale [illegible] des formules d'un
enregistrement -
vous demanderez enfin quels sont les privileges des villes -
chaque ville doit etre gouvernee par elle meme - ce
n'est point un privilege pour une ville ou communaute
d'habitans de s'assembler pour ses affaires, de repartir
les contributions utiles, d'en regler l'emploi, d'en
juger les comptes, et de nommer les administrateurs
de la municipalite -
si toutes les villes ne jouissent pas de ce pouvoir qui
semble emaner de la nature meme des choses, c'est
que le gouv[illegible] leur ont [illegible] ce qui leur
appartient - le gouvernement ne se compromettroit
dans ses principes en rendant aux villes et communautes
ces droits naturels qu'il leur a ravis
il est d'autres privileges des villes que le gouvernement
leur a donnes qu'elles exercent contre les villes voisines
contre les provinces voisines, contre les etrangers, qu'elles
exercent meme contre leurs propres habitans, puisque
l'interruption ou la surcharge du commerce est
egalement nuisible a tous ceux auxquels un commerce
plus libre [illegible] seroit [illegible] utiles - il existe

[illegible] toujours [illegible] dans les villes et les provinces

les dommages reciproques qui en resultent detruisent

[illegible] les avantages que chaque ville croit se procurer. Le

gouvernement authorise cet etrange [illegible] par

des arrets [illegible] l'on ne connoit pas par quel interest il

peut soutenir cette guerre civile qui fait le mal

universel de l'etat. On sent bien qu'il ne pourroit pas

detruire d'une seule parole et dans un seul moment un

mal ancien qui se prend a toutes les parties de l'admini-

stration municipale. C'est sur des prohibitions reciproques

que sont fondes les revenus de toutes les municipalites

mais si quelque ministre habile peut enfin faire

sentir aux communautes leurs interests mutuels et

substituer d'autres ressources a celles des prohibitions

on n'a pas le droit de l'accuser d'avoir corrompu les

principes de la monarchie.

C'est en abolissant ces vexations erigees en coutumes qu'on

rendra le commerce plus uniforme dans tous les lieux, que

tous les lieux seront plus egalement peuples, que les richesses

seront mieux reparties, que les villes n'abonderont

pas aux depens des campagnes, et que la capitale n'absor-

bera point l'etat, [illegible]

continuation du meme sujet

Il faut se rappeler que l'auteur de l'esprit des loix appelle

l'honneur le principe de la monarchie — c'est cet honneur

qu'on affoiblit quand on rend les grands esclaves

d'un pouvoir arbitraire, quand on unit les dignites a l'infamie,

les honneurs a la honte, quand le prince se fait hair et mepriser

quand on fait tout pour le prince et rien pour la patrie,

mais cet honneur qu'il regarde est la plus foible garantie de ces

[illegible] generaux et genereux qui couvrent les vices d'un

gouvernement arbitraire, et c'est la preuve de ces vertus

dans tous ceux qui [illegible] la faveur et les places qui

produisent [illegible] la nation [illegible] qui rend

[illegible] les droits du souverain [illegible]

[illegible] vertus pouvoient vivre quand le vain honneur qui consiste dans l'amour des distinctions s'evanouit [illegible] seroit le regne de la raison qui soutient les empires, et le despotisme repoussé par le courage et la liberté ne se reposeroit [illegible] au milieu de la servitude generale —

danger de la corruption du principe du gouvernement monarchique

non, il n'est pas possible que les monarchies d'europe retombent dans le despotisme — un long abus du pouvoir en amene la reforme inevitable [illegible] que les arts et les lettres ont policés — l'europe est à jamais affranchie du joug de la barbarie — et le despotisme ne peut pas etre ou la barbarie n'est pas —

combien la noblesse est portée a defendre le throsne

on parle d'une noblesse qui regarde comme la souveraine infamie de partager la puissance avec le peuple — je ne reconnois point a ces expressions [illegible] antique [illegible] la noblesse françoise dans le 18eme siecle; cette noblesse non moins courageuse et plus eclairée que ses peres commence a sentir que son eclat ne doit point emaner d'une distinction [illegible], et que [illegible] pouvoir toujours plus respectable quand il est national ne [illegible] point etre separé du pouvoir du peuple — c'est dans des armées mieux disciplinées qu'elle apprend a connoitre le prix d'un soldat — c'est dans des administrations provinciales qu'elle se fait un honneur de se reunir avec le tiers etat, de confondre [illegible] avec [illegible] des citoyens de toutes les classes, et de rendre hommage a la puissance du peuple [illegible] par ces deliberations que la pluralité des [illegible] voix du peuple semble avoir dictées —

il est deux manieres de defendre le throsne, [illegible] quand il survient une guerre [illegible], le throsne est la patrie — les torts meme de la politique d'un prince qui provoque la guerre n'empechent pas que la patrie ne soit en danger, et n'otent rien au sentiment qui doit la defendre — mais qui ose le dire — telle doit etre a present la sagesse du gouvernement en france que le souverain n'ait [illegible] de [illegible] son peuple — quel triste combat que celuy d'un roy contre ses sujets — quel en seroit l'objet — les droits du peuple, l'ambition de la puissance monarchique — auquel n'agite point [illegible]ons dans un siecle qui toutes les classes de citoyens ont appris a distinguer les principes du pouvoir et de la soumission, quand la seule demande des etats generaux est devenue le cry de la nation, quand l'empereur a fait passer pour les puissantes habitudes d'une antique constitution tous les instruments du pouvoir arbitraire, et de ses brusques innovations, et lors qu'il [illegible] plus [illegible] etant plus noble [illegible] eleve et orgueilleuse [illegible] ignorant qui [illegible] met sa gloire [illegible] a se dedommager de sa propre servitude par l'oppression des peuples –

## de la corruption du principe du gouvernement despotique

l'auteur etablit un principe pour chaque gouvernement, et l'oublie

le principe du gouvernement despotique est la crainte –

peut on dire que le principe du gouvernement despotique se corrompt sans cesse parcequ'il est corrompu par sa nature –

qu'est ce que c'est que la crainte qui se corrompt, la crainte corrompue par sa nature –

la crainte augmente ou diminue – elle subsiste – elle cesse

mais ce n'est point la crainte dont on considere icy les impressions et les effets –

on dit que le despotisme perit par son vice interieur, et qu'il ne se soutient que lorsque on le force a suivre quelqu'ordre, a souffrir quelque regle [illegible] des causes accidentelles l'empechent point son principe de se corrompre. ces causes forcent sa nature sans la changer [illegible] elle est pour quelque tems apprivoisée –

ainsy son principe n'est point [illegible] la crainte qu'il inspire puis qu'il [illegible] seroit apprivoisé par les memes causes qui peuvent empecher son principe de se corrompre –

[illegible] quel est ce principe qu'on n'explique point – c'est celuy dont l'histoire nous donne l'idee, celuy que nos propres sentiments nous font connoistre, celuy que confirment les plus simples observations sur le caractere des hommes et des nations –

ce sont leurs habitudes qui les gouvernent, et ces habitudes sont moins variables dans les memes pays où le despotisme est etablis – c'est une mesure, un degre dans le despotisme

toit à nud ; & les jeux de la lutte, rendoient les jeunes gens lâches, les portoient à un amour infâme, & n'en faisoient que des baladins : Mais, du temps d'Epaminondas, l'exercice de la lutte faisoit gagner aux Thébains la bataille de Leuctres (*k*).

Il y a peu de loix qui ne soient bonnes, lorsque l'état n'a point perdu ses principes : &, comme disoit Epicure en parlant des richesses, » Ce n'est point la liqueur qui est cor- « rompue, c'est le vase «.

(*k*) Plutarque, *Morales, propos de table*, liv. II.

## CHAPITRE XII.

### *Continuation du même sujet.*

On prenoit à Rome les juges dans l'ordre des sénateurs. Les *Gracques* transportèrent cette prérogative aux chevaliers. *Drusus* la donna aux sénateurs & aux chevaliers ; *Sylla* aux sénateurs seuls ; *Cotta* aux sénateurs, aux chevaliers & aux trésoriers de l'épargne. *Cesar* exclut ces derniers. *Antoine* fit des décuries de sénateurs, de chevaliers & de centurions.

Quand une république est corrompue, on ne peut remédier à aucun des maux qui naissent, qu'en ôtant la corruption, & en rappellant les principes : toute autre correction est ou inutile, ou un nouveau mal. Pendant que Rome conserva ses principes, les jugemens purent être sans abus entre les mains des sénateurs : mais, quand elle fut corrompue, à quelque corps que ce fût qu'on transportât les jugemens, aux sénateurs, aux chevaliers, aux trésoriers de l'épargne, à deux de ces corps, à tous les trois ensemble, à quelque autre corps que ce fût, on étoit toujours mal. Les chevaliers n'avoient pas plus de vertu que les sénateurs, les trésoriers de l'épargne pas plus que les chevaliers, & ceux-ci aussi peu que les centurions.

Lorsque le peuple de Rome eut obtenu qu'il auroit part aux magistratures patriciennes, il étoit naturel de penser que ses flatteurs alloient être les arbitres du gouvernement. Non: l'on vit ce peuple, qui rendoit les magistratures communes aux plébéiens, élire toujours des patriciens. Parce qu'il étoit vertueux, il étoit magnanime; parce qu'il étoit libre, il dédaignoit le pouvoir. Mais, lorsqu'il eut perdu ses principes, plus il eut de pouvoir, moins il eut de ménagemens; jusqu'à ce qu'enfin, devenu son propre tyran & son propre esclave, il perdit la force de la liberté, pour tomber dans la foiblesse de la licence.

## CHAPITRE XIII.

### *Effet du serment chez un peuple vertueux.*

Il n'y a point eu de peuple, dit *Tite Live* (a), où la dissolution se soit plus tard introduite que chez les Romains, & où la modération & la pauvreté aient été plus long-temps honorées.

Le *serment* eut tant de force chez ce peuple, que rien ne l'attacha plus aux loix. Il fit bien des fois, pour l'observer, ce qu'il n'auroit jamais fait pour la gloire, ni pour la patrie.

*Quintius Cincinnatus*, consul, ayant voulu lever une armée dans la ville contre les Eques & les Volsques, les tribuns s'y opposèrent. » Eh bien! *dit-il*, que tous ceux qui

(a) Liv. I.

qui laisse languir en paix dans un sommeil que rien ne reveille les habitu
nationales — ~~étoit~~ cette habitude tranquille, universelle, c'est ce sommeil
des mœurs, des connoissances, et des arts qui maintient un despotism
sans action, une servitude sans trouble — aussi longtems que le desp
n'exerce ses caprices que sur le petit nombre de ceux qu'il eleve et
qu'il abbat, aussi longtems que le despotisme ne sévit que sur
l'esclave ambitieux et puissant, le peuple entier reste sommeil
et laisse aussi le despote a sa place —
ces habitudes respectées sont les vrais principes de son gouvernem
ce sont elles qui le forcent a suivre quelque ordre, a souffrir quelque
regle — ce sont la les circonstances tirées du climat, de la religi
de la situation, ou du genie du peuple — mr de montesquieu les
rappele, en conserve un souvenir involontaire, et ne peut pas
se les dissimuler a luy meme — mais il a perdu le droit de
les appeler des principes, parcequ'il a fait un systeme, parce
qu'il a prononcé par une division simple, lumineuse, et
seduisante trois grandes exceptions qu'il appele les princi
des trois gouvernemens, la vertu, l'honneur, et la crainte —
il ne veut pas s'abstenir des raisonnemens que luy dicte
un sentiment sourd et juste des dispositions humaines, et
des faits ~~que~~ l'histoire raconte — il ne veut pas avouer des
principes qui sont la retractation de son systeme.

effets naturels de la bonté et de la corruption
des principes

nous ne pouvons plus parler le meme langage. nous ne recon
noissons que les vertus qui ~~peuvent~~ doivent etre les principes de tous
les gouvernemens, parceque tous les gouvernemens doivent
faire le bonheur des hommes, et le seul qui semble fondé sur
le renversement de tous les droits de la nature, le despotisme
~~devroit être~~ seroit banny de dessus la surface de la terre, si seulement
~~les hommes étoient partout capables de connoitre la liberté~~
[illegible] plus que les mauvaises loix deviennent bonnes
lorsque les principes ne se corrompent pas — car quel est
le principe qui ne soit pas corrompu quand il n'est pas
puisé dans la vertu —

dites plus que les bonnes loix deviennent mauvaises par la corruption
des principes, car il n'y a point de bonnes loix que celles que la nature
[illegible] dicte, et qu'elle maintient - tout autre principe est vi[illegible]
et les loix arbitraires comme leur ne peuvent jamais etre appellées de
bonnes loix;
l'insurrection n'etoit point une loy chez les cretois - c'etoit un trouble,
un mouvement excité par les partis comme a rome, et comme
dans toutes les republiques - aristote est loin de regarder l'insurrection en crete comme une reclamation [illegible] d'un peuple
revolté par les abus de ses magistrats; il pense que le gouvernement
des cretois etoit une sorte d'aristocratie, que cette aristocratie
etoit souvent divisée par l'ambition des plus puissans, que
ces chefs ambitieux excitoient leurs amis, leurs partisans
pour soulever une partie du peuple, et pour se rendre maitres
des affaires - il est loin de supposer que l'insurrection en ait
été l'effet de la vertu publique, et que l'amour de la nature
en eut ecarté les inconvenients - il attribue a la position
meme des cretois le maintien de leur republique, malgré les
divisions interieures par lesquelles elle etoit agitée
l'insurrection en pologne est vraiment autorisée par la loy
mais elle n'est aussy que l'opposition des plus puissans qui
peuvent assembler des vassaux et des sujets, et qui trouvent
toujours une armée toute prete dans le regime feodal de
leur gouvernement -
l'insurrection a rome n'etoit ny defendue, ny permise - le
succès pouvoit la legitimer - le defaut de succès entrainoit la
condamnation.
on ne sait pas pourquoy l'on rappele les exercices de la gymnastique
parmy les bonnes et les mauvaises loix qui se denaturent par les
principes du gouvernement; la gimnastique [illegible] etoit
un exercice utile qui donnoit aux corps la force et la vigueur,
et qui formoit des soldats pour la victoire, avant que l'employ
de l'artillerie eut rendu les forces du corps inutiles dans les combats
quand cette gimnastique estimée par les anciens comme la discipline militaire dans notre [illegible] devint un instrument de [illegible]
[illegible] elle [illegible]
la plus [illegible] des anciens [illegible]
[illegible] et souvoit qu'elle

ont fait serment au consul de l'année précédente marchent « sous mes enseignes (b) ». En vain les tribuns s'écrièrent-ils qu'on n'étoit plus lié par ce serment ; que, quand on l'avoit fait, Quintius étoit un homme privé : le peuple fut plus religieux que ceux qui se mêloient de le conduire ; il n'écouta ni les distinctions, ni les interprétations des tribuns.

Lorsque le même peuple voulut se retirer sur le mont-sacré, il se sentit retenir par le serment qu'il avoit fait aux consuls, de les suivre à la guerre (c). Il forma le dessein de les tuer : on lui fit entendre que le serment n'en subsisteroit pas moins. On peut juger de l'idée qu'il avoit de la violation du serment, par le crime qu'il vouloit commettre.

Après la bataille de Cannes, le peuple effrayé voulut se retirer en Sicile : Scipion lui fit jurer qu'il resteroit à Rome ; la crainte de violer leur serment surmonta toute autre crainte. Rome étoit un vaisseau tenu par deux ancres dans la tempête, la religion & les mœurs.

(b) Tite Live, liv. III. (c) Idem. liv. II.

## CHAPITRE XIV.

*Comment le plus petit changement dans la constitution entraîne la ruine des principes.*

ARISTOTE nous parle de la république de Carthage comme d'une république très-bien réglée. *Polybe* nous dit qu'à la seconde guerre punique (a) il y avoit à Carthage cet inconvénient, que le sénat avoit perdu presque toute son autorité. *Tite Live* nous apprend que, lorsque Annibal retourna à

(a) Environ cent ans après.

Carthage, il trouva que les magistrats & les principaux citoyens détournoient, à leur profit, les revenus publics, & abusoient de leur pouvoir. La vertu des magistrats tomba donc avec l'autorité du sénat; tout coula du même principe.

On connoît les prodiges de la censure chez les Romains. Il y eut un temps où elle devint pesante: mais on la soutint, parce qu'il y avoit plus de luxe que de corruption. Claudius l'affoiblit: &, par cet affoiblissement, la corruption devint encore plus grande que le luxe; & la censure (*b*) s'abolit, pour ainsi dire, d'elle-même. Troublée, demandée, reprise, quittée, elle fut entièrement interrompue jusqu'au temps où elle devint inutile, je veux dire les règnes d'Auguste & de Claude.

---

(*b*) Voyez Dion, liv. XXXVIII: la vie de Cicéron dans Plutarque: Cicéron à Atticus, liv. IV, lettres 10 & 15: Asconius, sur Cicéron *de divinatione*.

## CHAPITRE XV.

### *Moyens très-efficaces pour la conservation des trois principes.*

JE ne pourrai me faire entendre que lorsqu'on aura lu les quatre chapitres suivans.

## CHAPITRE XVI.

### *Propriétés distinctives de la république.*

IL est de la nature d'une république, qu'elle n'ait qu'un petit territoire: sans cela, elle ne peut guère subsister. Dans une grande république, il y a de grandes fortunes, & par

[cons]erve encore ses avantages dans ces temps memes ou la luxure parvenue au dernier degré fait usage pour ses jouissances de tous les objets qui pouvoient lui rappeler l'impression — horace vante les masles exercices de la libidineuse lacedemone — les moeurs etoient perdues dans lacedemone quand sa gimnastique et sa discipline soumit la grece entiere a son empire.

continuation du meme sujet

on prit tour a tour a rome les juges dans les senateurs, ensuite dans les chevaliers — ou dans les deux corps ensemble — on rendit les jugemens aux senateurs on associa les deux corps en y joignant les tresoriers de l'epargne, ou les centurions le mal etoit dans le principe, et les remedes furent inutiles —

je ne suis pas etonné que des remedes soient inutiles quand on ne les donne pas pour guerir le mal —

les senateurs voulurent sans cesse attirer tous les jugemens par ambition — les gracques voulurent les confier aux chevaliers pour abaisser le senat — drusus voulut concilier des vues opposées — il joignit les senateurs et les chevaliers — sylla rendit les jugemens au senat, parceque il etoit patricien de la noble famille cornelienne. cotta reunit encore les senateurs et les chevaliers — il ajouta les tresoriers de l'epargne — ce n'etoit pas pour retablir les principes de la vertu qu'il choisissoit en juges les comptables de la republique — cesar en sentit l'inconvenient — il en exclut les tresoriers de l'epargne. antoine voulut affoiblir l'autorité des juges en les multipliant — il associa les centurions aux senateurs, et aux chevaliers — aucun d'eux ne songeoit a rappeler les principes de la constitution, si seulement peut etre on excepte les gracques devoués aux interests du peuple, et nous ne devons pas nous etonner qu'on ne remplisse pas un but qu'on ne se propose pas

on accuse icy le peuple d'avoir abandonné ses premieres vertus, quand il elut des magistrats plebeiens. il n'eut point a se repentir d'avoir choisi le vainqueur plebeien des cimbres et des teutons. ses malheurs furent ceux d'une republique devenue riche et puissante qui sembla offrir une proye toujours presente a l'ambition insatiable des nobles, et des puissans — ce fut le noble sylla qui [illegible] marius — et le [illegible] le noble cinna, le noble cesar, et pompée devenu par sa [illegible] constante fortune le chef de tous les nobles qui s'unirent pour usurper la puissance, et qui se diviserent pour disputer l'empire —

effets du serment chez un peuple vertueux

soutenus
les exemples suivans ne suffiroient ils pas dans l'espace de cinq siecles pour prouver quelle etoit la puissance du serment sur le peuple romain

quintius cincinnatus veut lever une armée - les tribuns s'opposent cincinnatus rappele le serment preté aux consuls de l'année precedente - le peuple marche a la voix du serment -

on voit par la meme que l'appel du consul fut plus puissant que l'opposition des tribuns - mais contre la voix du consul cicero a l'invocation du serment que le peuple crut devoir obeir - on n'en scait plus rien dans un si long eloignement.

le peuple romain pensa a se retirer sur le mont sacré fut retenu par le serment qu'il avoit fait de suivre les consuls a la guerre - il forma le dessein de les tuer - on leur fit entendre que le serment retiendroit dans sa force - il ne les tua point et combattit sous eux -

ce n'est pas un peuple vertueux qui veut s'affranchir d'un serment par un assassinat - c'est un peuple superstitieux qui craint plus la violation d'un serment que la desertion du camp, et la trahison de la patrie -

scipion retint les romains dans rome par un serment apres la bataille de cannes - un cytoyen respecté persuade un peuple il ajoute a ses raisons utiles et justes la foy du serment - il n'est pas necessaire qu'un peuple soit renommé par ses vertus, ~~pour ce qu'il ajoute~~ pour respecter qui veuille consacrer la foy du serment a sa propre persuasion

comment le plus petit changement dans la constitution
ecossoise la ruine des provinces

est une question de savoir si carthage perit parce que le senat avoit abusé de sa puissance ou parce qu'il l'avoit perdue - les magistrats et les nobles cytoyens qui detournoient a leur profit les revenus publics etoient tirés du senat - il paroit que les ~~...~~ victoires d'annibal exciterent la jalousie de ses concitoyens, ~~et cette~~ jalousie etoit bien plus le sentiment des senateurs que celui du peuple - ~~...~~ que le senat en vit perdre son authorité, quand carthage rival des romains sembloit balancer leur destinée et qu'il l'avoit entierement perdue quand carthage ~~...~~ ne pouvoit plus tombe entiere resister a la discipline des armées romaines.

conséquent peu de modération dans les esprits : il y a de trop grands dépôts à mettre entre les mains d'un citoyen ; les intérêts se particularisent : un homme sent d'abord qu'il peut être heureux, grand, glorieux, sans sa patrie ; & bientôt, qu'il peut être seul grand sur les ruines de sa patrie.

Dans une grande république, le bien commun est sacrifié à mille considérations : il est subordonné à des exceptions : il dépend des accidens. Dans une petite, le bien public est mieux senti, mieux connu, plus près de chaque citoyen : les abus y sont moins étendus, & par conséquent moins protégés.

Ce qui fit subsister si longtems Lacédémone, c'est qu'après toutes ses guerres, elle resta toujours avec son territoire. Le seul but de Lacédémone étoit la liberté : le seul avantage de sa liberté, c'étoit la gloire.

Ce fut l'esprit des républiques Grecques de se contenter de leurs terres, comme de leurs loix. Athènes prit de l'ambition, & en donna à Lacédémone : mais ce fut plutôt pour commander à des peuples libres, que pour gouverner des esclaves ; plutôt pour être à la tête de l'union, que pour la rompre. Tout fut perdu, lorsqu'une monarchie s'éleva : gouvernement dont l'esprit est plus tourné vers l'aggrandissement.

Sans des circonstances particulières (*a*), il est difficile que tout autre gouvernement que le républicain puisse subsister dans une seule ville. Un prince d'un si petit état chercheroit naturellement à opprimer ; parce qu'il auroit une grande puissance, & peu de moyens pour en jouir, ou pour la faire respecter : il fouleroit donc beaucoup ses peuples. D'un

(*a*) Comme quand un petit souverain se maintient entre deux grands états, par leur jalousie mutuelle : mais il n'existe que précairement.

autre côté, un tel prince seroit aisément opprimé par une force étrangère, ou même par une force domestique : le peuple pourroit, à tous les instans, s'assembler & se réunir contre lui. Or, quand un prince d'une ville est chassé de sa ville, le procès est fini : s'il a plusieurs villes, le procès n'est que commencé.

## CHAPITRE XVII.

*Propriétés distinctives de la monarchie.*

Un état monarchique doit être d'une grandeur médiocre. S'il étoit petit, il se formeroit en république : s'il étoit fort étendu, les principaux de l'état, grands par eux-mêmes, n'étant point sous les yeux du prince, ayant leur cour hors de sa cour, assurés d'ailleurs contre les exécutions promptes par les loix & par les mœurs, pourroient cesser d'obéir ; ils ne craindroient pas une punition trop lente & trop éloignée.

Aussi Charlemagne eut-il à peine fondé son empire, qu'il fallut le diviser ; soit que les gouverneurs des provinces n'obéissent pas ; soit que, pour les faire mieux obéir, il fût nécessaire de partager l'empire en plusieurs royaumes.

Après la mort d'Alexandre, son empire fut partagé. Comment ces grands de Grèce & de Macédoine, libres, ou du moins chefs des conquérans répandus dans cette vaste conquête, auroient-ils pu obéir ?

Après la mort d'Attila, son empire fut dissous : tant de rois, qui n'étoient plus contenus, ne pouvoient point reprendre des chaînes.

Le prompt établissement du pouvoir sans bornes est le remède qui, dans ces cas, peut prévenir la dissolution ;

semble qu'on attribue à l'affoiblissement de la censure chez les romains tous les progrès du luxe et de la corruption, et c'est à la corruption inséparable des grandes conquestes qu'on doit attribuer l'affoiblissement et l'abolition d'un tribunal qui ne pouvoit subsister que dans une republique ~~[illegible]~~ sans force, sans richesse, et sans etendue.

moyens tres efficaces pour la conservation
des trois principes.

proprietés distinctives de la republique.

il est de la nature d'une republique qu'elle ait un territoire borné – une grande republique se detruit par sa puissance meme, parcequ'elle communique sa puissance a des citoyens nobles et riches qui concoivent le desir de la conserver, et que l'ambition des particuliers s'allume de l'ambition meme de l'etat – ainsy rome subjugua l'univers, et perdit sa liberté – lacedemone maitresse de la grece se perdit encore d'elle meme parcequ'elle n'envahit point les ~~republiques~~ republiques qu'elle avoit ~~ennemies~~ soumises, et qu'elle ne voulut exercer qu'une puissance politique sur des peuples libres –

c'est icy qu'il falloit remonter aux loix naturelles pour former une grande republique et pour la maintenir –

le gouvernement ne doit etre que la reunion des interets communs, et ne doit s'etendre et s'exercer qu'au degré meme ou les interets sont communs –

les habitans d'une meme ville sont necessairement liés les uns aux autres par des interets journaliers – il faut veiller a leur proprieté, a leur liberté, a la sureté reciproque de leurs engagemens, aux commodités publiques qui forment les besoins toujours plus etendus d'une multitude rassemblée –

tels sont les objets du gouvernement d'une ville – les deliberations doivent etre communes comme les interets – ~~nulle autre ville~~ les voisins partagent avec elle tous les besoins habituels de ses habitans – ses voisins ne doivent donc point etre associés à son gouvernement interieur, et ses habitans doivent former une republique a part –

il en est de meme de chaque ville, et toutes les villes doivent etre des republiques separées –

chacune de ces republiques doit jouir des productions de son territoire et des avantages de son commerce – toutes ont les memes droits ses tous citoyens jouiront de la meme liberté – une seule ville n'aura pas seule les privileges les hommes de tous les pays. une seule ville n'absorbera pas toutes les autres –

cependant chaque ville a des relations avec ses voisins par son commerce, par ses communications, par ses alliances, et par son voisinage meme. il y aura des charges differentes a supporter dans les differens territoires. il faudra marquer des limites – il y aura des discussions – les particuliers auront des dissensions comme les etats – il faudra des hommes et des loix pour regler les limites, et les procès – il doit se former entre deux villes voisines un gouvernement dans lequel chacune ait ses representans – ce gouvernement renfermé dans des objets communs aux deux villes n'aura point de pouvoir sur l'administration de chaque ville –

ce qu'on dit de deux villes, sera vray de toutes les villes qui doivent avoir plus de relations ensemble. – il se formera dans chaque province une grande republique protectrice de toutes celles qu'elle renfermera dans son territoire, protectrice et non souveraine, qui n'aura meme a traitter qu'avec des gouvernemens etablis dans des arrondissemens qui contiendront eux memes plusieurs villes et plusieurs republiques –

les provinces se reuniront entr'elles pour traitter de leurs interests communs, et ce ne seront que les interests communs qui seront l'unique objet de la republique generale –

tel fut le plan de la ligue achéenne qui resista longtems aux attaques des romains, et qu'ils ne purent pas détruire aussy longtems qu'ils ne purent pas la diviser –

c'est ainsy que l'univers entier devoit etre gouverné – la monarchie meme, et la monarchie la plus durable seroit celle qui dirigeroit la grande republique, qui se renfermeroit dans l'ordre des interests communs a toutes les provinces, et qui laisseroit subsister sans trouble chaque republique, chaque ville dans le libre gouvernement de sa municipalité.

c'est le plan qu'ont suivy les roix de france pendant quatre siecles, quand ils sentirent le besoin d'unir leurs interests a celuy du peuple pour renverser les puissances tyranniques de la féodalité – quand les dissipations de la cour, les dettes de l'etat, et les progrés successifs de la fiscalité n'avoient point encore changé leur gouvernement;

et c'est sous cette monarchie sage et moderée que se servient sentis et que se maintiendroient dans toute leur activité ces vertus sans lesquelles [illegible] ne peuvent subsister ny les republiques ny les monarchies –

nouveau malheur après celui de l'aggrandissement !

Les fleuves courent se mêler dans la mer : les monarchies vont se perdre dans le despotisme.

## CHAPITRE XVIII.

*Que la monarchie d'Espagne étoit dans un cas particulier.*

QU'ON ne cite point l'exemple de l'Espagne ; elle prouve plutôt ce que je dis. Pour garder l'Amérique, elle fit ce que le despotisme même ne fait pas ; elle en détruisit les habitans. Il fallut, pour conserver sa colonie, qu'elle la tînt dans la dépendance de sa subsistance même.

Elle essaya le despotisme dans les Pays-Bas ; &, sitôt qu'elle l'eut abandonné, ses embarras augmentèrent. D'un côté, les Wallons ne vouloient pas être gouvernés par les Espagnols ; &, de l'autre, les soldats Espagnols ne vouloient pas obéir aux officiers Wallons (a).

Elle ne se maintint dans l'Italie, qu'à force de l'enrichir & de se ruiner : car ceux qui auroient voulu se défaire du roi d'Espagne n'étoient pas, pour cela, d'humeur à renoncer à son argent.

(a) Voyez l'histoire des Provinces-Unies, par M. le Clerc.

## CHAPITRE XIX.

*Propriétés distinctives du gouvernement despotique.*

UN grand empire suppose une autorité despotique dans celui qui gouverne. Il faut que la promptitude des résolutions supplée à la distance des lieux où elles sont envoyées ; que la crainte empêche la négligence du gouverneur ou du magistrat éloigné; que la loi soit dans une seule tête; & qu'elle change sans cesse, comme les accidens, qui se multiplient toujours dans l'état à proportion de sa grandeur.

## CHAPITRE XX.

### *Conséquence des chapitres précédens.*

QUE si la propriété naturelle des petits états est d'être gouvernés en république, celle des médiocres d'être soumis à un monarque, celle de grands empires d'être dominés par un despote; il suit que, pour conserver les principes du gouvernement établi, il faut maintenir l'état dans la grandeur qu'il avoit déjà; & que cet état changera d'esprit, à mesure qu'on rétrécira, ou qu'on étendra ses limites.

## CHAPITRE XXI.

### *De l'empire de la Chine.*

AVANT de finir ce livre, je répondrai à une objection qu'on peut faire sur tout ce que j'ai dit jusqu'ici.

Nos missionnaires nous parlent du vaste empire de la Chine, comme d'un gouvernement admirable, qui mêle ensemble, dans son principe, la crainte, l'honneur & la vertu. J'ai donc posé une distinction vaine, lorsque j'ai établi les principes des trois gouvernemens.

J'ignore ce que c'est que cet honneur dont on parle, chez des peuples à qui on ne fait rien faire qu'à coups de bâton (*a*).

(*a*) C'est le bâton qui gouverne la Chine, dit le père du Halde.

De

ainsy le gouvernement seroit republicain dans chaque ville, dans chaque c[illegible] tonnement, dans chaque province, dans la réunion de toutes les provinces, le gouvernement n'en seroit pas moins monarchique dans les nations où les habitudes et les loix ont donné constamment des chefs héréditaires à l[a] nation;

il seroit difficile sans doute qu'une seule ville eut un chef permanent; te[l] pourroit etre cependant la sagesse d'un gouvernement dans lequel la puissance ne s'exerceroit que sur les objets communs et ne gêneroit en rien la liberté des citoyens qu'on pourroit mettre des chefs permanens a chaque degré du gouvernement dans les villes, dans les cantonnem[ens] dans les provinces, dans l'etat entier sans que ces chefs pussent exe[rc]er une puissance dangereuse — leur pouvoir seroit de commander dans la guerre, et de presider aux conseils dans la paix — si ces conse[ils] n'etoient point permanens, s'ils etoient elus par des suffrages libres, et dans chaque ville par ceux du peuple, si les objets de ces conseils ne pouvoient jamais s'etendre au delà des interets communs si le[s] loix simples et claires avoient [illegible] les droits des particuliers, si l'amour de la liberté civile etoit devenu le sentiment natur[el] de tous les hommes, et comme l'existence, et la vie de chaque citoyen des chefs permanens ne pourroient point deranger cette economie habituelle et facile de tous les degrés du gouvernement, et le monarq[ue] chef general d'une republique ainsy forte que seroit celle de la France seroit sans doute plus heureux, et plus respecté que ne l'ont jamai[s] eté nos rois sans cesse affoiblis par l'exces meme de leur puissance qui multiplie leurs besoins, et qui detruit leurs ressources.

proprietés distinctives de la monarchie

On enseigne l'esprit des loix — on ne sait pas quelles sont les veritables loix protectrices de la liberté publique — on dit qu'une monarchie doit etre gouvernée selon les loix — on n'a pas l'idée d'une monarchie reguliere qui maintient la liberté —

une monarchie telle que celle que j'ay decrite pourroit renfermer l'euro[pe] entiere dans son sein — il s'y formeroit un gouvernement de tous les ob[jets] communs a tous les etats qui seroit la grande republique [illegible] monarchie européenne —

ce n'est point le reve de l'abbé de St pierre qui deviendroit impossi[ble] par la contradiction de toutes ses parties — il vouloit etablir une confe[de]ration paisible et permanente entre des etats [illegible]

principes vitieux qui mettent chaque nation dans la dependance des passions
des prejugés, et des caprices de quelques hommes, et qui rendent les nations
ennemies les unes des autres -
c'est un vaste plan plus etendu qui n'est impossible que par l'accord
meme de toutes ses parties, et par sa perfection, qui devient impossible
parcequ'il est simple et naturel, parceque l'etat simple et naturel
est loin encore des constitutions de tous les etats -
cependant le gouvernement d'angleterre, la suisse, et si la maison
de nassau n'avoit pas usurpé, la hollande nous donnent l'idée
du gouvernement plus humain qui peut concilier le salut ce
publique avec la liberté.
il est facile a present d'expliquer pourquoy la monarchie trop etendue
doit se detruire - on n'a point divisé les gouvernements dans les
differens degrés - ses objets sont plus etendus que les besoins communs -
et son principe n'est point populaire - on met dans la main d'un
seul homme un pouvoir immense - ce pouvoir divisé en grandes
masses se remet aux mains d'un petit nombre - les hommes
plus puissans et toujours armés sentent leur force, [illegible]
[illegible] et les moyens
d'en abuser - les citoyens sans force commune ne peuvent ny
contenir, ny defendre la monarchie, et l'empire d'alexandre, de
charlemagne, et d'attila disparoit avec eux.
que la monarchie d'espagne etoit dans un cas particulier
L'exemple de l'espagne ne presente point un cas particulier - elle
a perdu l'italie, et les pays bas - elle a detruit les americains dans
l'impuissance de les gouverner - elle a vu ses generaux devenus
presqu'independans se revolter contre ses volontés - gonsalve
voulut etre roy d'italie - le duc d'albe [illegible]
sous le roy le plus jaloux de sa puissance, et les generaux espagnols
se diviserent et se combattirent en amerique comme ceux
d'alexandre après sa mort - les colonies espagnoles ne sont retenues
que par leur affoiblissement, et les rois d'espagne n'ont trouvé
une puissance plus reguliere et plus durable
que sur l'espagne meme, dans un territoire borné par
la mer et par les pyrenées, et sur ces provinces dont ils
respectent les habitudes et les loix, et sur des peuples
dont ils sont memes forcés de respecter la liberté [illegible]

De plus : il s'en faut beaucoup que nos commerçans nous donnent l'idée de cette vertu dont nous parlent nos missionnaires : on peut les consulter sur les brigandages des mandarins (*b*). Je prends encore à témoin le grand homme milord Anson.

D'ailleurs, les lettres du *P. Parennin*, sur le procès que l'empereur fit faire à des princes du sang néophytes (*c*) qui lui avoient déplu, nous font voir un plan de tyrannie constamment suivi, & des injures faites à la nature humaine avec règle, c'est-à-dire de sang froid.

Nous avons encore les lettres de M. *de Mairan* & du même *P. Parennin*, sur le gouvernement de la Chine. Après des questions & des réponses très-sensées, le merveilleux s'est évanoui.

Ne pourroit-il pas se faire que les missionnaires auroient été trompés par une apparence d'ordre ; qu'ils auroient été frappés de cet exercice continuel de la volonté d'un seul, par lequel ils sont gouvernés eux-mêmes, & qu'ils aiment tant à trouver dans les cours des rois des Indes ? parce que, n'y allant que pour y faire de grands changemens, il leur est plus aisé de convaincre les princes qu'ils peuvent tout faire, que de persuader aux peuples qu'ils peuvent tout souffrir (*d*).

Enfin, il y a souvent quelque chose de vrai dans les erreurs mêmes. Des circonstances particulières, & peut-être uniques, peuvent faire que le gouvernement de la Chine ne soit pas aussi corrompu qu'il devroit l'être. Des causes,

---

(*b*) Voyez, entre autres, la relation de Lange.

(*c*) De la famille de Sourniama, lettres édifiantes, recueil XVIII.

(*d*) Voyez, dans le père du Halde, comment les missionnaires se servirent de l'autorité de Canhi pour faire taire les mandarins, qui disoient toujours que, par les loix du pays, un culte étranger ne pouvoit être établi dans l'empire.

tirées la plupart du physique du climat, ont pu forcer les causes morales dans ce pays, & faire des espèces de prodiges.

Le climat de la Chine est tel, qu'il favorise prodigieusement la propagation de l'espèce humaine. Les femmes y sont d'une fécondité si grande, que l'on ne voit rien de pareil sur la terre. La tyrannie la plus cruelle n'y arrête point le progrès de la propagation. Le prince n'y peut pas dire, comme Pharaon, *Opprimons-les avec sagesse*. Il seroit plutôt réduit à former le souhait de Néron, que le genre humaine n'eût qu'une tête. Malgré la tyrannie, la Chine, par la force du climat, se peuplera toujours, & triomphera de la tyrannie.

La Chine, comme tous les pays où croît le riz (*e*), est sujette à des famines fréquentes. Lorsque le peuple meurt de faim, il se disperse pour chercher de quoi vivre. Il se forme, de toutes parts, des bandes de trois, quatre ou cinq voleurs : la plupart sont d'abord exterminées ; d'autres se grossissent, & sont exterminées encore. Mais, dans un si grand nombre de provinces, & si éloignées, il peut arriver que quelque troupe fasse fortune. Elle se maintient, se fortifie, se forme en corps d'armée, va droit à la capitale, & le chef monte sur le trône.

Telle est la nature de la chose, que le mauvais gouvernement y est d'abord puni. Le désordre y naît soudain, parce que ce peuple prodigieux y manque de subsistance. Ce qui fait que, dans d'autres pays, on revient si difficilement des abus, c'est qu'ils n'y ont pas des effets sensibles ; le prince n'y est pas averti d'une manière prompte & éclatante, comme il l'est à la Chine.

(*e*) Voyez ci-dessous, liv. XXIII, chapitre XIV.

des propriétés distinctives du gouvernement despotique

on veut distinguer les propriétés d'un gouvernement monstrueux qui par sa nature même aussi variable que les caprices d'un seul homme ne peut pas avoir de propriétés

on va plus loin. on ose dire qu'un grand empire suppose une autorité despotique dans celuy qui gouverne. il faut que la promptitude des résolutions supplée à la distance des lieux, que la crainte prévienne les negligences, que la loy soit dans une seule teste et qu'elle change comme les accidens des grands empires –

si ces grands empires n'étoient qu'une grande confédération d'empires, si chaque empire n'étoit luy même qu'une grande republique protectrice de chaque gouvernement égal des provinces on n'auroit pas besoin de recourir au despotisme pour maintenir un grand empire –

si les objets de la confédération n'étoient que les interests communs des empires, si chaque empire n'étoit que l'union des interests communs des provinces, si chaque province et chaque ville dirigeoit elle même son administration locale, on n'auroit pas besoin de faire parvenir aux extremités de l'empire une résolution prompte, semblable au trait dont la vitesse egale la force qui le lance –

si les administrateurs étoient responsables dans chaque ville et dans chaque province à leurs propres concitoyens on n'auroit pas besoin de faire descendre la crainte sur leurs teste du haut du trosne d'un despote – elle s'eleveroit du sein de la terre qu'ils habitent, du milieu de tous ceux qui les environnent et l'opinion publique regneroit avec eux et sur eux.

la loy n'auroit pas besoin de choisir son siege dans une seule teste quand elle seroit dans toutes les testes, et elle n'éprouveroit pas les changemens des grands empires fondés sur la force et sur des loix arbitraires, ... quand elle auroit moins d'objets, quand elle seroit faite pour chaque province et chaque ville, quand elle se borneroit à mettre la liberté des citoyens à l'abry de la violence, et de l'usurpation

## conséquen[ces] des chapitres precedens

[M]r de montesquieu fait voir comment les etats ~~changent~~ ont changé d'esprit a
mesure qu'ils se resserrent, ou qu'ils etendent leurs limites, et comment
[grands] empires ont degeneré dans le despotisme, quand les divisions inte-
rnes n'en ont pas operé la dissolution –

mais c'est que la base des gouvernemens n'a point encore eté posée
de la main des hommes – comment veut on que des gouvernemens se
soutiennent quand ils sont mal constitués, et quand leur aggrandissemen
augmente ~~[illegible]~~ encore les vices de leur constitution;

il ne faut pas dire que l'esprit des ~~etats~~ loix des etats doivent changer selon leur
etendue et leurs limites, parceque ~~[illegible]~~ ont eté les vices des loix
qu'elles ne pouvoient pas resister aux changemens –

il faut dire qu'aussy longtems que le genre humain ne sera point
gouverné par les loix naturelles qui seules peuvent prevenir tous
les changemens, il sera la proye de toutes les variations qui doivent
elever, detruire, ou denaturer les empires.

## de l'empire de la chine

il existe un empire immense dont la population semble s'accroitre
~~[illegible]~~ sans bornes, dont la terre fertile ~~[illegible]~~ est sans cesse sollicitée
par des travaux non interrompus, ~~dont le labourage semble~~ dont un commerce
~~la fonction la plus honorable de l'etat~~ actif anime l'industrie, dont la legislation est
paternelle et domestique comme le gouvernement d'un menage,
~~dont le commerce anime l'industrie~~, dont la civilisation
toujours la meme, remonte ~~[illegible]~~ tems ~~[illegible]~~ qui nous sont connus, et
~~ont les sciences etoient parvenues au terme~~ aux qu'avoit les elles se sont arrêtées
~~[illegible]~~ quand ~~[illegible]~~ le reste de l'univers
languissoit dans l'ignorance et dans la barbarie; nous retrouvons
dans son histoire des preuves de ses vertus habituelles. nous y retrouvons
des preuves de ses vices; l'honneur des diverses professions est quelque chose de si vif et il semble qu'il n'y a point d'autre existence,
et d'autre vie que celle de l'honneur[, l']ame de chaque etat – les circonstances les plus indifferentes sont reglées par des ceremonies que
l'honneur exige – le labourage meme a des honneurs au dessus
de tous les autres etats, et ~~l'empereur [illegible]~~ la cérémonie de l'empire est
celle où l'empereur conduisant le soc et la charrue sillonne
lui meme ~~la~~ la surface de la terre

Il ne sentira point, comme nos princes, que, s'il gouverne mal, il sera moins heureux dans l'autre vie, moins puissant & moins riche dans celle-ci : il sçaura que, si son gouvernement n'est pas bon, il perdra l'empire & la vie.

Comme, malgré les expositions d'enfans, le peuple augmente toujours à la Chine (*f*), il faut un travail infatigable pour faire produire aux terres de quoi le nourrir : cela demande une grande attention de la part du gouvernement. Il est, à tous les instans, intéressé à ce que tout le monde puisse travailler, sans crainte d'être frustré de ses peines. Ce doit moins être un gouvernement civil, qu'un gouvernement domestique.

Voilà ce qui a produit les règlemens dont on parle tant. On a voulu faire régner les loix avec le despotisme : mais ce qui est joint avec le despotisme n'a plus de force. En vain ce despotisme, pressé par ses malheurs, a-t-il voulu s'enchaîner ; il s'arme de ses chaînes, & devient plus terrible encore.

La Chine est donc un état despotique, dont le principe est la crainte. Peut-être que, dans les premières dynasties, l'empire n'étant pas si étendu, le gouvernement déclinoit un peu de cet esprit. Mais aujourd'hui cela n'est pas.

(*f*) Voyez le mémoire d'un Tsongtou, pour qu'on défriche. Lettres édifiantes, recueil XXI.

# LIVRE IX.

## *Des loix, dans le rapport qu'elles ont avec la force défensive.*

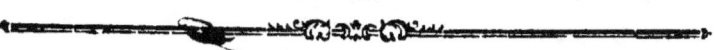

### CHAPITRE PREMIER.

*Comment les républiques pourvoient à leur sureté.*

SI une république est petite, elle est détruite par une force étrangère : si elle est grande, elle se détruit par un vice intérieur.

Ce double inconvénient infecte également les démocraties & les aristocraties, soit qu'elles soient bonnes, soit qu'elles soient mauvaises. Le mal est dans la chose même : il n'y a aucune forme qui puisse y remédier.

Ainsi il y a grande apparence que les hommes auroient été à la fin obligés de vivre toujours sous le gouvernement d'un seul, s'ils n'avoient imaginé une manière de constitution qui a tous les avantages intérieurs du gouvernement républicain, & la force extérieure du monarchique. Je parle de la république fédérative.

Cette forme de gouvernement est une convention, par laquelle plusieurs corps politiques consentent à devenir citoyens d'un état plus grand qu'ils veulent former. C'est une société de sociétés, qui en font une nouvelle, qui peut s'aggrandir par de nouveaux associés qui se sont unis.

Ce furent ces associations qui firent fleurir si longtemps

gardant les souverains ~~semblent~~ quelquefois des despotes terribles qui
sont moins puissants que ceux des autres empires asiatiques, peuvent
poursuivre de sang froid le cours de leurs atrocités –

ce gouvernement est melangé des loix militaires d'une armée de
conquerans toujours subsistante, et des loix plus douces d'une nation
féconde, amie du labourage, et commerçante;

on y voit quelquefois le regne de la crainte, comme parmi des esclaves,
on y voit des vertus superieures a l'amour de la patrie, des vertus
de famille devenues nationales qui semblent etablir la legislation
publique sur les principes de la morale la plus saine, et sur tous
les sentimens de l'humanité –

on y voit des vices comme dans une monarchie qui met en action
les interets personnels, comme dans une societé de commerçans
avides qui ne sont animés que par l'amour de l'argent –

ainsy l'auteur de l'esprit des loix tremble [d'avoir] ~~qu'il avoit~~ etably une
vaine distinction dans les principes des trois gouvernemens, quand
un seul gouvernement semble avoir reuny la vertu, l'honneur, et la
crainte –

ce n'est pas une excuse de recourir a des circonstances particulieres
a des causes physiques qui proviennent du climat –

ce sont là les vrais principes des differences qui caracterisent
le gouvernement de la chine –

ce sont les vrais principes des differences de tous les gouver
nemens –

on les neglige, on les oublie, pour suivre un systeme. on est forcé
d'y revenir souvent sans y songer, quelquefois en faisant un
aveu penible, lorsque les differences plus sensibles ne peuvent plus
etre dissimulées.

il n'y a rien de plus different qu'une republique, et une republique,
[ne se ressemblent pas [illegible]] ~~que~~ la monarchie dans les differentes nations, et dans la
meme nation a differentes epoques – il n'y a rien meme de
moins semblable que le despotisme selon les habitudes et les
moeurs des peuples qui le souffrent – on retrouve dans tous
les gouvernemens la confiance, et la crainte, l'honneur et
l'infamie, des vices et des vertus, et presque tous les gouvern

gares de l'ordre des loix naturelles; ~~ont~~ en eux leurs principes meme le germe de leur destruction –

livre 9 – des loix dans le rapport qu'elles ont avec la force défensive.

comment les républiques pourvoyent a leur sureté

c'est icy que mr de montesquieu semble envisager pour la 1ere fois cette constitution simple, naturelle, et forte d'une association fédérative –

mais il ne l'envisage que sous le rapport de la sureté, de la defense, et de la guerre – il n'en a pas ~~vu~~ fondé les fondemens qui se retrouvent dans les principes meme de l'administration –

chaque homme doit estre aussy libre que peuvent s'étendre ses facultés sans nuire au libre exercice des facultés des autres hommes –

si l'homme etoit seul, la nature entiere seroit a luy – sa puissance n'auroit d'autres bornes que ses forces –

mais ses forces sont bornées – elles ne peuvent s'accroistre que par les forces de ses semblables – il faut les unir pour augmenter la puissance de l'humanité –

~~les~~ les forces ne s'unissent pas, quand elles se combattent – les droits sont egaux – la liberté doit l'estre – il faut une mesure a la liberté de chacun pour qu'elle reste a tous –

chacun doit jouir du degré de liberté qui ne fait violence a personne qui ne nuit point a la liberté des autres;

icy se forment les gouvernemens · icy commence un autre pouvoir que celuy de chaque homme, le pouvoir de plusieurs qui n'a d'autre objet que d'empescher l'essort et la violence de la liberté d'un seul nuisible a celle des autres;

nul n'a de pouvoir sur tout ce qu'un homme fait sans nuire a personne –

tous peuvent exercer, et peuvent communiquer le droit de réprimer l'acte violent qui nuit a la liberté

cette confederation naturelle, et nécessaire des hommes dans un mesme lieu, pour s'opposer a la violence de [illegible]

le corps de la Grèce. Par elles, les Romains attaquèrent l'univers ; &, par elles seules, l'univers se défendit contre eux : &, quand Rome fut parvenue au comble de sa grandeur, ce fut par des associations derrière le Danube & le Rhin, associations que la frayeur avoit fait faire, que les barbares purent lui résister.

C'est par-là que la Hollande (*a*), l'Allemagne, les ligues Suisses, sont regardées en Europe comme des républiques éternelles.

Les associations des villes étoient autrefois plus nécessaires qu'elles ne le sont aujourd'hui. Une cité sans puissance couroit de plus grands périls. La conquête lui faisoit perdre, non-seulement la puissance exécutrice & la législative, comme aujourd'hui ; mais encore tout ce qu'il y a de propriété parmi les hommes (*b*).

Cette sorte de république, capable de résister à la force extérieure, peut se maintenir dans sa grandeur, sans que l'intérieur se corrompe. La forme de cette société prévient tous les inconvéniens.

Celui qui voudroit usurper ne pourroit guère être également accrédité dans tous les états confédérés. S'il se rendoit trop puissant dans l'un, il allarmeroit tous les autres : s'il subjuguoit une partie, celle qui seroit libre encore pourroit lui résister avec des forces indépendantes de celles qu'il auroit usurpées, & l'accabler avant qu'il eût achevé de s'établir.

S'il arrive quelque sédition chez un des membres confédérés, les autres peuvent l'appaiser. Si quelques abus

(*a*) Elle est formée par environ cinquante républiques, toutes différentes les unes des autres, *Etat des Provinces-Unies*, par M. Janiçon.

(*b*) Liberté civile, biens, femmes, enfans, temples & sépultures même.

s'introduisent quelque part, ils sont corrigés par les parties saines. Cet état peut périr d'un côté, sans périr de l'autre ; la confédération peut être dissoute, & les confédérés rester souverains.

Composé de petites républiques, il jouit de la bonté du gouvernement intérieur de chacune ; &, à l'égard du dehors, il a, par la force de l'association, tous les avantages des grandes monarchies.

## CHAPITRE II.

*Que la constitution fédérative doit être composée d'états de même nature, sur-tout d'états républicains.*

LES Cananéens furent détruits ; parce que c'étoient de petites monarchies, qui ne s'étoient pas confédérées, & qui ne se défendirent pas en commun. C'est que la nature des petites monarchies n'est pas la confédération.

La république fédérative d'Allemagne est composée de villes libres, & de petits états soumis à des princes. L'expérience fait voir qu'elle est plus imparfaite que celle de Hollande & de Suisse.

L'esprit de la monarchie est la guerre & l'aggrandissement : l'esprit de la république est la paix & la modération. Ces deux sortes de gouvernemens ne peuvent, que d'une manière forcée, subsister dans une république fédérative.

Aussi voyons-nous, dans l'histoire Romaine, que, lorsque les Véiens eurent choisi un roi, toutes les petites républiques de Toscane les abandonnèrent. Tout fut perdu en Grèce, lorsque les rois de Macédoine obtinrent une place parmi les amphictions.

base, et doit etre le modele de la confédération des villes entr'elles po[ur]
leur propre défense, ou pour leur défense commune.

La confédération dans l'ordre de la defense ne doit avoir d'autre ob[jet]
que de prevenir un attentat violent d'une ville sur une autre, o[u]
l'attentat d'une puissance etrangere sur les possessions des villes
confédérées.

chaque ville est parmy les villes comme chaque homme parm[i]
ses concytoyens. — chaque ville a ses loix, ses usages, son comm[erce]
libre aussy longtems qu'elle ne veut point attaquer . les loi[x]
ou les usages, ou le commerce des autres villes.

on sent que dans cet ordre de defense toutes les ~~nations~~ que
se rapprochent par le climat, par les connoissances, et par
qui se rapprocheroient par leurs loix
les moeurs, et ~~[illegible]~~ si le gouvernement de chaque nati[on]
n'etoit luy meme qu'une confederation des provinces
administrées par elles mêmes
et des villes ~~gouvernées par elles mêmes~~ pourroient former u[ne]
grande confédération qui seroit un centre de sureté, d'uni[on]
et de paix.

mais il faut que dans chaque etat les gouvernemens ~~[illegible]~~ ceda[nt]
rendent aux ~~[illegible]~~ villages, aux bourgs, aux villes ~~[illegible]~~
~~d'ordre~~ de defense ~~[illegible]~~
~~point transgresser les limites~~

sans cette base sur laquelle doivent s'appuyer toutes les
confédérations politiques il n'y en a point qui puisse
etre durable —

celle des grecs ~~et des romains~~ a peri, parceque les grecs ont
altéré les principes simples qui regnerent d'abord dans
unes d'elleurs
quelques ~~democraties~~, parceque ces principes ne furent
point ceux de toutes les republiques alliées, et parcequ'il
resulta de la difference meme des gouvernemens des
divisions, et des jalousies qui favoriserent les conquêtes
de leur ennemiz — un seul roy de macedoine aussi au nom
des amphictions detruisit toute l'economie de leur
confederation —

les romains ne suivirent aucun principe dans la disposition de leurs conquestes - tantost ils acqueroient des citoyens, tantost des allies et tantost des sujets - et quand cette grande republique n'etoit plus qu'un etat despotique, il n'est pas etonnant qu'elle ait eté renversee par la confederation des peuples de la germanie -

la suisse eprouve peu de changement parcequ'elle se rapproche davantage de ce gouvernement naturel qui n'est que l'association des republiques et des villes libres.

la hollande a ses stathouders a craindre, parcequ'elle a laissé dans plusieurs provinces des pouvoirs aux nobles, et parcequ'elle a laissé les stathouders usurper ~~le~~ droit de nommer des places civiles qui doivent etre a la disposition du peuple.

l'allemagne n'est pas assurée, comme le dit mr de montesquieu, d'une constitution durable parceque ses differens etats sont diversement gouvernes, parceque le regime feodal a detruit dans une grande partie des etats confederes les principes du droit naturel des peuples, et parceque des souverains puissans dans leurs propres etats tendent toujours a rompre les liens de la confederation pour augmenter leur puissance -

ce n'est pas l'union des etats entr'eux c'est la balance de leur opposition qui maintient la confederation germanique, et c'est par la meme qu'elle depend des accroissemens de puissance des ~~souverains~~, et ~~des~~ leurs talens et en general des evenemens de la politique et de la guerre.

aucune confederation, aucun empire ne peut se soutenir, si chaque province, chaque ville, chaque commune n'a pas un gouvernement fondé ~~etabli~~ sur les stables fondemens des lois naturelles -

que la con~~federation~~stitution federative doit etre composée d'etats de meme nature, surtout d'etats republicains

il semble que mr de montesquieu n'ait soupçonné entierement les principes qui doivent ~~presider~~ a l'etablissement et qui peuvent perpetuer la durée des empires.

La république fédérative d'Allemagne, composée de princes & de villes libres, subsiste ; parce qu'elle a un chef, qui est, en quelque façon, le magistrat de l'union ; &, en quelque façon, le monarque.

## CHAPITRE III.

*Autres choses requises dans la république fédérative.*

DANS la république de Hollande, une province ne peut faire une alliance sans le consentement des autres. Cette loi est très-bonne, & même nécessaire, dans la république fédérative. Elle manque dans la constitution Germanique, où elle préviendroit les malheurs qui y peuvent arriver à tous les membres, par l'imprudence, l'ambition, ou l'avarice d'un seul. Une république qui s'est unie par une confédération politique, s'est donnée entière, & n'a plus rien à donner.

Il est difficile que les états qui s'associent soient de même grandeur, & aient une puissance égale. La république des Lyciens (*a*) étoit une association de vingt-trois villes : les grandes avoient trois voix dans le conseil commun ; les médiocres, deux ; les petites, une. La république de Hollande est composée de sept provinces, grandes ou petites, qui ont chacune une voix.

Les villes de Lycie (*b*) payoient les charges selon la proportion des suffrages. Les provinces de Hollande ne peuvent suivre cette proportion ; il faut qu'elles suivent celle de leur puissance.

(*a*) Strabon, liv. XIV.

(*b*) Ibid.

En Lycie (c), les juges & les magiſtrats des villes étoient élus par le conſeil commun, & ſelon la proportion que nous avons dite. Dans la république de Hollande, ils ne ſont point élus par le conſeil commun, & chaque ville nomme ſes magiſtrats. S'il falloit donner un modèle d'une belle république fédérative, je prendrois la république de Lycie.

(c) Strabon, liv. XIV.

## CHAPITRE IV.

### *Comment les états deſpotiques pourvoient à leur ſureté.*

COMME les républiques pourvoient à leur ſureté en s'uniſſant, les états deſpotiques le font en ſe ſéparant, & en ſe tenant, pour ainſi dire, ſeuls. Ils ſacrifient une partie du pays, ravagent les frontières & les rendent déſertes; le corps de l'empire devient inacceſſible.

Il eſt reçu en géométrie que, plus les corps ont d'étendue, plus leur circonférence eſt relativement petite. Cette pratique, de dévaſter les frontières, eſt donc plus tolérable dans les grands états que dans les médiocres.

Cet état fait, contre lui-même, tout le mal que pourroit faire un cruel ennemi, mais un ennemi qu'on ne pourroit arrêter.

L'état deſpotique ſe conſerve par une autre ſorte de ſéparation, qui ſe fait en mettant les provinces éloignées entre les mains d'un prince qui en ſoit feudataire. Le Mogol, la Perſe, les empereurs de la Chine ont leurs feudataires; & les Turcs ſe ſont très-bien trouvés d'avoir mis, entre leurs ennemis & eux, les Tartares, les Moldaves, les Valaques, & autrefois les Tranſilvains.

CHAPITRE

mais il ne les considère que dans l'ordre de la defense, et ce sont les
memes principes qui doivent diriger la politique et la legislation -
la republique federative ne peut se defendre qu'avec la reun[ion]
[illegible] de son administration
et cette force doit etre celle de tous les citoyens qui ne peut
resulter que de la reunion des volontés
voila donc le principe de la puissance, et de la defense,
la reunion des volontés -
[illegible] est toujours en activité; il n'est point detru[it]
par la preponderance accablante d'un homme dans l'etat,
ou d'un corps de l'etat, vous pouvez admettre un premier
magistrat, [illegible] qu'on appelle monarque
ou roy, et cette sorte de monarchie qui protège
les republiques peut maintenir leur association, se
maintenir avec elle, et s'associer encore avec d'autres
republiques, ou monarchies semblables
l'esprit d'une monarchie n'est point la guerre et l'aggrandissement quand elle se compose elle-meme de republiques
dont l'esprit est la paix et la moderation -
mr de montesquieu se contredit quand il regarde l'allemagne comme une republique eternelle [illegible] il obser[ve]
que l'admission d'un roi [illegible] est
la perte d'une republique federative une
il n'y a point de contradiction quand la monarchie admise con[illegible]
[illegible] une confederation semblable a celle
des republiques confederées
autres choses requises dans la
republique federative
dit on
il ne faut pas dans la republique federative qu'une des republiques ou provinces qui la composent puisse faire une alliance
sans le consentement des autres
qu'entend on par une alliance — un traitté de commerce

~~[illegible] alliance sans doute n'empescheroit qu'une province~~ fit un traitté de commerce avec une puissance etrangère dans son voisinage et sur sa frontière. ~~cependant pour prevenir les~~ fit une alliance offensive et defensive — c'est sans doute une convention contraire de ~~[illegible]~~ une alliance qui pourroit entrainer la guerre entre les puissances confedérées.

la confederation etablie pour tous les interests communs doit traitter du premier des interests communs, de la paix ou de la guerre; c'est ce qui prouve bien que l'allemagne n'est pas une republique federative — ~~[illegible]~~ sous quelques rapports etablis par le hasard des circonstances et non sous le rapport des interests communs — c'est un chef puissant ~~[illegible]~~ et qui ne conserva ~~[illegible]~~ un hommage, ~~[illegible]~~ vassaux sans dependance.

la republique federative doit sans doute admettre des differences dans la representation de chaque province — la province la plus considerable doit avoir plus de voix en proportion de ses forces contributives — la republique de lycie etoit mieux reglée que celle de hollande dans le rapport des suffrages avec la valeur respective des provinces — mais ~~[illegible]~~ d'avantage de ne point troubler l'administration des villes ~~par la nomination de leurs magistrats~~ — la republique federative ne doit etre ~~que~~ la protectrice des administrations des villes, et ne doit pas les usurper — quand la republique de lycie nommoit les magistrats de chaque ville, elle n'etoit plus simplement une ~~confederation republicaine~~ federative — elle s'attribuoit les privileges d'une aristocratie, ou d'une monarchie — elle monarchie même peut subsister en rendant aux habitans des villes les droits naturels, parce qu'elle peut se borner au soin utile et respectable de maintenir les droits naturels de tous les citoyens.

## comment les etats despotiques pourvoyent a leur sureté

il semble qu'on etablisse une regle pour les etats despotiques, celle de devaster leurs frontieres –

il y a des empires qui sont bornés par des deserts. il n'est pas vrai qu'il y ait plusieurs empires dont le gouvernement se resolve de faire des deserts autour de luy – les rois de perse, et les souverains des indes ne se sont point enbarrés de ravages, et ne sont pas moins despotiques que les ottomans.

on indique une autre defense pour les etats despotiques, celle qui consiste a mettre les provinces eloignées dans la main d'un prince feudataire – ce n'est point la politique, c'est la force, c'est la difficulté de s'etendre trop loin, c'est la faveur accordée aux generaux d'une province, c'est la revolte meme des gouverneurs ou commandans qui profitent de leur eloignement pour assurer leur independance, ce sont des circonstances de tous les genres qui sans politique et sans raisonnement ont etably des princes feudataires – les rois tributaires en partie subordonnés, en partie independans ont tantost servi, tantost combattu la puissance qui les a créés, et l'on peut citer l'exemple de la crimée toujours agitée et divisée entre la porte et la russie;

les despotes pourvoyent a leur sureté par l'entretien d'une armée toujours subsistante qui defend leur authorité contre leurs sujets, et leur pays contre les etrangers.

## comment la monarchie pourvoit a sa sureté

quoy, c'est une position qui procure aux monarchies que des places fortes – quoy la republique de hollande n'a pas exigé par le traitté d'[illegible] le maintien d'une barriere formée par des villes fortifiées – quoy maestricht confié a la garde des hollandois n'etoit pas une place forte dont elle se servoit pour proteger sa frontiere.

si les despotes d'asie n'ont point de places fortes, ce sont les arts du genie et de l'artillerie qui leur manquent – ce n'est point la crainte de les confier a personne qui les ~~fit~~ feroit abandonner, c'est l'ignorance qui ne les construit pas – les gouverneurs qui se revoltent n'ont pas plus de places fortes que les sultans –

de la force defensive des etats en general

on ne doit envisager icy la force defensive que dans ~~un~~ son etat de ~~paix~~ habituel et permanent parce qu'on n'y envisage que la force defensive qui resulte de la constitution meme du gouvernement –

on ne peut pas donner un seul systeme de defense a des gouvernemens auxquels on donne des principes et des constitutions differentes –

il paroit que m. de montesquieu ne se rappela plus cette republique federative qu'il avoit etablie pour la defense des republiques – il se represente un etat monarchique, ou despotique, ~~une republique~~ ou meme republicain dont toutes les forces sont rassemblées dans un seul point, et il ~~mesure~~ mesure ensuite la vitesse avec laquelle l'armée peut se porter ~~de ce~~ seul point aux extremités de l'empire ~~avec~~ la celerité de l'attaque – la force defensive consiste dans cette ~~proportion~~ proportion toujours juste, ~~qui~~ ne peut pas se retrouver dans les grandes distances – il faut ~~donc~~ que ~~la~~ l'etendue de l'empire soit proportionnée au degré de vitesse avec laquelle ceux qui veillent a defense peuvent se porter a ses extremités

mais si les armées etoient divisées comme ~~les villes, et comme~~ les provinces, si chaque armée pouvoit se replier sur une autre ou l'appeler a son secours, si toutes les provinces defendues par elles memes, capables de resister, etoient encore defendues par les efforts d'abord successifs et bientot rassemblés de toutes les provinces, quelleque fut l'etendue de l'empire, la force defensive seroit partout repandue, et partout reciproque – c'est l'avantage de la republique federative, protectrice des republiques ou de la monarchie meme que ses armées peuvent subsister unies ~~qu'elle a composent~~ ou separées, et se correspondre par leur union comme les villes meme, et les provinces – elles vivroient separées dans la paix, et seroient réunies ou combinées pendant la guerre

## CHAPITRE V.

*Comment la monarchie pourvoit à sa sureté.*

LA monarchie ne se détruit pas elle-même, comme l'état despotique : mais un état d'une grandeur médiocre pourroit être d'abord envahi. Elle a donc des places fortes qui défendent ses frontières, & des armées pour défendre ses places fortes. Le plus petit terrein s'y dispute avec art, avec courage, avec opiniâtreté. Les états despotiques font entre eux des invasions; il n'y a que les monarchies qui fassent la guerre.

Les places fortes appartiennent aux monarchies ; les états despotiques craignent d'en avoir. Ils n'osent les confier à personne ; car personne n'y aime l'état & le prince.

## CHAPITRE VI.

*De la force défensive des états, en général.*

POUR qu'un état soit dans sa force, il faut que sa grandeur soit telle, qu'il y ait un rapport de la vîtesse avec laquelle on peut exécuter contre lui quelque entreprise, & la promptitude qu'il peut employer pour la rendre vaine. Comme celui qui attaque peut d'abord paroître par-tout, il faut que celui qui défend puisse se montrer par-tout aussi ; &, par conséquent, que l'étendue de l'état soit médiocre, afin qu'elle soit proportionnée au dégré de vîtesse que la nature a donné aux hommes pour se transporter d'un lieu à un autre.

La France & l'Espagne sont précisément de la grandeur requise. Les forces se communiquent si bien, qu'elles se portent d'abord là où l'on veut; les armées s'y joignent, & passent rapidement d'une frontière à l'autre; & l'on n'y craint aucune des choses qui ont besoin d'un certain temps pour être exécutées.

En France, par un bonneur admirable, la capitale se trouve plus près des différentes frontières, justement à proportion de leur foiblesse; & le prince y voit mieux chaque partie de son pays, à mesure qu'elle est plus exposée.

Mais, lorsqu'un vaste état, tel que la Perse, est attaqué, il faut plusieurs mois pour que les troupes dispersées puissent s'assembler; & on ne force pas leur marche pendant tant de temps, comme on fait pendant quinze jours. Si l'armée qui est sur la frontière est battue, elle est surement dispersée, parce que ses retraites ne sont pas prochaines: l'armée victorieuse, qui ne trouve pas de résistance, s'avance à grandes journées, paroît devant la capitale, & en forme le siège, lorsqu'à peine les gouverneurs des provinces peuvent être avertis d'envoyer du secours. Ceux qui jugent la révolution prochaine la hâtent, en n'obéissant pas. Car des gens, fidèles uniquement parce que la punition est proche, ne le sont plus dès qu'elle est éloignée; ils travaillent à leurs intérêts particuliers. L'empire se dissout, la capitale est prise, & le conquérant dispute les provinces avec les gouverneurs.

La vraie puissance d'un prince ne consiste pas tant dans la facilité qu'il y a à conquérir, que dans la difficulté qu'il y a à l'attaquer; &, si j'ose parler ainsi, dans l'immutabilité de sa condition. Mais l'aggrandissement des états leur fait montrer de nouveaux côtés par où on peut les prendre.

Ainsi, comme les monarques doivent avoir de la sagesse pour augmenter leur puissance, ils ne doivent pas avoir

armées en france sont placées dans quelques villes fortifiées,
et dans un très petit nombre de garnisons — une partie des troupes
sert à la garde du souverain dans le séjour qu'il habite, parce
que ce sont les troupes et les armées du souverain qui n'occupe
qu'un point dans l'espace, et non de l'état qui renferme
tout le territoire de l'empire — elles devroient être levées,
entretenues par les provinces, et elles resteroient dans les
villes ou lieux habités de leurs provinces. cette expansion
uniforme de la force defensive dans toutes les parties de
l'état, et cette communication mutuelle des forces defen
sives de toutes les provinces, seroit la barrière la plus insur
montable aux plus promptes attaques, aux plus rapides
incursions, et c'est dans la formation des armées provin
ciales et nationales et non dans l'étendue proportionnée
d'un état qu'il faut chercher la defense la plus sure qui
puisse mettre l'état à l'abri d'une surprise — une
armée ennemie ne pourroit rien faire avancer que pied
à pied, et elle trouveroit toujours une plus grande resis
tance à mesure qu'elle seroit plus avancée parce que
chaque armée nationale se rapprocheroit d'une autre armée
et telle seroit enfin la force de toutes les provinces
réunies par un interest commun qu'aucune force
étrangère ne pourroit les subjuguer. ainsy le monarque
qui seroit le chef et le général de toutes les armées divisées
ou rassemblées, sentiroit avec orgueil qu'il est inex-
pugnable par la constitution de son état bien plus
que par sa situation, et par la proportion de son étendue
il pourroit avoir tous les avantages des plus grands empires —
il ne craindroit point les revolutions —

réflexions

il n'y a de conqueste étendue, et durable que celle de la liberté —

si la liberté venoit avec le glaive à la main et la balance, couper les liens de la servitude, et peser dans un juste équilibre les forces respectives de tous les citoyens, si les peuples étoient déjà préparés par leurs opinions et par leurs mœurs à recevoir cette liberté conquérante sans doute il pourroit s'élever une république, ou monarchie universelle, celle qui seroit fondée sur l'association de tous les peuples affranchis des loix arbitraires, et ~~gouvernés~~ rétablis dans tous leurs droits;

mais la monarchie universelle ~~dans l'état actuel de l'europe~~ d'un seul homme est un songe [illegible] fut le rêve de philippe second qui croyoit pouvoir acheter à prix d'or la souveraineté de l'europe, et ne fut point celuy de louis 14 dans un siècle où [illegible] avoient [illegible] les puissances, et lorsque [illegible] de la discipline militaire et des arts chez tous les peuples [illegible] opposoient une barrière insurmontable aux grandes conquestes;

nous n'avons pas besoin de recourir à des expressions injurieuses et recherchées du caractère d'un peuple changeant, vain, frivole, et gay pour démontrer que les françois ne doivent pas conquérir l'europe —

quand les romains entreprirent la conqueste du monde, ils combattirent avec une discipline qui leur étoit propre, [illegible] des talens accoustumés, avec l'orgueil et la confiance que leur donnoit leur gouvernement contre des peuples esclaves, ou des peuples barbares qui ne résistoient que par le nombre, ou par le courage, et quand leur noble république fut changée en monarchie, [illegible] voulurent commander comme des rois dans les provinces [illegible], quand ils n'empruntèrent plus leur force de celle d'une association républicaine, ils perdirent leurs conquestes, et leur empire comme ils avoient perdu leur liberté —

moins de prudence afin de la borner. En faisant cesser les inconvéniens de la petitesse, il faut qu'ils aient toujours l'œil sur les inconvéniens de la grandeur.

## CHAPITRE VII.

### *Réflexions.*

Les ennemis d'un grand prince qui a si long-temps règné l'ont mille fois accusé, plutôt, je crois, sur leurs craintes que sur leurs raisons, d'avoir formé & conduit le projet de la monarchie universelle. S'il y avoit réussi, rien n'auroit été plus fatal à l'Europe, à ses anciens sujets, à lui, à sa famille. Le ciel, qui connoît les vrais avantages, l'a mieux servi par des défaites, qu'il n'auroit fait par des victoires. Au lieu de le rendre le seul roi de l'Europe, il le favorisa plus, en le rendant le plus puissant de tous.

Sa nation, qui, dans les pays étrangers, n'est jamais touchée que de ce qu'elle a quitté; qui, en partant de chez elle, regarde la gloire comme le souverain bien, &, dans les pays éloignés, comme un obstacle à son retour; qui indispose par ses bonnes qualités mêmes, parce qu'elle paroît y joindre du mépris; qui peut supporter les blessures, les périls & les fatigues, & non pas la perte de ses plaisirs; qui n'aime rien tant que sa gaieté, & se console de la perte d'une bataille lorsqu'elle a chanté le général, n'auroit jamais été jusqu'au bout d'une entreprise qui ne peut manquer dans un pays sans manquer dans tous les autres, ni manquer un moment sans manquer pour toujours.

## CHAPITRE VIII.

*Cas où la force défensive d'un état est inférieure à sa force offensive.*

C'ÉTOIT le mot du sire *de Coucy* au roi Charles V, » que les Anglois ne sont jamais si foibles, ni si aisés à vaincre que chez eux «. C'est ce qu'on disoit des Romains; c'est ce qu'éprouvèrent les Carthaginois; c'est ce qui arrivera à toute puissance qui a envoyé au loin des armées, pour réunir, par la force de la discipline & du pouvoir militaire, ceux qui sont divisés chez eux par des intérêts politiques ou civils. L'état se trouve foible, à cause du mal qui reste toujours; & il a été encore affoibli par le remède.

La maxime du sire *de Coucy* est une exception à la règle générale, qui veut qu'on n'entreprenne point de guerres lointaines. Et cette exception confirme bien la règle, puisqu'elle n'a lieu que contre ceux qui ont eux-mêmes violé la règle.

## CHAPITRE IX.

*De la force relative des états.*

TOUTE grandeur, toute force, toute puissance est relative. Il faut bien prendre garde qu'en cherchant à augmenter la grandeur réelle, on ne diminue la grandeur relative.

Vers le milieu du règne de Louis XIV, la France fut au plus haut point de sa grandeur relative. L'Allemagne n'a-

~~que la force~~ la ~~defensive~~ d'un etat est inférieure
a sa force offensive

on rapporte icy le mot du sire de coucy
que les anglois ne sont jamais si foibles ny si aisés a vaincre que chez eux
c'est ce qu'on disoit des romains - c'est ce qu'[illegible] les carthaginois
c'est le sort de toutes les puissances qui ont envoyé des armées au loin -
ces reflexions ne s'accordent pas avec l'histoire -
ce n'est pas parceque les anglois envoyoient des armées au loin qu'il
etoit aisé de les vaincre chez eux - le sire de coucy qui rapportoit [illegible]
sans doute les conquestes [illegible]
de louis fils de philippe auguste [illegible] les anglois [illegible]
joint alors leurs cotes par une marine puissante [illegible]
debarqué dans une isle d'une mediocre [illegible]
vite jusqu'a la capitale - la terreur [illegible]
sa situation sembloit mettre a l'abry des inconveniens [illegible] -
l'angleterre etoit une monarchie, elle n'etoit point defendue
par les sentimens qui rassemblent les volontés et les forces de
citoyens dans une republique - les circonstances ne sont plus
les memes - l'angleterre est defendue par sa marine et par
sa constitution.
les romains vaincus par annibal vont porter la guerre
ramenent leur vainqueur et reprennent la victoire sous
les murs de carthage -
les carthaginois avoient eu le tems de quitter l'italie
et de rassembler toutes leurs forces quand ~~il fut~~ le jour
~~d'un combat~~ decida de leur destinée
ainsy l'histoire dement des reflexions vagues qu'on n'a
point comparées avec les evenemens et qui ne servent qu'a
prononcer des maximes generales [illegible]
plus exactes auroient pu donner des exceptions

de la force relative des etats

quand les etats sont fondés sur les loix naturelles, ils ont assez une
une grande force relative les petits etats sont defendus
par [illegible] quand une grande
puissance veut les envahir, et ils ne peuvent pas

etre conquis par cette ... qui ... une bonne
contribution qui tient leur force ... en proportion de leurs
besoins et de leurs moyens —
la force ... de la france sous louis 14 employée par une
ambition ..., et par des volontés arbitraires devint
insuffisante, parce que son orgueil ... ses alliés, et que
la réunion de toutes les puissances dérangea les rapports de
la france avec celles qui pouvoient partager ses interets, et
celles qui pouvoient avoir des interets contraires.
[illegible]
il n'y a point de force relative quand une administration
arbitraire ne réunit point au dedans les volontés de tous
les citoyens, et quand une politique téméraire aliene
au dehors les volontés de toutes les nations.

de la foiblesse des etats voisins

comment peut on etablir cette maxime générale, qu'il
faut bien se garder de hater la ruine d'un etat voisin
dans sa décadence — il est tantost utile et tantost nuisible,
il est utile ou nuisible sous differens rapports de conquerir
un etat voisin — si vous excitez la jalousie des autres nations,
si vous avez a craindre une longue guerre, si dans la constitution actuelle des gouvernemens vous etendez avec vous
... les vices qui consument votre puissance, si vous
rendez par l'accroissement meme de votre conqueste les
guerres plus frequentes, et la defense plus difficile, il ne
vous est de rien de conquerir, et la conqueste meme peut
devenir la source de votre perte —
on parle icy des avantages, ou des dommages de la
conqueste — on ne dit rien des principes de la justice

voit point encore les grands monarques qu'elle a eus depuis. L'Italie étoit dans le même cas. L'Ecoſſe & l'Angleterre ne formoient point un corps de monarchie. L'Arragon n'en formoit pas un avec la Caſtille ; les parties ſéparées de l'Eſpagne en étoient affoiblies, & l'affoibliſſoient. La Moſcovie n'étoit pas plus connue en Europe que la Crimée.

## CHAPITRE X.

### *De la foibleſſe des états voiſins.*

LORSQU'ON a pour voiſin un état qui eſt dans ſa décadence, on doit bien ſe garder de hâter ſa ruine ; parce qu'on eſt, à cet égard, dans la ſituation la plus heureuſe où l'on puiſſe être ; n'y ayant rien de ſi commode pour un prince, que d'être auprès d'un autre qui reçoit pour lui tous les coups & tous les outrages de la fortune. Et il eſt rare que, par la conquête d'un pareil état, on augmente autant en puiſſance réelle, qu'on a perdu en puiſſance relative.

# LIVRE X.

## *Des loix, dans le rapport qu'elles ont avec la force offensive.*

### CHAPITRE PREMIER.

*De la force offensive.*

LA force offensive est règlée par le droit des gens, qui est la loi politique des nations considérées dans le rapport qu'elles ont les unes avec les autres.

### CHAPITRE II.

*De la guerre.*

LA vie des états est comme celle des hommes. Ceux-ci ont droit de tuer, dans le cas de la défense naturelle ; ceux-là ont droit de faire la guerre pour leur propre conservation.

Dans le cas de la défense naturelle, j'ai droit de tuer, parce que ma vie est à moi, comme la vie de celui qui m'attaque est à lui : de même, un état fait la guerre, parce que sa conservation est juste, comme toute autre conservation.

Entre les citoyens, le droit de la défense naturelle n'emporte point avec lui la nécessité de l'attaque. Au lieu d'atqui ne doivent pas permettre le desir vague et vain de conquerir –

le perdommage des etats ambitieux est celuy de leur ambition meme qui suppose dans leur gouvernement des vices qui nuisent a la force réelle de leur constitution comme au bonheur des citoyens –

un etat tel que nous l'avons decrit, un etat dans lequel les citoyens, les villes, les provinces jouissent de tous leurs droits naturels a besoin de se defendre, et n'a pas besoin de s'aggrandir – un tel etat ne voudroit point étendre ~~[illegible]~~ son empire sur un autre etat – les peuples qu'il associeroit a son administration generale se gouverneroient par leurs propres volontés – il seroit une grande depense, il s'attireroit une guerre perilleuse pour faire une conqueste dont il ne retireroit point d'avantage – la conqueste d'un peuple heureux par sa constitution seroit de montrer son exemple, et ses loix et de transmettre ses moeurs a des peuples voisins jaloux de recouvrer le bonheur avec la liberté –

les etats unis ~~de l'amerique~~ peuvent former le louable desir de rendre libres les peuples du nord de l'amerique et les colonies espagnoles et françaises afin de mieux assurer leur liberté de la liberté meme de tous leurs voisins ils ne peuvent pas desirer de conquerir le cap françois la louisiane, et le canada –

livre 10 ~~des loix~~ dans le rapport
qu'elles ont ~~avec la force offensive~~

une force offensive reglée par le droit des gens, le droit des gens est il le droit d'insulter, de tuer, et d'envahir – la victoire et la conqueste, les termes annoncés par les erreurs des hommes ennemis d'eux meme, n'expriment que des ~~[illegible]~~ des vols et des assassinats, et toutes les injures que la force peut faire a l'humanité

on entend par force offensive celle qu'on emploÿe dans la guerre

on suppose une force toujours preste pour l'attaque qu'on distingue de la force toujours preste pour la défense — tt

2 Le droit des gens ne peut point authoriser une force toujours preste pour l'attaque, distinguée de la force mise en défense parce qu'il ne doit pas supposer l'intention toujours subsistante d'attaquer — tt 3

1 nous savons que les puissances qui se laissent gouverner, comme les particuliers, par l'ambition, la haine, et la vengeance épient le moment de faire la guerre, et qu'elles se maintiennent dans un etat vraiment offensif — mais cet etat ne peut point avoir de loix, et l'injustice armée ne peut pas être une partie du droit des gens — tt 2

3 ce ne seront pas des gouvernemens bien constitués qui seront mus par ce desir d'entreprendre la guerre et la republique de rome n'a rien eu de plus contraire à la vertu que de vouloir toujours combattre, et vaincre.

on reconnoit pourtant le veritable principe de l'attaque qui n'est que la necessité de la défense;

il n'y a pas sans doute un crime plus epouvantable que celui d'ordonner sans necessité les meurtres, les ravages, et tous les malheurs de la guerre qui sont les suites

mr de montesquieu pense que cette necessité se fait sentir plus souvent dans les etats foibles, et dans les petites societés — nous voyons au contraire les moindres etats jouir d'une paix constante, tandis que les grandes puissances en europe sont sans cesse en guerre, et ne semblent pendant la paix que porter les forces dont la guerre a besoin

du droit de conqueste

La conqueste peut devenir l'objet des volontés d'un prince, ou d'un roy conquerant — le droit de conqueste ne sera jamais une partie du droit des gens.

taquer, ils n'ont qu'à recourir aux tribunaux. Ils ne peuvent donc exercer le droit de cette défenſe, que dans les cas momentanés où l'on ſeroit perdu ſi l'on attendoit le ſecours des loix. Mais, entre les ſociétés, le droit de la défenſe naturelle entraîne quelquefois la néceſſité d'attaquer; lorſqu'un peuple voit qu'une plus longue paix en mettroit un autre en état de le détruire; & que l'attaque eſt, dans ce moment, le ſeul moyen d'empêcher cette deſtruction.

Il ſuit de-là que les petites ſociétés ont plus ſouvent le droit de faire la guerre que les grandes; parce qu'elles ſont plus ſouvent dans le cas de craindre d'être détruites.

Le droit de la guerre dérive donc de la néceſſité & du juſte rigide. Si ceux qui dirigent la conſcience, ou les conſeils des princes, ne ſe tiennent pas là, tout eſt perdu: &, lorſqu'on ſe fondera ſur des principes arbitraires de gloire, de bienſéance, d'utilité, des flots de ſang inonderont la terre.

Que l'on ne parle pas ſur-tout de la gloire du prince: ſa gloire ſeroit ſon orgueil; c'eſt une paſſion, & non pas un droit légitime.

Il eſt vrai que la réputation de ſa puiſſance pourroit augmenter les forces de ſon état; mais la réputation de ſa juſtice les augmenteroit tout de même.

## CHAPITRE III.

### *Du droit de conquête.*

Du droit de la guerre, dérive celui de conquête, qui en eſt la conſéquence; il en doit donc ſuivre l'eſprit.

Lorsqu'un peuple est conquis, le droit que le conquérant a sur lui, suit quatre sortes de loix ; la loi de la nature, qui fait que tout tend à la conservation des espèces ; la loi de la lumière naturelle, qui veut que nous fassions à autrui ce que nous voudrions qu'on nous fît ; la loi qui forme les sociétés politiques, qui sont telles, que la nature n'en a point borné la durée ; enfin la loi tirée de la chose même. La conquête est une acquisition ; l'esprit d'acquisition porte avec lui l'esprit de conservation & d'usage, & non pas celui de destruction.

Un état qui en a conquis un autre le traite d'une des quatre manières suivantes : Il continue à le gouverner selon ses loix, & ne prend pour lui que l'exercice du gouvernement politique & civil ; ou il lui donne un nouveau gouvernement politique & civil ; ou il détruit la société, & la disperse dans d'autres ; ou enfin, il extermine tous les citoyens.

La première manière est conforme au droit des gens que nous suivons aujourd'hui ; la quatrième est plus conforme au droit des gens des Romains : sur quoi je laisse à juger à quel point nous sommes devenus meilleurs. Il faut rendre ici hommage à nos temps modernes, à la raison présente, à la religion d'aujourd'hui, à notre philosophie, à nos mœurs.

Les auteurs de notre droit public, fondés sur les histoires anciennes, étant sortis des cas rigides, sont tombés dans de grandes erreurs. Ils ont donné dans l'arbitraire ; ils ont supposé, dans les conquérans, un droit, je ne sçais quel, de tuer : ce qui leur a fait tirer des conséquences terribles comme le principe ; & établir des maximes que les conquérans eux-mêmes, lorsqu'ils ont eu le moindre sens,

il faut en revenir a ces loix simples et naturelles que nous rappelle somme du plus grand eloignement, dont nous ne pouvons envisager le retour que dans la plus longue perspective, et qui semblent plus contraires aux sentimens et aux idées de tous les hommes que les loix les plus factices et les plus dénaturées.

selon ces loix naturelles l'homme est libre; chaque homme est libre - la liberté est l'élément de l'humanité - c'est du milieu de cet élément que s'elevent toutes les humaines societés - et les villes, et les provinces, et les empires - il n'y a point de gouvernement bon et durable si des travaux funestes ont desseché l'élément qui doit enrichir les villes et féconder les campagnes -

si le peuple conquérant est contribué dans sa liberté naturelle, dans celle de ses citoyens, dans celle de son administration, il ne sera point conquérant, et cette supposition enferme dans ses termes memes une veritable contradiction - il ne sera point conquérant - quel en seroit l'objet - ce peuple plus equitable et plus tranquille n'offense point ses voisins - il n'ambitionne point sur eux des droits qu'il ne voudroit point exercer - il deteste le despotisme - il ne veut point etre despote - il a l'esclavage en horreur - il n'ira pas acheter a grands frais des esclaves; il trouve dans sa constitution meme une force offensive qui le rend respectable, et qu'aucune puissance etrangere ne sera tentée de provoquer - il n'a point les pretentions qui peuvent luy donner des ennemis - il a les moyens qui doivent les repousser, et que doivent les contenir -

ce peuple existe - il vit sous nos yeux - il est le rempart le plus assuré d'une foible partie de nos frontieres - ses citoyens sains, robustes, et courageux forment une partie de nos armées - nous empruntons de luy des forces dont il n'a pas besoin pour luy meme - telle est sa puissance, et telle est notre foiblesse que nous ne pouvons pas nous passer de ses secours, et qu'il n'a jamais recu les notres - l'alliance la plus solemnelle est celle que nous contractons avec ces hommes mâles et libres dont les gazettes ne nous entretiennent jamais parceque ils vivent dans le calme de l'independance et de la liberté

double constitution est bellement respectée — qui quelque puissance oseroit les attaquer — [illegible] qui peut aller la mence du pouvoir, et qui fait frémir la nature, il ne se fit point un party — il n'offrit point a ses amis des biens, des honneurs, et des p[illegible] il fit paroitre la liberté, comme une vierge pure et nue, aux yeux de ses concitoyens, et cette image enflamma les ~~[illegible]~~ sentimens d'un peuple fort et généreux, et toute la puissance de l'empire ne put pas subjuguer des hommes animés par la ~~[illegible]~~ [illegible]

~~le plus~~ duc de bourgogne le plus puissant souverain de son siecle fut appelé temeraire parce qu'il voulut se venger d'un peuple libre, [illegible] repandu dans les plaines de morat ~~[illegible]~~ a temerite — ~~[illegible]~~ jamais mieux deployé toutes les forces de son courage et de sa puissance qu'en combattant pendant trois jours contre cette nation brave, independante, ~~[illegible]~~ obstinée qui ne savoit pas ceder, meme a la victoire, et [illegible] fut ~~[illegible]~~ de solliciter et d'obtenir l'amitié des vaincus — les suisses furent les amis d'henry quatre, et c'est de luy que nous avons herité cette ligue eternelle qui ne doit jamais eprouver de changement

si nous etions entourés de tous cotes de peuples libres, si ces independantes et ~~[illegible]~~ contributions s'elevoient comme autant de forteresses inexpugnables pour ~~[illegible]~~ les frontieres de la france, combien nous serions mieux defendus par le si noble effet de la liberté de nos voisins que par toutes les vues raisonnées de notre politique, et les entreprises les plus etendues de notre ambition — et nous n'aurions pas besoin d'etre defendus par les ~~[illegible]~~ de nos voisins, si nous etions ~~[illegible]~~ par nous meme, si cette liberté, sentinelle desirable aux portes de notre empire, faisoit enfin sa paisible entrée dans nos villes et dans nos maisons, et penetroit ~~[illegible]~~ et de sa force toutes les parties de notre gouvernement —

quelle est la conqueste alors qui put nous attirer hors du sein de nos heureux foyers, qui put nous arracher aux soins de notre patrie, aux douces jouissances de nos familles, quand nous n'aurions pas nous meme de conquestes a craindre, et d'ennemis a repousser —

conquestes ne sont que les progrès et les extensions du mal dont on [illegible]
est travaillé — ce sont les egaremens d'une nation egarée d'elle meme,
qui ne scait pas quel est son bonheur, et qui semble se venger de ses
propres malheurs par ceux des nations qu'elle a vaincues —
nous ne pouvons pas etablir des loix fondées sur les memes principes d[...]
les vices sont contraires a toutes les loix.
si pourtant dans l'etat actuel de presque tous les gouvernemens, la loy
de la defense dont la force offensive est souvent le moyen necessaire
impose l'obligation de conquerir, il faut se rapprocher autant qu'i[l]
est possible des loix naturelles qui respectent la liberté des homm[es]
les mours des peuples, et les loix meme de leurs divers gouvernemens.
on peut les detruire ces loix pour les reformer — on ne doit pas les
detruire pour se vanger, pour punir, pour exercer sur une nation
conquise tous les caprices d'un despotisme arbitraire ;
[illegible] on ose appeler du nom de droit des gens chez les romains
l'abominable assassinat par lequel on extermine tous les cytoyens —
des hommes qui croyent etablir dans des ouvrages pleins de [illegible]
et d'erudition les principes du droit public ont pu prononcer
qu'un conquerant avoit le droit de tuer hors de la guerre et des
combats, hors du champs de la fureur et de la mort ; le droit affreux
de reduire une nation en servitude devient l'exercice humain et
moderé du droit d'exterminer — il n'y a plus de loix, il n'y a plus de
principes quand on oublie les vrais principes sources de toutes les loix
qui sont les sentimens de l'humanité —
mr de montesquieu luy meme pardonne a la servitude — il suppose
un cas de necessité pour l'esclavage, comme si l'on avoit epuisé tous
les moyens possibles de gouverner les humains avant de leur ravir
la liberté, comme si la liberté meme n'etoit pas un moyen d'adoucir
les esprits et les mours qu'on devroit essayer au lieu de
la detruire, comme si la necessité de conserver enfin l'empire sur
une nation conquise pouvoit etre egale a la necessité de respecter
les premiers droits de la nature humaine — il y a des crimes d'une
telle atrocité qu'il faut les regarder comme [illegible] il n'y a
qu'une ame [illegible] elle meme [illegible]
qui puisse rabbaisser les hommes a la vile condition des animaux
ou des esclaves —

gardons nous de citer des exemples pour consacrer des horreurs – nos peres etoi[ent]
ignorans et barbares – a quoy nous servent nos connoissances, si nous renou-
vellons par nos principes la barbarie de leurs actions; nous ne pouvons
plus faire d'esclaves en europe – le seul crime qui nous reste a faire
est d'etablir dans nos cœurs un droit des gens pour l'injustice et
l'inhumanité –

Le droit de conqueste seroit d'apporter aux hommes qu'on a vaincus
le plus beau présent qu'on puisse faire a des hommes, la liberté –.
le droit de conqueste, ~~[illegible]~~ est un autre que celuy de faire le
bonheur d'une nation conquise, doit se borner du moins aux droits
meme du souverain qui l'avoit gouvernée, ~~doit se borner~~ a
la conservation des droits que la nation exerçoit elle meme,
et si c'est une republique, a la protection qu'on peut ~~[illegible]~~
donner a ses loix et a ses coutumes, et a l'alliance
~~qu'on acquiert le droit de [illegible]~~ et aux conditions qui peuvent
assurer l'alliance qu'on a le droit de contracter avec elle;
voila le ~~veritable~~ droit des gens, tel qu'il peut subsister dans l'etat
et tel a peu pres qu'il s'est pratiqué par les puissances de l'europe –
actuel des gouvernemens – toute autre loy qui change a discretion
le sort des cytoyens ne peut point etre une loy – elle ne peut s'etablir
comme la conqueste meme – que par la force – elle ~~[illegible]~~ prolonge un
etat de guerre pour lequel il n'y a point de loix – elle ne maintient la soumission que par l'impuissance de se soulever – elle
ne peut jamais ~~former~~ deriver du droit des gens – elle ne peut
jamais former un droit politique.

quelques avantages du peuple conquis

on parle des avantages du peuple conquis – on suppose que le peuple conquis
est dans sa force, et qu'il le peuple le ~~[illegible]~~ ne vainc que dans
l'affoiblissement de ses principes ~~et de ses mœurs~~ –
je vois ~~toujours~~ avec peine ces maximes générales dont l'expression est
toujours prompte et facile, et qui s'accordent mal avec les témoignages
de l'histoire qui seule a droit d'etablir des maximes, parce qu'elle
seule offre ~~[illegible]~~ les preuves qui les justifient –
c'est toujours un vice dans le gouvernement qui suscite les peuples

ſens, n'ont jamais priſes. Il eſt clair que, lorſque la conquête eſt faite, le conquérant n'a plus le droit de tuer; puiſqu'il n'eſt plus dans le cas de la défenſe naturelle, & de ſa propre conſervation.

Ce qui les a fait penſer ainſi, c'eſt qu'ils ont cru que le conquérant avoit droit de détruire la ſociété : d'où ils ont conclu qu'il avoit celui de détruire les hommes qui la compoſent ; ce qui eſt une conſéquence fauſſement tirée d'un faux principe. Car, de ce que la ſociété ſeroit anéantie, il ne s'enſuivroit pas que les hommes qui la forment duſſent auſſi être anéantis. La ſociété eſt l'union des hommes, & non pas les hommes ; le citoyen peut périr, & l'homme reſter.

Du droit de tuer dans la conquête, les politiques ont tiré le droit de réduire en ſervitude : mais la conſéquence eſt auſſi mal fondée que le principe.

On n'a droit de réduire en ſervitude, que lorſqu'elle eſt néceſſaire pour la conſervation de la conquête. L'objet de la conquête eſt la conſervation : la ſervitude n'eſt jamais l'objet de la conquête ; mais il peut arriver qu'elle ſoit un moyen néceſſaire pour aller à la conſervation.

Dans ce cas, il eſt contre la nature de la choſe que cette ſervitude ſoit éternelle. Il faut que le peuple eſclave puiſſe devenir ſujet. L'eſclavage, dans la conquête, eſt une choſe d'accident. Lorſqu'après un certain eſpace de temps, toutes les parties de l'état conquérant ſe ſont liées avec celles de l'état conquis, par des coutumes, des mariages, des loix, des aſſociations, & une certaine conformité d'eſprit, la ſervitude doit ceſſer : car les droits du conquérant ne ſont fondés que ſur ce que ces choſes là ne ſont pas ; & qu'il y a un éloignement, entre les deux nations, tel que l'une ne peut pas prendre confiance en l'autre.

Ainſi, le conquérant, qui réduit le peuple en ſervitude, doit toujours ſe réſerver des moyens (& ces moyens ſont ſans nombre) pour l'en faire ſortir.

Je ne dis point ici des choſes vagues. Nos pères, qui conquirent l'empire Romain, en agirent ainſi. Les loix qu'ils firent dans le feu, dans l'action; dans l'impétuoſité, dans l'orgueil de la victoire, ils les adoucirent: leurs loix étoient dures, ils les rendirent impartiales. Les Bourguignons, les Goths & les Lombards vouloient toujours que les Romains fuſſent le peuple vaincu; les loix d'*Euric*, de *Gondebaud* & de *Rotharis* firent, du barbare & du Romain, des concitoyens (*a*).

*Charlemagne*, pour dompter les Saxons, leur ôta l'ingénuité & la propriété des biens. *Louis le débonnaire* les affranchit (*b*): il ne fit rien de mieux dans tout ſon règne. Le temps & la ſervitude avoient adouci leurs mœurs; ils lui furent toujours fidèles.

(*a*) Voyez le code des loix des barbares, & le livre XXVIII, ci-deſſous.

(*b*) Voyez l'auteur incertain de la vie de Louis le débonnaire, dans le recueil de Ducheſne, tome II, p. 296.

## CHAPITRE IV.

### *Quelques avantages du peuple conquis.*

AU LIEU de tirer du droit de conquête des conſéquences ſi fatales, les politiques auroient mieux fait de parler des avantages que ce droit peut quelquefois apporter au peuple vaincu. Ils les auroient mieux ſentis, ſi notre droit des gens étoit exactement ſuivi, & s'il étoit établi dans toute la terre.

conquerans —

les germains ne cultivoient point les terres — ils firent des irruptions dans les pays cultivés — ils avoient le desir de conquerir comme ils avoient le besoin de se nourrir et de vivre —

les romains enorgueillis ~~et corrompus~~ par leurs succès ne mirent plus de bornes a leur ambition — ils conqueroient ~~encore~~ [illegible] corrompus par leurs conquestes — leurs moeurs etoient amollies, et leurs armées ~~etoient~~ disciplinées — leurs habitudes ~~[illegible]~~ militaires resistoient a l'influence des habitudes civiles, et des peuples ~~qui~~ n'avoient rien de foible et de lasche succomboient a cette longue accoutumance de la guerre qui formoit la superiorité des romains — # ~~[illegible]~~

la vertu guerriere peut ~~[illegible]~~ se maintenir ~~[illegible]~~ ~~qui [illegible] au defaut d'[illegible]~~ vertus manquent comme aussy la vertu guerriere peut manquer a la meme nation dont le gouvernement n'a pas etouffé toutes les vertus, # 3

~~[illegible]~~ c'etoit un vice meme et une corruption ~~dans~~ le gouvernement des romains, c'etoit l'orgueil des generaux et des armées toujours redoutable a la republique qui sembloit provenir en principe ~~et~~ d'un besoin d'etendre leurs conquestes — # 2

#3 la nation conquise ne ~~[illegible]~~ doit le plus souvent ~~a~~ ses ~~[illegible]~~ conquerans que des malheurs et des vices — et souvent les conquerans plus heureux se sont soumis aux moeurs plus douces des nations conquises —

ainsy les francs ont pris les loix ~~des romains~~ et les moeurs des gaulois — ainsy les barbares ont gouverné la chine avec ses sciences, sa morale, et ses loix.

on parle icy des avantages des peuples conquis — ~~ils en ont [illegible] [illegible] — ils sont presque toujours~~ [illegible] parler de ceux des peuples les conquerans qui ~~[illegible]~~ partagent les connoissances et les vertus des regions dans lesquelles ~~[illegible]~~ ils seront attirés par ~~l'ambition~~ fixés par la conqueste et par la paix.

...se represente tous les biens que les espagnols auroient pu faire aux
americains — on ne songe pas que les maux qu'ils ont faits etoient
l'effet meme des vices qui leur donnerent le desir de la conqueste, et que
les biens qu'ils pouvoient faire supposent des vertus qu'ils n'avoient
pas —

les chefs et les soldats de ces armées destructrices s'expatrioient
[illegible]
[illegible] pour chercher la fortune dans des [illegible]
[illegible]
[illegible] a travers tous les perils de la terre et des eaux — c'etoit la
soif de l'or qui les avoit attirés — c'etoient des hommes vagabonds,
criminels, et desesperés que les chefs plus intelligens avoient entrainés
par l'appas meme du desordre, et du pillage — et qui ne pouvoient
pas beaucoup renoncer dans la victoire a tous les sentimens
desordonnés qui les avoient fait courir au combat — ces hommes
enyvrés n'avoient pas l'idée de transmettre des connoissances,
des arts, et des moeurs a des sauvages qu'ils poursuivoient comme
des animaux, et dont leurs le meurtre, et le pillage etoient les
seuls moyens de leurs avares et sanglantes [illegible] passions.

ce seroit sans doute aux conquerans a reparer les maux qu'ils ont faits.
mais ils ne peuvent pas les reparer avec le meme esprit qui preside
a la conqueste — ils ne sentent pas meme dans leur orgueil et dans
leur confiance le besoin de les reparer — ils ont pris en haine et en
mepris ceux qu'ils ont vu tomber sous leurs armes — ils ne s'accous-
tument point a se croire obligés de rendre heureuse un pays
nation qu'ils sont accoutumés a ravager et a detruire.

les peuples conquis ont au contraire les vertus de leur abbaissement —
ils sentent l'interest d'apprivoiser, et d'addoucir leurs vainqueurs —
ils profitent de l'avantage precieux de se defendre de leurs
barbarie en leur transmettant des connoissances et des vertus — et
c'est une observation a faire que les peuples plus eclairés ont
toujours [illegible] transmis leurs moeurs et leurs [illegible] a leurs conquerans —
l'histoire semble nous donner le droit d'en faire une remarque
[illegible] les turcs ne l'avoient pas dementie par cette
invincible stupidité qui detruisit la bibliotheque d'alexandrie

Les états que l'on conquiert ne sont pas ordinairement dans la force de leur institution : la corruption s'y est introduite ; les loix y ont cessé d'être exécutées ; le gouvernement est devenu oppresseur. Qui peut douter qu'un état pareil ne gagnât, & ne tirât quelques avantages de la conquête même, si elle n'étoit pas destructrice ? Un gouvernement parvenu au point où il ne peut plus se réformer lui-même, que perdroit-il à être refondu ? Un conquérant qui entre chez un peuple où, par mille ruses & mille artifices, le riche s'est insensiblement pratiqué une infinité de moyens d'usurper ; où le malheureux qui gémit, voyant ce qu'il croyoit des abus devenir des loix, est dans l'oppression, & croit avoir tort de la sentir : un conquérant, dis-je, peut dérouter tout ; & la tyrannie sourde est la première chose qui souffre la violence.

On a vu, par exemple, des états, opprimés par les traitans, être soulagés par le conquérant qui n'avoit ni les engagemens, ni les besoins qu'avoit le prince légitime. Les abus se trouvoient corrigés, sans même que le conquérant les corrigeât.

Quelquefois la frugalité de la nation conquérante l'a mise en état de laisser aux vaincus le nécessaire, qui leur étoit ôté sous le prince légitime.

Une conquête peut détruire les préjugés nuisibles ; & mettre, si j'ose parler ainsi, une nation sous un meilleur génie.

Quel bien les Espagnols ne pouvoient-ils pas faire aux Mexicains ? Ils avoient à leur donner une religion douce ; ils leur apportèrent une superstition furieuse. Ils auroient pu rendre libres les esclaves ; & ils rendirent esclaves les hommes libres. Ils pouvoient les éclairer sur l'abus des sacrifices humains ; au lieu de cela, ils les exterminèrent. Je n'aurois jamais fini, si je voulois raconter tous les biens qu'ils ne firent pas, & tous les maux qu'ils firent.

C'est à un conquérant à réparer une partie des maux qu'il a faits. Je définis ainsi le droit de conquête : un droit nécessaire, légitime, & malheureux, qui laisse toujours à payer une dette immense, pour s'acquitter envers la nature humaine.

## CHAPITRE V.

### *Gélon*, roi de *Syracuse*.

Le plus beau traité de paix dont l'histoire ait parlé, est, je crois, celui que *Gélon* fit avec les Carthaginois. Il voulut qu'ils abolissent la coutume d'immoler leurs enfans (*a*). Chose admirable ! Après avoir défait trois cent mille Carthaginois, il exigeoit une condition qui n'étoit utile qu'à eux ; ou plutôt, il stipuloit pour le genre humain.

Les Bactriens faisoient manger leurs pères vieux à de grands chiens : *Alexandre* le leur défendit (*b*) ; & ce fut un triomphe qu'il remporta sur la superstition.

(*a*) Voyez le recueil de M. de Barbeyrac, art. 112.
(*b*) Strabon, liv. II.

## CHAPITRE VI.

### *D'une république qui conquiert.*

Il est contre la nature de la chose, que, dans une constitution fédérative, un état confédéré conquière sur l'autre,

voit les mon[illegible] du grand caire, et qui semble avoir versé le [illegible]
et l'engourdissement sur toutes les nations soumises a leur empire ;
gelon roy de syracuse
alexandre, et gelon dictarent la loy de la plus simple humanité – il ne
peut avoir ny des idées etendues, ny des sentimens elevés pour defendre
a des nations guerrieres d'immoler ~~des~~ leurs enfans sur les autels des dieux, et
[illegible] ces ~~[illegible]~~ celles [illegible]
de livrer ~~[illegible]~~ [illegible]
~~[illegible]~~ – ~~il suffit d'avoir l'authorité qui suffit~~ il suffit de
avoir l'authorité –

d'une république qui conquiert

c'est une mauvaise constitution que celle d'une république conquerante
ses conquestes supposent des vices qui tendent a la detruire, et ses
conquestes doivent encore haster sa destruction –
[illegible] de troubles qui en rend de tems en tems hommage aux princip[es]
que nous avons etabli pour la république federative et pour
chacune des républiques qui la composent – ~~[illegible]~~
les principes de sa legislation interieure – mais un sentiment
sourd et juste les luy fait entrevoir ; il n'avoit parlé que de
la force offensive, et defensive de la république federative – il en[tend]
que cette force offensive ne peut pas s'exercer par des principes et
des motifs contraires a la constitution –
des républiques qui ne seroient pas fondées sur des principes d'admi[nis]
tration interieure analogues et semblables ne pourroient pas
conserver les liens de leur confederation – elles ne doivent donc
pas conquerir des peuples dont l'administration differente ou
contraire ne peut s'associer avec elle – ainsy la république que
la democratie gouverne ne doit pas conquerir des villes qui ne
peuvent pas entrer dans la sphere de la democratie ; il faut de
[illegible] meme que les conquestes de la democratie ~~[illegible]~~
[illegible] que la democratie elle meme – les romains pouvoient
communiquer leur legislation, et donner le droit de citoyens aux
habitans des villes d'italie – ils voulurent franchir ~~[illegible]~~ et
traverser les mers – ils eurent recours au [illegible] ~~[illegible]~~

[illegible] eux, et des armes ce qui ne [illegible] ses [illegible]
[illegible] bition de leurs generaux – marius et sylla vivent [illegible] dans [illegible]
et cesar renversa la republique.
carthage devoit etre vaincue quand annibal descendit avec la
victoire dans les campagnes d'italie – elle devoit etre vaincue par
annibal ou par les romains –
mr de montesquieu semble avoir bien suivy les veritables principes
qui doivent diriger une republique dans l'attaque, comme dans
la defense – il luy manque de remonter a la source, et de la
trouver dans les principes meme de sa constitution, c'est a dire de
sa legislation et de son administration interieure.

continuation du meme sujet.

tels sont les vices attachés a la conqueste, [illegible] que les
republicains eux mesmes tiennent dans un rude asservissement
les [illegible] et sujets qu'ils gouvernent – la liberté seule a des
vertus dans le commandement, comme dans l'obeissance, la liberté
qui ne commande et n'obeit qu'a ses egaux, la liberté qui
tient des loix le pouvoir qu'elle exerce, et qui dicte les loix auxquelles elle est soumise – partout ou vous separerez les hommes
des loix, soit en les rendant despotes soit en les rendant esclave,
vous leur ravirez egalement les vertus de l'obeissance, ou celles
du commandement –
une republique dont les principes et les mœurs ne seroient point encore
corrompues seroit bien insensée d'envoyer les premiers de ses
citoyens chercher dans des conquestes lointaines les vices qu'elle
proscrit, et les principes perfides de cette corruption qui
peut consumer ses vertus, et renverser ses loix.
cependant on a vu des republiques, et la republique romaine en
particulier laisser vivre en paix les peuples conquis sous leurs propres
loix, [illegible]
[illegible] et c'est sans doute la methode la plus
raisonnable que puisse suivre une republique quand elle ne
peut pas faire entrer un peuple nouveau dans le sein de sa
[illegible] administration, ou dans cette confederation [illegible]
[illegible] les etats pourroient [illegible] d'etendre impunement
leurs conquestes –

comme nous avons vu de nos jours chez les Suisses (*a*). Dans les républiques fédératives mixtes, où l'association est entre des petites républiques & des petites monarchies, cela choque moins.

Il est encore contre la nature de la chose, qu'une république démocratique conquière des villes qui ne sçauroient entrer dans la sphère de la démocratie. Il faut que le peuple conquis puisse jouir des privilèges de la souveraineté, comme les Romains l'établirent au commencement. On doit borner la conquête au nombre des citoyens que l'on fixera pour la démocratie.

Si une démocratie conquiert un peuple pour le gouverner comme sujet, elle exposera sa propre liberté ; parce qu'elle confiera une trop grande puissance aux magistrats qu'elle enverra dans l'état conquis.

Dans quel danger n'eût pas été la république de Carthage, si Annibal avoit pris Rome ? Que n'eût-il pas fait dans sa ville après la victoire, lui qui y causa tant de révolutions après sa défaite (*b*) ?

*Hannon* n'auroit jamais pu persuader au sénat de ne point envoyer de secours à Annibal, s'il n'avoit fait parler que sa jalousie. Ce sénat, qu'Aristote nous dit avoir été si sage (chose que la prospérité de cette république nous prouve si bien), ne pouvoit être déterminé que par des raisons sensées. Il auroit fallu être trop stupide pour ne pas voir qu'une armée, à trois cent lieue de-là, faisoit des pertes nécessaires, qui devoient être réparées.

Le parti d'Hannon vouloit qu'on livrât Annibal (*c*) aux

(*a*) Pour le Tockembourg.

(*b*) Il étoit à la tête d'une faction.

(*c*) Hannon vouloit livrer Annibal aux Romains, comme Caton vouloit qu'on livrât César aux Gaulois.

Romains. On ne pouvoit, pour lors, craindre les Romains; on craignoit donc Annibal.

On ne pouvoit croire, dit-on, les succès d'Annibal: mais comment en douter? Les Carthaginois, répandus par toute la terre, ignoroient-ils ce qui se passoit en Italie? C'est parce qu'ils ne l'ignoroient pas, qu'on ne vouloit pas envoyer de secours à Annibal.

Hannon devient plus ferme après *Trebies*, après *Trasimènes*, après *Cannes*: ce n'est point son incrédulité qui augmente, c'est sa crainte.

## CHAPITRE VII.

### *Continuation du même sujet.*

Il y a encore un inconvénient aux conquêtes faites par les démocraties. Leur gouvernement est toujours odieux aux états assujettis. Il est monarchique par la fiction: mais, dans la vérité, il est plus dur que le monarchique, comme l'expérience de tous les temps & de tous les pays l'a fait voir.

Les peuples conquis y sont dans un état triste; ils ne jouissent ni des avantages de la république, ni de ceux de la monarchie.

Ce que j'ai dit de l'état populaire se peut appliquer à l'aristocratie.

continuation du meme sujet

une methode plus raisonnable encore consisteroit sans doute, comme le dit
mr de montesquieu, a donner a la nation conquise un bon droit politique
et de bonnes loix civiles – mais on ne peut pas donner ce qu'on n'a pas
une nation ne peut pas etablir comme [illegible] un principe ce que les vices de sa propre
constitution ne lui ont pas [illegible]
[illegible] connoitre – elle ne
peut pas faire pour les autres ce qu'elle ne fait pas pour elle meme
qu'est ce qu'un bon droit politique, qu'est ce que de bonnes loix civiles
ce sont celles qui respectent la liberté, la propriété, la puissance
civile et politique de chaque citoyen – voila ce que rome
ne pouvoit pas donner – mais chaque nation peut du moins
communiquer ses connoissances, et rendre l'etat de ceux qu'elle
gouverne meilleur au degré ou ses connoissances peuvent leur
en faire envisager, et favoriser les progrés. telle est la veritable
tache des ministres de tout etat conquerant, et de ceux
surtout qui nourris dans le sein d'une republique se rapprochent
davantage de l'etat auquel la nature semble devoir appeler
tot ou tard la plus grande partie des sociétés humaines.
mais cette tache doit etre remplie avec la douceur et la
sagesse des principes qui leur en font une obligation. ce n'est pas
la main armée, ce n'est pas avec toutes les forces [illegible]
de la conqueste qu'on doit etablir un bon droit politique et de
bonnes loix civiles – les innovations sont les filles du temps – elles
ne doivent point s'engendrer dans le trouble des crises que a
subi la revolution – il faut traiter le peuple conquis comme
une société d'hommes raisonnables, comme sa propre nation
il faut leur offrir les changemens utiles qu'ils peuvent supporter
et veiller a ce progrés paisible d'innovations qui forme
la veritable administration de tous les empires.

d'une monarchie qui conquiert autour d'elle

on parle d'une monarchie dans laquelle les provinces sont accablées d'impots, depeuplées par une vaste capitale, en proye aux anciens et nouveaux abus, quand la guerre et le desir de la conqueste [illegible] de la misere—

cette monarchie devenue conquerante doit bien visiter les bornes de sa puissance qu'elle ne peut pas franchir meme par la victoire— elle doit [illegible] pour lever une carthe géographique de la distance a laquelle son arbitraire autorité peut s'exercer dans toute sa force, et celle a laquelle cette authorité trop eloignée de sa source doit s'affaiblir et se perdre— elle ne peut pas regner [illegible] des peuples conquis comme sur sa propre nation— [illegible] n'ont point contracté l'habitude d'une [illegible] aussy vigoureux— elle est forcée par son impuissance a ceder aux sentiments de la raison, a leur laisser leurs tribunaux, leurs loix, leurs coutumes, leurs privileges— elle n'ose exercer sur eux ny l'empire qu'on attribue a la conqueste ny l'empire meme qu'elle se reserve sur ses propres sujets— elle donne a ses sujets l'exemple de ce qu'on leur ravit, et de ce qu'ils pourroient reclamer— elle semble justifier le mécontentement de sa nation, et elle n'en eprouve pas moins de la part d'une nation nouvelle qui ne se soumet qu'a regret aux droits d'un conquerant— il n'est pas etonnant qu'une monarchie qui n'est pas bien constituée s'affoiblisse par l'etendue de ses nouvelles possessions, et il s'ensuit qu'une monarchie doit etre etablie sur les fondemens plus solides de la liberté publique pour n'avoir rien a craindre au dehors soit de ses voisins soit meme de ses conquestes—

mais si la monarchie est bien constituée, elle ne doit point etre conquerante, et ses conquestes ne doivent produire qu'une nouvelle association d'un peuple capable de s'assimiler a ses loix politiques, et de se confederer avec elle—

## CHAPITRE VIII.

### *Continuation du même sujet.*

AINSI, quand une république tient quelque peuple sous sa dépendance, il faut qu'elle cherche à réparer les inconvéniens qui naissent de la nature de la chose, en lui donnant un bon droit politique & de bonnes loix civiles.

Une république d'Italie tenoit des insulaires sous son obéissance : mais son droit politique & civil, à leur égard, étoit vicieux. On se souvient de cet acte (*a*) d'amnistie, qui porte qu'on ne les condamneroit plus à des peines afflictives *sur la conscience informée du gouverneur*. On a vu souvent des peuples demander des privilèges : ici le souverain accorde le droit de toutes les nations.

(*a*) Du 18 octobre 1738, imprimé à Gènes, chez *Franchelli. Vietiamo al nostro general-governatore in detta isola di condanare in avenire solamente* ex informatâ conscientiâ *persona alcuna nazionale in pena afflittiva. Potrà ben si far arrestare ed incarcerare le persone che gli saranno sospette; salvo di renderne poi à noi sollecitamente*, article VI.

## CHAPITRE IX.

### *D'une monarchie qui conquiert autour d'elle.*

SI une monarchie peut agir longtemps avant que l'aggrandissement l'ait affoiblie, elle deviendra redoutable ; & sa force durera tout autant qu'elle sera pressée par les monarchies voisines.

Elle ne doit donc conquérir que pendant qu'elle reste dans les limites naturelles à son gouvernement. La prudence veut qu'elle s'arrête, sitôt qu'elle passe ces limites.

Il faut, dans cette sorte de conquête, laisser les choses comme on les a trouvées ; les mêmes tribunaux, les mêmes loix, les mêmes coutumes, les mêmes privilèges. Rien ne doit être changé, que l'armée & le nom du souverain.

Lorsque la monarchie a étendu ses limites par la conquête de quelques provinces voisines, il faut qu'elle les traite avec une grande douceur.

Dans une monarchie qui a travaillé longtemps à conquérir, les provinces de son ancien domaine seront ordinairement très-foulées. Elles ont à souffrir les nouveaux abus & les anciens ; & souvent une vaste capitale, qui engloutit tout, les a dépeuplées. Or si, après avoir conquis autour de ce domaine, on traitoit les peuples vaincus comme on fait ses anciens sujets, l'état seroit perdu : ce que les provinces conquises enverroient de tributs à la capitale ne leur reviendroit plus ; les frontières seroient ruinées, & par conséquent plus foibles ; les peuples en seroient mal affectionnés ; la subsistance des armées, qui doivent y rester & agir, seroit plus précaire.

Tel est l'état nécessaire d'une monarchie conquérante ; une luxe affreux dans la capitale, la misère dans les provinces qui s'en éloignent, l'abondance aux extrémités. Il en est comme de notre planette : le feu est au centre ; la verdure, à la surface ; une terre aride, froide & stérile, entre les deux.

CHAPITRE

erreur de mr de montesquieu quand il dit [illegible] la verité conduite
a presenter des consequences justes dont il ne rappele jamais les
vrais principes —

il a vu des monarchies qui n'etoient point fondées comme elles doivent
l'etre sur la liberté des citoyens et le bonheur des peuples devorées
egalement par le luxe des cours et des capitales, et par la misere
des campagnes — il a vu les traitants dominer avec insolence
dans l'interieur de l'empire qui [illegible] comme
une ville [illegible] de [illegible] les [illegible] de la
fiscalité — il a vu le gouvernement avide et avare, exacteur
et moderé aux frontieres par la crainte de sapper les
fondemens des forteresses qui doivent le defendre — il a dit dans
un langage qui n'est ni celui d'un bon citoyen ni celui
[illegible] abusé
[illegible] l'etat necessaire d'une monarchie conquerante —

un bon citoyen ne regarde point l'oppression comme un
etat necessaire

un courtisan justifie jusqu'aux loix de l'oppression —

un peuple abusé se plait dans son esperance, et pense
que les abus peuvent etre corrigés

la monarchie conquerante n'est encouragée, et n'est arretée
dans ses conquetes que par ses vices, et ces vices ne seroient
point ceux d'une monarchie reguliere qui seroit la
protectrice de la liberté, de la proprieté, de la puissance
civile et politique des citoyens, des villes et des provinces.

mr de montesquieu n'a point eu l'idée d'une monarchie
reguliere parce qu'il n'a donné qu'un principe factice
aux monarchies, et parce qu'en general il a regardé
les vices des états monarchiques comme l'essence
meme et la constitution de la monarchie.

D'une monarchie qui conquiert une autre monarchie

si elle veut conserver cette monarchie conquise, par des forteresses, ou si son etendue est plus considerable, par des colonies –

les forteresses, et des colonies dominantes ne donnent ny les bonnes loix ny les bonnes moeurs – c'est un etat perpetuel d'offense et de defense qui ne peut pas etre un etat de calme et de paix. les peuples contents peuvent etre defendus par leurs propres efforts. s'il faut les garder contre eux memes ~~ne peuvent pas etre~~ ~~gouvernement regulier~~ ils seront affranchis par leurs propres volontes des qu'ils ne sont plus contenus par la force –

la conqueste d'une monarchie n'est que le droit de faire pour une nation tout ce qu'elle avoit droit d'attendre des soins de ses propres monarques – les forteresses doivent etre elevées ~~contre les etrangers~~ selon la situation du pays – les colonies seront plantées pour accoutumer une nation nouvelle a des loix, a des moeurs, a des habitudes douces et paisibles, et pour en partager sans distinction tous les avantages; et c'est ainsy que les forteresses et les colonies peuvent proteger une conqueste toujours preste a s'echapper, si les peuples ont besoin d'etre contenus au lieu d'etre proteges – il faut que la monarchie conquerante mette la confiance dans la justice, et dans les principes meme de son gouvernement

. des moeurs du peuple vaincu

sans doute il faut laisser les moeurs a la nation conquise – et il n'y a pas de moyen possible de luy faire perdre tout a coup ses moeurs comme ses loix – on doit envisager avec un etonnement meslé de terreur tous les dangers auxquels on expose le sort de la conqueste en voulant conquerir les moeurs meme, et toute le tems qu'on donne aux risques si laborieuse entreprise qui ne peut detruire le long ouvrage des anciennes habitudes – on ne peut pas etre assuré de la conqueste aussy long tems qu'on veut changer les moeurs lorsqu'on ne les a point changées.

## CHAPITRE X.

*D'une monarchie qui conquiert une autre monarchie.*

QUELQUEFOIS une monarchie en conquiert une autre. Plus celle-ci sera petite, mieux on la contiendra par des forteresses ; plus elle sera grande, mieux on la conservera par des colonies.

## CHAPITRE XI.

*Des mœurs du peuple vaincu.*

DANS ces conquêtes, il ne suffit pas de laisser à la nation vaincue ses loix : il est peut-être plus nécessaire de lui laisser ses mœurs ; parce qu'un peuple connoît, aime & défend toujours plus ses mœurs que ses loix.

Les François ont été chassés neuf fois de l'Italie, à cause, disent les historiens (*a*), de leur insolence à l'égard des femmes & des filles. C'est trop, pour une nation, d'avoir à souffrir la fierté du vainqueur, & encore son incontinence, & encore son indiscrétion, sans doute plus fâcheuse, parce qu'elle multiplie à l'infini les outrages.

(*a*) Parcourez l'histoire de l'univers, par M. Pufendorff.

## CHAPITRE XII.

*D'une loi de Cyrus.*

JE ne regarde pas comme une bonne loi celle que fit Cyrus, pour que les Lydiens ne pussent exercer que des professions viles, ou des professions infâmes. On va au plus pressé; on songe aux révoltes, & non pas aux invasions. Mais les invasions viendront bientôt; les deux peuples s'unissent, ils se corrompent tous les deux. J'aimerois mieux maintenir par les loix la rudesse du peuple vainqueur, qu'entretenir par elles la mollesse du peuple vaincu.

*Aristodème*, tyran de Cumes (a), chercha à énerver le courage de la jeunesse. Il voulut que les garçons laissassent croître leurs cheveux, comme les filles; qu'ils les ornassent de fleurs; & portassent des robes de différentes couleurs jusqu'aux talons; que, lorsqu'ils alloient chez leurs maîtres de danse & de musique, des femmes leur portassent des parasols, des parfums & des éventails; que, dans le bain, elles leur donnassent des peignes & des miroirs. Cette éducation duroit jusqu'à l'âge de vingt ans. Cela ne peut convenir qu'à un petit tyran, qui expose sa souveraineté pour défendre sa vie.

(a) Denys d'Halicarnasse, liv. VII.

## CHAPITRE XIII.

### *CHARLES XII.*

CE prince, qui ne fit usage que de ses seules forces, détermina sa chûte, en formant des desseins qui ne pouvoient être exécutés que par une longue guerre; ce que son royaume ne pouvoit soutenir.

Ce n'étoit pas un état qui fût dans la décadence, qu'il entreprit de renverser, mais un empire naissant. Les Moscovites se servirent de la guerre qu'il leur faisoit, comme d'une école. A chaque défaite, ils s'approchoient de la victoire; &, perje ne puis pas penser que les francois aient eté chassés neuf fois de litalie par l'effet de leur incontinence — ce n'est pas ainsy qu'on attaque les mœurs d'une nation. leur incontinence n'etoit qu'une partie des desordres auxquels les armées françaises etoient accoutumées, et il faut avouer que dans ces memes temps des guerres des francois, litalie sembloit livrée comme une proye à tous les ravages des troupes de toutes sortes etrangeres et nationales qui pendant deux cent ans se sont ruées sur ce theatre de guerre et de misere. des ecrivains plus instruits, tels que macchiavel, n'ont pas cherché dans quelques inconveniens passagers la source de ces malheurs [illegible] operés par les fautes continuelles d'une mauvaise politique;

## d'une loy de cyrus

comment peut on rapporter les loix insensées, et ridicules qui nous transmettent le souvenir des caprices, ou des mauvais raisonnemens de quelques souverains — ces loix peuvent elles faire partie de l'esprit des loix — est il dans l'esprit des loix de condamner tout un peuple à des professions infames pour relascher tous les nerfs de l'organisation humaine, et pour prevenir les mouvemens de la nature qui s'indigne de l'oppression — est il dans l'esprit des loix de donner au sexe masle les mœurs, les ornemens, et les commodités d'un sexe dont la infame est la seduction, et dont la foiblesse est l'empire — est il de l'esprit des loix de denaturer les hommes pour faire dormir en paix les despotes et les tyrans.

charles 12

mr de montesquieu juge avec raison charles douze comme il merite d'etre jugé par son extravagante diversion qui sembloit une fuite et une desertion de son propre empire — charles douze fit deux fautes — la 1ere fut d'etre conquerant quand il devoit etre roy — la 2de fut d'abandonner ses conquetes [illegible] aller chercher au loin des [illegible] devoient ruiner sa puissance comme sa gloire — mais l'intervalle de ces deux fautes fut rempli par des [illegible] exploits [illegible] — on n'a point suivi [illegible] le prince le plus general et soldat dans les camps ou se formoit une nouvelle ecole militaire qui devoit instruire l'europe, dans la saxe ou sa politique fut respectée par toutes les puissances, et ne fut point egarée de son objet par des alliances etrangeres aux interets de la suede, dans la pologne ou les rois qu'il [illegible] autant de triomphes remportés sur son ennemy — charles 12 vouloit rendre a la puissance la plus formidable pour sa nation, et jusque la sans doute il n'avoit encore rien fait qui [illegible] ne fut conforme a ses veritables interets — il entendoit la gloire avec justesse quand elle ne coutoit rien a sa nation, quand la guerre alimentoit la guerre, quand hors de ses conquetes [illegible] de la revolution [illegible] de la terreur qu'il avoit repandue en allemagne, il pouvoit attaquer le czar dans sa ville naissante dans le centre de sa marine et de son commerce

dant au-dehors, ils apprenoient à se défendre au-dedans.

*Charles* se croyoit le maître du monde dans les déserts de la Pologne, où il erroit, & dans lesquels la Suède étoit comme répandue; pendant que son principal ennemi se fortifioit contre lui, le serroit, s'établissoit sur la mer Baltique, détruisoit ou prenoit la Livonie.

La Suède ressembloit à un fleuve, dont on coupoit les eaux dans sa source, pendant qu'on les détournoit dans son cours.

Ce ne fut point *Pultova* qui perdit Charles : s'il n'avoit pas été détruit dans ce lieu, il l'auroit été dans un autre. Les accidens de la fortune se réparent aisément : on ne peut pas parer à des événemens qui naissent continuellement de la nature des choses.

Mais la nature ni la fortune ne furent jamais si fortes contre lui que lui-même.

Il ne se règloit point sur la disposition actuelle des choses, mais sur un certain modèle qu'il avoit pris : encore le suivit-il très-mal. Il n'étoit point Alexandre; mais il auroit été le meilleur soldat d'Alexandre.

Le projet d'Alexandre ne réussit que parce qu'il étoit sensé. Les mauvais succès des Perses dans les invasions qu'ils firent de la Grèce, les conquêtes d'*Agésilas*, & la retraite des *dix mille*, avoient fait connoître au juste la supériorité des Grecs dans leur manière de combattre, & dans le genre de leurs armes; & l'on sçavoit bien que les Perses étoient trop grands pour se corriger.

Ils ne pouvoient plus affoiblir la Grèce par des divisions : elle étoit alors réunie sous un chef, qui ne pouvoit avoir de meilleur moyen pour lui cacher sa servitude, que de l'éblouir par la destruction de ses ennemis éternels, & par l'espérance de la conquête de l'Asie.

Un empire cultivé par la nation du monde la plus industrieuse, & qui travailloit les terres par principe de religion, fertile & abondant en toutes choses, donnoit à un ennemi toutes sortes de facilités pour y subsister.

On pouvoit juger, par l'orgueil de ces rois, toujours vainement mortifiés par leurs défaites, qu'ils précipiteroient leur chûte, en donnant toujours des batailles; & que la flatterie ne permettroit jamais qu'ils pussent douter de leur grandeur.

Et non-seulement le projet étoit sage, mais il fut sagement exécuté. Alexandre, dans la rapidité de ses actions, dans le feu de ses passions mêmes, avoit, si j'ose me servir de ce terme, une saillie de raison qui le conduisoit; & que ceux qui ont voulu faire un roman de son histoire, & qui avoient l'esprit plus gâté que lui, n'ont pu nous dérober. Parlons-en tout à notre aise.

## CHAPITRE XIV.

### *Alexandre.*

Il ne partit qu'après avoir assuré la Macédoine contre les peuples barbares qui en étoient voisins, & achevé d'accabler les Grecs : il ne se servit de cet accablement que pour l'exécution de son entreprise : il rendit impuissante la jalousie des Lacédémoniens : il attaqua les provinces maritimes : il fit suivre à son armée de terre les côtes de la mer, pour n'être point séparé de sa flotte : il se servit admirablement bien de la discipline contre le nombre : il ne manqua point de subsistance. Et, s'il est vrai que la victoire lui donna tout, il fit aussi tout pour se procurer la victoire.

Dans le commencement de son entreprise, c'est-à-dire,

[illegible]

il faut oublier charles douze quand il s'oublie luy meme quand il va se perdre et disparoistre ~~comme un torrent~~ ~~[illegible]~~ contrées lointaines ou ses victoires même auroient depeuplé son royaume sans en etendre les limites, ~~[illegible]~~ puisqu'il devoit estre egalement detruit par ses victoires et par ses defaites

il faut seulement observer icy combien les premieres conque[stes] de charles douze, et ses dernieres excursions confirment les principes que nous avons etabli—

il resulte en general de ces principes qu'un etat quelconque ne doit conquerir que des regions dont les peuples peuvent s'incorporer a son gouvernement

charles douze auroit pu rendre suedois tous les peuples qui vivent sur les bords du golfe de la mer baltique, et la suede auroit pu s'etendre sans s'affoiblir—

mais cette etendue doit avoir ses bornes aussy longtemps que les peuples regis par les veritables loix de la liberté publique ne seront pas etat de former cette confederation generale qui comme ~~[illegible]~~ la mer sous la lune semble pouvoir s'etendre sans rivage et sans limites, et charles douze ne pouvoit plus acquerir que la vaine renommée d'un conquerant ~~[illegible]~~ quand il transgressa le terme ~~[illegible]~~ des conquestes que la suede pouvoit gouverner et maintenir

alexandre

alexandre ne fut pas plus sage dans ses projets, puisqu'il conceut le projet insensé de conquerir le monde — mais il fut bien plus sage dans leur execution — la mort seule a fait connoistre les vices inseparables de ces grandes conquestes qui ne pouvoient se soutenir que par luy—

[illegible] lorsque [illegible]
[illegible] la raison de [illegible] estoient [illegible]
parmy tant de nations assujetties qu'il estoit impossible
en faire un empire — il s'ecroula de luy meme a la
mort d'alexandre, comme on voit se detacher [illegible] en bout
les [illegible] voute dont la pierre centrale est
arrachee — jamais tant de sagesse ne fut employee
pour une plus estrange folie — il faut lire quinte curce
pour admirer alexandre — il faut lire ces belles
observations de mr de montesquieu pour l'estimer,
et l'estime pour alexandre est quelque chose de plus
haut que cette admiration vulgaire qui consacre
le souvenir de ses exploits, et que les generations chaque siecle [illegible]
mettent sans examen et sans connoissance a la posterité
de tous les siecles.

nous ne pouvons pas nous empescher de faire une observation —
on a parlé des loix de la guerre — on n'a rien dit de la premiere
des loix celle qui la defend. la guerre n'est pas plus juste et
plus legitime entre les nations que les duels entre les cytoyens
il seroit a desirer qu'il y eut des tribunaux et des juges pour
les nations comme pour les citoyens. les juges manquent —
il est du devoir des ministres de chaque [illegible] de suppleer
autant qu'il est possible, a leurs jugemens, et de prevenir
les guerres par la justice qu'ils rendent aux nations
estrangeres. c'est dans la paix qu'on jette le germe de la
guerre [illegible] pendant la paix qu'on devroit [illegible]
developper toutes les [illegible] de la concorde — il
faudroit examiner et connoistre les interests reels de chaque
nation, et leur donner la sanction de la foy des traittés —
il faudroit connoistre les interests faux et chimeriques sur
lesquelles chaque nation se [illegible] abuser, et les faire
disparoistre par des explications simples et claires qui ne
laisseroient [illegible] les doutes [illegible] chaque

dans un temps où un échec pouvoit le renverser, il mit peu de chose au hasard : quand la fortune le mit au-dessus des événemens, la témérité fut quelquefois un de ses moyens. Lorsqu'avant son départ, il marche contre les Triballiens & les Illyriens, vous voyez une guerre (*a*) comme celle que César fit depuis dans les Gaules. Lorsqu'il est de retour dans la Grèce (*b*), c'est comme malgré lui qu'il prend & détruit Thèbes : campé auprès de leur ville, il attend que les Thébains veuillent faire la paix ; ils précipitent eux-mêmes leur ruine. Lorsqu'il s'agit de combattre (*c*) les forces maritimes des Perses, c'est plutôt *Parménion* qui a de l'audace ; c'est plutôt *Alexandre* qui a de la sagesse. Son industrie fut de séparer les Perses des côtes de la mer, & de les réduire à abandonner eux-mêmes leur marine, dans laquelle ils étoient supérieurs. Tyr étoit, par principe, attachée aux Perses, qui ne pouvoient se passer de son commerce & de sa marine ; *Alexandre* la détruisit. Il prit l'Egypte, que *Darius* avoit laissée dégarnie de troupes, pendant qu'il assembloit des armées innombrables dans un autre univers.

Le passage du Granique fit qu'*Alexandre* se rendit maître des colonies Grecques ; la bataille d'Issus lui donna Tyr & l'Egypte ; la bataille d'Arbelles lui donna toute la terre.

Après la bataille d'Issus, il laisse fuir *Darius*, & ne s'occupe qu'à affermir & à règler ses conquêtes : après la bataille d'Arbelles, il le suit de si près (*d*), qu'il ne lui laisse aucune retraite dans son empire. *Darius* n'entre dans ses villes & dans ses provinces, que pour en sortir : les marches d'*Alexandre* sont si rapides, que vous croyez voir l'empire

---

(*a*) Voy. Arrien, *de exped. Alex.* lib. I.
(*b*) *Ibid.*
(*c*) *Ibid.*
(*d*) *Ibid.* lib. III.

de l'univers plutôt le prix de la course, comme dans les jeux de la Grèce, que le prix de la victoire.

C'est ainsi qu'il fit ses conquêtes : voyons comment il les conserva.

Il résista à ceux qui vouloient qu'il traitât (*e*) les Grecs comme maîtres, & les Perses comme esclaves : il ne songea qu'à unir les deux nations, & à faire perdre les distinctions du peuple conquérant & du peuple vaincu : il abandonna, après la conquête, tous les préjugés qui lui avoient servi à la faire : il prit les mœurs des Perses, pour ne pas désoler les Perses, en leur faisant prendre les mœurs des Grecs ; c'est ce qui fit qu'il marqua tant de respect pour la femme & pour la mère de *Darius*, & qu'il montra tant de continence. Qu'est-ce que ce conquérant, qui est pleuré de tous les peuples qu'il a soumis ? qu'est-ce que cet usurpateur, sur la mort duquel la famille qu'il a renversée du trône verse des larmes ? C'est un trait de cette vie dont les historiens ne nous disent pas que quelque autre conquérant puisse se vanter.

Rien n'affermit plus une conquête, que l'union qui se fait des deux peuples par les mariages. *Alexandre* prit des femmes de la nation qu'il avoit vaincue ; il voulut que ceux de sa cour (*f*) en prissent aussi ; le reste des Macédoniens suivit cet exemple. Les Francs & les Bourguignons (*g*) permirent ces mariages : les Wisigoths les défendirent (*h*) en Espagne, & ensuite ils les permirent : les Lombards ne les permirent pas

---

(*e*) C'étoit le conseil d'Aristote. *Plutarque*, œuvres morales : de la fortune d'Alexandre.

(*f*) Voyez Arrien, *de exped. Alex.* lib. VII.

(*g*) Voyez la loi des Bourguignons, titre XII, article 5.

(*h*) Voyez la loi des Wisigoths, liv. III, tit. V, §. 1, qui abroge la loi ancienne, qui avoit plus d'égards, *y est-il dit*, à la différence des nations, que des conditions.

-rité devroit étouffer quelqu'étincelle [de guerre] ~~justifier un ... des evenements~~; c'est surtout dans les relations du commerce qu'on retrouveroit les sources de la discorde qui fait ~~la~~ guerre, et qu'on pourroit retrouver celles de la concorde et de la paix — les prohibitions reciproques des nations ~~[illegible]~~ interessent presque toujours le commerce, et dans cet ordre de choses qui ne devroit être gouverné que par l'interet, toute gêne est nuisible — toute prohibition est injuste, ~~et toute [illegible]~~ privilege est utile. chaque ville, chaque province a ses avantages locaux qu'on ne peut enlever a sa situation que par l'injustice et la force, ~~et qu'on ne devroit pas lui disputer~~ ce sont ces avantages qu'il faudroit faire connoitre a ceux qui doivent en jouir, et qu'il ne faut jamais usurper sur eux — vous faites des loix contraires à la nature, des loix contre lesquelles reclament la terre et les eaux — il faut que ces loix soient abolies par la raison [des hommes] ~~[illegible]~~ comme par la position des lieux. elles doivent tomber tot ou tard par la nature des choses, et [les pertes mutuelles des prohibitions seront fondées] ~~les pertes des nations~~ [illegible] deviennent des avantages par leur reciprocité, [tel doit être] ~~[illegible]~~ l'objet de l'etude constante des ministres eclairés et vertueux — ce n'est sans doute que par degrés que peut s'achever le grand ouvrage d'une paix durable — mais a mesure que vous faites quelque pas utile, a mesure que vous faites un accord juste avec les autres puissances sur quelqu'objet de division, vous [illegible] les guerres plus rares, vous les rendez moins longues, et moins ruineuses [illegible] prolongées, ~~[illegible]~~ de la paix, et vous en ~~hatez~~ le retour. la science ~~[illegible]~~ ce departement [des affaires etrangeres toujours] ~~[illegible]~~ enveloppé des obscurités d'un langage equivoque, de mensonges ou du secret, ne consiste pas, ou ne consiste pas à tromper les autres puissances; la ruse est l'esprit de la guerre — la vérité toujours prête à se montrer est le génie de la paix; c'est par elle qu'on peut éclairer, persuader et réunir les nations rivales. elles seront toujours attentives à la politique sage et juste qui respecte leurs véritables intérêts et qui sait dissiper leurs funestes illusions — il ne peut employer ~~que les connoissances et la~~ d'autre ressource que celle des connoissances locales, et du langage simple et clair qui convient à la justice et à la vérité — ce n'est point ~~la paix~~ l'amour indiscrettement annoncé de la paix qui semble accuser votre foiblesse ~~que vous craignez~~ vers les attaques de vos ennemis — ce n'est point par des menaces qui provoquent la guerre que vous pourrez la prévenir — c'est par le sentiment toujours actif de vos forces et de vos [illegible] vous inspirerez la confiance, quand vous chercherez de bonne foy le bien de toutes les nations — nos ministres ont été jusqu'icy trop absorbés, ~~trop~~ ou dirigés par le torrent toujours subit des circonstances du moment — ils ont cherché les moyens d'éviter les embarras qu'ils ont laissés se former, et que souvent ils ont fait naître — ils n'ont point acquis de connoissances au delà des bornes des affaires courantes — ils n'ont point suivy des principes constants dans leurs négotiations, et dans leurs alliances. ils n'ont point connu ~~les~~ [illegible] et les préjugés dont émanoient les prétentions respectives et souvent contraires des différentes puissances — ils n'ont sçu ny prévenir [illegible] guerre, ni préparer la paix — les nations respirent dans ~~le~~ [illegible] l'intervalle de leurs dissensions et il n'y a pas un un traitté de paix qui ne renferme en lui-même, ou qui ne laisse subsister tous les motifs de renouveller la discorde et la guerre.

feulement; mais même les favorisèrent (*i*) : quand les Romains voulurent affoiblir la Macédoine, ils y établirent qu'il ne pourroit se faire d'union par mariages entre les peuples des provinces.

*Alexandre*, qui cherchoit à unir les deux peuples, songea à faire dans la Perse un grand nombre de colonies Grecques : il bâtit une infinité de villes ; & il cimenta si bien toutes les parties de ce nouvel empire, qu'après sa mort, dans le trouble & la confusion des plus affreuses guerres civiles, après que les Grecs se furent, pour ainsi dire, anéantis eux-mêmes, aucune province de Perse ne se révolta.

Pour ne point épuiser la Grèce & la Macédoine, il envoya à Alexandrie une colonie de Juifs (*k*) : il ne lui importoit quelles mœurs eussent ces peuples, pourvu qu'ils lui fussent fidèles.

Il ne laissa pas seulement aux peuples vaincus leurs mœurs ; il leur laissa encore leurs loix civiles, & souvent même les rois & les gouverneurs qu'il avoit trouvés. Il mettoit les Macédoniens (*l*) à la tête des troupes, & les gens du pays à la tête du gouvernement ; aimant mieux courir le risque de quelque infidélité particulière (ce qui lui arriva quelquefois), que d'une révolte générale. Il respecta les traditions anciennes, & tous les monumens de la gloire ou de la vanité des peuples. Les rois de Perse avoient détruit les temples des Grecs, des Babyloniens & des Egyptiens ; il les rétablit (*m*) : peu de nations se soumirent à lui, sur les autels desquelles il ne fit des sacrifices. Il sembloit qu'il n'eût conquis, que

(*i*) Voyez la loi des Lombards, liv. II, tit. VII, §. 1 & 2.

(*k*) Les rois de Syrie, abandonnant le plan des fondateurs de l'empire, voulurent obliger les Juifs à prendre les mœurs des Grecs ; ce qui donna à leur état de terribles secousses.

(*l*) Voyez Arrien, *de exped. Alex.* lib. III, & autres.

(*m*) *Ibid.*

pour être le monarque particulier de chaque nation, & le premier citoyen de chaque ville. Les Romains conquirent tout, pour tout détruire; il voulut tout conquérir, pour tout conserver : &, quelque pays qu'il parcourût, ses premières idées, ses premiers desseins furent toujours de faire quelque chose qui pût en augmenter la prospérité & la puissance. Il en trouva les premiers moyens dans la grandeur de son génie; les seconds dans sa frugalité & son économie particulière (*n*); les troisièmes dans son immense prodigalité pour les grandes choses. Sa main se fermoit pour les dépenses privées; elle s'ouvroit pour les dépenses publiques. Falloit-il régler sa maison? c'étoit un Macédonien : falloit-il payer les dettes des soldats, faire part de sa conquête aux Grecs, faire la fortune de chaque homme de son armée? il étoit *Alexandre*.

Il fit deux mauvaises actions; il brûla Persépolis, & tua *Clitus*. Il les rendit célèbres par son repentir : de sorte qu'on oublia ses actions criminelles, pour se souvenir de son respect pour la vertu; de sorte qu'elles furent considérées plutôt comme des malheurs, que comme des choses qui lui fussent propres; de sorte que la postérité trouve la beauté de son ame presque à côté de ses emportemens & de ses foiblesses; de sorte qu'il fallut le plaindre, & qu'il n'étoit plus possible de le haïr.

Je vais le comparer à *César* : Quand *César* voulut imiter les rois d'Asie, il désespéra les Romains pour une chose de pure ostentation; quand *Alexandre* voulut imiter les rois d'Asie, il fit une chose qui entroit dans le plan de sa conquête.

---

(*n*) Voyez Arrien, *de exped. Alex.* lib. VII.

CHAPITRE

~~[illegible] l'objet de la guerre [illegible]~~
de dommagement - la guerre la plus heureuse coute bien plus qu'elle
ne rapporte, et s'il n'y avoit d'autre raison pour faire la
guerre que ~~celle même~~ [illegible] qu'on se propose quand on la commence
il ne faudroit jamais faire la guerre - mais il n'est pas
possible de se défendre de cette horrible nécessité quand
votre foiblesse et votre tranquillité vous attireroit de
s dommages plus considérables [illegible]
insultes toujours plus sensibles ~~[illegible]~~
le terme, et lorsqu'en voulant garder une paix qui [illegible] chaque jour [illegible]
~~plus longue et plus sanglante [illegible]~~
a essuyer une guerre [illegible] plus opiniâtre et plus funeste
~~Eviter~~ ce n'est pas dans le moment même où vos ennemis
vous provoquent ~~dans la confiance~~ que vous pouvez
maintenir la paix - c'est de loin qu'il faut commander aux
evenemens - c'est par la prévoyance, et non par le courage
ou par la crainte que s'applanissent ~~tous~~ les obstacles ~~qui~~
~~il est impossible de surmonter et que le [illegible]~~ [illegible]
qui s'opposent au rapprochement des nations rivales. ces
obstacles ~~sont~~ sont dans vos propres vices, et dans les défauts de
votre constitution - armez vous de la force d'une nation
libre, heureuse ~~unanime~~, et puissante - armez vous de la force de
toutes les nations auxquelles vous avez rendu leurs propres
biens, et qui ne voudront pas les commettre au hazard
des combats, et ~~vous aurez donné les~~ vous jouirez
longtems du plus grand bienfait que vous puissiez
procurer au genre humain - bientôt les citoyens de
toutes les nations enrichis par un commerce libre, et
sans cesse rapprochés par des échanges mutuelles formeront
une conjuration unanime et paisible ~~et unanime~~ contre les
horreurs de la guerre, et les [illegible] ministres
n'auront plus le funeste pouvoir d'entrainer des
multitudes d'hommes au carnage et à la mort,
et de répandre le deuil et la misère dans leur empire
pour soutenir ~~[illegible]~~ prétentions ~~[illegible]~~
~~[illegible]~~

[illegible]